# 西摩卡塔《历史》研究

Study of *the History* of Theophylact Simocatta

苏 聪 著

天津出版传媒集团

天津古籍出版社

图书在版编目（CIP）数据

西摩卡塔《历史》研究 / 苏聪著. —— 天津：天津古籍出版社, 2022.11
 ISBN 978-7-5528-1230-5

Ⅰ. ①西… Ⅱ. ①苏… Ⅲ. ①拜占庭帝国—历史—研究 Ⅳ. ①K134

中国版本图书馆CIP数据核字（2022）第098048号

本书出版得到贵州师范大学学科建设专项资金资助

## 西摩卡塔《历史》研究
### XIMOKATA LISHI YANJIU

苏聪 / 著

| | |
|---|---|
| 出　　版 | 天津古籍出版社 |
| 出 版 人 | 张　玮 |
| 地　　址 | 天津市和平区西康路35号康岳大厦 |
| 邮政编码 | 300051 |
| 邮购电话 | （022）23517902 |
| | |
| 责任编辑 | 王海燕 |
| 装帧设计 | 鞠佳美 |
| | |
| 印　　刷 | 北京虎彩文化传播有限公司 |
| 经　　销 | 全国新华书店发行 |
| 开　　本 | 710毫米×1000毫米　1/16 |
| 印　　张 | 20.5 |
| 字　　数 | 350千字 |
| 版次印次 | 2022年11月第1版　2022年11月第1次印刷 |
| 定　　价 | 88.00元 |

版权所有　侵权必究
图书如出现印装质量问题，请致电联系调换（022-23517902）

# 国家社科基金后期资助项目

# 出 版 说 明

  后期资助项目是国家社科基金设立的一类重要项目,旨在鼓励广大社科研究者潜心治学,支持基础研究多出优秀成果。它是经过严格评审,从接近完成的科研成果中遴选立项的。为扩大后期资助项目的影响,更好地推动学术发展,促进成果转化,全国哲学社会科学工作办公室按照"统一设计、统一标识、统一版式、形成系列"的总体要求,组织出版国家社科基金后期资助项目成果。

全国哲学社会科学工作办公室

# 序

陈志强

眼前这部书的研究对象是拜占庭史上特别重要的史家塞奥非拉克特·西摩卡塔及其作品。西摩卡塔历来受到拜占庭学界的高度重视，其中重要原因之一在于他留下了青史留名的重要作品《历史》。西摩卡塔能在著述浩繁的拜占庭史家中脱颖而出的主要原因，又在于其所处的时代的特殊性。通常，后人在权衡了整部拜占庭历史后，会公认这个特殊的时代是拜占庭历史的一个重要转折时期。

拜占庭帝国是人们所熟悉的罗马帝国遗产的一部分，很长一段时间被称为"东罗马帝国"，显示出这个帝国来源于更为古老的罗马帝国。自君士坦丁大帝建立"新罗马"并启用新都后，拜占庭帝国便延续罗马帝国的传统，走上了打造中央集权皇帝专制国家的道路。二百多年后，又有查士丁尼一世这样的铁腕皇帝出现。在查士丁尼一世数十年的统治期间，新的中央集权制拜占庭国家建设基本完成，其重要的标志是：集帝国各种公共权力于一身的皇帝制度得到完善，完全效忠于皇帝的国家统治机构得到稳固，调动帝国全部资源应对危机特别是军事危机的体制正常运转，适用于整个帝国的《罗马民法大全》正式颁布，以基督教信仰为核心的拜占庭官方意识形态逐步确立。这个新型帝国从古老的罗马帝国废墟上重新崛起，到6世纪时，已经发展出了诸多中古帝国的特征。而西摩卡塔正生活于这个转型期的尾声阶段，其作品所反映的恰好就是这段历史。《历史》从而成为后人了解拜占庭国家建设成果之最重要的历史记录。毫不夸张地说，如同普罗柯比的《战记》和《秘史》之于查士丁尼一世的历史研究、安娜·科穆宁娜的《阿莱克修斯传》之于科穆宁王朝"拜占庭帝国复兴"的历史研究，西摩卡塔的《历史》对于拜占庭史第一转型期的历史研究亦具有最重要的史料价值。

本书作者苏聪是在我指导下完成博士研究生学业的。他人如其名，很聪明，秉性谦和，为人处事也很低调，有目标且做事专注，故而在学期间能按时完成了一个他在硕士阶段并不熟悉的课题。为了做好博士毕业学位论文研究工作，他全文翻译注释了西摩卡塔的《历史》，并在仔细解读这个重要历史文本的过程中，逐一分析所涉的重大历史事件。本书是在苏聪于2014年博士毕业后，批阅数载，认真修改的基础上完成的。我相信他在不久的将来，还会将西摩卡塔的《历史》奉献给读者。《历史》中有太多重要的历史信息等待挖掘。期待着历史学家借助新理论方法，得出新的结论，进而为当代拜占庭学发展做出贡献。

2022年秋于南开园

# 目　录

绪　论 ········································································· 1
 一、西摩卡塔及其《历史》 ············································· 3
 二、《历史》的版本和语言 ·············································· 4
 三、与《历史》相关的史料评述 ········································ 6
 四、国内外学术界的相关重要研究成果 ······························ 17

**第一章　西摩卡塔的生平及其作品** ········································ 25
 第一节　西摩卡塔的生平 ················································ 27
 第二节　西摩卡塔的《历史》 ·········································· 33
  一、《历史》的创作时间 ············································· 33
  二、《历史》的主题 ··················································· 34
  三、《历史》的资料来源 ············································· 39
  四、《历史》的序言——"对话"分析 ····························· 41
  五、《历史》的结构与内容特征 ····································· 44
  六、《历史》的语言风格 ············································· 55
  七、《历史》所反映的作者思想观念 ······························ 62
 第三节　西摩卡塔的其他作品 ·········································· 75

**第二章　西摩卡塔笔下莫里斯的统治与政略** ··························· 81
 第一节　莫里斯的品行与即位 ·········································· 83
 第二节　莫里斯时期的王室成员与其重要幕僚 ··················· 91
 第三节　莫里斯时期的宫廷礼仪活动 ································ 98
  一、宫廷礼仪活动的基本内容与程序 ····························· 98
  二、宫廷礼仪活动的内涵及意义 ··································· 101

第四节　国家的情形与莫里斯的政略 ················· 104
　　　一、国家的情形 ································· 104
　　　二、莫里斯的政略 ······························· 106
　　第五节　莫里斯政权的垮台 ··························· 117

第三章　西摩卡塔笔下的波斯战争 ······················· 121
　　第一节　两国的地理边界与交往的历史背景 ············· 123
　　　一、两国的地理边界 ····························· 123
　　　二、两国交往的历史背景 ························· 127
　　第二节　查士丁二世和提比略一世时期双方战争进程分析 ··· 140
　　　一、两国重启战端 ······························· 140
　　　二、572~573 年的战争态势 ······················· 144
　　　三、574~578 年两国停战 ························· 147
　　　四、两国争夺亚美尼亚的战争 ····················· 151
　　　五、莫里斯将军指挥的战争 ······················· 156
　　第三节　莫里斯统治时期双方战争进程分析 ············· 164
　　　一、莫里斯统治初期两国交战的态势 ··············· 164
　　　二、波斯内战 ··································· 177
　　　三、两国为波斯嗣君恢复王位合作开展的军事行动 ··· 182
　　第四节　591 年以后拜占庭帝国的东方形势 ············· 190

第四章　西摩卡塔笔下的巴尔干战争 ····················· 195
　　第一节　巴尔干半岛的地理环境和战争历史背景 ········· 197
　　　一、巴尔干半岛地理状况与拜占庭中央权威的保持 ··· 197
　　　二、战争历史背景 ······························· 202
　　第二节　莫里斯统治时期的巴尔干战争 ················· 219
　　　一、西摩卡塔笔下的巴尔干战争进程分析 ··········· 219
　　　二、阿瓦尔人和斯拉夫人的侵袭特征 ··············· 246
　　　三、拜占庭帝国的应对方略 ······················· 252
　　第三节　莫里斯统治结束之后的巴尔干半岛状况 ········· 259

第五章　西摩卡塔所记中国历史与文化风俗 ··············· 263
　　第一节　关于"桃花石"的语源 ······················· 266
　　第二节　关于"桃花石"国内的战争 ··················· 269

第三节　关于"桃花石"国内的文化风俗与传说 …………………… 274

**结语** …………………………………………………………………… 283
**主要人名、地名中英文对照表** ………………………………………… 294
**参考文献** ……………………………………………………………… 304

# 绪 论

## 一、西摩卡塔及其《历史》

塞奥非拉克特·西摩卡塔(Theophylact Simocatta,585～?)是7世纪初拜占庭帝国著名的史家。西摩卡塔大约于585年出生在埃及的亚历山大里亚,其父母是当地政府部门的官员,非常注重对西摩卡塔的教育与培养。西摩卡塔在亚历山大里亚接受了较为完整的教育,深受古典修辞学、哲学与法学的影响,在伊拉克略一世(Herakleios I,610～641在位)时期先后担任律师、王室咨议官、法官和君士坦丁堡城市长官等,因此能够接触到珍贵的历史文献。他与时任君士坦丁堡大教长塞尔吉乌斯(Seregius)交往甚密,也正是在后者的鼓励和资助下,西摩卡塔进行了长达数年的《历史》写作。伊拉克略在推翻福卡斯暴政、确立统治地位之后,在全国范围内开展纪念莫里斯皇帝(Maurice,582～602在位)丰功伟绩的活动,以表颂其在政事、军功和对外关系中所做出的杰出努力。西摩卡塔正是在一次王室举办的纪念活动中,发表了一篇热情洋溢的颂词,而被伊拉克略皇帝赏识并获重用的。西摩卡塔大致于621年开始着笔,经历八年的创作,终于在629年完成全书的写作,书稿命名为《历史》(*Historia*),以示对"年代纪"历史编撰传统的承续,且与当时流行的教会史和编年史相区别。

《历史》一共分为八卷,主要记载莫里斯时期帝国的政治、军事和对外关系,并追溯了查士丁二世和提比略一世对边疆的治理与对外关系。西摩卡塔《历史》在内容上延续了普罗柯比和曼南德尔的记载,前者记述查士丁尼时期的历史,后者则记述提比略一世之前的历史,因此《历史》成为后人了解莫里斯时期社会历史状况最重要的文献史料。《历史》所记涉及两个主题:其一,拜占庭帝国在东部边境上与波斯的冲突与战争;其二,拜占庭帝国在巴尔干半岛上对抗阿瓦尔人和斯拉夫人入侵的战争。除了以上主题,西摩卡塔还重视对首都君士坦丁堡重要事件的描述,书中包含大量京城庆典与宫廷仪式的细节描写。他对帝国与突厥人、波斯人、阿瓦尔人的交往甚为关注,描写细致。此外,他在记载重大军事行动之前,往往会着重描述当地的地理与风俗,而对于帝国东部地理的记载一直延伸到古代中国,表明他对古典史学写作传统的坚守以及对古代地理学家斯塔拉波的推崇。以上记述,都是同时代其他作品所缺乏的内容,因此这部作品具有很高的史料价值。由于莫里斯统治时期的历史在帝国千年发展史上具有重要的地位,莫里斯的政治统治标志着"陈旧过时的晚期罗马向具有崭新的充满活力的组织结构的中世纪拜占庭帝国的转变",①而西摩卡塔《历史》着重记载这一时期的历史,所以,它为此后学者研究和探讨帝国何以转型、古代晚期地中海世界的延续和蜕变提供了丰富的史料,是研究6世纪末、7世纪初拜占庭帝国转型时期历史的重要文献。

研究《历史》,可以帮助人们了解中世纪拜占庭史学的特征与形式。不同于这一时期的西欧史学,6世纪末至7世纪初期,帝国处于变革与转型过程中,作为文化领域中的史学编纂作品,西摩卡塔创作的《历史》自然也带有过渡或转型的色彩。从史学特征上来看,《历史》既延续了古典史学的风格与特征,同时也带有非常强烈的基督教神学色彩。

## 二、《历史》的版本和语言

与流传至今的许多古代著作一样,西摩卡塔的《历史》也有许多版本存世。在印刷本之前,主要是以手抄本的形式流传。其中主要是12世纪编号为"Patmiacus 750"的抄本,该抄本抄写细致,且对原文的错误有一些考订。此外还有15世纪编号为"Marcianus 339"的抄本等存世。上述这些《历史》的手抄本均存于梵蒂冈博物馆。

目前《历史》的主要译本有多种。1648年在巴黎,法国学者富布图斯(Fabrottus)出版了《历史》的第一个印刷本。该译本的翻译不太准确,倾向于意译,不太忠实于原文。即便这样,它仍然成为此后一个世纪法语世界许多《历史》印刷本的源泉。此后一个世纪内产生的最为重要的法语译本是1685年出版的柯森(L. Consin)译本,不过此版本的流传并不广泛。1729年由意大利学者博纳凡特拉(Bonaventura)翻译的《历史》希腊文版本被收入"威尼斯拜占庭历史文库"的第四卷。1828年德国学者雅各布斯·帕特努斯(Jacobus Pontanus)出版了第一本希腊文与拉丁文对照本《历史》,1834年德国学者艾曼纽尔·贝克(Immanuel Bekker)将之整理收入"波恩拜占庭历史作品大全"。这套丛书采用希腊文与拉丁文对照的方式,附带精简的德文注释,具有完整、精确和使用方便等特点。1887年德

---

① 〔南斯拉夫〕乔治·奥斯特洛格尔斯基著,陈志强译:《拜占廷帝国》,青海人民出版社,2006年,第58页。

国学者卡尔·博尔（Carl de Boor）校订了希腊文本，并整理出版了拉丁语与德语对照的版本，被收入德国的"拓伊卜纳希腊拉丁古典著作文库"。1972年彼得·瑞思（Peter Wirth）再次修订此版本，由于其翻译准确、注释完整，流传较为广泛。

1957年俄国学者皮古列维斯加（N. Pigulevskaja）在莫斯科出版了第一个俄语《历史》版本，他是依照"波恩大全"中的版本翻译的，附有简明的注释。1985年罗马尼亚学者米海斯库（H. Mihaescu）出版了罗马尼亚语版本，此版本来源于1729年"威尼斯拜占庭历史文库"中的希腊文本。1986年，英国学者迈克尔·怀特比夫妇（Michael and Mary Whitby）出版了《历史》的英译本。怀特比夫妇的版本来源于彼得·瑞思的拉丁文和德文对照版本，翻译质量上乘，并附有大量的注释。在译注过程中，他们不仅考订文本，还对西摩卡塔记载史实的错误多有修正，进一步提升了该作品的史料价值。①

《历史》的语言充满隐喻，其说教式和修辞华丽的语言风格，既继承了古典史学编撰的传统，又借鉴了基督教典籍中的大量经典表述。首先，他极力模仿希罗多德、修昔底德、西西里人迪奥多罗斯和阿里安等古典史家的写作风格，在《历史》中大量运用修辞性表达，且极力模仿古典希腊语的风格，比如对小品词的运用。自古典时代以来，史学的求真本质业已奠立。史家阿米安·马赛里努斯（Ammianus Macellinus，330～392）认为"历史写作者应该以一种更好的风格形式来精心修饰自己的文字"，②即历史写作要有文学性，这为许多学者所接受并践行。《历史》的前两卷文学修辞色彩浓厚，从第三卷开始，在大量叙述军事的部分中采用简洁明快的语言风格。其次，《历史》借鉴了大量的《圣经》语汇以及同时期教会史的观念和表达。西摩卡塔具备丰富的神学知识，他既清楚《圣经》文本中某些语汇的原始用法，同时也熟悉教会作家们对《圣经》语言的应用。因此，他的语言既受到《圣经》原始文本的影响，又受到教会作品的影响。最后，由于西摩卡塔所从事的职业，他经常要接触或写作法律文书和官方文件，这对他所创作的《历史》的文体风格也有较大影响。晚期罗马帝国的法律文本，无论是用希腊语还是用拉丁语写作，都呈现出修辞色彩浓、擅用比喻的特征；但从伊拉克略以来的官方文件却呈现出一种平铺直叙与修辞手法结合起来使用的风格。西摩卡塔具有相当深厚的神学功底，但是他意识到历史

---

① Theophylact Simocatta, *History*, ed. Michael and Mary Whitby, Oxford University Press, 1986.
② Ammianus Marcellinus, *The Roman History of Ammianus Marcellinus*, *During the Reighs of Emperor's Constantius, Julian, Jovianus, Valentinianm and Valens*, XXXI. 16. 9.

作品的风格不应该完全等同于神学作品,它应具有"完全不同的、宏伟的风格"。① 他认为优秀的历史作品应融合古典作品和神学作品的风格,因此他也借鉴和模仿通俗的拜占庭神学作品的写法。西摩卡塔在编写过程中进行这种风格上的融合,目的在于使其作品在受教育的群体和普通大众中间都能受到欢迎。②

对这一风格,学者们褒贬不一。对其赞誉有加的以德国学者卡尔·科隆巴赫尔(Karl Krumbacher)为代表,他认为"塞氏的文风融合了普罗柯比的质朴自然和阿嘎塞阿斯的散文诗式的抒情,是拜占庭文学迅速起伏发展的顶峰,普罗柯比和阿嘎塞阿斯与之相比都显得相当稚嫩"。③ 对西摩卡塔写作风格持贬抑态度的学者有9世纪君士坦丁堡大教长、著名学者弗条斯(Photius),他在《群书辑要》中评论道:"西摩卡塔的表达确有一些优美之处,但是他过分使用带有隐喻性的词语和寓言故事影响了读者对其思想的理解,而且他还经常在作品中不恰当地引入一些说教式的语言,这反映西摩卡塔爱发号施令和过于自负。"④弗条斯的观点被现代学者描述为"太过仁慈,实际上西摩卡塔的语言风格是所有拜占庭作家中最做作、最生硬的"。⑤ 笔者认为,西摩卡塔关于历史作品语言风格的观念不同于以往的历史学家,反映了当时的知识精英在写作过程中的一种观念转向,即由6世纪中期出现的短暂的古典主义复兴向7世纪更为深刻的基督教创作风格转化。

## 三、与《历史》相关的史料评述

拜占庭文化一方面继承和发展古典希腊罗马文化的精髓,另一方面又构建了基督教文化的主导样式,二者并立发展,在各自的领域内表现突出,与西欧单一的以基督教文化为核心的体系迥异。作为拜占庭文化重要组成部分的史学的情况也是如此。尽管基督教思想成为史家撰史的指南,教会史和编年史日益成为史学编纂的主要形式,但拜占庭史学仍具有自身的

---

① Theophylact Simocatta, *History*, Dialogue. 16.
② P. R. L. Brown, *The World of Late Antiquity*, London, 1971, pp. 180–181.
③ Karl Krumbacher, *Geschichte der byzantinischen Listteratur von Justinian biszum ende des ostromischen reiches*, Athen, 1974, p. 249. 转引自陈志强:《拜占廷帝国史》,商务印书馆,2003年,第166页。
④ Photius, *Bibliotheca*, COD. 65.
⑤ N. G. Wilson, *Scholars of Byzantium*, p. 105.

特点。它承续了古典史学的内核,即人本观念、世俗关照、政治与军事题材以及史料考证方法,逐渐发展出"年代纪"这样一种新的史学编纂形式。因此,拜占庭史学的主要类型有年代纪、编年史和教会史等。

## (一)年代纪

年代纪继承了古希腊历史家的写作风格,即在写作中围绕历史事件展开的叙述体例和注重民俗风气的社会文化视角,对王朝政治斗争、军事活动和教俗重大事件关注甚多。这类体裁往往被称为"历史叙述体",类似于中国的纪事本末体体例。它在形式上的特点是:以历史事件为中心,纪事系统连贯,叙事生动有趣,具有较大的灵活性。这一体裁的历史作品是拜占庭史料的重要组成部分,对研究拜占庭历史上的重大政治军事事件、地理风情和文化习俗具有不可替代的作用。与西摩卡塔《历史》相关的年代纪如下所列:

西摩卡塔除了《历史》外,还有三部小著作,它们分别是《自然问题》《伦理通信》和《生命预定的时限》。前两部是世俗性著作,第三部是一部讨论人的生命时限是否为定数的神学著作。《自然问题》以柏拉图式的对话体讨论所谓的自然奇象,比如乌鸦为什么夏天不喝水等,因此它不是一部严肃的学术著作。《伦理通信》以虚拟的书信体讨论历史和神话人物对伦理主题的见解。两部作品的写作目的似乎是取悦读者,所记述的内容缺乏真实性,这或许与西摩卡塔早年所接受的文学训练有关。目前,这三部作品都有英文译本。①

阿米安·马赛里努斯是4世纪拜占庭历史学家。其作品《史绩》涉及96~378年的历史事件,全书共三十一卷,现今仅存后十八卷,涉及257~378年的罗马与拜占庭帝国历史。该书保持了罗马史家的写作风格,以塔西佗为榜样。其明显的史学倾向是充满爱国情怀,以及对"蛮族"的蔑视、对民众"暴乱"的指责和对腐败堕落的抨击等方面。目前"罗耶布古典丛书"中收录了阿米安作品的英文译本。②

撒尔迪斯的尤纳比乌斯(Eunapios of Sardis,345~420)是拜占庭早期

---

① Theophylact, *Questioni naturali*, ed. L. Massa Positano, Naples, 1965; *Epistulae*, ed. J. Zanetto, Leipzig, 1985; *On Predestined Terms of Life*, ed. and tr. C. Garton and L. G. Westerink, *Arethusa Monographs vi*, Buffalo, NY, 1978.

② Ammianus Marcellinus, *The Roman History of Ammianus Marcellinus, During the Reighs of Emperor's Constantius, Julian, Jovianus, valentinianm and valens*, trans. by C. Young, London, 1862.

历史学家,他在雅典接受教育,深受古典学术的影响。其主要著作是十四卷本的《历史》,与尤西比乌斯的作品衔接,记述了270~414年的历史事件,但是全书缺乏连贯性。该书散佚严重,现存一万六千余字。其英译本残篇中比较权威的有布罗克雷的译本。①

左西莫斯(Zosimos,5世纪)的六卷本《新历史》主要记述410年之前的历史,重点分析罗马帝国,尤其是4、5世纪拜占庭帝国的重要事件。他与其他作家的区别在于,不仅客观叙述各个事件,而且点评其对帝国国势的影响。《新历史》有多种英译本,其中布查南译本和瑞德雷译本较权威。②

普罗柯比(Procopous,?~565)是6世纪拜占庭帝国最重要的历史学家。他出生于巴勒斯坦凯撒里亚的贵族家庭,接受过系统的古典教育,后结识拜占庭军官贝利撒留,成为他的秘书并随其参与多次战争。普罗柯比的主要作品有《战记》《建筑》和《秘史》。其作品被翻译成世界各主要文字,其中数十万字的《战记》篇幅最长,《建筑》现存二十三万余字,《秘史》现存三万三千余字。目前普罗柯比作品的英译本众多,其中"罗耶布古典丛书"中收录的七卷本普罗柯比作品集是较权威的译本。③

阿嘎塞阿斯(Agathias,532~590)的代表作品为五卷本的《历史》,旨在续写普罗柯比未完成的历史叙事。作者在其中记载了552~589年拜占庭帝国的历史事件和社会状况,注重记述发生在帝国东西部的各次战争、查士丁尼晚年的精神与心理状况及当时的社会政治和文化生活。总字数为六万余字的《历史》最初被收入柏林出版的"拜占庭史籍大全"中,目前英文全译本有富伦多本。④

塞奥发尼斯(Theophanes of Byzantium,6世纪)著有十卷本《历史》,涉及556~581年拜占庭帝国的历史,其内容侧重于拜占庭外交关系和对外战争,对拜占庭帝国东部相邻部族也有详细的记述。目前该书残卷不足千

---

① *The Fragmentary Classicising Historians of the Later Roman Empire*: *Eunapius*, *Olympiosorus*, *Priscus*, *And Malchus*, ed. by R. Blockley Liverpool, 1981~1983.

② Zosimos, *The History of Count Zosimus, Sometime Advocate and Chancellor of the Roman Empire*, trans. By J. Buchanan and H. Davies, San Antonio TX 1967; trans. By R. Ridley, Canberra, 1982.

③ Procopius, with a English translation by H. B. Dewing, *History of the Wars*, The Loeb Classical Library, Harvard University Press, reprinted 1996; Procopius, *De Aedificiis* or *The Buildings*, The Loeb Classical Library, Harvard University Press, reprinted 1996; Procopius, *Anecdota or Secret History*, The Loeb Classical Library, Harvard University Press, reprinted 1996.

④ Agathias, *The Histories*, translated with an introduction and short explanatory notes by Joseph D. Frendo, Berlin And NewYork, 1975.

字,但其续篇近十万字,由穆勒整理,收在"希腊历史资料残卷"第四卷中。①

曼南德尔(Menander Protector,6世纪)出身于君士坦丁堡贵族家庭,曾担任禁军军官,后为莫里斯皇帝所赏识,因此得以接触帝国高层事务,有机会获得官方文书。其代表作品为记载558～582年拜占庭历史的《历史》,在时间上延续了阿嘎塞阿斯《历史》的记载。曼南德尔对莫里斯颇有好感,评价也较为客观,在书中详细记述了莫里斯统治期间所取得的军事成就,以莫里斯统治的结束为自己记述时间的节点。遗憾的是曼南德尔的作品只有残篇留存于世,残篇所涉及的内容主要是拜占庭帝国的外交事务,目前该作品较好的英文译本为布罗克雷所完成。②

埃庇发尼亚的约翰(John of Epiphania,6～7世纪)担任过安条克主教的助手,著有《历史》,旨在续写埃瓦格留斯(Evagius)的《教会史》,该作品散佚严重,现存一万五千余字。他记载了拜占庭帝国和波斯帝国长期而又错综复杂的斗争过程,特别是科斯罗伊斯二世与莫里斯皇帝围绕西亚地区的反复争夺。该部作品以591年作为历史记载结束的时间,而正是在591年,莫里斯皇帝取得了对波斯人巨大的外交成功,这带来了拜占庭帝国东部一段时间的和平。目前该作品希腊文原本残篇被收录于穆勒主编的"历史著作残篇汇编"第四卷中。③

尼基弗鲁斯(Nicephorus Patriarch,750～828)生活在毁坏圣像运动期间,担任过皇帝的秘书和君士坦丁堡大教长等职。他著述丰硕,留下了多部批驳毁坏圣像派主张的著作和长篇论文,其中最有代表性的是《简史》,涉及602～769年拜占庭帝国的历史。尼基弗鲁斯作品的英文译本由曼戈完成。④

西哥特人统治时期的西班牙和墨洛温王朝时期的法拉克王国有两位拉丁作家,他们是比克利的约翰(John of Biclar)和图尔斯的格里高利(Gregory of Tours)。他们在莫里斯统治期间各自编撰了一部历史作品,不过他们的著述对东地中海事务的记载比较有限。⑤ 执事保罗(Paul the

---

① Theophanes, *Fragmenta Historicorum Greacorum*, iv, ed. C. Muller, Paris, 1959.
② Menander Protector, *The History of Menander the Guardsman*, trans. Roger C. Blockley, Liverpool, 1985.
③ C. Müller, ed., *Fragmenta Historicorum Graecorum*, vol. 4, Paris, 1851:70.
④ Nicephorus, *Concise History*, tr. C. Mangol, Washington DC, 1990.
⑤ John of Biclar, *Chronicle*, ed. T. Mommsen, *MGH Auct Ant. Xi, Chron. Min. ii*, Berlin, 1893. Gregory of Tours, Historia Francorum, ed. W. Arndt and B. Krusch, MGH Scriptores Rerum Merovingicarum, Hanover, 1884.

Deacon)是唯一一位提供了有价值的关于巴尔干事务的历史记录的拉丁作家。他的作品《伦巴德人的历史》成书于公元8世纪,记载了阿瓦尔人在巴尔干半岛西部的行动以及他们与伦巴德人和法兰克人的交往。目前该书的英文译本以贝斯曼的为主。①

## (二)编年史

拜占庭帝国还有一类重要的史料,即编年史。它以《圣经》为中心、以神意启示为线索,通过一个时间框架把世俗历史和《圣经》记载的历史汇编在一起,突出了历史发展过程中神意的体现。编年史作品多从上帝创世写起,一直写到作者自己所处的时代为止。自古典时代以来,历史撰写的传统包括"记录"与"解释"。编年史作品在"记录"历史上,常从个人主观设想出发,或任意裁剪史实,或生造史事,对史料不加考证,将它们硬塞入以上帝之名设定好的模式之内,让"历史"服从于他们的主观意志。"历史"因此变形为具有一定真实成分的半历史或真实内核已被去除的非历史。编年史作者们认为上帝的旨意决定人类历史的发展方向与进程,因此他们更愿意作为叙述者,而不愿意作为分析和解释者出现,所以编年史著作描述的成分居多,而解释和分析的成分很少。另外,中世纪的作者们似乎也不愿意对已经成文的著作所叙述的事件进行考证和批评,宁愿全部照录,不做任何更改。结果,我们经常会在不同的著作中看到重复的内容。在中世纪人看来,一系列过去的事件,只要按照时间顺序通过叙述的方式把它们记载下来,就成了历史事实。这些事实可以是王朝更替、主教变更、攻城略地,也可以是各种自然现象,甚至奇迹传说等。人们不需要寻求这些历史事件之间的因果关系,更不需要尝试进行分析,因为因果关系并不存在于这些事件之间,也不是人力可以进行分析的。历史是存在于永恒与永恒之间的过渡阶段,其意义在于,历史的进程是上帝干预的过程,历史之所以如此进行,体现着上帝的计划。因果关系是在更高的意义上预定的,根本没有留给人们进行分析的空间。人们只能在一个独立的时间点和现象中参悟上帝的意图,而不是运用自己的主观意志赋予历史某种意义和目的。

拜占庭编年史史料数量庞大,其重要性主要体现在两个方面:其一,作

---

① Paul the Deacon, *History of the Lombards*, ed. L. Bethmann and G. Waitz, MGH Scriptores Rerum Longobardicarum et italicarum, saec. vi – iX, Hanover, 1878.

者在作品中高度关注当代史,因此,往往一部编年史作品在涉及作者所处时代历史事件时常常给予更多关注,这就使编年史成为年代纪的补充和旁证,其史料价值相对较高;其二,编年史作品严格按照年代顺序记载历史事件,从而对其他类型史料起了时间定位的辅助作用。与年代纪相比,编年史在拜占庭文献中的重要性差得多。在使用编年史时要注意对照其他类型史料进行分析和鉴别。与西摩卡塔《历史》相关的编年史如下所列:

约翰·马拉拉斯(John Malalas,490~574)著有十八卷的《编年史》,他从上帝造人开始写起,一直写到查士丁尼统治时期的历史。书中保留了大量现已遗失的古代文献,其使用阿提卡方言编写的特色给拜占庭文化圈带来了重大的变化,对斯拉夫人和格鲁吉亚人的历史编撰有较大影响。全文约十万字,英译本由杰夫里斯完成。①

7世纪匿名作家编著的《复活节编年史》从上帝创世写起,一直写到628年为止。该著作编年上的精确性,使它成为重要的年代定位工具,由此获得了较高的史料价值。《复活节编年史》是一部记述君士坦丁堡历史的叙事性汇编,在考证历史事件的具体年代方面有一定价值。另外,该作品记载了莫里斯时期的主要历史事件,由此在考证西摩卡塔《历史》的细节内容上具有较大的价值。该作品类似于中世纪的《苏达辞书》(Suidas's Lexicon),单独使用的价值不大,只有结合其他文献史料才能发挥作用。《复活节编年史》的英文节译本由怀特比夫妇完成。②

尼基乌的约翰(John of Nikiu)生平不详,仅知其曾经担任过埃及尼基乌教区主教。他的作品《编年史》完全承袭拜占庭编年史写作传统,即从上帝造人写起,一直写到阿拉伯军队攻占埃及为止。该书使用希腊语和在埃及流行的科普特语编写,原书已经散佚。目前使用的古代版本为埃塞俄比亚文本,该文本是17世纪初从阿拉伯文本转译整理而成的。《编年史》的重要价值在于,它是第一部记载阿拉伯军事扩张尤其是埃及被征服等重要事件的历史作品。该作品充满作者的主观臆断,且出现诸多史实错误,对莫里斯充满敌视。例如他认为莫里斯应该为一切"邪恶"负责,从地震到军队叛乱再到政权覆灭,都是莫里斯一手造成的。目前约翰作品的英文本译自17世纪初的埃塞俄比亚文本。③

---

① John Malalas, *Chronographia*, trans. and ed. by L. Jerfris, Melbourne, 1986.
② *Chronicon Paschale 284~628 AD*, translated with notes and introduction by Michael Whitby and Mary Whitby, Liverpool, 1989.
③ John of Nikiu, *The Chronicle of John, Bishop of Nikiu*, trans. by R. H. Charles, London, 1916.

安条克的约翰(John of Antioch)生平不详,其作品为《编年史》,目前只有残篇。这些残篇颇有意味,因为其中详细记载了莫里斯"出卖"本国军队的一些细节,所以安条克的约翰明显属于敌视莫里斯的阵营。此外,他还记载了莫里斯统治期间的其他重要事件,但其中很多内容都已经散佚。目前,该部作品的残篇被收纳在穆勒整理的"希腊历史资料残卷"中。①

"忏悔者"塞奥发尼斯(Theophanes the Confessor, 752~818)是8世纪后期、9世纪初拜占庭帝国最重要的作家之一。他的主要代表作是《编年史》,总字数为十三万五千字,从284年一直记载到813年。该书取材广泛,引用了前代许多年代纪作品,例如普罗柯比、马拉拉斯、塞奥发尼斯(Theophanes of Byzantium)和西摩卡塔等人的作品。从保存史料的角度来看,《编年史》的价值很大,因为它可以为我们提供许多未加改动的珍贵的旁证资料。同时该书是按照年代顺序编写的,由此也成为后世作家定位历史事件年代的工具书。目前该书权威的英译本是由拜占庭学者曼戈等人完成的。②

10世纪编年史家利奥·格拉姆玛提库斯(Leo Grammaticus)所著的《编年史》和乔治·莫纳库斯(Georgius Monachus)所著的《编年史》都记载了莫里斯统治时期帝国在东部和巴尔干战场上的军事行动及其所获得的成功。他们的作品带有浓重的神学色彩,通过描写莫里斯的罪恶、忏悔以及上帝对他的惩罚和奖赏来彰显不能被证实的所谓"永恒真理",而作者们认为上帝的"永恒真理"远比莫里斯所取得的短暂的军事胜利更为重要。其英译本分别由贝克和博尔完成。③

《莫利亚编年史》是匿名作家于11世纪初完成的作品。作者借鉴了普罗柯比、埃瓦格留斯、塞奥发尼斯和西摩卡塔等史家作品的内容。该作品按照年代顺序记载自第一次十字军东征至1292年间发生在伯罗奔尼撒地区的重大历史事件,对该地区以外所发生的事件涉及很少,即便有少量记载,史料价值也不高。该书为阿瓦尔人和斯拉夫人入侵伯罗奔尼撒半岛的

---

① John of Antioch, *Fragmenta*, ed. c. Muller, FHG, iv, 538~622; v, 27~38. Paris, 1841~1883.

② Theophanes Confessor, *The Chronicle of Theophanes Confessor, Byzantine and Near Eastern History AD284~813*, Translated with introduction and Commentary by Cyril Mango and Roger Scott, Oxford, 1997.

③ Leo Grammaticus, *Chronographia*, ed. E. Bekker, CSHB, 1842; Georgius Monachus, *Chronicon*, ed. C. de Boor, re–ed. P. Wirth, Stuttgart, 1978.

历史留下了珍贵的文字记录。该文献的英译本由德吉里夫完成。①

12世纪的叙利亚地区基督教主教米哈伊尔（Michael the Syrian, 1126~1199）所著的《编年史》被称作中世纪规模最为宏大的一部编年史作品。这部二十一卷的著作记载了从亚当诞生直到1195年间教会与世俗的重大历史事件，其中第七至第九卷详细记载了早期拜占庭帝国的历史。目前该作品有查波特的英文译本。②

西比奥斯（Sebeos）所著的《亚美尼亚编年史》大约成书于7世纪末、8世纪初，书中记载了莫里斯时期参加巴尔干战争的一些亚美尼亚贵族的经历。西比奥斯自身对巴尔干半岛的知识欠缺，况且他在写作过程中所依赖的亚美尼亚贵族所提供的口述材料不可避免夸大了某些贵族的成就。因而，我们需要审慎对待他作品中所提供的证据。然而西比奥斯提供了关于莫里斯招募亚美尼亚士兵特别是骑兵前往色雷斯前线作战的重要信息：莫里斯多次派人征兵，但亚美尼亚人却不愿意远离故乡服役，这导致了贵族萨伯特领导的一次暴乱。失败后他被作为角斗士在君士坦丁堡的竞技场与凶猛的野兽一决高下，以示对他的惩罚。幸运的是或许由于他的力量巨大无比，或许是出于皇后的仁慈，他的性命得以保全。这一细节被记载在西摩卡塔的《历史》中，只不过西摩卡塔是站在拜占庭帝国的立场来记载此事的。此外，西比奥斯在其作品中还记载了莫里斯两次试图将亚美尼亚人迁居至色雷斯。第一次发生在589年。第二次发生在602年，莫里斯命令普里斯哥运送三万户亚美尼亚人前往色雷斯。作品中有一处提到了巴尔干半岛上的战争，难能可贵的是这里西比奥斯意识到了色雷斯在拜占庭帝国防务中的重要性，同时也意识到了拜占庭帝国军队在与斯拉夫人作战中存在的问题。西比奥斯还从亚美尼亚人的视角记载了侯斯罗伊斯二世（Chosroes Ⅱ）的逃亡与复位。但从总体上而言，其作品带有明显的以自身立场为中心的偏见，对事件的细节记载也不甚准确，使作品的客观性大打折扣。目前西比奥斯作品的英译本为麦克莱所作。③

### （三）教会史、圣徒传记和书信集

教会史作品以编年的方式记述了自1世纪到作者所处时代的基督教

---

① *Chronicle of Monemvasia*, ed. i. Dvjcev (*istituto siciliano di studi bizantini eneoellenici*), Testi 12, Palermo, 1976.

② Michael the Syrian, *Chronicle of the Michael the Syrian* (1166~1199), trans. by Chabot, Cambridge, 1960.

③ Sebeos, *Armenia Chronicle*, trans. by F. Macler, London, 1947.

教会的发展史，是以基督教为核心编写的长篇历史叙述。教会史作品往往利用教会的遗迹、文献，殉道者的事迹、信件以及其他基督徒的著作，结合所见所闻，加入许多个人的见解编纂而成，保存了大量的原始资料，具有较高的史料价值。此外，随着基督教的影响力与日俱增，基督教会中的圣徒日益成为信徒崇拜的对象，大量的圣徒传记开始出现。基督教获得合法地位后，圣徒传记由先前主要记载殉道士的事迹转向更为宽广的领域，虔诚的皇帝、主教和修道士的事迹也被囊括在内。与西摩卡塔《历史》相关的教会史、圣徒传记和书信集如下所列：

西尔哈斯·塞奥多利特（Theodoret of Cyrrhus，393~466）出生于叙利亚的安条克，接受过系统的古典教育，后当选为塞鲁斯教区主教。他的代表作品为五卷本的《教会史》，涉及323~428年正统基督教对阿里乌派异端斗争的细节，为后人提供了大量有关叙利亚地区宗教和政治史的信息。他留下的数百封书信则反映了当时拜占庭帝国的社会生活。塞奥多利特作品权威的英译本为杰克森译本和法拉尔译本。①

以弗所的约翰（John of Ephesus，507~586）著有《教会史》三部：第一部从恺撒时期写起，现已全部遗失；第二部记载从塞奥多西二世到571年间的历史，目前仅有部分残篇存世；第三部共分六卷，记载571年直至其去世前的教会事务，该部绝大部分保存至今。第三部《教会史》的其中三卷记载了查士丁二世、提比略和莫里斯统治时期的历史，第六卷记载了拜占庭与波斯的战争以及拜占庭与侵入到巴尔干半岛的"蛮族"部落的战争。约翰在前面五卷中记载的都是教会的历史，在第六卷记载战争，是因为他认为这些军事冲突和自然灾难是世界末日临近的征兆。目前第三部《教会史》有史密斯的英文译本。②

埃瓦格留斯（Evagrios，536~595）是6世纪拜占庭帝国的历史学家和法学家，出生于安条克。其六卷本的《教会史》涉及431~594年的历史事件。该书名为"教会史"，但无论取材与描述都不局限于教会事务，是研究5~6世纪拜占庭史、基督教会史和叙利亚地区史的重要参考资料。作者并不完全采用传统的教会史写作方法，而是交替使用教会史和古典史学写作方法。埃瓦格留斯作为安条克主教格里高利的幕僚，有机会获得大量重要的信息，但是他在作品中所记载的军事信息却较为简略。该书权威的英

---

① Theodoret, *Ecclesiastical History, Dialogues, Letters of Theodoret*, NPNF2-03, pp.3~523, general editor Philip Schaff, New York, 1892.

② John of Ephesus, *The Third Part of the Ecclesiastical History of John, bishop of Ephesus*, trans., R. Payne Smith, Oxford, 1860.

文译本为毕德兹译本。①

《圣迪米特里的奇事》为塞萨洛尼基主教约翰所作,成书的时间为伊拉克略统治前期,书中收集了圣迪米特里所实行的十五件"奇事"。这些"奇事"都是为了造福塞萨洛尼基的当地民众。除了头两件"奇事"发生在莫里斯和福卡斯统治时期,其余的"奇事"都发生在尤西比乌斯担任塞萨洛尼基主教期间。《圣迪米特里的奇事》一书主要关注塞萨洛尼基的社会情况和6世纪末、7世纪初民众的信仰状况,对莫里斯时期的巴尔干半岛的历史记载尤其详尽,例如该作品记载了斯拉夫人对塞萨洛尼基的两次入侵事件,这在其他历史文献中没有被记录下来。尽管该作品所记载的内容带有浓厚的宗教色彩,但透过这些"奇事"还是能发现历史的点滴细节。目前该书有塔克特的英文译本。②

格里高利大主教(Pope Gregory,590~604)的《书信集》的记载涵盖他的整个任期,它是除西摩卡塔的《历史》以外了解莫里斯统治后期巴尔干半岛事务最有价值的文献。信件中包含帝国的行政管理、教会的事务等重要信息,尤其对意大利的政治和宗教事务涉猎较多。由于格里高利与莫里斯的私交甚好,在与王室或重要官僚的通信中格里高利提到了当时国家面临的一些主要问题。这些信件所记述的史实甚至比历史学家的记载更加详尽和客观。信中呈现了格里高利与拉文纳总督、君士坦丁堡大教长围绕行政和教会事务的许多争论的细节,这为以后的学者研究和探讨6世纪末期帝国的历史提供了重要的线索。除了少数几封信寄往君士坦丁堡皇室、大教长以及高级贵族,大部分的信件所探讨的是有关"普世教会"(Oecumenical Patriarch)的争论,以及帝国法律是否可以影响教会利益的争论。这些信件记载了巴尔干半岛西部和南部的事务,且为我们提供了一个观察巴尔干半岛宗教和社会生活的独特角度,在很大程度上弥补了西摩卡塔《历史》记载的不足。目前该书主要有埃华德的英文译本。③

### (四)军事文献、法律典章和官僚政制文献

《莫里斯的战略》是6世纪末、7世纪初匿名作家所著的一部军事手

---

① Evagrios Scholastikos, *Ecclesiastical History*, ed. J. Bidez and L. Parmentier, London, 1898.
② *Miracula S. Demetrii*, ed. P. Lemerle, *Les Plus Anciens Recueils des Miracles de saint Demetrius*, i. Le Texte, Paris, 1979.
③ Pope Gregory, *Registrum Epistolarum*, ed. P. Ewald and L. Hartmann, *MGH Epistolae* i~ii, Berlin, 1887~1899.

册,主要反映莫里斯时期军队的训练、组织以及对敌的战略战术运用等重大问题,其中包含了莫里斯在任期间多项重要的军事改革内容。书中记载的军事训练方法与战略战术一直在拜占庭基层军队获得广泛使用,直到10世纪,随着战争形势的变化,利奥六世才创作出《策略学》以对其进行补充。《莫里斯的战略》对于研究诸如波斯、突厥、阿瓦尔、斯拉夫、安特、法兰克和伦巴德等民族的历史具有重要价值,因为该书提及了上述民族的生活习俗和战争方式等重要信息。更为重要的是,《莫里斯的战略》对于我们理解西摩卡塔作品中的晦涩之处意义重大,同时它也有助于我们分析战争的具体战略和战术问题。必须指出的是,《莫里斯的战略》对于我们理解西摩卡塔所记巴尔干事务的价值颇大,但对于我们理解波斯事务的价值却逊色许多。尽管《莫里斯的战略》提到当时东方战场的两个小事件,①但是从通篇来看作者显然对东方战场的军事事务缺乏了解,更遑论亲身经历了。此历史文献目前以乔治·丹尼斯的译本较为优秀。② 类似的军事指导手册还有利奥六世的《策略学》。它涉及战争指挥和军事训练等重要内容,以《莫里斯的战略》为写作蓝本,包括很多马其顿王朝时期的法律条文和利奥六世时期军事史的史料。③

由查士丁尼皇帝主持编纂的《罗马民法大全》具有极其重要的史料价值和法学价值。该文献由《查士丁尼法典》《法学汇编》《法学总论》和《查士丁尼新律》四部分组成。这部法律文献对研究拜占庭帝国当时的政治与社会状况有极为重要的参考价值。目前该法典四部分分别有不同的译本。④

《君士坦丁堡职官录》是一部关于拜占庭帝国早期官僚制度的文献,大体上阐述从330年直到420年帝国的官僚政制,对帝国东西部从中央政府到行省的官僚组织和行政管理制度有较为详细的阐述,是一部珍贵的历史文献。⑤

君士坦丁七世所著的《帝国政府》和《礼仪书》是专门讨论拜占庭帝国官职、宫廷活动和对外关系的文献,对与拜占庭交往的国家和民族以及相

---

① *Maurice's Strategikon*, *Handbook of Byzantine military strategy*, X.1.4~1.8;3.125~127.
② *Maurice's Strategikon*, *Handbook of Byzantine military strategy*, 1984.
③ Leo vi, *Tactica*, in *Patrologia Graeca*, 107, cols 669~1120, Paris, 1863.
④ Justinian, *Corpus iuris civilis ii*, *The Civil Law*, *including the Enactment of Justinian and the Constitutions of Leo*, trans. by S. Scott, Cincinnati 1932. Justinian, *The Digest of Justinian*, trans. by Mommsen and Krueger, Philadelhia 1985. Justinian, *The institutes of Justinian*, trans. by Thomas, Amsterdam 1975. Justinian, *The Novel of Justinian*, trans. by Mommsen and Krueger, Philadelphia, 1985.
⑤ *Notitia Dignitatum*, ed. Otto Seeck, Berlin, 1876.

## 四、国内外学术界的相关重要研究成果

### （一）对西摩卡塔《历史》的相关研究

目前，中国学术界尚未有专门针对西摩卡塔及其作品的研究成果，但一些专门从事拜占庭研究的学者已经开始注意到这部重要的著作。例如陈志强教授在《拜占廷帝国史》中就对西摩卡塔及其作品进行了评述："由于他观察的重点在首都，特别在朝廷，所以书中有大量有关京城庆典和宫廷仪式的细节描写，这是同时代其他作品中缺乏的内容。他对拜占庭帝国东部地理的记载一直延伸到古代中国，表现出作者对古代地理学家斯特拉波的推崇和熟悉。另外，他在写作中带有强烈的基督教信仰色彩，特别注意描述所谓的神迹和上帝的'奇迹'。"②

张绪山教授致力于研究中国和拜占庭帝国的关系，在其著作《中国与拜占庭帝国关系研究》一书中收有《西摩卡塔所记中国风俗事物》一文。该文对西摩卡塔的生平及其中国知识的来源进行细致考证，并重点分析西摩卡塔所记"桃花石"的称号的起源和流变、桃花石国内的战争及桃花石国的相关风俗和传说，有许多独到的见解。③

张广智教授主编的《西方史学通史》"中世纪"卷对西摩卡塔及其作品有简要提及，但没有提供太多有价值的论述和评介；对普罗柯比在史学史上的贡献则进行了详细的论述。④

根据现有资料来看，西方学术界对于西摩卡塔作品的评介最早可追溯到拜占庭时代。9世纪拜占庭帝国君士坦丁堡大教长、著名学者弗条斯在其著作《群书辑要》中评论西摩卡塔作品的风格时认为："西摩卡塔的表达确有一些优美之处，但是他过分使用带有隐喻性的词语和寓言故事影响了

---

① Constantine Porphyrogenitus, *De Administrando imperio*, trans. by J, Jenkins, Washington DC, 1967.
② 陈志强：《拜占廷帝国史》，商务印书馆，2003年，第30页。
③ 张绪山：《中国与拜占庭帝国关系研究》，中华书局，2012年，第41页。
④ 张广智：《西方史学通史》第三卷，复旦大学出版社，2011年，第189页。

读者对其思想的理解,而且他还经常在作品中不恰当地引入一些说教式的语言,这反映西摩卡塔爱发号施令和过于自负。"①

德国学者卡尔·科隆巴赫尔(Karl Krumbacher)在其著作《从查士丁尼到东罗马帝国末期的拜占庭文献史》中对西摩卡塔及其作品有过中肯的评价,他认为:"西摩卡塔的文风融合了普罗柯比的质朴自然和阿加塞阿斯的散文诗式的抒情,是拜占庭文学迅速起伏发展的顶峰,普罗柯比和阿加塞阿斯与之相比都显得相当稚嫩。"②

詹姆斯·W. 汤普森(James Westfall Thompson)的《历史著作史》对西摩卡塔的生平和作品略有提及:"记载摩(莫)里斯皇帝那个重要的统治时期(582~602)的原始资料是提奥斐拉克都·西谟卡塔(塞奥非拉克特·西摩卡塔)所著《历史》,计八卷。他是埃及人,不大懂得众多史实的相对重要性,文笔华丽。就他的才智所及,他还算是忠实的。在一件事上,他还有独到的重要性:第七卷第七、八两章中他描绘了东亚的一个大帝国,这一定是中国。这是在'马可·波罗以前的欧洲文献里中国露出的最亲切的光芒'。他的消息是从突厥汗送往君士坦丁堡王庭的外交函件中得到的。"③

美国学者沃伦·特里高德(Warren Treadgold)的《早期拜占庭历史学家》对伊拉克略时代以前的主要历史学家进行详细阐述,并将西摩卡塔归类于最后的古典史家行列。他分析了西摩卡塔的生平、作品每一章节的主要内容、创作背景和写作风格等,属于概述性的阐述。④

英国学者诺尔曼·贝恩斯(Norman H. Baynes)撰文《塞奥非拉克特·西摩卡塔〈历史〉的文献来源研究》对《历史》的文献史料来源进行过专门研究,提出《历史》的文献来源以历史文献和军事文献为主、辅以口述材料和神话传说的观点。⑤

美国学者蒂莫西·阿兰·杜克特(Timothy Alan Duket)的博士论文主要从历史文献学的角度考察塞奥发尼斯的《编年史》和西摩卡塔《历史》之间的内在联系,详细分析西摩卡塔作品中所描述的重要事件,并进一步得

---

① Photius, *Bibliotheca*, codices 1-165, trans. by J. H. Freese, London, 1920, cod. 65.
② Karl Krumbacher, *Geschichte der byzantinischen Listteratur von Justinian biszum ende des ostromischen reiches*, Athen, 1974. p.249. 转引自陈志强:《拜占廷帝国史》,商务印书馆,2003年,第166页。
③ 〔美〕J. W. 汤普森著,谢德风译:《历史著作史》上卷,商务印书馆,1996年,第434~435页。
④ Warren Treadgold, *The Early Byzantine Historians*, NewYork,2007, p.329.
⑤ N. H. Baynes, *The Literary Construction of the History of Theophylactus Simocatta*, Xenia: Hommage international a l'universite nationale de Grece, Athens, 1912, pp.32~41.

出塞奥发尼斯存在借鉴和引用西摩卡塔作品内容的结论。①

英国学者迈克尔·怀特比夫妇对《历史》的拉丁文本进行了英语翻译。② 此外,怀特比夫妇于1988年出版了专门研究《历史》和莫里斯时代的专著《莫里斯皇帝和他的历史学家》。此专著的学术价值较高,是系统研究6世纪末期拜占庭帝国政治、军事和社会生活的历史著作。③

德国学者凡·哈维登和豪辛格撰文对《历史》的史实进行考证,前者对斯拉夫人入侵和迁徙路线的考证和后者对波斯国王科斯罗伊斯二世逃往拜占庭帝国经历的考证颇为翔实、准确。④ 另外法国学者奥拉琼斯也有几篇针对西摩卡塔及其作品的考证性论文,不过都是用法语写作,由于笔者语言能力所限,无法准确提取文中精髓,实为遗憾。⑤

## (二)对莫里斯时代的相关研究

英国历史学家爱德华·吉本的鸿篇巨制《罗马帝国衰亡史》阐述了罗马帝国晚期和整个拜占庭帝国的历史。作品的主题在于探讨罗马帝国衰亡的原因,作者认为罗马衰亡的原因有三:腐败与分裂、基督教的兴起与传播、"蛮族"入侵。吉本的经典论述开启了"罗马衰亡"的解释范式,它将莫里斯时期的治国理政视为帝国衰亡链条中的一个环节,无法扭转帝国的衰亡大势。吉本在该书第四卷中对莫里斯的继位和统治有所描述,分析了当时帝国内外所面对的严峻挑战以及莫里斯所采取的应对措施,尽管着墨不多,但恰到好处地阐明了莫里斯统治时期的所有要点。⑥

---

① Timothy Alan Duket, *A study in Byzantine historiography: an analysis of Theophanes' Chronographia and its relationship to Theophylact's History, the reign of Maurice and the seventh century to 711*, Boston, 1980.

② Theophylact Simocatta, *History*, ed. Michael and Mary Whitby, Oxford University Press, 1986.

③ Michael Whitby, *The Emperor Maurice and His Historian*, Clarendon Press. Oxford, 1988.

④ H. van Herwerden, *varia and varios: ad Theophylacti Simocattae Historias*, Mnesoyne 17 (1889), pp. 24 ~ 43;
H. W. Haussig, "The Sources of Theophylact's History in Balkan Narrative", *Byzantion*. 23, 1953, pp. 275 ~ 462.

⑤ T. Olajos, *Donnees et hypotheses concernant la carriere de Theohylacte Simocatta*, Acta Classica Universitatis Scientiarum Debreceniensis, 17 – 18(1981), pp. 39 ~ 47; *Contributions a une analyse de la genese de 1'Histoire Universelle de Theophylacte Simocatta*, Acta antique. 29(1981), pp. 417 ~ 424; *Quo ex fonte Theophylactus Simocatta narrationem de Sancta Golinduch hauserit*, Acta Antiqua et Archaeologica, Supplementum i, Szeged, 1978; *Quelques remarques sur le style de Theophylacte Simocatta*, JOB 32/3(1982), pp. 157 ~ 164.

⑥ 〔英〕爱德华·吉本著,席代岳译:《罗马帝国衰亡史》第四卷,吉林出版集团,2008年,第300页。

A. H. M. 琼斯作为拜占庭史的研究者，秉持"罗马转型"观点，对爱德华·吉本以来的"罗马衰亡"解释模式提出质疑。他认为在考察这一时期的历史时，需要将东、西部帝国同时纳入考察范围，其时西部发生了文化断裂，东部才是古代文明的继承者，通过强调历史的延续性，否定"拜占庭帝国"的提法，坚持使用"晚期罗马帝国"的称谓。琼斯所著三卷本《晚期罗马帝国史：284—602 年》系统揭示了帝国内部组织结构的生机和活力，认为导致西部罗马帝国衰亡的因素并非内部的腐败和分裂，而是"蛮族"的入侵。而正是由于帝国内部组织结构具有的生机与活力，为帝国的成功转型奠定了基础。琼斯对莫里斯时代应对内外危机、挑战所做出的有力调整与改革给予了高度评价，认为莫里斯时代是帝国转型的重要环节，它重新唤起了帝国内部组织结构的生机，只不过改革略显冒进，急于求成，才导致失败。[1]

南斯拉夫籍学者乔治·奥斯特洛格尔斯基的《拜占廷帝国》是拜占庭史的一部奠基性著作。它在关注拜占庭帝国政治发展的同时，还特别关注其社会、经济、精神和宗教生活，并勾画出其与古典文化的联系及其对当时和后代欧洲及近东地区历史的深刻影响。第一章阐述了早期拜占庭国家的发展和特征，其中对莫里斯时期的统治特征有精当的评述："莫里斯也是一位最杰出的拜占庭君主，其统治标志着转型时期极为重要的阶段，即陈旧过时的晚期罗马帝国向具有崭新的充满活力的组织结构的中世纪拜占庭帝国的转变。"[2]该书还分析了莫里斯的施政策略和重要措施，评价了莫里斯的历史贡献。

俄国拜占庭史家瓦西列夫著有两卷本《拜占庭帝国史：324—1453 年》，该书按照公认的说法从戴克里先和君士坦丁写起，一直写到 1453 年君士坦丁堡陷落为止。作者对拜占庭帝国的历史进行了全方位的描述，不仅注重皇帝的行为起居，而且关注帝国的文化与宗教发展，对全部内容作了精心的布局。他对涉及的人物没有任何先入为主的偏见，而是对他们进行了人性化的处理。他详细论述了查士丁尼时代后期即 565 至 610 年之间的历史，全面阐述和评价莫里斯在任时期所实施的对内对外政策，并认为莫里斯是四位皇帝中最为杰出的领导者。瓦西列夫认为查士丁尼时代后期并不像很多学者所认为的那样黑暗混乱，它只是从早期拜占庭向中期

---

[1] A. H. M. Jones, *The Later Roman Empire* 284—602, 3 vols. Oxford, 1964.
[2] 〔南斯拉夫〕乔治·奥斯特洛格尔斯基著，陈志强译：《拜占廷帝国》，青海人民出版社，2006 年，第 58~59 页。

拜占庭过渡和转型的重要阶段。①

  法国拜占庭学者查尔斯·迪尔侧重于对拜占庭政治历史的研究,提出了许多独到的见解。他的《拜占庭帝国史》和《拜占庭:伟大与衰败》全面描述了拜占庭的政治生活,并从拜占庭文化发展的角度考察拜占庭政治的演化。迪尔一生著述丰硕,涉及拜占庭帝国在拉文纳总督区的统治、在非洲行省的统治和查士丁尼一世等课题,对后代学者影响较大。他的《拜占庭帝国对拉文纳总督区的管理(586~751)》和《拜占庭帝国时期的非洲(533~709)》两本著述探讨了拜占庭帝国在拉文纳和迦太基总督区的管理模式,并指出总督区是后来军区制诞生的基础。② 这一类的专题研究还有法国学者 F. 奥萨雷赛斯(F. Aussaresses)的《6 世纪末拜占庭帝国的军事战略——以〈莫里斯的战略〉为例考察》和德国学者卢多·哈特曼(Ludo Moritz Hartman)的《拜占庭帝国对意大利管理的历史探究(540~750)》。③

  保罗·格波特(Paul Goubert)在其作品《伊斯兰崛起之前的拜占庭帝国》中对莫里斯的统治进行过细致的研究,探讨了帝国在这一时期的朝政、地方管理以及军队。但是第二卷的第三章"拜占庭帝国与多瑙河流域各民族关系"似乎没有完成。④

  德国学者恩纳斯特·斯坦因(Ernst Stein)在其著作《晚期罗马帝国史》中致力于探讨查士丁二世和提比略统治时期的历史,尽管他反复强调莫里斯时期的重要性,但对这一时期的历史涉猎有限。⑤

  美国学者马丁·哈金斯(Martin Haggins)在 20 世纪 40 年代著有博士论文《莫里斯统治时期的波斯战争》,详细论述了莫里斯时期帝国对波斯战争所实行的策略和战术以及具体的战争进程,并从编年史的角度厘清了

---

 ① A. A. Vasiliev, *History of the Byzantine empire*:324—1453, volume 1, Wisconsin, 1958, pp. 169~179.

 ② Charles Diehl, *Byzangtium*:*Greatness and Decline*, trans. by Naomi Walford, Rutgers University Press, New Jersey, 1957; Charles Diehl, *Etudes sur i'administration byzantine dans i'exarchate de Ravenne*(568~751), Paris, 1888; Charles Diehl, *L'Afrique byzantine*:*histoire de la domination byzantine en Afrique*(533~709), Paris, 1896.

 ③ F. Aussaresses, *L'armee byzantine a la fin du vi siècle, d'apres le strategicon de i'empereur Maurice*, Biblioteques des Universites du Midi, fasc. 14, Paris, 1909; Ludo Moritz Hartman, *Untersuchungen zur Geschichte der byzantinischen verwaltung in italien*(540~750), Leipzig, 1889; rpt. New York, n. d.

 ④ Paul Goubert, Byzance avant i'islam, 2 vols. Paris, 1956~1965.

 ⑤ Ernst Stein, *Studien zur Geschichte des byzantinischen Reiches, vornehmlich unter den Kaisern Justinus* II *und Tiberius Contantinus*, Stuttgart, 1919.

这一时期波斯战争的大事年表。①

美国学者哈里·诺曼的博士论文《查士丁尼的继承者：查士丁二世和提比略时期的波斯和内政问题研究》按照时间顺序探讨了查士丁二世和提比略的内政外交和对波斯的战争，还论及这一时期帝国与非基督徒少数群体的关系，帝国的经济政策、省区管理以及法律和建筑活动等问题。尽管其论述的范围并不包含莫里斯时期，但是他的研究为笔者进行莫里斯时代内政外交的研究奠定了重要的基础。②

国内学者陈志强教授著有《拜占廷帝国史》，全书采用通史与专题史相结合的方法，按照王朝成立时间顺序，分别介绍了君士坦丁时代、查士丁尼时代、伊拉克略时代、毁坏圣像时代、马其顿王朝时代的统治，以及帝国衰落与十字军运动、尼西亚流亡政府、拜占庭末代王朝及其灭亡等，全面阐释了拜占庭帝国的产生、发展历史及影响。作者在论述查士丁尼时代后期时认为这一时期进入危机阶段，表现在边境地区的形势直转急下、瘟疫造成人力和财力资源的枯竭、宗教斗争使社会陷入分裂等方面，这表明查士丁尼一世企图在古罗马帝国体制内为早期拜占庭国家寻求出路的计划失败了，拜占庭国家要发展只能适应新的历史环境。作者描述了查士丁尼去世后几任皇帝的施政，指出莫里斯统治期间大胆起用军事将才，遏止了波斯人的进攻，但是他废除了查士丁尼中央集权化政策的做法，使贵族重臣势力又起。该书的"军事改革和技术发展"一节还阐述了莫里斯军事改革的措施和历史贡献。③ 此外，陈志强教授在《拜占廷学研究》中专门开辟章节论述"7世纪中期以前拜占庭帝国北非政策"，富有创见地指出了拜占庭帝国北非政策的特点、经济政策和宗教政策，其中不乏对查士丁尼时代后期帝国对迦太基总督区和埃及的治理情况的精辟论述。④

徐家玲教授在其著作《早期拜占庭和查士丁尼时代研究》中阐述了查士丁尼之后的拜占庭帝国所面对的内忧外患，肯定了莫里斯的杰出军事才能，认为莫里斯的统治具有重要的意义："莫里斯的短期统治和他在拉文纳及北非实行的'总督制'改革，却决定了拜占庭帝国在此后几十年，乃至整

---

① M. J. Higgins *The Persian war of the emperor Maurice*(582~602), *the chronology, with a brief history of the Persian calendar*, Columbia, 1939.

② Harry Norman Turtledove, *The immediate successors of Justinian: a study of the Persian problem and of continuity and change in internal secular affairs in the later Roman empire during the reigns of Justin II and Tiberius II Constantine*, Los Angeles, 1977.

③ 陈志强：《拜占廷帝国史》，商务印书馆，2003年，第163、442页。

④ 陈志强：《拜占廷学研究》，人民出版社，2001年，第294~310页。

个中世纪占主导地位的重要行政军事管理体制的特点。"①徐家玲教授还在《拜占庭文明》中提到莫里斯的军事改革,并认为正是这些改革措施,使得军队在伊拉克略组织的对波斯战争和对阿拉伯战争中发挥了克敌制胜的重要作用。②

① 徐家玲:《早期拜占庭和查士丁尼时代研究》,东北师范大学出版社,1998年,第268页。
② 徐家玲:《拜占庭文明》,人民出版社,2006年,第230页。

# 第一章

## 西摩卡塔的生平及其作品

## 第一节　西摩卡塔的生平①

塞奥非拉克特·西摩卡塔是 7 世纪初期拜占庭帝国的历史学家,生活于伊拉克略皇帝统治时期。他的代表作《历史》延续了古典史学编撰与写作传统,他极力模仿希罗多德、修昔底德、狄奥多罗斯·西库鲁斯和阿里安等古典史家的写作风格。② 从内容上看,西摩卡塔是普罗柯比、阿嘎塞阿斯和曼南德尔所作历史记录的延续者,这三位史学家主要记述拜占庭帝国 518 年查士丁一世登基到 582 年提比略一世去世期间的历史,而西摩卡塔的《历史》主要描写莫里斯皇帝统治时期(582~602)的历史。此后,再没有年代纪历史作品对 7~8 世纪的帝国历史进行详尽记述,直到 8 世纪末或 9 世纪初,帕特拉克·尼基弗鲁斯才写了一部描写这一时期历史的《简史》。

《历史》的序言中没有包含作者简介等信息,由于资料所限,在接下来笔者关于作者生平与事业发展的探讨中难免存在一些推测的成分。作者的姓是"西摩卡塔",在希腊文中意即"短鼻子的猫"。在阿嘎塞阿斯和曼南德尔的作品中,序言部分大抵都包含大量作者的生平信息,而西摩卡塔却没有向读者提供此类信息。他只在第七卷和第八卷的只言片语中提及自己出生于埃及,他的一个名为帕特鲁斯(Petrus)的亲戚在莫里斯统治末

---

① 关于西摩卡塔的生平,笔者参考了《历史》英译本导论中的相关内容,并结合其他史料或研究成果,进行了细致考订。

② 迪奥多罗斯·西库鲁斯(Diodorus Siculus,前 49~35),罗马帝国治下的希腊史家,主要作品为《历史文库》(Bibliotheca,又译作《历史丛书》或《历史集成》),全书共四十卷,内容广泛,包罗万象。这是继波里比乌斯作品之后的又一部"通史"著作,是古代世界规模最大的历史著作。他在写作过程中受斯多葛学派的影响,过多地使用修辞的技巧去写作。阿里安(Arrian,96~180),罗马帝国治下的希腊史家,他的一生著述丰硕,涉及历史、哲学、军事、地理等,例如《师门述闻》《印度史》《论狩猎》《帕提亚战争史》《战术论》《爱奥尼亚方言论》和《黑海航行论》等作品。遗憾的是,这些著作除篇名外都未能保存下来,只有《亚历山大远征记》较完整地保存下来。

期担任过总督（Augustalis）一职。① 根据现代学者哈金斯的研究，②西摩卡塔出生在埃及的亚历山大里亚，父母是当地政府部门的官员，信奉与帝国相一致的正统的察尔西顿教义。然而在埃及的亚历山大里亚，大多数民众信奉的却是一性论教义，这里是一性论的大本营。③ 西摩卡塔的具体出生时间目前尚不得而知，笔者对其出生年份的大致推测为585～590年。

西摩卡塔在亚历山大里亚接受早期教育，在此期间他进行了系统的修辞学和哲学思辨训练，为他日后从事法律工作奠定了基础。④ 在西摩卡塔所处的时代，基督教在欧洲已经取得意识形态领域的主导地位，但在当时的亚历山大里亚，古典希腊的学术传统并未完全消失，在文化、教育领域甚至具有较大影响。西摩卡塔可能上过亚历山大里亚大学，当时这所学校坚守亚里士多德主义思想，其主要的代表人物是斯蒂芬。西摩卡塔所著《历史》序言——"对话"中对学者斯蒂芬有所提及。⑤ 在7世纪初期，作为声名显赫的学术领袖，斯蒂芬被伊拉克略皇帝邀请至君士坦丁堡参政。⑥ 在整个6～7世纪，亚历山大里亚作为重要的文化和学术中心吸引了来自整个东地中海地区的学生前来求学，其中包括阿嘎塞阿斯。那时，一个人要想获得高级教育就必须去君士坦丁堡、亚历山大里亚或尼西比，这种影响一直持续到7世纪末。西摩卡塔对古典作品谙熟于心，深受古典学术传统的影响。《历史》中典故的运用非常频繁，包括大量对前人古典作品的模仿，其中既包括对典故运用方法的模仿，也包括对场面和事件描写的模仿，这表明作者不仅深受荷马、俄西阿德、欧里庇德斯、阿里斯托芬和柏拉图等早期希腊作家影响，⑦而且也深受卢西安、里班努斯、阿瑞斯特纳图斯和加

---

① Theophylact Simocatta, *History*, vii. 16. 10; viii. 13. 12. 在脚注中，引用的西摩卡塔《历史》英文本以拉丁文数字"i""ii"等作为每一卷的编号，以阿拉伯数字作为章和节的编号。例如，"viii. 7. 10"表示第八卷第七章第十节。

② M. J. Higgins, "Chronology of Theophylact Simocatta 8. 1. 1～8", *Orientalia Christiana Periodica* 13 (1947), pp. 219～232.

③ 一性论主张基督的人性完全结合进其神性中，因此基督只有神性而无人性，反对当时正统教会关于基督之神人两性联合而不混淆的理论。这种神学主张最初由君士坦丁堡附近修道院的尤迪克院长（Eutyches, 378～454）和亚历山大主教迪奥斯哥鲁斯（Dioscorus, ?～454）提出，在拜占庭帝国东方各省获得广泛拥护。

④ A. M. Cameron, *Agathias*, pp. 140～141.

⑤ Theophylact Simocatta, *History*, Dialogue 9.

⑥ John Haldon, *Byzantium in the seventh century*, p. 24.

⑦ 欧里庇得斯（Euripides，前480～前406），古希腊戏剧家，他与索福克斯和艾希鲁斯并称为最伟大的古典悲剧作家。他一生写作九十多部悲剧作品，但仅有包括《美狄亚》《希波吕托斯》和《特洛伊妇女》在内的十八部作品完整地流传下来。阿里斯托芬（Aristophanes，前448～前380），古希腊剧作家，被认为是最伟大的古典讽刺喜剧作家，现存有《云》《吕西斯特拉特》《黄蜂》《鸟》和《地母节妇女》等作品。

沙的普罗科比厄斯等后期作家的影响。① 由于西摩卡塔所使用的典故大多来源于二手节录文集,笔者很难对《历史》中所涉及的模仿细节作清楚的评析。然而可以肯定的是,西摩卡塔对后期作家的作品还是相对熟悉一些,在《历史》中可以清晰地辨识出他模仿阿里安和加沙的普罗科比厄斯的写作方法和写信技巧。

西摩卡塔可能于602年前后仍没有离开亚历山大里亚,因为他在《历史》中记载了这样一个事件:一名工匠在夜间行路时遇见提查乌姆(Tychaeum,亚历山大里亚一处著名的场所)基座上的雕像全部滚落下来,这些雕像突然向他绘声绘色地形容那一天莫里斯政权垮台和遭遇不测的情形;惊恐万分的工匠将这一神奇经历上报到埃及总督那里(当时的总督正是西摩卡塔的亲戚),总督核实了此事,并赐给了工匠一个小官职。② 当时西摩卡塔完全是依据这位总督亲戚才得知这一轶事的发生,这表明他在莫里斯政权垮台之际仍在亚历山大里亚。

亚历山大里亚为西摩卡塔提供了良好的早期教育,他父母希望其接受更高层次的教育,以便获得良好的事业发展。于是在西摩卡塔二十岁左右的时候,他离开埃及去接受费用昂贵的五年制法律专业教育。亚历山大里亚原本拥有非官方的法律学校,但是在533年被查士丁尼取缔了,国家只允许在罗马、贝鲁特和君士坦丁堡等地开办法律教育。③ 关于西摩卡塔究竟前往以上哪个城市接受的法律教育,笔者的推测如下:其他历史文献中,有诸多证据表明贝鲁特的法律学校在551年的地震中损毁严重,因此西摩卡塔不太可能前往贝鲁特;从《历史》的内容上看,西摩卡塔对帝国的西方

---

① 卢西安(Lucian,120~180),罗马帝国修辞学家和讽刺作家,年轻时在小亚细亚西部旅行期间接受希腊文化教育,后来成为一个受欢迎的演说家,之后转向写作。他的作品充满辛辣讽刺的智慧,对当时的文学、哲学和知识分子阶层的虚伪和愚蠢作了巧妙而深刻的批判。在《卡隆》《冥界对话》《真实历史》和《尼格里努斯》等作品里,他对人类行为的几乎每个方面都作了讽刺。他在文学评论方面最好的作品是《怎样写历史》。里班努斯(Libanius,314~394),晚期罗马帝国修辞学者,他出生在安条克,十四岁开始迷上古典修辞学,像许多4世纪前后"异教徒"知识分子一样,他较少参加公共生活,而专注于学术研究。他在雅典接受教育,后在君士坦丁堡从事私人教师职业,但不久就逃亡到尼科米底亚。他与朱利安皇帝的交情甚笃,有过频繁的通信往来。他培养了很多学生,其中以约翰(John Chrysostom)、凯撒利亚的瓦西里(Basil of Caesarea)和阿米安·马赛林努斯(Ammianus Marcellinus)较为著名。阿瑞斯特纳图斯(Aristaenetus,?~358),拜占庭帝国修辞学者,现今留存下来的主要是他的书信和两部爱情诗。加沙的普罗科比厄斯(Procopius of Gaza,462~528),基督教诡辩家和修辞学者,他一生勤于教书育人和写作,创作了多部修辞学和神学作品,其中现存完整的修辞学作品是《阿纳斯塔修斯皇帝的颂词》,神学作品几乎全部散佚,只留下一部描写圣索菲亚大教堂的。

② Theophylact Simocatta, *History*, viii. 13. 8~14.

③ Justinian, *The Digest of Justinian*, i. 11.

事务明显缺乏兴趣,倘若他在罗马生活和学习长达五年时间,则不会出现以上这种情况:因此他极有可能是在君士坦丁堡接受的法律教育。至于他离开埃及前往君士坦丁堡的时间则无从考证,但是大致可以推测他不可能在602年莫里斯政权被推翻之前到达君士坦丁堡,因为在《历史》中没有记载任何他亲眼见证的莫里斯统治时期的历史事件,而且他对福卡斯政变的记载也不是基于个人的亲身经历,而是参照了大量编年史作家的记载。①

在伊拉克略开始其统治的610年,西摩卡塔已经出现在君士坦丁堡,他或许作为伊拉克略的随从参与推翻福卡斯政权的远征,或许作为伊拉克略表兄弟尼基塔斯(Nicetas)的幕僚参与进攻福卡斯在埃及的支持者。西摩卡塔在《历史》中记载自己曾在福卡斯政权被推翻之后的一次纪念莫里斯及其家族的活动中演说了一份热情洋溢的颂词,他演说颂词的确切时间无从考证。但可以确定伊拉克略为纪念莫里斯而举行过盛大的活动。在伊拉克略统治之初,此举有利于新任皇帝作为莫里斯的复仇者形象出现而使新政权具有合法性,这样一场纪念活动为那些才华横溢的演说家在新皇帝面前提供了展示才华的绝佳机会。此时的西摩卡塔年龄在20~25岁,他所接受的修辞学训练和法律教育使演讲精彩纷呈,扣人心弦。从演讲一开始,他就用一段精彩的开场白吸引住了所有的听众:"让整个剧场和所有的人们为死难的王室成员哀悼吧,让类似的惨剧不再发生,让人们伴着哀歌沉痛悼念,尊崇我们心中伟大的莫里斯皇帝。我的演讲不需要观众的掌声,只希望获得缪斯女神的称赞和戴着白色斗篷的雅典人的认可。美德就像寡妇一样,她正在寻找自己的驾车人,因为一些邪恶的势力杀害了她的男人。观众们,你们或许都没有经历过这样的邪恶。因此《伊利亚特》的悲哀是我演讲的主题,坟墓作为这出戏剧的重要背景……"②

在完成法律教育之后,西摩卡塔便开始了他此后颇为成功的事业。他被任命为高级行政官员,由此踏入仕途。前代作家阿嘎塞阿斯经常抱怨缺乏晋升的机会,③曼南德尔拒绝运用自己获得的法律教育谋取高级职位(从其名字上可以看出,他从事的工作是"护卫"),而西摩卡塔却积极地参与政治。在其著作《伦理通信》中,西摩卡塔说自己的身份是律师(scholastikos),在君士坦丁堡的一个主要法庭中供职。阿嘎塞阿斯曾经也有出任

---

① L. M. Whitby, "'Theophanes' Chronicle Source for the Reigns of Justin ii, Tiberius and Maurice", *Byzantion*. 53(1983), pp. 335~337.
② Theophylact Simocatta, *History*, viii. 12. 3~7.
③ Agathias, *The Histories*, iii. 1; A. M. Cameron, *Agathias*, p. 5~6; Menander Protector, *The History of Menander Protector*, 1. 5~12.

法庭律师的机会,但是考虑到繁忙的工作可能会分散他追求学术的时间和精力,因此他没有担任律师。西摩卡塔却没有这方面的顾虑,他比阿嘎塞阿斯更能胜任律师工作,且工作效率极高;然而与之相反,他对成为一名卓越的历史学家却没有阿嘎塞阿斯那样强烈的渴求。此后,西摩卡塔可能在某一个时期担任过咨议官(referendarii)或传令官(expraefectus)。① 随后他还可能担任过君士坦丁堡的城市长官(apoeparchon)及主簿官(antigrapheus),又在君士坦丁堡大教长塞尔吉乌斯(Sergius)麾下任职,在他的鼓励下从事历史写作。641年西摩卡塔出任伊拉克略政府的帝国法官(theiosdikastes)。② 帝国法官这一职位是查士丁尼皇帝于539年设立的,它由十二位资深的法律专家担任。根据撒尔迪斯(Sardis)镌刻的碑文中对海帕奇乌斯(Hyperechius,时任帝国法官)活动的记载,在这十二名成员中,有两位是君士坦丁堡的前任市长,因此法律造诣极高的西摩卡塔非常适合担任这一官职,而出任这一重要职位为他以后从事历史写作也颇有助益。

西摩卡塔的部分作品是在君士坦丁堡大教长塞尔吉乌斯麾下任职期间写作完成的。这一经历与埃庇发尼亚的约翰极为相似,他同样作为法律史家在6世纪晚期供职于安条克主教格里高利的麾下。在《历史》的序言——"对话"中,西摩卡塔明确表示塞尔吉乌斯大教长曾极力地鼓励他从事历史写作,并资助他在各处的讲台自由地演讲。③ 当伊拉克略621～631年离开首都远征波斯时,塞尔吉乌斯大教长成为君士坦丁堡的实际统治者。他鼓励优秀作家从事创作,因此在此时期极有可能会诞生出优秀的作品。西摩卡塔在"对话"中这样描述自己的恩主:"塞尔吉乌斯大教长拯救了我,将我从死亡的坟墓中提起来,就像阿尔刻提斯被赫拉克勒斯从冥府中救出一样。④ 他收养了我,给我穿上闪闪发光的衣服,为我戴上黄金项链。他使我在教会会众面前的形象光辉亮丽,他为我提供重要的讲坛,使我自由演讲","我从塞尔吉乌斯的行为那里获得教益。他既是一位重要的哲人,也是一位慷慨的慈善家"。⑤ 在6世纪中期,记载查士丁尼统治时期历史的作品主要来自约翰·利都斯(John Lydus,记载帝国与波斯的战

---

① 咨议官由书记员和执事官等八位官员组成,充当皇帝的司法助手(apoeparchon)。
② A. H. M. Jones, *The Later Roman Empire*, 284～602: *A Social, Economic and Administrative Survey*, pp. 549, 575～576; J. B. Bury, *The imperial Administrative System in the Ninth Century*, pp. 75～76.
③ Theophylact Simocatta, *History*, Dialogue 8, 10.
④ 根据希腊神话记载,阿尔刻提斯是塞萨利国王阿德美托斯之妻,她愿代夫而死,后被赫拉克勒斯从冥府中救出。
⑤ Theophylact Simocatta, *History*, Dialogue 8～12.

争)、保罗(Paul the Silentiary,记载圣索菲亚教堂的修建与设计)和普罗柯比(记载查士丁尼时期的战争),因此在7世纪20年代,塞尔吉乌斯大教长极有可能希望西摩卡塔撰写前代皇帝莫里斯时期历史的作品。

## 第二节　西摩卡塔的《历史》

　　《历史》是西摩卡塔的重要代表作,该作品旨在描述莫里斯皇帝在位期间拜占庭帝国的政治和军事、外交等历史事件,书中包含大量有关京城庆典和宫廷仪式的细节信息,从内容上延续了普罗柯比、阿嘎塞阿斯和曼南德尔的历史记载。作为最后一位延续古典史学写作风格的历史学家,西摩卡塔在《历史》中极力模仿古典作家的写作风格。西摩卡塔作品风格融合了普罗柯比的质朴自然和阿嘎塞阿斯的散文诗式的抒情,著名学者科隆巴赫尔认为它是拜占庭文学发展的顶峰而普罗柯比和阿嘎塞阿斯与之相比都显得相当稚嫩。①

### 一、《历史》的创作时间

　　西摩卡塔没有提及《历史》的写作时间,但是依然可以根据作品中的各方面线索来加以推断。包含在《历史》"对话"中的一处细节提到该书的写作始于福卡斯皇帝去世(610 年)之后,结束于塞尔吉乌斯大教长去世(638 年)之前。② 在"对话"中塞奥非拉克特这样评价塞尔吉乌斯:"他是人类历史上一位杰出的哲学家,他光辉的思想将会一直流传下去。"③作品中记载的最近事件是 627 年 12 月伊拉克略率军战胜波斯军队,紧接着,随着 628 年波斯国王科斯罗伊斯二世的去世,持续多年的两国交战关系也宣告结束。④ 波斯宫廷中的某位占星家也曾经预言过两国的胜负关系:"波斯帝国将蹂躏你们长达二十一年,此后罗马帝国也要蹂躏波斯人三十五

---

① Karl Krumbacher, *Geschichte der byzantinischen Listteratur von Justinian biszum ende des ostromischen reiches*, Athen, 1974, p.249, 转引自陈志强:《拜占廷帝国史》,商务印书馆,2003 年,第 166 页。
② Theophylact Simocatta, *History*, Dialogue 3~7.
③ Theophylact Simocatta, *History*, Dialogue 8~12.
④ Theophylact Simocatta, *History*, viii. 12.12~14.

年。"① 而且，预言中还表示，玛尔提罗玻利斯回归拜占庭帝国象征着双方的合作关系即将开启。② 因此，《历史》极有可能成书于7世纪20年代末期。由于伊拉克略战胜波斯帝国，社会上随即出现对未来的普遍乐观氛围，这种氛围也深刻感染了这一时期帝国的知识分子，唤起他们历史写作的兴趣。例如匹希底亚的乔治创作了一部歌颂拜占庭军队胜利的长篇叙事史诗，将伊拉克略推翻福卡斯暴政和征服波斯帝国作为叙事重点。君士坦丁堡教会的一位神职人员受到胜利的鼓舞决定续写马拉拉斯的编年史，主要续写533年至630年的历史，重点记载上帝在626年将君士坦丁堡从阿瓦尔人的围攻中解救出来，以及628年伊拉克略战胜波斯帝国并由此带来的圣城耶路撒冷的回归，③ 这部作品被命名为《复活节编年史》。那么，当然西摩卡塔创作《历史》也受到同样氛围的影响。《复活节编年史》和《历史》的写作都受到塞尔吉乌斯大教长的资助。年代纪编纂传统自曼南德尔的《历史》之后便一直中断，塞尔吉乌斯决定资助西摩卡塔来延续这一传统，书写582年之后的历史。年代纪历史作品甚少涉及写作时间和成书年代等信息。尽管西摩卡塔声称自己写作的目的是描述莫里斯时期的历史，但是作者的记述也包括福卡斯的残暴统治以及伊拉克略对波斯军队的胜利等内容，但不甚详细，记载也不完整，以致整部作品草草收尾。西摩卡塔没有将《历史》记述的内容延续到自己生活的年代，其原因不得而知。如果是伊拉克略战胜波斯人的巨大成功激励着西摩卡塔从事历史写作，那么随着630年左右阿拉伯人对帝国东部的入侵，此前帝国对波斯人获得的胜利成果很快灰飞烟灭，这一结果也许使作者无心再继续创作了。

## 二、《历史》的主题

《历史》所记载的是莫里斯统治时期二十余年的历史，主要涉及两个主题：其一，拜占庭帝国在东部边境上与波斯的冲突与战争；其二，在巴尔干半岛上对抗阿瓦尔人和斯拉夫人入侵的战争。自6世纪中叶，帝国在东、西两条战线上同时受到波斯人和斯拉夫人或阿瓦尔人不同程度的侵袭，两条战线互相牵制，帝国疲于应对。在整个6世纪，巴尔干半岛受到来

---

① Theophylact Simocatta, *History*, v. 15.3~7.
② Theophylact Simocatta, *History*, iv. 15.
③ *Chronicon Paschale* 284~628 *AD*, p. 32.

自不同的"蛮族"日益频繁的袭扰,斯拉夫人和保加尔人的进攻使帝国的防务承受巨大压力,① 尤其是在570年左右,两股势力联合起来使得边界的境况变得更糟。572年帝国东部边境重燃与波斯的战火,国家不得不把主要的资源投入到东方战场,在巴尔干半岛的防务力量不可避免地受到削弱。与此同时,6世纪后半期才从中亚迁徙来到多瑙河流域的阿瓦尔人控制了该地区的许多部落,形成了以阿瓦尔人为主导的统一、强大的部族联盟国家,由此阿瓦尔人有足够的实力与拜占庭军队相抗衡。此后阿瓦尔人多次以武力相要挟,企图逼迫拜占庭帝国让步,并且步步紧逼帝国防线。根据《历史》的记载,在围攻西尔缪姆城(Sirmium)三年之后,阿瓦尔人终于在581年攻占了这座重要的城池。② 阿瓦尔人的扩张迫使一些不愿臣服的部落纷纷迁徙,此前与阿瓦尔人结盟的伦巴德人于568年迁徙至意大利;570年活动于多瑙河下游地区的斯拉夫部落为了寻求安全的定居地,开始越过多瑙河南下侵入到帝国的领土。在提比略统治末期,阿瓦尔人的进攻迫使拜占庭人签订了屈辱性的条约,帝国不仅国土被侵占,还须向阿瓦尔人交纳八万金镑的贡金。③ 此时拜占庭帝国实力的虚弱也表现为大量蜂拥而入的斯拉夫人开始定居在帝国边陲地区,由此,这些地区逐渐脱离了拜占庭帝国的控制。

在莫里斯统治的前半期,即从582年至591年波斯战争结束期间,帝国面对巴尔干半岛上"蛮族"的侵袭比较被动。根据《历史》的记载,科蒙提奥鲁斯(Comentiolus)率军英勇阻击斯拉夫人对君士坦丁堡近郊的进攻,并使其撤退。④ 但是面对来势汹涌且组织严密的阿瓦尔人,拜占庭帝国的军队数量却表现出明显的不足,有限的军队难以抵挡阿瓦尔人扩张的势头,⑤ 多瑙河沿岸的许多城市被阿瓦尔人劫掠一空。而斯拉夫人侵袭的目标是远离京畿的希腊地区,他们围攻塞萨洛尼基,洗劫雅典和科林斯。591

---

① 保加尔人(Bulgars,或称保加利亚人)早期的历史一直是学者们努力探讨但争议颇大的课题。有一种意见认为最初的保加尔人属于活动区域广泛且部落众多的匈奴人,他们是其中的一个被称为欧诺古尔人(Onogurs)部落的分支。这个分支属于中亚游牧民族,因躲避严寒天气南下到亚速海东岸的库班河谷地区,迁徙到伏尔加河流域。500年,其中一部分保加尔人进入多瑙河出海口地区,成为这里早期斯拉夫人的奴隶。到6世纪中期,库特里格斯人和乌提格尔人进入多瑙河中、下游地区,并侵袭拜占庭人控制的巴尔干半岛北部地区。在此期间,他们与早期斯拉夫人一起受到阿瓦尔人的奴役,被迫参与后者对拜占庭帝国的入侵。关于保加尔人的起源和迁徙,请参见陈志强:《巴尔干古代史》,中华书局,2007年,第67页。
② Theophylact Simocatta, *History*, i.3.3~5.
③ Theophylact Simocatta, *History*, i.3.3~7.
④ Theophylact Simocatta, *History*, i.7.1~6.
⑤ Theophylact Simocatta, *History*, ii.10.8~17.13; vi.3.9~5.16.

年拜占庭帝国与波斯的战争结束,此后大量的军队从东方前线补充至巴尔干半岛边防薄弱地区。在莫里斯统治的后半期,帝国逐渐恢复了在多瑙河南岸地区的权威,并对多瑙河北岸的"蛮族"采取积极的进攻性策略,这一举措起到威慑和阻止"蛮族"侵袭的作用。拜占庭军队此后开始了对帝国边界的收复行动,这一进程是缓慢的,也有过失败,因为阿瓦尔人抓住了拜占庭军队组织涣散这一弱点对其展开突袭,①但总体来说此时的阿瓦尔人实力已有所削弱,不像6世纪80年代那样势不可挡。拜占庭军队此时已经恢复了元气,在与"蛮族"进行的几次战争中都获得了胜利。要守住多瑙河防线就需要拜占庭人保持高度的警惕,经验告诉他们要想成功应对来自阿瓦尔人和斯拉夫人不同的军事威胁,就必须采用针对"蛮族"自身不同特点的最佳的军事策略。这种军事策略主要体现在《莫里斯的战略》这本军事手册中②,这部重要的著作可能是参与过巴尔干战事的某位匿名军事长官于莫里斯统治末期写作而成的。由于拜占庭军队习惯夏季作战、冬季休息,若是在冬季对多瑙河北岸的"蛮族"形成持续的军事压力,那将会取得更大的胜利。莫里斯坚持冬季用兵,③但是整年的行军作战使得士兵疲惫不堪,怨声载道,再加上财政短缺致使莫里斯对士兵非常吝啬,经常克扣军饷,于是中层军官福卡斯利用士兵的不满情绪发动政变推翻了莫里斯的统治,自己当上了皇帝。

至于东方战线,查士丁尼由于忙于西部战争而无暇东顾,他和科斯罗伊斯一世(科斯罗伊斯 I,531~579 在位)于562年签署和平条约,双方约定保持五十年的和平,而拜占庭帝国承诺每年向波斯帝国提供大笔贡金。④ 然而仅仅过了十年,这一合约就被查士丁二世(Justin II,565~578 在位)撕毁,他拒绝继续向波斯帝国缴纳贡金。似乎有多种借口用来掩饰查士丁二世的好战,其中包括查士丁二世指责"波斯人煽动赫姆拉特人(Homerites,指臣服于拜占庭帝国的部落)起来反抗拜占庭帝国的统治",⑤但是战争的重要诱因在于波斯帝国境内出现多种导致混乱的因素,包括亚美尼亚基督徒对波斯帝国的宗教政策不满,以及波斯帝国东北边境受到突厥人的军事威胁。突厥人积极寻求与查士丁二世的合作,以期对波斯帝国形成东西夹攻之势。西摩卡塔所记述的战争前十年(即572~582)的历史

---

① Theophylact Simocatta, *History*, vii. 13.1~15.4.
② *Maurice's Strategikon*, *Handbook of Byzantine military strategy*, Xi.2,4.
③ Theophylact Simocatta, *History*, viii. 6.2~7.7.
④ 陈志强:《拜占廷帝国史》,商务印书馆,2003年,第151页。
⑤ Theophylact Simocatta, *History*, iii. 9.6~8.

主要是背景性的介绍,形成"插话"部分。① 这十年的战事,对拜占庭人来说是异常惨烈的。由于波斯人没做好战争准备,拜占庭军队在最初获得了几次小规模的胜利;但当 573 年科斯罗伊斯一世率领大军一举攻占了拜占庭帝国重要的东方要塞达拉城(Dara)的时候,拜占庭军队亦缺乏充分的军事准备这一缺点就暴露无遗。② 自 6 世纪初阿纳斯塔休斯一世(Anastasius,491~518 在位)修建达拉要塞之后,此城一直成功抵御波斯人的进犯,因此它被视为拜占庭帝国在东方最坚固的堡垒之一。这一次的溃败迫使查士丁二世不得不与波斯人签订停战协定,双方遂决定结束在美索不达米亚的战事和在亚美尼亚的敌对状态。574 年 12 月,提比略担任凯撒以后,拜占庭军队重整旗鼓,他大规模征召军队,加强训练,雄心勃勃地准备进行远征亚美尼亚的计划,但是最终仍然被科斯罗伊斯一世的军队打败。③ 西摩卡塔所记载的拜占庭军队在几次激战中取得过的胜利可能根本就没发生过。从 578 年开始,拜占庭军队在莫里斯将军的领导下侵占了波斯要塞阿扎尼尼(Arzanene),洗劫了美索不达米亚,并击退了波斯军队的反攻。④ 之后,拜占庭军队基本上掌握了战争的主动权。莫里斯即位之后,拜占庭军队胜利的态势仍然持续下去,他们继续进攻阿拉比亚(Arabia),大规模蹂躏底格里斯河两岸的波斯领土,在几次关键性的战役中都取得了胜利。对于波斯帝国来说,唯一的成功是由于拜占庭人的变节而获得了要塞城市玛尔提罗波利斯(Martyropolis)。590 年波斯国内发生严重的军事叛乱,篡位者巴拉姆(Baram)推翻霍尔米兹德四世(Hormisdas IV,579~590 在位)的统治,自己当上了国王。皇位继承者科斯罗伊斯二世(Chosroes II,591~628 年在位)则逃离波斯,远赴西方以寻求拜占庭人的帮助,最终科斯罗伊斯二世在莫里斯的帮助下于 591 年推翻篡位者巴拉姆的政权,恢复了萨珊王朝的统治。由于受惠于莫里斯的帮助,科斯罗伊斯二世统治期间两国基本上保持着和平的局面。

莫里斯除了应对以上两个地区的战争威胁,还在非洲、意大利、法国和西班牙等地区广泛开展军事和外交活动,然而西摩卡塔却对此着笔较少,或许表明他对西地中海地区的事务缺乏兴趣。西摩卡塔两次提到驻扎非

---

① Theophylact Simocatta, *History*, iii. 9. 1~18. 4.
② Theophylact Simocatta, *History*, iii. 11. 2.
③ Theophylact Simocatta, *History*, iii. 12. 4~8,12. 11~14. 11.
④ Theophylact Simocatta, *History*, iii. 15. 14~15,16. 1~2,17. 3~4,18. 1~2.

洲的拜占庭军队打败摩尔人的袭击,①但是对于迦太基总督杰纳达(Gennadius)是怎样取得成功的等细节没有进一步阐述。根据《历史》的记载,对于伦巴德人进攻罗马城这一重要事件,西摩卡塔提到过一次,②但是他没有记述此时伦巴德人在意大利北部和中部地区统治的不稳定,也没有记述莫里斯试图联合法兰克人来进攻伦巴德人以保护拜占庭帝国在意大利南部拉文纳的统治的计划。西摩卡塔记载了法兰克国王塞奥多里克(Theodoric)曾经派遣使节与莫里斯商谈两国结成同盟以共同反对阿瓦尔人的扩张之事;③但是没有记载莫里斯有意扶持贡多瓦尔德(Gundovald)成为墨洛温王朝的国王以使他成为帝国在法兰克王室的代理人之事,也没有提及法兰克人和阿瓦尔人斗争的细节,尽管这对于巴尔干半岛未来的事态发展影响深远。西摩卡塔没有记载帝国在西班牙统治的情况。根据其他史料的记载,此时拜占庭的势力仅限于伊比利亚半岛的南部,且不断受到西哥特人的侵扰。拜占庭史学家普罗柯比和阿嘎塞阿斯在他们的作品中都关注过非洲、意大利和法国的事务,但西摩卡塔却对西方事务兴趣不浓。这反映出由于查士丁尼恢复大一统罗马帝国梦想的破灭而致使7世纪初拜占庭知识分子的视野大大缩小了,他们将关注的重点放在东部罗马世界上。

《历史》除了将关注重点放在巴尔干半岛和东方战争上,还为我们提供了大量有关京城庆典和宫廷仪式的细节描写,这是同时代其他作品中缺少的内容。其中大多数的信息都与皇室相关,诸如莫里斯的结婚大典、登基一周年庆典,皇子的结婚典礼以及在莫里斯政权垮台之前首都出现的民众骚乱等内容。④ 西摩卡塔偶尔还会记载自然现象或自然灾害和一些较为重要的事件,比如君士坦丁堡大教长去世等内容。⑤ 上述这些关于首都君士坦丁堡的信息在拜占庭历史写作的另外一个传统——编年史中都有记载,编年史写作在这一时期的主要代表人物是塞奥发尼斯、格里高利·马那库斯和利奥·格拉玛提库斯。⑥《历史》中还有一些内容带有神秘传

---

① Theophylact Simocatta, *History*, iii. 4. 8; vii. 6. 6 ~ 7. 摩尔人(Moors)又称柏柏尔人,是西北非洲的一个说闪 - 含语系柏柏尔语族的民族,实际上摩尔人并不是单一的民族,它是众多在文化、政治和经济生活上相似的部落族群的统称,他们主要集中在摩洛哥和阿尔及利亚。

② Theophylact Simocatta, *History*, iii. 4. 8.

③ Theophylact Simocatta, *History*, vi. 3. 6 ~ 8.

④ Theophylact Simocatta, *History*, i. 10; i. 12. 12 ~ 13; viii. 4. 10 ~ 5. 4; viii. 7. 8 ~ 11. 6.

⑤ Theophylact Simocatta, *History*, i. 11. 1 ~ 2, 12. 8 ~ 11; vii. 6. 8 ~ 9; vii. 6. 1 ~ 5.

⑥ L. M. Whitby, "Theophanes' Chronicle Source for the Reigns of Justin ii, Tiberius and Maurice (A. D. 565 ~ 602)", *Byzantion* 53(1983), pp. 312 ~ 345.

说的色彩,例如把莫里斯的形象赋予神圣的光环,或者对福卡斯将要推翻莫里斯统治所进行的预测和解释,①这些内容都是西摩卡塔从《叙利亚的圣徒传记》之"莫里斯皇帝篇"中精挑细选的,这部书对于伊拉克略以替莫里斯复仇为借口而推翻福卡斯统治提供了重要的依据。②

## 三、《历史》的资料来源

西摩卡塔的《历史》是记载莫里斯时期历史最重要的一部史书,其重要性体现在它是唯一的、全面的记载这一时期历史的作品。西摩卡塔不像普罗柯比生活在所记历史事件的同时代,在他开始写作的时候,《历史》中所记载的事件已经过去三十年至六十年了,对这些事件,他难以找到目击证人。人们最有可能记起或转述的是某些奇闻逸事,而非历史事件的准确细节,因此口述史料在《历史》的写作中运用得非常有限,西摩卡塔不得不依赖于书面的文献史料进行写作。西摩卡塔编纂的《历史》主要来源于三种文献:埃庇发尼亚的约翰的作品、与君士坦丁堡有关的编年史材料和与莫里斯相关的传记故事。③

埃庇发尼亚的约翰(以下简称约翰)的《历史》开篇中就有关于莫里斯时期波斯战争的记载,这为西摩卡塔记载东方战事提供了重要的资料。古代历史作家很少提到他们写作的资料来源,西摩卡塔也不例外,在其著作中没有提到约翰及其作品。约翰是安条克主教格里高利的律师,在6世纪90年代的一段时间,他供职于拜占庭帝国驻波斯帝国某位大使手下。约翰声称自己认识很多重要人物,与他们的交谈能获取许多重要的信息,因此在他的著作中记载了大量重大的历史事件,例如波斯国王科斯罗伊斯二世逃亡至拜占庭帝国边境并在莫里斯的帮助下恢复了王位之事。此外约翰还为572年开启的"二十年波斯战争"的前期进程作了简要的追溯,为莫里斯时期的战争叙事提供铺垫。约翰的记述在很大程度上影响了西摩卡塔的历史写作。约翰对波斯战争前十年(572~582)的战争情况只作简要

---

① Theophylact Simocatta, *History*, i. 2. 1~2; v. 16. 7; vi. 3. 4; viii. 13. 7~15.
② *Syriac Hagiography*, ed. and tr. L. Leroy and F. Nau, Leipzig, 1910, iv. 4.
③ 《历史》中也有某些特殊的章节源于其他文献,比如:对尼罗河洪水的分析(vii. 17)来源于西西里人迪奥多罗斯的记载(i. 37);卡巴德斯(Kabades)流亡的内容(iv. 6. 6~11)来源于普罗柯比《战记》(i. 5~6);对中亚的"插话"记载(vii. 7. 6~9. 12)最有可能源于某份外交文书。

描述，①不会像曼南德尔那样采取详述战争场景的方式，西摩卡塔极有可能采纳与约翰类似的简要追溯的处理方法。另外，对于战争第二阶段（582~591）的历史写作，西摩卡塔希望在其作品中展现更多的历史细节，但是却没有原始史料可资借鉴。约翰的《历史》记载开始于589年波斯将领巴拉姆在苏阿尼亚（Suania）与拜占庭军队的第一次交锋，而西摩卡塔的《历史》记载也是从这一事件开始的，②随后他关于巴拉姆暴乱的整个过程的记载也是借鉴约翰的作品。③

在西摩卡塔《历史》第三卷第十二章，作者记载了拜占庭军队与波斯军队在亚美尼亚展开决战的情景，而约翰在其作品中也记载了相同史事。西摩卡塔和约翰对战争进程的描写大同小异，但对于战争结果的描写却大相径庭。约翰认为，科斯罗伊斯的军队撤退了，罗马人取得了小规模的胜利，大规模的会战并没发生；④而西摩卡塔认为，双方展开激烈会战，最终罗马人取得了决定性的胜利。⑤ 内容如此迥异，原因在于西摩卡塔是综合分析了众多文献史料才得出的结论。根据韦恩的研究，⑥西摩卡塔在此处全面比照和分析了曼南德尔和阿嘎塞阿斯的作品，发现二人对于这一战事结论的记载与约翰的不一致，因此他极有可能采纳了曼南德尔的说法，认为亚美尼亚战役是双方的关键之战，而拜占庭取得会战的胜利具有决定性的意义。

西摩卡塔对于历史事物和人物的评价带有时代性特征，但这不影响其作品的史料价值。例如西摩卡塔在《历史》第四卷第十三章中评价波斯国王科斯罗伊斯"天生具有狡诈的性格，善于欺骗，从不把仁慈和友善作为自己的行事法则"，⑦这类描述在全书的出现不少于五次。而纵观约翰的作品，全书几乎没有对这位波斯国王有过贬损性评价，这是因为约翰生活在莫里斯统治后期，这一时期拜占庭与波斯两国的关系友好。西摩卡塔则生活在伊拉克略统治时期，此时的波斯帝国重新挑起战端，对拜占庭的东部边防构成了极大威胁。基于不同时代背景，史家对于历史人物的评价确会有主观片面之嫌。但若细细研究史料，会发现大多数的史家对科斯罗伊斯

---

① Theophylact Simocatta, *History*, iii. 9.1~18.4.
② Theophylact Simocatta, *History*, iii. 6.6.
③ Theophylact Simocatta, *History*, iv. 7.7~11, 8.5~8, 11.1~11.
④ C. Müller, ed., *Fragmenta Historicorum Graecorum*, vol. 4, Paris, 1870, iii. 65.
⑤ Theophylact Simocatta, *History*, iii. 12.18.
⑥ O. veh, "The Research about Byzantine Historian: Theophylact Simocattes." *Byzantion* 26 (1956), p.115.
⑦ Theophylact Simocatta, *History*, iv. 13.1.

的评价都较为负面,尤其在评论其性格时常出现贬损描述。例如曼南德尔形容这位波斯国王在面对复杂问题时"经常露出狡黠的本来面目",阿嘎塞阿斯记述科斯罗伊斯"登上圣坛的粗鲁无礼的举动招致朝野的一片反对声"。①

总而言之,西摩卡塔对波斯战争第二阶段的记载相对完整,但又比较散乱。这说明西摩卡塔没有重视形式上的统一性问题,但也同时说明他在借鉴引用约翰作品的基础上,充分比较、分析和运用了其他文献,扩充了原有记述,使作品更富有史料价值。这对于再现这一时期波斯战争的面貌具有重要意义。

西摩卡塔在记述巴尔干事务时还引用了其他两种文献,它们是关于这一时期君士坦丁堡的编年史材料以及与莫里斯皇帝相关的传记故事。有关君士坦丁堡的编年史材料记载了发生在首都附近的一些重要的军事行动,尤其记述了科蒙提奥鲁斯战胜斯拉夫人的军事行动,②且其中没有任何贬损科蒙提奥鲁斯的迹象。编年史材料还记载了包括莫里斯远征安奇阿鲁斯的简要内容和一些奇闻逸事。③ 与莫里斯相关的传记故事主要提供莫里斯皇帝远征,以及在远征途中遭遇了各种预示其命运的征兆的记载,④这类文献所记的军事活动不够详细,年代不够精确,因此其历史价值不大。

## 四、《历史》的序言——"对话"分析

《历史》的序言是哲学和历史的拟人化对话,让哲学和历史各自阐述观点,以突出历史写作的独特风格。西摩卡塔坦言自从福卡斯即位之后就再也没有出现历史作品了。在伊拉克略上台之后哲学又得到复兴,这主要表现在伊拉克略皇帝大力资助亚历山大里亚哲学家斯蒂芬进行创作活动,但是《历史》的创作却只是通过一位不知名的高级神职人员(可能指的是塞尔吉乌斯大教长)对西摩卡塔的资助才得以恢复。因此"对话"是西摩卡塔试图与斯蒂芬展开一场讨论。然而,这场讨论的非个人性和间接性是

---

① Agathias, *The Histories*, Proem 12.
② Theophylact Simocatta, *History*, i.7.1~6.
③ Theophylact Simocatta, *History*, v.16.1~6; ii.15.5~12,16.1~11.
④ Theophylact Simocatta, *History*, v.16.7~vi.3.8.

其重要的特征,它反映作者作为一个历史学家的思想观念:他的工作是恢复历史写作的传统,他个人则是历史写作复兴的继承者。

"对话"的文体风格不像古典希腊或拜占庭时期历史作品的风格,但与晚期罗马帝国时期哲学家波伊提乌(Boethius)的著作《哲学的慰藉》所使用的文体风格有某种程度的相似,全文以拟人化的对话体形式将历史和哲学的对话渐次展开。"对话"的内容与《历史》中其他部分的内容没有什么联系。学者韦恩认为西摩卡塔原本没有把"对话"放入《历史》中,二者是彼此分开的,中世纪的一位抄写员基于编撰方便的考虑才将"对话"放置在《历史》中。① 然而这种说法是有待商榷的,因为在"对话"的结尾包含了一段特殊的说明,"哲学"提醒"历史"应该开始其故事了:"我的孩子,现在就开始吧,从你的开场白说起吧。""历史"听从"哲学"的建议,开始"弹拨里拉琴的第一根弦"。② 这段话表明"对话"与《历史》的其他部分是紧密联系的一个整体。奥拉杰斯认为西摩卡塔运用"对话"文体作为历史作品的序言有悖于历史写作的传统,然而西摩卡塔从来不遵照传统的文体风格来写作。③ 在三部小作品中,他使用神学理论来阐明自己对人类行为的建议;在《历史》中,他引用基督教的材料和观点比以前的历史学家都要多。古典的历史学并不严格地受制于某一项既定的规则,比如史家在记载重大的军事或外交事件的时候,经常穿插有精彩绝伦的演说或者"插话"的内容。根据现存5、6世纪的历史作品或残篇,史家们并没有完全照搬古典历史写作传统,而是在写作过程中尽量呈现方法和风格的多样性。古典历史作品的序言部分通常会介绍作者的基本信息(西摩卡塔实际上省略了这一环节,实为创新之举),但是史家作这一部分的处理方法也是多样的,似乎每位史家都乐于表现自己与以前史家的差异性。例如尤纳比欧斯在其作品的序言中花费大量笔墨阐释他为什么看不上编年史、为什么他要批评前代历史学家德克西普斯(Dexippus)的文体风格;④普罗柯比在《战记》的序言中比较荷马时代弓箭手和当代弓箭手的不同;⑤阿嘎塞阿斯在序言中阐述了诗歌和历史的相似性,并总结了普罗柯比作品中序言的主题;曼

---

① O. veh, "The Research about Byzantine Historian: Theophylact Simocattes." *Byzantion* 26 (1956), pp. 103~115.

② Theophylact Simocatta, *History*, Dialogue 14~15.

③ T. Olajos, "Contributions a une analyse de la genese de l'Histoire Universelle de Theophylacte Simoatta", *Acta antiqua* 29(1981), pp. 417~424.

④ Eunapius, *The Fragmentary Classicising Historians of the Later Roman Empire: Eunapius, Olympiosorus, Priscus, And Malchus*, fr. 1, p. 21.

⑤ Procopius, *History of the Wars*, i. 1.6~16.

南德尔在序言中评论了他对参与法律事务积极性不高的原因,以及莫里斯皇帝对作家资助的意义;埃庇发尼亚的约翰在其作品的序言中夸耀自己具备渊博的知识,这使他足以承担对其一生重大事件的记述。虽然这些作品的序言都是以修昔底德和迪奥多罗斯的古典作品为范本,但是序言中主题的不同却反映作者的兴趣差异。因此历史作品序言的撰写没有固定的标准可言,西摩卡塔使用新的撰写方式也不足为奇。在《自然问题》中,他用柏拉图式的对话体形式讨论相互矛盾的主题,在《历史》中也用对话体的形式来展开全文就很正常了。

将"对话"放置在正文之前,体现了西摩卡塔在写作过程中所秉持的非个人化和间接性原则。阿嘎塞阿斯声称历史学家的写作习惯之一是在序言中介绍自己的生平,①大多数历史学家也确实是这样做的。但是,西摩卡塔对自己的身份只在目录的开端有所提及,即"西摩卡塔(城市长官及主簿官)的《历史》第一卷",他在序言中没有提到任何自己历史写作的资历、他与前代历史学家的关系,以及他所记录的事件具有何等程度的重要性等内容,这一点与普罗柯比和埃庇发尼亚的约翰的做法恰好相反。②西摩卡塔的目的是要把"历史"看作超越人类的一种化身,"历史"作为独立的存在向听众叙述自己的故事,而历史学家在"历史"面前只是一个被动的传声筒的角色。这种看待历史和写作的方法类似于教会史家。教会史家在记述基督教历史的过程中不需要任何作者个人的判断或高超的写作技巧,他们相信上帝在人类历史中拥有绝对的主权。像西摩卡塔一样,大多数教会史家都只将作者名字等信息在标题中简要提及,作者的生平和资历等内容则一概省略。

西摩卡塔处理作品目录的方法也与教会史家相似。世俗的历史学家希望在目录中为正文内容提供梗概或线索,例如普罗柯比在《战记》的目录中表明自己写作的目的是记录查士丁尼在东方和西方抗击"蛮族"的战争,埃庇发尼亚的约翰则是围绕波斯国王科斯罗伊斯二世逃亡和恢复王位这一线索逐一展开记述的。很显然西摩卡塔没有遵照世俗史家的做法,他在目录中仅仅标明"第一卷""第二卷""第三卷"等,没有在此基础上提供更多的细节信息。尤西比乌斯在《教会史》的序言中给每一卷书配有目录和索引,这为后代作家的写作提供了范例。很有可能6世纪的教会史家埃瓦格留斯和以弗所的约翰已经为他们的作品编有目录并配有索引了。因

---

① Agathias, *The Histories*, Proem 14.
② Procopius, *History of the Wars*, i.1; C. Müller, ed. *Fragmenta Historicorum Graecorum*, vol. 4, i.

此,西摩卡塔极有可能是使用了教会史家的处理方式。

在"对话"中,西摩卡塔善于运用神话典故,将福卡斯描述为"独眼巨人和半人半马怪的后裔",其性情残暴,统治专横;① 他将推翻福卡斯暴政的伊拉克略比喻成希腊神话中征服厄律曼托斯山的野猪和人面马身怪兽的赫拉克勒底亚;② 将塞尔吉乌斯大教长对自己的资助和提携形容为"就像阿尔刻提斯被赫拉克勒斯从冥府中救出一样"。③ 这种运用典故的风格似乎比较老套,带有传统的古典作品的色彩,但也符合7世纪20年代历史写作的范式。在同时期的匹希底亚的乔治的作品中也有类似的写作方法,他在记述628年伊拉克略率军战胜宿敌波斯的时候,将伊拉克略描述为"像赫拉克勒斯那样,是一个真正的拯救者",将"众多的阿尔刻提斯们从地狱中拯救出来,重见光明"。乔治将福卡斯描述为"飓风、肆意纵乐者、陆生大海怪和蛇发女怪戈耳工(Gorgon)的化身",将福卡斯的走卒描述为"人面马身怪兽"。④ 在《历史》的第八卷,西摩卡塔在记述628年拜占庭军队的胜利时也用到了典故,他将福卡斯描述为人面马身怪和陆生大海怪,⑤ 显然西摩卡塔借鉴了乔治作品中的描述。据此推测,西摩卡塔《历史》中词语的选择和典故的运用很有可能受到乔治的影响。

## 五、《历史》的结构与内容特征

在《历史》序言的结尾之处,西摩卡塔充满歉意地形容自己的作品"措辞低俗,思想贫乏,语言拙劣,结构混乱",⑥ 这种过分谦虚和自我贬抑的态度是不可取的。笔者认为有必要对该作品的写作特征进行重点考察,尤其是针对作者所提出的结构、内容和语言方面的特点逐一分析,这将有助于我们理解7世纪的拜占庭作家如何对古典历史编纂传统进行选择性的借鉴、吸收和传承,以及在基督教神学背景下历史写作发生了哪些变化。

如前文所述,西摩卡塔对于自己作为历史学家角色的理解是消极的,他认为人类的认知和理解能力是有限的,正如《生命预定的时限》所表达

---

① Theophylact Simocatta, *History*, Dialogue 4.
② Theophylact Simocatta, *History*, Dialogue 6.
③ Theophylact Simocatta, *History*, Dialogue 9.
④ George of Pisidia, *Heraclias*, ed. E. Bekker, *Patrologia Graeca*, 1963, i. 73.
⑤ Theophylact Simocatta, *History*, viii. 10. 4.
⑥ Theophylact Simocatta, *History*, i. Proem. 16.

的那样,"由于人类知识和理解的局限性,当人类在面对不确定性时应该采取适度和审慎的原则"。① 他不认同古典的历史观,而倾向于基督教历史观,即只有上帝才知道和决定历史如何发展。"历史",或被看作高于人类的化身,或被视为指导人类行为的教师,总之,它高于个体历史学家而存在,历史学家只是"历史"的"里拉琴",甚至只是"历史"的一片"琴拨"。② 西摩卡塔对于历史学家角色的理解也影响了他创作《历史》的过程,并且创作的过程又反过来进一步加深了他对历史学家角色的理解。普罗柯比和埃庇发尼亚的约翰都以自身所从事的工作为荣,因为他们所从事的工作使自己有机会获取一手材料用于写作;而西摩卡塔却没有这样的优势,他在很大程度上只能依靠后人创作的二手材料,并将这些材料中的相关内容重新编排组织,使其融入一个统一的叙事框架中。西摩卡塔对波斯战争的叙述基于埃庇发尼亚的约翰的作品,对巴尔干战争的叙述主要来源于军事文献,另外还有一些辅助的文献,诸如曼南德尔的《历史》、"亲伊拉克略"文献、与君士坦丁堡相关的编年史材料以及与莫里斯相关的传记故事等。对于西摩卡塔来说,搜集这些材料并不费力,他写作所用的主要材料在当时都已形成文本,在 7 世纪 20 年代的君士坦丁堡很容易获得。例如"亲伊拉克略"文献或许是西摩卡塔通过与皇室家族成员的谈话获知;突然插入的对波斯帝国官僚制度的记载可能来自作者与某一位波斯官员的谈话;③ 对中亚西徐亚人的插入记载来自突厥使节的外交文书。④

西摩卡塔从来没有表达过要成为一名专业历史学家的想法,在实践中也没有为自己所记载的具体历史事件进行过调查或研究。例如他在记载莫里斯政权被推翻的内容时,完全有可能找到见证这一事件的人来提供珍贵的口述材料,并将其与书面材料反复核对、校验,最终是有可能形成一个准确可靠的叙述的。然而《历史》中并没有包含事件亲历者的珍贵信息,西摩卡塔的记述只不过是对编年史材料的改编和再加工,且西摩卡塔的改编不仅没有提升叙事的准确性,而且实际上对政变的某些细节的描述更为

---

① Theophylact, *On Predestined Terms of Life*, iii,.6, p.30.
② Theophylact Simocatta, *History*, Dialogue 15.
③ Theophylact Simocatta, *History*, iii.18,6~12.
④ 西徐亚人(Scythians)是具有伊朗血统的一支游牧民族,公元前 8~前 7 世纪从中亚迁徙至俄罗斯南部,以现今克里米亚为中心建立了一个富裕而强大的帝国。这个帝国延续了 500 多年,至公元前 4~前 2 世纪西徐亚人被萨尔马特人(Sarmatian)所征服而覆亡。我们所知的西徐亚人历史大部分来自希罗多德的记述。

晦涩难懂、歧义丛生，远不如塞奥发尼斯记载得准确和全面。① 尽管西摩卡塔声称自己曾经为"塞奥多西王子从执行死刑现场逃脱"一事进行过认真的调查，②但是他在这样一个小问题上的调查研究并不能从全局上提升叙事的客观性，更何况他在其他细节问题上甚少做过详细的调查论证。西摩卡塔作为史家最主要的贡献在于将这些文献中单一的叙事内容拼合在一起形成一部统一的历史作品，并不时记载一些演讲词或"插话"内容。从某种意义上说，西摩卡塔所记述的大部分内容在其他文献中都已存在。埃庇发尼亚的约翰的作品和巴尔干军事文献为西摩卡塔的作品提供了按年代顺序排列的内容，这就决定了西摩卡塔只能按年代顺序写作，而不能按专题写作。他的主要工作就是将波斯事务和巴尔干事务的叙事材料放置在《历史》中合适的位置，把一些不太相关的材料放置在相对正确的位置。在莫里斯统治之初，波斯事务和巴尔干事务几乎同时发生，西摩卡塔没有将东西部事务分开记载，而是首先记载582~586年的巴尔干半岛历史，③接下来记载这一时期的波斯战事，④他将莫里斯的婚礼、集市上的火灾等发生在首都君士坦丁堡的事务插入到582~583年东部事务的记载之后。⑤ 西摩卡塔从记载西部事务向记载东部事务的过渡用了较长的篇幅，⑥这表明作者习惯于使用场景的变换或用一段"插话"内容来作为转移叙事重点的信号。⑦ 这种处理方式将有助于作者对莫里斯统治初期有限的巴尔干事务的连贯性记载，也有助于读者更直观地了解莫里斯在同一时期所面对的不同的问题。按照《复活节编年史》和塞奥发尼斯《编年史》的记载，莫里斯的婚礼(582年8月15日)发生的时间理应比帝国在巴尔干半岛的军事行动(582年冬~586年)和提比略的葬礼(582年9月)早，⑧但是西摩卡塔并没有按照时间顺序记载这三件事(如埃瓦格留斯的处理)，而是先记载提比略的葬礼，其次记载巴尔干的军事行动，最后记载莫里斯的婚礼。他先记载令人哀伤的事，然后记载令人高兴的事，或许是希

---

① L. M. Whitby, "Theophanes' Chronicle Source for the Reigns of Justin ii, Tiberius and Maurice (AD 565~602)," *Byzantion*. 53(1983), pp. 335~337.
② Theophylact Simocatta, *History*, viii. 13.5~6.
③ Theophylact Simocatta, *History*, i.3.1~8.11.
④ Theophylact Simocatta, *History*, i.9.1~ii.10.7.
⑤ Theophylact Simocatta, *History*, i.10.1~11.21; i.12.8~13.
⑥ Theophylact Simocatta, *History*, i.9.1~3.
⑦ 这种叙事转换的段落在《历史》中还有多处，例如 iii.6.6; v.15.12~16.1; vii.7.6; viii.11.12.
⑧ *Chronicon Paschale 284~628 AD*, 690.8~9; Theophanes Confessor, *The Chronicle of Theophanes Confessor, Byzantine and Near Eastern History AD 284~813*, 252.1~13.

望向世人传递一种"事情总会变好的""国家总是有希望的"之类的信念。①

西摩卡塔将不同材料的内容混合在一起也带来了问题，造成《历史》中的某些年代和叙事的排列是混乱的。《历史》的前面两章没有出现年代错误，此后就没有这么成功了。例如在第三章中插入达拉城俘虏的故事情节引起了之后叙事内容时间上的混乱。② 西摩卡塔接下来便记载较长篇幅的波斯事务,③然后插入巴尔干半岛的三件事务,④分别是莫里斯率军远征安奇阿鲁斯、阿瓦尔人进攻赫拉克里亚和普里斯哥指挥的第一次战役，这三个事件发生在590年、598年和588年，显然这里没有按照时间顺序记载。西摩卡塔在第七卷的第六节开始插入记载君士坦丁堡大教长约翰四世逝世的一些逸事,⑤但根据怀特比的研究，约翰大教长卒于595年9月2日，而西摩卡塔对与此相邻的巴尔干战事的记载已经到了595年冬天。⑥由此得出结论：西摩卡塔将约翰四世逝世的事件插入到了错误的地方。此外西摩卡塔在第七卷第十二节插入的预言故事从时间上来说也放置在了错误的地方，因为这则预言流传在"莫里斯统治的第十九个年头"，即600年，而作者对此前事件的记载才到595年。⑦《历史》中巴尔干叙事的年代是不甚准确的。作者从编年史中所引述的材料大多是有精确纪年的，但是从"亲普里斯哥"文献中引述的材料的纪年则非常模糊。他所记载的巴尔干半岛的每次战事都按照正确的顺序排列，但是对战事与战事之间相隔多长时间却没有清楚标明，亦即作者没有清楚地标明每一次战事所发生的时间。如果在某一年里发生的完全是外交活动或军事准备，就很容易被作者省略。西摩卡塔在记述完587年普里斯哥所指挥的第一场巴尔干战役（vi.3.9~6.1）之后理应按照时间顺序记载科蒙提奥鲁斯所领导的战事（ii.10.8~17.13），但是在此之后他却直接记载593年普里斯哥领导的第二次战役（vi.6.2~11.21）。587至593年间科蒙提奥鲁斯执掌帅印。或许由于普里斯哥的第一次战役所导致的灾难性结果使得他不再受到莫里斯皇帝的重用，直到593年他才被重新起用。⑧ 西摩卡塔对莫里斯远征安

---

① L. M. Whitby, "Theophanes' Chronicle Source for the Reigns of Justin ii, Tiberius and Maurice (AD 565~602)," *Byzantion*. 53(1983), p.346.

② Theophylact Simocatta, *History*, iii.5.1~7.

③ Theophylact Simocatta, *History*, iii.5.8~v.15.11.

④ Theophylact Simocatta, *History*, v.16.1~vi.6.1.

⑤ Theophylact Simocatta, *History*, vii.6.1~9.

⑥ Theophylact Simocatta, *History*, vii.6.1.

⑦ Theophylact Simocatta, *History*, vii.12.10~11.

⑧ Pope Gregory, *Registrum Epistolarum*, iii.51.

奇阿鲁斯的军事行动的年代记载也同样出现混乱(v. 16.1 ~ vi. 3.8)。这次远征的材料不是来源于"亲普里斯哥"文献,这实际表明作者自身存在某些纪年理解上的偏差。这样一些年代或叙事上的混乱在巴尔干叙事中屡见不鲜,但在他的波斯叙事中却不常见。埃庇发尼亚的约翰的作品为西摩卡塔的整个波斯叙事提供了基本的框架,所记载的年代也比较准确。《历史》的波斯叙事中唯一的一处错误是在记述查士丁二世和提比略统治时期的事务时遗漏了两个年份。在这段时间罗马和波斯帝国双方都没有采取重大的军事行动,而是开展外交谈判和使节往来。① 西摩卡塔没有记载这些活动发生和持续的时间。

尽管叙事时间上的连贯性对于历史作品非常重要,但是古典史家们却甚少关注叙事中年代的准确性,②他们更为重视作品的文学修饰,经常在历史叙事过程中插入演讲词和"插话"内容。这些插入内容的效果正如西摩卡塔所表达的那样:"它们就像项链上的宝石点缀其间,熠熠生辉,令人赏心悦目。"③在历史作品中插入地理和人种方面的背景介绍在西方古典史学中具有一个悠久的传统,可以追溯到赫拉尼库斯和希罗多德。④ 诚然,历史编撰作品的出现或许与公元前6~前5世纪人们对人种学的兴趣渐浓有关,到了希腊化时代,人们普遍认为地理和人种背景描写是通史性作品中的重要组成部分。史家们利用这些"插话"为主体叙事部分提供历史和地理背景,他们通常在这一部分尽情展示自己作为一名写作者的旨趣和才华。这一传统在早期拜占庭时期的古典历史学家们那里尤为兴盛。普罗柯比在叙述波斯战争、汪达尔战争和哥特战争之前引入了一段"插话",虽然在某些细节上不甚准确,但是它却为主体叙事提供了相关的历史背景介绍;⑤阿嘎塞阿斯作为一名历史学家的创造性工作在于他致力于提供法兰克人和波斯人的历史背景,而且他还为自然灾难的发生提供具有说服力的解释,并展现了自己在灾难面前的经历。⑥

普罗柯比作品中"插话"部分所占篇幅不长,但却为主体内容提供了大量的背景信息。⑦ 在这一点上西摩卡塔显然不及普罗柯比。西摩卡塔

---

① Theophylact Simocatta, *History*, iii. 12.10~11,17.2~3.
② R. C. Blockley, *The Fragmentary Classicising Historians of the Later Roman Empire*, p.52.
③ Theophylact Simocatta, *History*, iii. 5.1.
④ 赫拉尼库斯(Hellanicus,前490~前405)出生于列土波斯岛,希腊散文作家,平生的著述极为丰富,但现在只有二十四种书名和断简残篇存世。
⑤ A. M. Cameron, *Procopius*, ch. 12, p.218.
⑥ Agathias, *The Histories*, ii. 15.17; v.3~10; A. M. Cameron, *Agathias*, viii.
⑦ A. M. Cameron, *Procopius*, p.222.

记述的波斯人和阿瓦尔人的"插话"内容带有历史背景介绍性质,与《历史》中所记载的莫里斯时期的波斯战争和巴尔干战争密切相关。作者在《历史》的开篇没有记述这两个背景信息,而是在东西方军事叙事之前及时将这两个背景信息引出。西摩卡塔在对波斯战争的背景介绍中主要探讨战争的起源和追溯572~582年的战争进程。① 作者在第一卷记述582年秋的波斯战事之前只简略提及了此前的战争进程,②想必读者都非常希望了解此前由塔姆查斯洛(Tamchosro)率领米底军队所进行的光辉战事的情况。尽管西摩卡塔在阐述波斯战争原因时加进了自己的看法,即强调查士丁二世的个人责任,而且他还增加了查士丁二世对提比略提出的治国理政的建议和查士丁尼将军激发军队士气的演讲的内容,③但是作者这一部分"插话"的主要来源却是埃庇发尼亚的约翰的记载。西摩卡塔将这部分"插话"内容放置在波斯战事之前意在说明:科斯罗伊斯二世的逃亡和复位表明了基督教对异教的胜利,德行高尚、行事稳健的统治者为拜占庭帝国带来成功。这是通过比较查士丁二世和提比略的行为得出的结论,而莫里斯的统治与他的前几任皇帝相比将更加成功。

西摩卡塔将与阿瓦尔人相关的背景介绍放置的位置更为靠后,它被插入到595年巴尔干战事的叙事中。④ 作者在记述普利斯哥领导595年战事的过程中突然笔锋一转,开始插入阿瓦尔人来源、中亚突厥人状况以及"Taugast"(桃花石)的内容,西摩卡塔对这些内容的记载主要来源于突厥使节向莫里斯皇帝所递交的国书。西摩卡塔对此前普利斯哥所领导的战事记载已经到595年夏天,然而若根据国书的内容,突厥使节出使拜占庭帝国发生在莫里斯统治初期。根据《历史》记载,突厥可汗向莫里斯皇帝派遣使者,递交国书,向罗马皇帝说明突厥国内平定图鲁姆(Turum)叛乱的情况。⑤ 根据中国历史文献的记载,突厥人镇压国内叛乱发生在582年,这表明突厥可汗向拜占庭皇帝派遣使节至少是在582年之后,即莫里斯统治初期。⑥ 然而西摩卡塔在《历史》的第一卷谈及阿瓦尔人时,只是简略地将阿瓦尔人描述为多瑙河流域的一支游牧民族,并表示阿瓦尔人之前所取得的军事成功已经被曼南德尔所记述,自己不宜再重复记载。⑦ 尽管

---

① Theophylact Simocatta, *History*, iii.9.1~18.4.
② Theophylact Simocatta, *History*, i.9.4.
③ Theophylact Simocatta, *History*, iii.9, iii.11, iii.13.
④ Theophylact Simocatta, *History*, vii.7~9.
⑤ Theophylact Simocatta, *History*, vii.8.8~11.
⑥ 参见《隋书·突厥传》中华书局,1973年;《周书·突厥传》中华书局,1971年。
⑦ Theophylact Simocatta, *History*, i.3.5.

作者在记载科蒙提奥鲁斯的演讲中间接提到了阿瓦尔人来源于东方,①但是他没有提供进一步的解释。西摩卡塔之所以在记述 595 年巴尔干战事的过程中插入阿瓦尔人的背景介绍,是因为他认为正是在 595 年,一位突厥使节抵达君士坦丁堡为莫里斯皇帝带去突厥汗王的亲笔信,信中讲述了突厥汗王在中亚土地上取得了一系列的胜利,其中包括对阿瓦尔人的征服,作者认为在这里插入阿瓦尔人的背景介绍是较为合理的。② 然而,西摩卡塔所引用的这封信实际上在 581 年或 582 年已由突厥汗王发出,因为信中所列举的突厥人的成功包括打败白匈奴和镇压图鲁姆叛乱所发生的时间分别为 558 年和 582 年。③ 另外信中还提到了 6 世纪 70 年代末突厥人与"桃花石"人(当时的文献称中国为桃花石)结盟的事实,因此笔者认为这一段"插话"的内容应该放置在《历史》的第一卷,即 582～583 年的巴尔干战事记载中。

西摩卡塔在"插话"的记载中也包含大量外交事务的信息,相似的记载也出现在曼南德尔作品中。例如曼南德尔记载了 568 年查士丁二世接见突厥使节的细节:"突厥汗王委派使节向查士丁二世递交一封信,查士丁二世读了这封信,之后他便向突厥使节玛尼阿克(Maniach)询问了几个问题。"④西摩卡塔也记载了这一事件,只不过侧重点不在信上,而是主要记载有关地理和民族的内容,⑤这或许源于查士丁二世和使节的谈话内容。曼南德尔作品中记述了大量外交事务的细节,由此可以推断他一定获得了某些官方档案材料,但是西摩卡塔却没有如此优越的研究条件,鉴于他认为自己是如此费力地调查研究塞奥多西逃脱死刑的谣言是否属实,⑥大致可以推断西摩卡塔是无从获得官方档案材料的。《历史》中的"插话"内容来源于何处至今仍然是个谜。其中一种可能性是《历史》的某些部分直到 7 世纪 20 年代才得以完成,这一时期由于伊拉克略皇帝奉行与哈扎尔人(Khazars,突厥部族中的一支)结盟的政策,⑦帝国官方对于中亚游牧民族历史的兴趣渐浓,编制了与之相关的档案材料。西摩卡塔在写作过程中极

---

① Theophylact Simocatta, *History*, i. 5. 11, 14.
② Theophylact Simocatta, *History*, vii. 7. 7～8.
③ 白匈奴又称厌哒(Hephthalite),是古代生活在欧亚大陆的游牧民族,5～6 世纪一度侵入波斯和印度。根据中国史书,他们原来居住在中原长城以北,称滑国,是中亚塞种人游牧民族与汉代大月氏人的后裔。
④ Mcnander Protector, *The History of Menander the Guardsman*. ii. 1. 3～5.
⑤ Theophylact Simocatta, *History*, vi. 5. 8～10.
⑥ Theophylact Simocatta, *History*, viii. 13. 5.
⑦ Theophanes Confessor, *The Chronicle of Theophanes Confessor, Byzantine and Near Eastern History AD 284～813*, 315. 15～16.

有可能利用了这些材料。

西摩卡塔作品中另外一大段"插话"的内容是关于尼罗河洪水的探究。① 在这一段描述中,作者侧重吸收以前作家的记载,而非自己对原始材料的研究或实地考察。他之所以引入对尼罗河的讨论,或许是因为他出生于埃及。② 西摩卡塔收集了以前作家对此主题的相关论述,事实上除了简要的结尾部分,③其他部分都是对迪奥多罗斯·西库鲁斯作品的借鉴。④ 他将迪奥多罗斯的论述稍作修改,重新措辞,只是他对迪奥多罗斯批评古典作家的言辞不以为然,在写作风格和语言运用上都极为推崇古典作家。⑤ 在西摩卡塔当时所处的社会,受教育人士中间出现了贬低古典文化的倾向,他们认为古典文化仅是一堆唤起民族情感记忆的符号、有选择性的名人语录和深奥的语言的混合物。然而西摩卡塔却在这一段"插话"中保留了大量的古典语言。

《历史》中关于尼罗河洪水的"插话"记载并不表明西摩卡塔具有强烈的探究和洞察精神。当记述到自然现象时,他总是声称以前的作家对此已作过解释,自己不需要再作详细阐述。例如在记载彗星时,他提到"关于这种天文现象似乎从一开始就存在,古代先哲们也试图探究其中的奥秘,亚里士多德主义者和柏拉图主义者将他们的研究镌刻在赫利孔山(Helicon)的石墙上。然而星象学家和历史学家认为彗星的出现预示着不详的未来。但是在这里我将不对它详细阐述"。⑥ 他拒绝自己作出研究或探索,以避免给出与前人不一致的结论:"对地震的成因我将不作探讨,因为亚里士多德对此已有深入研究。如果他的观点是正确的,就让他受到人们的推崇吧;反之,则留待后人对之继续研究吧!"⑦在这一点上他与阿嘎塞阿斯形成鲜明的对照,阿嘎塞阿斯总是乐意在其作品中对自然现象的成因提出自己的见解。《历史》中有几处关于地理背景的描写,例如第二卷中对埃扎拉山(Izala)地理和人文特征的描写和对底格里斯河水文流向的描写,第四卷关于扎布河(Zab)发源和流向的说明,第五卷关于巴比伦尼亚地区河流和城市的背景介绍,⑧但没有一处能与普罗柯比在《战记》中的地理背景描

---

① Theophylact Simocatta, *History*, vii. 17.
② Theophylact Simocatta, *History*, vii. 16. 10.
③ Theophylact Simocatta, *History*, vii. 17. 35.
④ Diodorus Siculus, *Bibliotheca Historica*, i. 37 ~ 41.
⑤ Theophylact Simocatta, *History*, vii. 17. 16.
⑥ Theophylact Simocatta, *History*, vii. 6. 8 ~ 9.
⑦ Theophylact Simocatta, *History*, i. 12. 9.
⑧ Theophylact Simocatta, *History*, ii. 1 ~ 1 ~ 4; ii. 10. 1 ~ 3; iv. 1. 7; v. 6. 4 ~ 6, 6. 9 ~ 11.

写相媲美——普罗柯比在《战记》第八卷对拉兹卡地区的地理描写内容丰富翔实,且观点准确。① 西摩卡塔在《历史》中对地理环境的描写极有可能是从其他文献借鉴得来的,许多细节描写可能来源于埃庇发尼亚的约翰的作品,因为在众多文献中只有约翰的作品涉及东部地区的地理状况。

　　古典历史学家们通常在他们的作品中加进某些地理或历史背景的描写,但是研究西摩卡塔的作品,却发现他对间接获得的奇闻逸事表现出强烈的兴趣,经常以较长篇幅对之进行记载。例如提比略二世在弥留之际见到天使的荣光,天使向他指明暴政即将到来;②巫师保林努斯(Paulinus)受到圣徒格里西亚(Glyceria)的惩罚;③科斯罗伊斯二世通过观察星象对战争结局作出预言,以及他梦见圣母玛利亚对将来所发生之事的预示;④一位富于灵感的隐士预言了莫里斯将要死亡的信息;⑤尼罗河出现的大水怪预示着帝国未来的不确定性;⑥亚历山大里亚的一位工匠夜晚遇见沿街的雕塑滚落在地,雕像向其预言莫里斯政权垮台的信息,后来发现雕像的预言得到应验;⑦持怀疑态度的莫里斯还亲自调查圣徒尤菲米亚(St Euphemia)所行的神迹奇事。⑧ 西摩卡塔认为记载这些奇闻逸事或神迹奇事对启发读者神圣的灵魂大有裨益,⑨而且他认为保林努斯的故事非常离奇且趣味十足。⑩ 这类奇闻逸事通常是拜占庭帝国早期人们茶余饭后的谈资,从中我们不难发现当时社会浓厚的宗教倾向和神秘氛围。普罗柯比在其作品中也经常记载奇闻逸事,它们被用来解释或强调某些特殊的历史事件,然而西摩卡塔却经常借鉴"异教徒"历史作品中的故事题材,并将其改编成具有基督教精神的故事。⑪ 从这个角度看,西摩卡塔《历史》也比普罗柯比和阿嘎塞阿斯的作品具有更强的宗教意味。

　　演讲词是古典历史学家用来点缀和修饰主体叙事内容的另外一种重要的文学形式。《历史》中包括十二篇单独的演讲词和三对演讲词,大体上可分为三类主题:军事事务、行政事务和对外关系。其中有一份演讲词

---

① Procopius, *History of the Wars*, viii. 2.
② Theophylact Simocatta, *History*, i. 2. 1 ~ 2.
③ Theophylact Simocatta, *History*, i. 11.
④ Theophylact Simocatta, *History*, v. 15. 3 ~ 11.
⑤ Theophylact Simocatta, *History*, vii. 12. 10 ~ 11.
⑥ Theophylact Simocatta, *History*, vii. 16. 1 ~ 9.
⑦ Theophylact Simocatta, *History*, viii. 13. 7 ~ 15.
⑧ Theophylact Simocatta, *History*, viii. 14.
⑨ Theophylact Simocatta, *History*, viii. 14. 1.
⑩ Theophylact Simocatta, *History*, i. 11. 3.
⑪ A. M. Cameron, *Procopius*, ch. 7, p. 186.

是查士丁二世对提比略演说的,西摩卡塔在记叙演说内容之前不小心透露了这份演说词的来源:"我只会尽可能准确地表达原作者的原意,可能文中部分内容过于简单,但这是我追求真实性的结果。"① 另外西摩卡塔在演讲词的结尾还精确地记载了查士丁二世演讲的时间,即"第八个财产税周期年(574)的12月7日,星期五"。② 根据古典历史编撰传统,史家不会在文中标明如此精准的时间纪年,由于以弗所的约翰的《教会史》也记载了查士丁二世演讲的内容,③因此可以大胆推测西摩卡塔借鉴了以弗所的约翰的《教会史》的相关内容。其他的演讲词则大多是西摩卡塔自己的创作。《历史》中还保留着七封信,其中的五封是由波斯国王科斯罗伊斯二世或篡位者巴拉姆所作,④但这些信件极有可能都是作者从埃庇发尼亚的约翰作品中转抄得来的。信件和演讲词是依据主体叙事情节的需要而产生的,比如一系列的外交谈判可能催生出一次外交演讲,一次战斗可能催生出一次军事动员演讲。它们并不是提前就被作者确定下来,因为实际上并不是所有的谈判或战斗都会催生出演讲,但是西摩卡塔却根据自己的主观判断在涉及谈判和战斗的地方都添加上演讲的内容。例如在《历史》的第一卷中涉及政治领导人的讲话、拜占庭帝国与阿瓦尔人和波斯人的外交谈判等时都会有演讲词的内容;⑤在第二卷记述拜占庭军队在索拉丛(Solachm)的胜利时不失时机地加入一段将军的慷慨激昂的演说,不过这一段内容篇幅过长,甚至包括受伤英雄的事迹介绍;⑥第二卷记载587年巴尔干战事时包括一段军事辩论演说;⑦第三卷记述查士丁尼将军在亚美尼亚战胜科斯罗伊斯之后也有一场军事辩论演说;⑧第四卷和第五卷记述波斯内战和科斯罗伊斯二世复位的过程中包含五篇演讲词和六封信;⑨第六卷和第七卷记述莫里斯后半期的巴尔干战争时包含有拜占庭帝国和阿瓦尔人谈判的演讲以及在拜占庭军队中鼓舞士气的演讲,⑩尽管这一部分演讲词的数量比前面几章少,但是在这一章中却有两段很长的"插话";第八卷在描述莫里斯政权被推翻的过程中没有使用任何演讲词,因此这一章节叙事较为

---

① Theophylact Simocatta, *History*, iii. 11. 5~6.
② Theophylact Simocatta, *History*, iii. 11. 13.
③ John of Ephesus, *The Third Part of the Ecclesiastical History of John, bishop of Ephesus*, ii. 3.
④ Theophylact Simocatta, *History*, iv. 7. 7~11, 8. 5~8, 11. 1~11; v. 13. 4~6, 14. 2~11.
⑤ Theophylact Simocatta, *History*, i. 1, i. 5, i. 15.
⑥ Theophylact Simocatta, *History*, ii. 6.
⑦ Theophylact Simocatta, *History*, ii. 13~14.
⑧ Theophylact Simocatta, *History*, iii. 13.
⑨ Theophylact Simocatta, *History*, iv. 4~5, 13, 16; v. 4.
⑩ Theophylact Simocatta, *History*, vi. 6, 11; vii. 10~11; vi. 10.

流畅。①

从总体上来看,这些演讲词并不是肤浅的修饰性内容,它既对历史叙事起到很好的阐释和修饰作用,也生动展现了演讲者作为个体或国家代表所具有的特征,同时也反映了民族性格、国家实力等深层次内容。《历史》的开篇演讲词中即强调作为领导人所应具有的品德,即理性、善良、谋求公共利益和正义的品质,②在查士丁二世对提比略的演说和审判霍尔米兹德的演讲中又再次表明了这一主题。③ 在拜占庭帝国与波斯人和阿瓦尔人谈判的时候,对方使节貌似有理的争辩或主张中却蕴含欺骗和狡诈。波斯谈判代表将狡诈的内容放置在演讲词的末尾:"当然我带给你们的不仅仅是和善的话语,只要你们罗马人继续占领米底亚,波斯国王就拥有随时采取军事行动的权利;如果你们愿意和我们签订和平条约,那就必须向我们缴纳贡金和礼物。"阿瓦尔谈判代表将一切的责任都推到拜占庭帝国这方:"我们表现虔诚却遭到了相反的回报,现在我们要是以战争的方式应对,神也是站在我们这一边的,因为你们狡诈、背约到了极点。"④第四卷的一篇演讲词中包含着处理拜占庭 - 波斯关系的若干原则。⑤ 还有几篇演讲词歌颂公正交易所获得的福报以及基督教的胜利。⑥ 在这些演讲词中,除了查士丁二世演讲的措辞简单外,其他大多数演讲词的修辞手法都相似,以致于一名老兵的演讲能够与一名官员的演讲相媲美。⑦ 多米提安主教的演讲词具有强烈的宗教色彩,而科蒙提奥鲁斯的那篇不合时宜的演说却反映他性格中的任性和固执。⑧ 西摩卡塔还试图通过演讲词中的直白语言风格来展示阿瓦尔人率直的秉性,这与波斯人的老谋深算形成鲜明对比。⑨ 科蒙提奥鲁斯在外交谈判场合的说话风格是华而不实的,这导致了多次谈判失败,但是他的这种风格却又反映了拜占庭人看待帝国与外部世界关系过于理想化,而实际上帝国的实力却在逐渐下降。

西摩卡塔的记载是混杂的,他将不同的材料糅合在一起。这种糅合并不总是合宜的,例如作者在记述莫里斯远征安奇阿鲁斯的过程中将不同的

---

① Theophylact Simocatta, *History*, viii. 12. 5 ~ 7.
② Theophylact Simocatta, *History*, i. 1. 20.
③ Theophylact Simocatta, *History*, iii. 11;iv. 4 ~ 5.
④ Theophylact Simocatta, *History*, vi. 6. 7 ~ 12;vii. 10. 5 ~ 7.
⑤ Theophylact Simocatta, *History*, iv. 13.
⑥ Theophylact Simocatta, *History*, iii. 13;iv. 16;v. 5.
⑦ Theophylact Simocatta, *History*, ii. 13 ~ 14.
⑧ Theophylact Simocatta, *History*, i. 5.
⑨ Theophylact Simocatta, *History*, vi. 6. 7 ~ 12,10. 5 ~ 7;vii. 11. 1 ~ 5.

材料糅合在一起就没有达到理想的效果。西摩卡塔作品中记载不严密精确之处并非他故意为之，他以为读者对他所记述的历史事件是有一定了解的，因此他所记的内容不够严密和细致。相比之下，演讲词中却蕴含着丰富翔实的信息，它往往强调作者所希望引起读者共鸣的某一类主题。

## 六、《历史》的语言风格

4世纪拜占庭史家阿米安·马赛林努斯针对历史作品的写作为后来的史家提出了宝贵的建议："历史写作者应该以一种更好的风格形式来精心修饰自己的文字。"①古典史家们通常将历史学看作修辞学的一个分支，他们以一种得体的、富有艺术想象力的形式来写作。② 有的历史学家甚至认为简洁明快的写作风格很难使读者获得一种高贵、愉悦的享受。奥林皮多罗斯认为自己没有多少修饰成分的作品根本就不能归入历史作品。③普罗柯比的文字是经过精心装饰的，不同于色诺芬或阿里安的回忆录中的那种简单平实风格，他致力于提升所描述军事事件的壮丽色彩。阿嘎塞阿斯作品的艺术性（修辞性）更加突出，或许是因为他早年所受到的诗歌训练，他在历史写作中自觉运用一些修辞手法，他认为在创作历史作品之前应该做好充分的准备，其中之一就是阅读古典作品，并且尽力模仿这些优秀作品的写作风格。④ 曼南德尔在其作品的序言中遗憾于自己的作品没有经过精心修饰，而只是直白的陈述，⑤显然曼南德尔也非常重视自己的写作风格。作为一名古典历史学家，比起叙事内容，西摩卡塔对其作品的"艺术包装"更感兴趣，他在创作风格上存在理想主义、使用自我意识较强的修辞手法以及不愿意使用清晰明快的表达等特点，这些都为读者的阅读制造了不小的障碍。西摩卡塔在《历史》中运用了大量的修辞性表达，这表明他一方面继承希腊古典作家的写作方法，另一方面他也模仿同时代神学文体的修辞手法。弗条斯和后来的评论家们所批评的西摩卡塔作品的

---

① Ammianus Marcellinus, *The Roman History of Ammianus Marcellinus, During the Reighs of Emperor's Constantius, Julian, Jovianus, valentinianm and valens*, xxxi.16.9.
② T. P. Wiseman, 'introduction:Classical Historiography', in C. Holdsworth and T. P. Wiseman, *The inheritance of Historiography 350~900*, Exeter, 1986, pp.1~6.
③ Photius, *Bibliotheca*, COD.80.
④ Agathias, *The Histories*, iii.1.4.
⑤ Menander Protector, *The History of Menander the Guardsman*, i.2.

风格正是作者所引以为豪的,即充满隐喻、说教式和华丽修辞的语言风格。西摩卡塔关于历史作品写作风格的观念不同于以往的历史学家,反映了当时的知识精英在创作过程中的一种观念转向,即由6世纪中期出现的短暂的古典主义复兴向7世纪更为深刻的基督教创作风格转化。

西摩卡塔的写作风格招致诸多批评。J. B. 布瑞针对西摩卡塔作品中的"对话"、葬礼演说以及被精心设计的过渡段落提出批评,他认为"很难相信一个神智正常的人会使用这种风格的语言,文中充斥着大量相似的描写"。① 卡梅隆和戈伯特评论《历史》中运用过多夸张的言辞,多处描写晦涩难懂。② 或许最严厉的评价来自凡·哈维登,他是唯一一位细致研究过《历史》语言风格和细节内容的现代学者,他认为"任何一位修辞学者的技能都超过西摩卡塔,他过于夸张、骄傲自大的写作风格没有任何一个作家能赶上,他的作品中经常出现荒谬或晦涩的表达,以致读者难以理解他所要表达的思想"。③ 即使拜占庭时期的读者也认为他的风格过于夸张,正如9世纪君士坦丁堡大教长、著名学者弗条斯在《群书辑要》中所评论的:"西摩卡塔的表达确有一些优美之处,但是他过分使用带有隐喻性的词语和寓言故事影响了读者对其思想的理解,而且他还经常在作品中不恰当地引入一些说教式的语言,这反映西摩卡塔爱发号施令和过于自负。"④弗条斯的观点被现代学者描述为"太过仁慈,实际上西摩卡塔的语言风格是所有拜占庭作家中最做作、最生硬的"。⑤《历史》的文体风格存在这样的缺陷或许源于西摩卡塔对当时以希腊文《圣经·旧约全书》为基础的神学作品风格的拙劣模仿,也或许是源于他对当时流行的极富夸张色彩的说教式语言的极力推崇。⑥ 上述这些学者的评论并不是没有任何依据,如果以严格的古典标准来衡量西摩卡塔的作品,那么它的缺点十分明显,例如凡·哈维登列举的,包括语言粗俗、语法错误、表达前后不一致以及连词和介词的混淆使用等。根据学者布朗宁的研究,西摩卡塔对古典希腊语句法的掌握不够精深,他的作品中的所有缺点在同时期的匹希底亚的乔治的作品中也同样存在,甚至阿嘎塞阿斯作品中的许多表达或用法也背离了古典希腊

---

① J. B. Bury, *A History of the Later Roman Empire from the Death of Theodosius i to the Death of Justinian*, vol. 2, pp. 254 ~ 256.
② A. M. Cameron, *Agathias*, p. 72; P. Goubert, *Byzance avant l'islam*, i. 13.
③ H. van Herwerden, *varia and varios iv: ad Theophylacti Simocuttae Historias*, Mnesoyne 17 (1889), pp. 24 ~ 43.
④ Photius, *Bibliotheca*, COD. 65.
⑤ N. G. Wilson, *Scholars of Byzantium*, p. 105.
⑥ Theophylact, *On Predestined Terms of Life*, introduction, pp. xi ~ xii.

语的传统。① 当然也有一部分学者对西摩卡塔的写作风格大加赞誉,其中尤以德国学者科隆巴赫尔为代表,他认为:"西摩卡塔的文风融合了普罗柯比的质朴自然和阿嘎塞阿斯的散文诗式的抒情,是拜占庭文学迅速起伏发展的顶峰,普罗柯比和阿嘎塞阿斯与之相比都显得相当稚嫩。"②只有全面的对比研究6~7世纪的文学作品(无论是世俗作品还是神学作品),才能对西摩卡塔的文体风格形成一个公正合理的评价。但是由于缺少既通晓古典语言学又通晓历史学的学者,完成这项工作难度颇大,目前还没有全面系统地考察《历史》文体风格的论著问世。

然而,纵观整部《历史》又不全然都是同一种语言风格。从《历史》第二卷结尾部分开始,语言风格有了明显的变化。前两卷的文学修辞色彩更浓,西摩卡塔极力模仿古典希腊语的风格,比如对小品词的使用;此后几卷的修辞色彩不浓,使人更加容易理解,尽管对有限几个小品词的反复使用使其阅读起来枯燥乏味。从第三卷开始,西摩卡塔用复杂的希腊语写作和模仿古典作品语言风格的意愿逐渐在减弱,他在此后大量的军事叙事中采用简洁明快的语言风格,即使偶尔采用一些隐喻式或修辞色彩较浓的表达,也是可以让人接受的。总之,西摩卡塔使用修辞手法有着某些明确的目的:在演讲中用到修辞是很自然的,虽然过于修饰有时会遮蔽原有的意思;修辞还能起到标明过渡段落的作用;③在引用的编年史材料中加入一些修辞表达,有助于提升编年史材料的文学层次;④修辞还能帮助修饰作者所引用的某些故事,比如保林努斯和圣徒尤菲米亚的离奇故事、索拉丛的英雄和萨培尔等军事故事。⑤

西摩卡塔在《历史》中的措辞确实存在某些夸大其词的地方,这种夸张的表达在莫里斯的葬礼演说上体现得尤为明显,⑥但是我们不应该就此认为这就是通篇作品惯用的风格。《历史》中,叙事风格与叙事内容是相互关联的。在演讲词中运用修辞手法是延续希腊古典作家的写作传统,而当他认为有必要改变所引述编年史内容的风格或者用某些过渡段落表示叙述主题即将转换的时候,他通常会运用夸张的修辞手法,例如引用编年

---

① R. Blowning, "The Language of Byzantine Literature", *Byzantina kai Metabyzantina* i (1978), p. 110.
② Karl Krumbacher, *Geschichte der byzantinischen Listteratur von Justinian biszum ende des ostromischen reiches*, Athen, 1974, pp. 249. 转引自陈志强:《拜占廷帝国史》,第166页。
③ Theophylact Simocatta, *History*, iii. 8. 9; v. 15. 12 ~ 16. 1.
④ Theophylact Simocatta, *History*, i. 11. 1 ~ 2, 12. 8 ~ 11; vii. 6. 8 ~ 9.
⑤ Theophylact Simocatta, *History*, i. 11. 3 ~ 21; viii. 14. 1 ~ 9; ii. 5. 10 ~ 6. 9, 18. 15 ~ 25.
⑥ Theophylact Simocatta, *History*, viii. 12. 5.

史资料的第一卷第十一节和第十二节、第七卷的第六节,作为过渡段落的第一卷第九节与第十一节、第三卷第八节和第五卷第十五节。那些批评西摩卡塔文体风格的评论家们正是从这些材料中发现例证的,比如"笔装载着墨水航行在书本的海洋中,停泊在目标的港湾,并且满载着货物开始新的精彩的航程",①或者"通过两根相对而立的箭竿,他的舌头被连接成一个十字形"。② 然而在《历史》的军事叙事中,语言风格是平铺直叙的,句子结构较为简单,而不是曼南德尔或埃庇发尼亚的约翰的作品中所呈现的复杂句子结构。军事叙事中修辞手法也不常见,偶尔发现一处隐喻也被弗条斯认为是优美的表述,这类比喻的用法被德国学者韦恩认为比较合理。③ 韦恩通过比较《历史》和埃庇发尼亚的约翰的作品中的军事叙事发现前者的行文风格还是优于后者的,他认为西摩卡塔的叙事风格是清晰流畅的,没有丝毫让人费解之处,他完全有能力描述重大事件并且能引起读者的兴趣,例如对科斯罗伊斯二世的复位和莫里斯政权的被推翻等重大事件的记述。另外,德国学者韦恩认为,西摩卡塔通过限制连词和介词的使用以及保持单一的句子结构等手段使大量的军事叙事保持一种平铺直叙的风格(例如第七章的开始)。④

我们不应对《历史》文风的评价矫枉过正,尽管我们在文中会偶尔发现几处生动的描写,例如宾都斯(Bindoes)在霍尔米兹德四世面前所作的演说,⑤但是从总体上来说,平淡的叙事和过分的修辞使读者的阅读枯燥乏味。西摩卡塔在年轻的时候接受过严格的修辞学训练,其中包括阅读大量的古典作品,但是他的写作风格——正如加顿(Garton)和威斯特里克(Westerink)研究《生命预定的时限》所得出的结论——却完全像是受到神学作品的影响。这种强烈的神学影响在作品中随处可见,它使西摩卡塔的写作风格有别于6世纪其他的史学家。曼南德尔的作品具有兼收并蓄、博采众长的风格,在这方面他比西摩卡塔实践的时间更早,但是由于他在作品中模糊了世俗性和神学性的界限而没有受到评论家的指责。埃瓦格留斯创作的《教会史》理应要展现一些基督教史学的特点,但是它却更具有

---

① Theophylact Simocatta, *History*, v.15.11.
② Theophylact Simocatta, *History*, ii.6.2.
③ O. veh, "The Research about Byzantine Historian: Theophylact Simocattes," *Byzantion* 26 (1956), pp. 103~115.
④ O. veh, "The Research about Byzantine Historian: Theophylact Simocattes," *Byzantion* 26 (1956), pp. 103~115, At p.110.
⑤ Theophylact Simocatta, *History*, iv.5.

古典作品的风格。① 在当时最接近《历史》风格的不是历史作品,而是布道词和圣徒传记,例如在 626 年阿瓦尔人围攻君士坦丁堡的危难时刻塞奥多利·西塞鲁斯(Theodore Syncellus)所作的演说词,或者尤提奇乌斯主教(Patriarch Eutychius)所作的《生命》,其费解程度都与西摩卡塔的作品相似。弗条斯的《群书辑要》评论与西摩卡塔写作风格最接近的是 5 世纪塞琉西亚的瓦西里的布道词,瓦西里的布道词中大量使用比喻的修辞手法,被人指责为大量使用"这种修辞手法容易导致单调乏味"。②《历史》的风格也不同于马尔库斯的作品风格,后者所呈现的简洁、明快和庄严的风格被弗条斯称赞为"历史写作的一杆标尺"。③

由于西摩卡塔所从事职业的原因,他经常要接触或写作法律文书和官方文件,这对他所创作的《历史》的行文风格也有较大影响。晚期罗马帝国大量使用修辞导致的法律文本,无论是用希腊语还是用拉丁语写作,都呈现出修辞色彩浓、擅用比喻的特征。但从伊拉克略统治之后的官方文件却呈现出一种平铺直叙与修辞手法相结合的风格。这类官方文件大多被收录在《复活节编年史》中。西摩卡塔是以一名律师和官员的身份来写作历史作品的,并且他还具有相当深厚的神学功底,但是他意识到历史作品的风格不应该完全等同于神学作品,它应具有完全不同的、宏伟的风格。④ 我们可以想象得到他为自己的作品应该用哪种文体风格煞费苦心。他在《历史》的某些方面表现得极其严谨,以致他的句法在所有的拜占庭作家中是最抑扬顿挫的,这反映出他严格遵守修辞学的基本准则。然而,他认为优秀的历史作品应是融合了古典作品和神学作品的风格,因此他也借鉴和模仿通俗的拜占庭神学作品的写法。西摩卡塔在创作过程中进行这种风格上的融合,目的在于使其作品在受教育的群体和普通大众中间都能受到欢迎。⑤

考察西摩卡塔行文风格的另一个重要方面是对语言的考察。如果要对《历史》的语言进行全面的研究,则有必要确定《历史》语言的古典根源,而凡·哈维登是比较全面细致探讨《历史》中语言的古典根源的学者,故必须借鉴和吸收凡·哈维登的研究方法。同时,这类研究还需要结合对诡辩派文学和后期希腊散文或诗歌中语言的研究,尤其需要重视基督教早期

---

① R. C. Blockley, *The History of Menander the Guardsman*, pp. 6 ~ 7; v. A. Caires,' Evagrius Scholasticus: A Literary Analysis', *Byzantinische Forschungen* 8(1982), pp. 29 ~ 50.

② Photius, *Bibliotheca*, cod. 168.

③ Photius, *Bibliotheca*, cod. 78.

④ Theophylact Simocatta, *History*, Dialogue. 16.

⑤ P. R. L. Brown, *The World of Late Antiquity*, London, 1971, pp. 180 ~ 181.

教父著作和神学作品特别是希腊文的《旧约全书》中的语言应用。考察从古典时代到7世纪以来语言在涵义和运用等方面的发展和变化,判断西摩卡塔作品中的古典词汇是否与以前的作家(世俗的和神学的)作品中的词汇意义相同,确定《历史》的语言是否代表了《旧约全书》中的用法,是否《历史》的语言风格只受到后期希腊作家的影响。探究这些问题的答案是一项复杂的系统工程,由于受到语言和资料的限制,笔者的探讨尚显粗浅。

到了7世纪,按照古典模式的标准来使用恰当的词汇写作这一观念逐渐衰微了,人们不再把语言是否具有"阿提卡风格"作为衡量优秀作品的标准。① 凡·哈维登认为西摩卡塔作品的语言风格遵循了严格的古典标准;② 然而布朗宁却认为西摩卡塔的语言风格是兼收并蓄的,他所运用的词汇中有一部分是诗歌式的词汇,主要来源于《荷马史诗》,而更多的则是当时新近出现的词汇。③ 布朗宁的观点具有很大程度的合理性,即《历史》的词汇并不完全来源于古典作品,还借鉴了后期作家的作品,特别是后期希腊散文作品、诡辩派作家的作品和基督教早期教父著作。《历史》确实受到了《荷马史诗》风格的强烈影响。西摩卡塔总是在特定的场合使用荷马式的语言,例如用史诗般的语言来表明自己试图提升对特殊事件所记载的层次,以便吸引读者的注意,④ 然而在《历史》的叙事中却不常见这类语言。此外,西摩卡塔善于运用医学词汇,这显然是受到基督教早期教父作家、6世纪法律著作和与他同时代的匹希底亚的乔治作品的影响。《历史》中医学语言的数量非常大,这表明他对医学文献的熟悉,例如他用"擦伤"(bruises)一词来形容普里斯哥的小腿肚受伤的情况,用"使人受不了"(crushing)来表示科蒙提奥鲁斯的腿长期受到束缚的痛苦,皇帝生气导致了"发炎"(inflammation),波斯人的欺骗导致多米提安遭遇到的困境像"伤口溃烂一样疼痛"(festering sore)等。⑤

对西摩卡塔语言影响较大的著作是《圣经》,尤其是希腊文的《旧约全书》。在《历史》中"多米尼安的布道"使用了大量的《圣经》语言,但是在其他一些"世俗"语境中也同样采用《圣经》语言。例如霍尔米兹德"拔下"

---

① R. Blowning, "The Language of Byzantine Literature", *Byzantina kai Metabyzantina* i(1978), pp. 106~107.
② H. van Herwerden, "varia and varios iv: ad Theophylacti Simocattae Historias", *Mnesoyne* 17 (1889), p. 25.
③ R. Blowning, "The Language of Byzantine Literature", *Byzantina kai Metabyzantina* i(1978), p. 110.
④ Theophylact Simocatta, *History*, ii. 18. 18; v. 16. 1; vii. 4. 5.
⑤ Theophylact Simocatta, *History*, iii. 1. 15; i. 6. 2, 8. 9; iii. 11. 3; iv. 15. 9.

(alloting)巴拉姆身上的女性服装或"降低十分之一军事支出",在波斯贵族脸上出现了"嘲笑"(sneers)的神情,普里斯哥得到皇帝的"馈赠"(bequeathing)。① 很难确定《圣经》语言在多大程度上影响《历史》的语言,况且《圣经》语言也影响到很多基督教早期教父作家,而基督教早期教父作家对西摩卡塔的语言选择发挥着重要的、难以估量的影响。考虑到西摩卡塔具备丰富的《圣经》知识,很有可能他既知道《圣经》文本中的原始用法,同时也熟悉基督教早期教父作家们对《圣经》语言的应用。

在整部《历史》中,西摩卡塔倾向于用同样的词汇表达相似的思想观点。对比《历史》和他的其他三部小作品,会发现这几部作品所使用的词汇有大量的重复,这似乎表明作者语言的有限性,尤其是在作形象化的描述或比喻时,西摩卡塔的词汇量就更显得黔驴技穷了。没有任何迹象表明西摩卡塔通过广泛的阅读古典作品来丰富其写作的词汇量,而阿嘎塞阿斯却建议:"史家应该通过尽可能多的阅读古典作品来丰富自己的词汇量。"②《历史》的风格足以表明西摩卡塔是早期拜占庭时期的文化精英,在其作品中出现的大量典故是为了提升某些段落的文学色彩。例如在序言"对话"中,大量出现《奥德赛》和柏拉图作品中的典故,似乎给人留下"西摩卡塔是一位饱学之士"的印象;《历史》中提到的菲利普科斯的军事知识主要来自曾经打败汉尼拔的罗马将军西庇阿奥;将索拉丛战役中受伤的英雄与古希腊历史上的英雄们作比较;称士兵萨培尔比希腊神话中的英雄人物提丢斯更为勇敢,甚至比赫拉克勒斯还要英勇;记载地震和彗星时,提到了亚里士多德的相关研究。③ 另外还有多处典故是关于民族、地名和官方术语的。例如把格皮德人当作匈奴人的一支,而称很多人错误地将匈奴人称为突厥人;称白匈奴人实际上是匈奴人的一支,很多人认为他们是突厥人;称波斯人也被称为米底人、帕提亚人、巴比伦尼亚人、迦勒底人,斯拉夫人也被称作加特人,认为这是对"蛮族"的古老的称呼。④ 西摩卡塔对古典作品的引用和模仿即使在6世纪的前辈作家中也是不多见的。在6世纪,社会中相当一部分受教育的民众仍然对古典作品推崇备至,他们欣赏普罗柯比、阿嘎塞阿斯等作家在古典学方面的造诣。但是到了7世纪,知识精英们对古典作品的兴趣大大降低了,基督教对社会生活的各个方面发挥着支配性的影响。西摩卡塔作品中包含着大量《圣经》的典故和宗教故事,

---

① Theophylact Simocatta, *History*, iii. 8.1, 16.13; vi.7.12.
② Agathias, *The Histories*, iii.1.4.
③ Theophylact Simocatta, *History*, i.14.2~4; ii.6.6, 18.15; i.12.9; vii.6.8.
④ Theophylact Simocatta, *History*, i.8.5; iv.6.10; iii.6.9; v.10.15; i.3.2; iii.15; vii.2.5.

使用希腊文《旧约全书》和基督教早期教父著作的语言,这些都反映了那个时代作家和民众的兴趣发生了变化,他们所关注的中心已经不再是古典文化了,而是受基督教强烈影响的神学、圣徒传记和编年史作品。

## 七、《历史》所反映的作者思想观念

古典历史学家的工作不仅仅是致力于提供准确的、点缀着适当修辞手法的历史叙事作品,同时也希望读者通过阅读自己的作品能够获得教益性的启发,形成某种历史性经验或教训。4 世纪末的古典史家尤纳比欧斯认为:"历史作品不仅需要具备真实性,还应具有实用的教益性目标,实用性的目标不能被过分追求细节真实性的目标所掩盖。"① 普罗柯比宣称:"有价值的历史叙事直通人性。"② 阿嘎塞阿斯在其作品中没有提供历史经验或教训,他倾向于书写一部不带任何评判性的历史作品。③ 在《历史》的序言中,西摩卡塔提出了历史作品所阐发的教益性功能的重要意义:"历史作品所记载的人类的好行为或美德值得称颂。"④ 在《历史》中我们不难发现作者对某一事件的评论所包含的教育意义,当然演讲词也具有相似的教益阐发功能。从全文来看,西摩卡塔乐意阐发自己对历史事件的评论,但是他作为一名历史评论者的资格并不十分理想,因为他所记载的历史事件不是源于自己的亲历见闻,更何况他还欠缺军事专业知识以及与之相关的必需的地理知识。充满趣味性的军事谋略或不寻常的事件往往能够吸引他的注意,并对之加以评论,但总体上而言,他的评论欠缺客观和准确。诚然,西摩卡塔只是二手资料的获得者,由于材料的限制或自身知识的欠缺,他没有强烈的求知欲和决心去克服这些缺陷。相比较而言,普罗柯比并不总是能获得一手材料用于写作,但是这并不妨碍他保持好奇心和求知欲,这使得他的作品知识丰富、妙趣横生。⑤ 由于缺乏强烈的好奇心和细致的钻研精神,《历史》某些内容较为混乱。对于枯燥的内容,西摩卡塔总是试图运用修辞手法来加强它的趣味性,而不是对这些枯燥的内容进行深入的

---

① Eunapios of Sardis, *The Fragmentary Classicising Historians of the Later Roman Empire*: *Eunapius*, *Olympiosorus*, *Priscus*, *And Malchus*, i.50~61.
② Procopius, *History of the Wars*, i.1.2.
③ Agathias, *The Histories*, i.7.6~7.
④ Theophylact Simocatta, *History*, Dialogue 13~15.
⑤ A. M. Cameron, *Procopius*, p.147.

研究或呈现更多的材料。西摩卡塔的不足之处在于对历史事物缺乏鲜明的个人理解。当然,这或许意味着他所表达的观点更多代表着他所处时代的观点,而普罗柯比和阿嘎塞阿斯则更多表达自身对某一事物的理解。

古典史学家的另一个重要特征是他们热衷于探讨事物间的因果联系。普罗柯比尽管在其作品中没有明确表明事物间存在因果关系,但是他在记述主要历史事件之前都会简要交代它的背景,在背景中说明某一事件发生的原因。例如普罗柯比在记述527年和540年拜占庭-波斯战争之前,有一段内容是对波斯人主动进攻拜占庭的原因的分析,且分析了科斯罗伊斯一世每次出兵的个人动机。① 普罗柯比发现从人类自身的角度而不是从神意的角度来理解事物间的联系较为容易,因此他在对安条克被攻占这一事件进行阐释时,没有解释为什么上帝会允许这样的灾难发生,而是从人类自身的角度来理解,从科斯罗伊斯一世谈判的失败、城墙防卫的薄弱和驻防士兵的恐慌等方面来分析。② 阿嘎塞阿斯往往将历史事物之间的联系归于单一的道德归因论,即胜利出于信仰虔诚,失败由邪恶行为所致,所以他在分析战争原因时将道德因素置于其他因素之上,过于强调人类的道德对于历史进程的影响。③ 西摩卡塔对历史事物的理解也存在某种程度的道德归因论,例如他记述一位格皮德杀人犯最终被抓获乃出于"上帝的公正审判","神的意旨彰显于整个世界,他的眼目遍察各处,对人类的邪恶行为施以惩罚"。④ 西摩卡塔认为邪恶和敬虔通常都会获得上帝相应的回报。例如阿瓦尔人中流行瘟疫,这是上帝对他们粗暴对待圣徒亚历山大的尸骨所施行的惩罚;⑤科斯罗伊斯二世之所以命运得以转变,是因为他皈依基督教。⑥ 正如查士丁尼将军曾经对麾下的将士说的:"非正义的行为往往带来暂时的成功。"⑦西摩卡塔也认为在凡人世界上帝对罪恶的审判并不立刻施行,有时候会推延到恶者死后。⑧ 纵观整部《历史》,西摩卡塔并不是将道德因素运用于所有的历史叙事中,他认为品德高尚、正直的基督徒的行为可能导致成功,但这并不能保证最终的胜利。

如前所述,西摩卡塔没有从神意的角度解释历史事件,也没有从人类

---

① Procopius, *History of the Wars*, iii. 3. 5, 6. 8.
② A. M. Cameron, *Procopius*, p. 145; pp. 234~235.
③ A. M. Cameron, *Agathias*. pp. 45~51.
④ Theophylact Simocatta, *History*, vi. 10. 4.
⑤ Theophylact Simocatta, *History*, vii. 15. 2.
⑥ Theophylact Simocatta, *History*, iv. 10. 2.
⑦ Theophylact Simocatta, *History*, iii. 13. 16.
⑧ Theophylact Simocatta, *History*, i. 1. 5; viii. 11. 6.

自身的角度分析历史事物间的联系。《历史》中只有两处细节涉及因果联系的分析,一处是尼罗河洪水的泛滥,另一处是波斯战争的爆发,①但是这两处内容都来源于以前作家的著述。西摩卡塔对历史事件的分析和处理方式通常不太恰当。在《历史》第一卷,他没有阐述拜占庭人为什么要和波斯人作战,也没有说明拜占庭人和阿瓦尔人交往的背景,他声称在曼南德尔记述西尔缪姆城失陷的过程中已经对拜占庭人和阿瓦尔人的关系作了详细的说明,于是他拒绝再对此进行"赘述"。② 西摩卡塔对波斯战争叙事的引入比较突兀,没有任何的背景介绍,③他没有试图将拜占庭军队在巴尔干半岛的困境与波斯战争的需求联系起来考察,也没有解释西尔缪姆城的丢失是怎样影响到拜占庭巴尔干前线防务的,他只是将阿瓦尔人在583年所取得的成功归因为整个色雷斯地区的罗马军队中弥漫着一股懈怠之风。④ 大体上说来,西摩卡塔对历史事物原因的分析是比较随意的,他有时候根据人物的性格特征分析事物的原因,例如提比略的诚实导致波斯战争的局面向有利于拜占庭的方向转变。⑤ 但是对于大多数事件,他没有提供丝毫的解释,例如597年阿瓦尔人的进攻和599年莫里斯决定与阿瓦尔人开战等事件。⑥ 西摩卡塔缺乏好奇心和钻研精神。⑦ 普罗柯比评论某些聪明人发明了一套深不可测、难以理解的理论来解释自然灾难,比如瘟疫,他对这些令人费解的现象充满探究的兴趣,并且他对修昔底德关于瘟疫的解释非常熟悉,他试图在此基础上从地理上探讨瘟疫发生和传播的原因以及研究瘟疫的不同表现形式。⑧ 普罗柯比在研究"亚欧大陆的地理边界"这一问题时,曾经尖锐地批评那些依赖前人的意见而自己不作任何研究的人。然而,西摩卡塔却将地震的复杂原因简单化,只简要提到亚里士多德对此问题已经研究过了。⑨ 总之,西摩卡塔对待自然现象或地理事物没有表现出强烈的兴趣,似乎只有宗教主题才能引起他的兴趣。

西摩卡塔对事物间因果关系的态度反映了他的信仰及其所坚守的原则。这一原则在其作品《生命预定的时限》中有着清晰的表达,即人类的

---

① Theophylact Simocatta, *History*, vii. 17; iii. 9. 3 ~ 11.
② Theophylact Simocatta, *History*, i. 3. 5.
③ Theophylact Simocatta, *History*, i. 9. 4.
④ Theophylact Simocatta, *History*, i. 4. 1.
⑤ Theophylact Simocatta, *History*, iii. 16. 6.
⑥ Theophylact Simocatta, *History*, vii. 13. 1; viii. 2. 1.
⑦ Theophylact Simocatta, *History*, i. 12. 9.
⑧ Procopius, *History of the Wars*, ii. 22. 1 ~ 5.
⑨ Procopius, *History of the Wars*, viii. 6. 9.

知识或理性是有局限的,对于人类而言,需要通过"适度"和"审慎"的原则来承认人类理性的不完美,而不是毫无节制地扩大知识边界。在《历史》中西摩卡塔一再表达的主题之一是人类命运的反复无常,对此,人类只能被动地接受。他甚至认为没有任何一种理论能完全解释事物的历史进程,即使最虔诚或品德最高尚的人也不能控制命运的无常,因此他认为人类恰当的反应应该是谨慎和谦虚。正如《历史》第六卷中所记述的法老辛努塞尔特一世(Sesostris I)的骄傲行为导致失败所呈现的道理一样:"命运像旋转的车轮一样变化无常,而且没有什么比成功更不可靠,因为成功只是一时的。"① 西摩卡塔推崇像莫里斯一样豁达地接受不幸。这位君主在临死前的话语中透露出虔诚和信心:"主啊,你是公正的,你的判断是值得称颂的。"② 西摩卡塔认为只有"全知全能"的上帝才能决定或解释事物的历史进程,所以他采用的对事物解释的方法类似于编年史家或教会史家所用的方法。这类史家通常将所有的历史事件看作基督教历史的一部分,历史事件之间具有连续性,并不总是需要人们对其发生的原因作出具体的解释,且事物间的联系显示出上帝的意志,人类没必要深入探究其中的奥秘。尤西比乌斯的《教会史》中只有对历史事件的描述,而没有探讨事物背后的原因以及导致某种结果的方法或手段。埃瓦格留斯在其教会史作品中同样没有对历史事物的原因进行探讨。③ 有学者指出,基督教编年史家关注的是历史编纂的方式而不是细节,关注叙事而非解释。④ 尽管西摩卡塔认为人类理解能力存在局限性,他也不愿意深入研究历史事物之间的因果联系及其背后的成因,但是这并不意味着他主张人类的未来是预先决定的。西摩卡塔不赞成预定论,例如科斯罗伊斯一世相信星象能揭示未来,被他描述为"非常相信迦勒底人的星象学,据说在战争前夕都会观察天象来预测战争的结局"。⑤ 西摩卡塔认为人类必须为自己的行为负责,这些决策是基于人类不完全的理性所作出的,所以,对待不确定的命运,人们最适当的反应应该是审慎。⑥

在《历史》中,西摩卡塔对基督教事务的记载超过以往的古典史家。他用一种文学夸张的风格来撰述。他描写一位修道士从现实生活中退隐

---

① Theophylact Simocatta, *History*, vi. 11. 10 ~ 15.
② Theophylact Simocatta, *History*, viii. 11. 3.
③ Evagrios Scholastikos, *Ecclesiastical History*, p. 5, 23 ~ 26.
④ Momigliano, *The Conflict between Paganism and Christianity in the Fourth Century*, Oxford, 1963, p. 85.
⑤ Theophylact Simocatta, *History*, v. 15. 3.
⑥ Theophylact Simocatta, *History*, ii. 15. 5.

的情景:"这位修道士一会儿通过冥想进入到神秘世界,一会儿又回到孤寂的独身生活。"①他将圣索菲亚大教堂描述为"君士坦丁堡的伟大圣殿,它是查士丁尼修建的,是帝国荣耀的象征,当时的人称之为'伟大的教堂'。"②他描写大皇宫里的法庭为"毗邻皇宫的一处大庭院,它的前厅和走廊金碧辉煌,十分气派"。③ 西摩卡塔认为圣徒、大教长、主教和教会仪式是一个社会的有机组成部分,皇帝的婚姻最终须由君士坦丁堡大教长来定夺,大教长有权利否决皇帝的意见,尽管在其他方面皇帝不太会顾忌大教长的意见。④《历史》还记载莫里斯皇帝借钱给约翰大教长,当约翰逝世后,莫里斯发现约翰的个人财产不足以抵偿借款,并且发现他的生活非常清贫,于是莫里斯决定撕毁借款协议,将约翰简陋的床、羊毛毯子和斗篷运回宫廷,以向众人表彰其节俭的美德。⑤ 根据《历史》的记载,在新的战争开始之前,莫里斯通常会在圣索菲亚教堂恳切地寻求神的启示,并在圣母玛利亚教堂举行庄严的圣餐礼;如果拜占庭军队取得胜利,莫里斯会在圣索菲亚教堂彻夜祈祷感谢上帝的垂顾,并写信给各教会的主教,要求他们洁净罪孽、敬虔行事;⑥当东部军队行军作战时,士兵们高举圣像,目的在于整饬军队纪律和提升战斗士气;有次普里斯哥紧急赶往东部军队,是为了和与自己并肩作战的将士们一起过复活节;⑦莫里斯亲自参加在布莱切尼(Blachernae)举行的圣餐礼,作为在首都举行的圣烛节的一部分。⑧《历史》记载了6世纪末期的主教参与公共事务,他们或做随军牧师,或成为官方使节,或管理行政事务,或带领民众抵御外敌。⑨《历史》中还记载了波斯国王科斯罗伊斯二世对基督教的信仰:当他身处危难之际,他向基督教的上帝或圣徒塞尔吉乌斯祈求以寻求帮助恢复王位之后,他向塞尔吉乌斯教堂奉献捐资,他还声称自己从圣母玛利亚那里获得对未来的启示。⑩

西摩卡塔的作品中经常出现对宗教事务的记载,但这不表明《历史》是一部宗教著作。《历史》中包含有两篇多米尼安主教的演讲词。第一篇

---

① Theophylact Simocatta, *History*, vii. 12. 10.
② Theophylact Simocatta, *History*, viii. 8. 15;v. 16. 7.
③ Theophylact Simocatta, *History*, i. 1. 2.
④ Theophylact Simocatta, *History*, i. 10;i. 11. 15~20;v. 16. 3.
⑤ Theophylact Simocatta, *History*, vii. 6. 1~5.
⑥ Theophylact Simocatta, *History*, v. 16. 7~8;vi. 8. 8;viii. 11. 6.
⑦ Theophylact Simocatta, *History*, ii. 3. 4;iii. 1. 11;iii. 1. 4~5.
⑧ 圣烛节(Candlemas)又称圣母行洁净礼日或献主节等,在2月2日,即圣母玛利亚产后四十天带着耶稣去往耶路撒冷祈祷的纪念日。Theophylact Simocatta, *History*, viii. 4. 11~5. 3.
⑨ Theophylact Simocatta, *History*, ii. 3. 8;iii. 1. 5;iv. 14. 5~6;vii. 3. 6~9.
⑩ Theophylact Simocatta, *History*, iv. 10. 2~3;v. 1. 7~8;v. 13~14;v. 15.

是多米尼安主教在东部要地玛尔提罗波利斯的一处教堂发表的布道词，主要以基督教的信念表明对波斯之战必胜的决心。① 第二篇演讲词是为了鼓舞军队的士气，劝诫他们坚信在上帝的帮助下一定能够顺利进军波斯，帮助科斯罗伊斯二世恢复王位。② 这两篇演说都以基督教的"使徒信经"结尾。《历史》中其他带有宗教色彩的记述还有：查士丁尼将军在对军队的演讲中深深表明他对上帝的信仰；③提比略和查士丁二世的演讲中都表示他们相信造物主的力量；④彼得将军更是在军队中宣称："我们的救主耶稣基督，全能的上帝，教会的元首，求您临到我们这些仰望你的、卑微的世人吧！"⑤西摩卡塔将耶稣基督描述为"在十字架上完成救赎之功的耶稣、上帝的独生爱子，他与上帝享有同样的神性和全能，将整个世界带入他的眷顾之下"，他描述圣母玛利亚为"罗马人最为尊崇的，她是耶稣的母亲"。⑥ 在整部《历史》中，西摩卡塔对基督教信条的表达极为自然。同样的，他对宗教题材的故事比如圣徒格里西亚和圣徒尤菲米亚的故事以及戈林都克的生平等也充满兴趣，⑦然而他对待世俗题材却并非如此。在《历史》序言中，他一再强调迪奥多罗斯·西库鲁斯的观点。这一观点他自己极为认同，即历史作品不仅要包括与人类切身利益相关的世俗事务，也要包括宗教内容，以便启发读者的灵魂，为人类的活动提供神圣的指引。⑧ 总体来说，西摩卡塔在写作过程中对宗教事务表现出极大兴趣，但这种兴趣并没有延伸到神学的思考和探究上，只停留在叙事层面。

西摩卡塔在其作品中将宗教和世俗事务交织在一起，把君主视为上帝在人间的代表。《历史》中有两篇重要的演讲词是关于君主所应具有的品德的，都是即将离任的皇帝向新皇帝的建议。⑨ 第一篇演讲词是濒死的提比略向继任者莫里斯所作的，他讲述了自己对帝国的奉献和君主对臣民的责任，并向后者提出了具体的建议。第二篇演讲词是查士丁二世在提比略宣誓成为凯撒之际向其发出的。西摩卡塔保持了演讲内容的精确性和完整性，这表明他特别重视对此类主题的记述。西摩卡塔认为理想的君主首

---

① Theophylact Simocatta, *History*, iv. 16.
② Theophylact Simocatta, *History*, iv. 4.
③ Theophylact Simocatta, *History*, iii. 13. 20.
④ Theophylact Simocatta, *History*, i. 1. 5；iii. 11. 8～13.
⑤ Theophylact Simocatta, *History*, viii. 6. 6.
⑥ Theophylact Simocatta, *History*, iii. 1. 4；viii. 5. 2.
⑦ Theophylact Simocatta, *History*, i. 11；viii. 14；v. 12.
⑧ Theophylact Simocatta, *History*, viii. 14. 1.
⑨ Theophylact Simocatta, *History*, i. 1；iii. 11.

先应当具有基督徒的品德。阿嘎培图斯·迪奥柯努斯的著作《厄克德西斯》也表达了同样的意思,这是一本评述查士丁尼前期统治的著作。该书总结了作为一位理想的基督徒皇帝所应具有的美德,同时其简洁明快的风格带给人们阅读的便利,使其成为这类题材作品的重要代表。通过分析查士丁二世在提比略成为凯撒就职典礼上的演讲词,可推测查士丁二世应读过此书。在演讲时,他那严重精神错乱的大脑中仍然清晰浮现此书的一些简单信条,即理想的君主所应具备的四种美德,①即勇敢、公正、节制和智慧。② 西摩卡塔和阿嘎培图斯都认为理想的君主须具备这四种美德,这四项标准被广泛应用于评价君主功过的颂词作品中。尽管在6~7世纪又加上了敬虔作为一项新的标准,但是相比较而言,在军事指挥作战中,君主的勇敢比敬虔更重要。曼南德尔认为在军事行动中皇帝要大力发扬勇敢精神。③ 整个6世纪只有莫里斯皇帝领兵打仗,而且他最终也没有与敌人正面交战。不过,西摩卡塔认为君主作为军事最高统帅的角色决定了他还需要具备战略眼光或明智的决策能力,而不只是勇敢。西摩卡塔非常看重勇敢的特质,在其作品中他认为唯一一位勇气可嘉的拜占庭将军是老伊拉克略。

　　西摩卡塔认为君主必须认识到他所获得的君权的实质,不要居高自傲,只有这样才能确保自己行事不偏不倚,合乎公道。根据《历史》的记载,查士丁二世劝诫提比略合理看待君权:"不要以为穿上了皇袍就可以为所欲为,对待所有的人或事你都需要审慎,你要永远记住自己过去和现在的身份。"④阿嘎培图斯和西摩卡塔都认为:"虽然君主的地位高于人类一切的法律,但是他必须对上帝负责,由于他掌有的权力至高无上,上帝对他的审判也是最严厉的。上帝赋予他王权,君主必须尊荣上帝。君主须时刻保持清醒、谦虚的头脑,不因身居高位而傲慢自大";⑤"君主应当对臣民充满仁慈,而非暴戾;君主应当喜欢纳谏,而非奉承。他应该经常关心正义的实施,拒绝告密者,在惩罚犯罪方面应该持守公正和节制。慈善行为源于爱心,审慎源于对上帝的畏惧,君主必须善待他的军队"。⑥

---

① Theophylact Simocatta, *History*, iii. 11. 8~13.
② Agapetus Diaconus, *Ecthesis*, p. 15.
③ Menander Protector, *The History of Menander the Guardsman*, 372. 28.
④ Theophylact Simocatta, *History*, iii. 11. 10.
⑤ Agapetus Diaconus, *Ecthesis*, pp. 14,21,23,71; Theophylact Simocatta, *History*, i. 1. 5~6; iii. 11. 8; i. 1. 16.
⑥ Agapetus Diaconus, *Ecthesis*, pp. 12,19,43,65; Theophylact Simocatta, *History*, i. 1. 17; iii. 11. 11;

西摩卡塔如此关注君主个人的品质和行为是不足为奇的,因为个人品质性的因素通常会被教会史家(教会史家认为基督教君主在历史上扮演了中心角色)和古典史家(例如普罗柯比)用来解释和说明某些事物。君主需要对宗教、军事、外交和行政等事务作出决策,这些决策又在一定程度上受到君主自身性格和品质的影响,所以历史学家们将君主的品质与其行为结合起来考察就合乎情理了。① 西摩卡塔在《历史》的开端部分就描绘了一个理想统治者的形象。从提比略在莫里斯上任时所作的演讲中,可以看到理性、智慧、谦虚、审慎、公正、仁慈、节制、远见和才华等品质是提比略对莫里斯殷切期望的核心,也是西摩卡塔评价《历史》中人物的标准。② 此外,西摩卡塔还通过对比霍尔米兹德和提比略的性格来进一步论证君主品质的重要性:提比略仁慈、宽厚和慷慨,他是慈父般的统治者,而不是暴君;然而霍尔米兹德充满残暴、欺骗、贪婪、好斗、嗜杀成性和不敬虔。提比略是仁君的典范,霍尔米兹德则是暴君的典范。③ 在西摩卡塔那里,查士丁二世不是理想的君主,他愚蠢地挑起与波斯的战争,却无力解决战争带来的种种困境,最终自己陷入疯癫状态。④ 西摩卡塔认为,理想的君主不会因为命运的起伏时而欢欣鼓舞,时而悲伤绝望,明智的领导人需要在胜利或危急时刻都保持头脑清醒、行事谨慎。《历史》中,斯蒂芬对于菲利普科斯指责他过于保守的回应是这样的:"对于军事将领来说,懂得如何防御是最重要的,我既知道珍惜有限的胜利成果,也会对命运之神心存畏惧。胜利者不应过分骄傲,而应该保持节制。"⑤ 老伊拉克略将军在遭受到一次波斯军队的突袭后并没有灰心丧气,而是经过仔细研究制定出一套解决方案。⑥ 莫里斯担任将军期间,虽然在作战初期被阿瓦尔人的入侵行动打乱了阵脚,但是不久他就制定出一套有效的反攻策略。⑦ 然而莫里斯能成功地从险恶处境中逃离,《历史》中还有更多的军事领导人,他们过于相信自己的运气,没有预见到命运的起伏不定,最终落得窘迫的下场。例如波斯将领卡达里刚由于过于相信运气,最终被击败;卡斯图斯(Castus)在失去好运气之后惊慌失措,精神状态陷入绝望;霍尔米兹德在得知巴拉姆的叛

---

① L. Cracco Rugini, "The Ecclesiastical Histories and the Pagan Historiography: Providence and Miracles", *Athenaeum* 55(1977), pp. 107~126.
② Theophylact Simocatta, *History*, i. 11~20.
③ Theophylact Simocatta, *History*, iii. 16.4~6,7~13.
④ Theophylact Simocatta, *History*, iii. 9.4~5,11.3.
⑤ Theophylact Simocatta, *History*, ii. 5.1~2.
⑥ Theophylact Simocatta, *History*, ii. 8.3.5.
⑦ Theophylact Simocatta, *History*, vi. 5.11~12.

乱愈演愈烈、一时难以控制的时候,心烦意乱,似乎陷入深深的绝望。①

西摩卡塔认为,对于领导人来说,在变化无常的命运面前保持一种坚定和明智的态度尤为重要,因为普通大众(无论是民众还是士兵)的本性都是不坚定的,他们容易屈服于命运的无常,并且容易受到风言风语和不实之词的影响。② 他认为将军们必须控制士兵的鲁莽行为,制定纪律,抑制士兵中间出现的不满情绪。③ 君士坦丁堡的大部分民众"没有受过良好教育,在困境中极为混乱,容易受图谋不轨的人所利用,难以辨别是非正义",④特别是他们热衷于蓝绿两党的派系斗争,疯狂支持其中的一方,这是罗马世界陷入麻烦的一个重要原因。⑤ 莫里斯皇帝对待这些容易受鼓动的民众采取了适宜的态度,他不会对民众傲慢的抗议声而感到气愤,相反他会将民众的愤怒情绪合理地转移到反抗阿瓦尔人身上。⑥ 如果莫里斯不得不惩罚那些骚乱分子,那么他生气也是短暂的:"这种驱逐行动持续的时间非常短暂,皇帝很快就不再愤怒,他收回成命,允准他们回到君士坦丁堡。"⑦

除此以外,西摩卡塔还很关注拜占庭帝国与外部世界的关系,尤其关注帝国与波斯帝国的关系和与北边阿瓦尔部族的关系。在《历史》的第一章,西摩卡塔通过记述科蒙提奥鲁斯对阿瓦尔可汗柏严(Baian)的演讲来阐明当时的国家间关系。这段演讲被放置在军事叙事之前,⑧演讲的主旨在于颂赞拜占庭人,批评阿瓦尔人:"罗马人的品性和他们国家的行为是高尚的,国家行为反映统治者的优秀品质,而统治者展现国家的良好形象。罗马人爱好和平、慷慨大方,愿意宽恕他人的过错,虽然他们继承了勇敢的精神,但却不鲁莽行事,他们在上帝的启示和帮助下为正义而战。如果罗马人背离了这些原则,他们会遭到一致的谴责";⑨"而相比之下,阿瓦尔人和他们的汗王经常容易忘记与他国的友好关系,不懂得美德或正确行为的价值,他们的行为经常受制于一时的兴致或冲动,而丝毫不顾及与他国签订的协议。阿瓦尔人经常以自身的利益为取向来决定是否遵守条约,当他

---

① Theophylact Simocatta, *History*, ii. 4. 14, 5. 5, 11. 12 ~ 12. 1; iv. 1. 9.
② Theophylact Simocatta, *History*, iii. 5. 9; vii. 1. 9.
③ Theophylact Simocatta, *History*, iii. 7. 3, 12. 7; vi. 7. 7 ~ 8. 3, 10. 3, 11. 19.
④ Theophylact Simocatta, *History*, viii. 9. 9.
⑤ Theophylact Simocatta, *History*, viii. 7. 11.
⑥ Theophylact Simocatta, *History*, ii. 17. 5 ~ 8.
⑦ Theophylact Simocatta, *History*, viii. 5. 4.
⑧ Theophylact Simocatta, *History*, i. 5.
⑨ Theophylact Simocatta, *History*, i. 5. 3, 6 ~ 7, 12 ~ 13; ii. 14. 6 ~ 7; v. 4. 12; 10. 4 ~ 5; viii. 9. 4; viii. 15. 13 ~ 14.

们处于不利地位时总是抱怨重重。阿瓦尔可汗柏严缺乏节制,成功了,傲慢自大;失败了,惊慌失措"。①

西摩卡塔用近乎相同的语言描述阿瓦尔人和波斯人:他们都是"桀骜不驯、狂妄自大和自我吹嘘的","波斯人与阿瓦尔人一样都过于自信,他们不能容忍失败甚至是一点点挫折","波斯国王身上体现的恰恰是这个民族的性格——傲慢、狂妄和好战"。②波斯人的欺骗和狡诈一向被时人诟病,《莫里斯的战略》对此也有所记载。③《历史》中记载的波斯大使们的讲话将波斯人无信狡诈的性情展露无遗,他们的主张表面上看似合理,实际上却具有较大的欺骗性。例如马哈伯德正确评价了战争所引起的麻烦,但是他认为霍尔米兹德是爱好和平的;在这一点上他显然是错误的,况且霍尔米兹德所提供的和平条件对罗马人来说也是一种耻辱。④科斯罗伊斯二世的使节向莫里斯陈述两国加强合作的必要性,他声称科斯罗伊斯具有良好的品性;⑤但是人们不应忘记科斯罗伊斯在7世纪的好战行为,他所挑起的战争破坏了与莫里斯签订的和平协议。

西摩卡塔看待外邦人的观点固定且略有成见,大体上即"好的罗马人"和"坏的外邦人"形成鲜明的对比,如拜占庭帝国的皇帝具有优良品德,而外邦的统治者却不讲道德、肆无忌惮。西摩卡塔认为拜占庭帝国在世界上所处的地位极为重要:"只要拜占庭的君主有充足的智慧和实力,就能引导其他的国家或民族一起形成和平的世界。"⑥他的这一主张反映了当时的现实,即战争所带来的灾难是人类难以承受的,故形成和平共存和稳定的国家间关系尤为重要。西摩卡塔在《历史》中提到了对于战争的厌倦和恐惧,战争对每一个卷入其中的人来说都是一场灾难,因为它对世界造成了巨大的破坏并带给个体命运极大的不确定性——战争带来"人类社会的层层腐烂",它吹响了"毁灭世界的号角"。⑦虽然西摩卡塔撰写《历史》的热情是被伊拉克略皇帝战胜波斯人所激发,但是他对战争的态度反映了7世纪20年代拜占庭社会的厌战情绪。拜占庭帝国与波斯帝国和多瑙河部族的战争持续不断,超过五十年之久,这使得人们普遍厌战,末世论

---

① Theophylact Simocatta, *History*, i. 5.1,5,7,9～10; i. 6.6; vi. 6.7～12; vii. 10.5～7; i. 3.11～12;4.8; vii. 11.4,12.9,15.9～10.
② Theophylact Simocatta, *History*, iii. 13.7,14.
③ Maurice's Strategikon, *Handbook of Byzantine military strategy*, Xi. 1.1～2.
④ Theophylact Simocatta, *History*, i. 15.
⑤ Theophylact Simocatta, *History*, iv. 13;iv. 4.15.
⑥ Theophylact Simocatta, *History*, iii. 13.4～5.
⑦ Theophylact Simocatta, *History*, iii. 9.4;viii. 15.7.

和失败主义在社会中盛行。① 由于厌战情绪,民众希望国家制定与波斯帝国和多瑙河部族和平共处的政策。对拜占庭帝国与多瑙河部族的关系,西摩卡塔认为互相遵守条约是非常重要的。他批评阿瓦尔人或罗马人的单方挑衅行为,②不赞成用贡金买和平,认为这样只会助长阿瓦尔人的贪婪。③ 科蒙提奥鲁斯对阿瓦尔可汗柏严所作的演讲中充分体现了上述原则。④ 西摩卡塔着重记载了科斯罗伊斯二世向莫里斯提出援助请求的细节,他详细记载了科斯罗伊斯向莫里斯发出的信件的内容,并在波斯使节向莫里斯所作的演讲中进一步阐述两国和平与合作的主张。⑤ 科斯罗伊斯呼吁两国保持和平,在国际事务上加强合作,他认识到两国统治者各自设定征服世界的目标是何等荒谬,他相信波斯帝国和拜占庭帝国都是不同于其他国家的神圣国家。科斯罗伊斯最终也没有达成他的这一宏伟理想,但是这并不影响西摩卡塔坚定认为两国需要和平共处。实际上,莫里斯在位时期也尽力与科斯罗伊斯二世当政的波斯帝国保持合作的关系,以为两国建立一个持久和平的关系奠定基础。

西摩卡塔的历史评论颇具价值,这并非由于它的原创性,而是他的观点反映了7世纪前期伊拉克略王室对周边国家或民族的政策。西摩卡塔赞成拜占庭与波斯帝国和平共处,这一点与628年伊拉克略皇帝在与波斯代表施罗埃(Shiroe)和萨哈拉兹(Shahvaraz)签署的协议中所反映的帝国政策不谋而合。伊拉克略希望与波斯国王建立可靠的信任关系,结束战争。⑥《历史》中所记载的米利廷主教多米提安所作的演讲反映了伊拉克略战胜波斯人后欢欣鼓舞的氛围,同时也反映了7世纪出现了依据《圣经》的标准来阐释历史事物的倾向。⑦ 演讲时的历史环境以及玛尔提罗波利斯的回归并不能夸大波斯人的"邪恶"言行。《历史》记载:"他(耶稣)拥有大能的膀臂,他使骄傲的降为卑下,将他们从高位上赶下来,他再一次将巴比伦骄傲的灵魂降为卑下。在大能者的作为下,狮子变得乖顺,蛇变得安静,连巴比伦的神贝尔和米特斯都一同羞愧。我们的主又一次将迦勒底

---

① Theophylact Simocatta, *History*, v. 15.5~7; *Christian Romance of Alexander*, ed. and tr. E. A. W. Budge, *The History of Alexander the Great*, pp. 155,158.

② Theophylact Simocatta, *History*, i.5.9~10;vii.4.1~7;15.13.

③ Theophylact Simocatta, *History*, i.3.7.

④ Theophylact Simocatta, *History*, i.5.

⑤ Theophylact Simocatta, *History*, iv.11,13.4~26.

⑥ *Chronicon Paschale* 284~628 *AD*, p.727; N. Oikonomides, "Correspondence between Heraclius and Kavadh – Siroe in the Pashal Chronicle", *Byzantion*.41(1971),pp.269~281.

⑦ Theophylact Simocatta, *History*, iv.16.

人骄傲的颈项折断,他的呼召和旨意不是彰显在城墙上,而是永留在天上。巴比伦王的权杖被震碎,傲慢之人的王位被倾覆,谦卑之人被再次尊崇。"① 在描述伊拉克略取得胜利的时候,西摩卡塔用的同样是"欢欣鼓舞"的《圣经》笔调,② 他将伊拉克略对波斯的胜利比作基督的胜利,将欢庆玛尔提罗波利斯回归的庆祝活动与君士坦丁堡欢庆伊拉克略凯旋的庆祝活动联系起来。③ 西摩卡塔主张帝国与巴尔干部族签订和平条约,这或许反映了伊拉克略的巴尔干政策。很显然伊拉克略的巴尔干政策不同于莫里斯的,后者的政策在于最好的防御是积极的进攻,而伊拉克略则尽力与阿瓦尔人形成具有约束力的协议关系。④ 621年,伊拉克略以支付沉重的贡金为代价,与阿瓦尔人签署了合约,这使他得以顺利抽调欧洲的部分军队投入到亚洲。⑤ 伊拉克略是在国力不强的时候与阿瓦尔人签订协议的,当国家因为军区制的推行而逐渐复兴后,双方的力量平衡关系再次被打破,因此协议存续的时间并不长。

　　西摩卡塔对民众参与党派斗争的批评反映了伊拉克略统治时期国家对民间骚乱的态度。⑥ 他对犹太人的描写——他们是邪恶的、专横的、最不值得信任的民族,并且喜欢制造麻烦——反映出伊拉克略时期社会普遍的反犹太心理。⑦ 这一心理或许源于犹太人与波斯人关系密切,在波斯与拜占庭的战争中犹太人坚定地站在波斯人一边。⑧ 纵观整部《历史》,西摩卡塔逐渐放弃了命运变幻无常的观念,转而相信领导人的品质和能力影响国势的兴衰,这一观点反映了同时代人们的观念。与西摩卡塔同时代的人大多经历了7世纪前三十年激烈的社会变迁,他们大多见证了莫里斯的被推翻、福卡斯的残暴统治以及伊拉克略为恢复帝国所付出的艰辛努力,并也由此见证了君主权威的严重动摇。激烈的社会变迁使得人们渐而相信君主是否英明在决定国家兴衰上具有重要的意义。

　　总之,西摩卡塔代表的是他所属社会阶层(受教育的知识分子阶层)

---

① Theophylact Simocatta, *History*, iv. 16.4~6.
② *Chronicon Paschale 284~628 AD*, p.727.
③ Theophylact Simocatta, *History*, iv. 16.7; George of Pisidia, *Heraclias*. 1~35.
④ 根据君士坦丁七世的《帝国政府》所记,10世纪初塞尔维亚人(Serbs)和克罗地亚人(Croats)声称来到巴尔干半岛是为了保护罗马皇帝伊拉克略的土地。这一主张根源于伊拉克略当时与巴尔干各部族所签署的友好协议。(Constantine Porphyrogenitus, *De Administrando imperio*, pp.31~32.)
⑤ Theophanes Confessor, *The Chronicle of Theophanes Confessor*, *Byzantine and Near Eastern History AD 284~813*, 302.
⑥ George of Pisidia, *Heraclias* ii. 34.
⑦ Theophylact Simocatta, *History*, v. 7.9.
⑧ A. Sharf, "Byzantine Jewry in the Seventh Century", *Byzantion* 48(1955), pp.103~115.

的志趣、态度、观念和宗教倾向。他们认为世界的中心是君士坦丁堡,君士坦丁堡的中心是皇帝——上帝在人间的代表;在首都之外,他们关注的事情是帝国在东方和多瑙河前线所面临的挑战,而在西方和非洲——这两块查士丁尼尤为重视的土地——帝国的势力已经基本上从那里退却了。他们会将眼光盯紧上帝,每个人都会在将来的某个时候为自己的行为在上帝面前"交账",而上帝的审判即使超越了人类的理解能力,但终归是公正的。①

---

① Theophylact Simocatta, *History*, iii. 4. 8; vii. 6. 6~7; viii. 11. 9, 14. 9; vii. 10. 8; viii. 11. 3.

## 第三节　西摩卡塔的其他作品

目前尚存的西摩卡塔的作品主要有四部，除了《历史》，另外三部为《自然问题》《伦理通信》和《生命预定的时限》。由于这三部作品篇幅较短，笔者称它们为"小作品"。《自然问题》以类似柏拉图对话体式的风格讨论十九种奇特的自然现象，比如山羊的血为什么能使硬物软化、乌鸦夏天为什么不喝水、鸽（一种鸟）为什么能治疗黄疸、塞瑞福斯岛（Seriphos）上的青蛙为什么不出声等，显然这算不上一部严肃的学术著作，只能算是一部文学作品。《伦理通信》以虚拟的书信体形式讨论历史和神话人物对伦理主题的见解，整部作品包含八十五封信，探讨关于伦理道德、乡村生活和男女爱情等的问题。这种虚拟书信体的典型代表作家是罗马修辞学家艾西弗伦，①他著有四部关于渔夫、农民、奴隶和妓女的书信体著作。这种体裁在2世纪末非常流行。除了艾西弗伦的作品，克劳狄乌斯·阿里安和菲洛斯塔图斯也分别著有以乡村生活和爱情为主题的书信体著作，②其中菲洛斯塔图斯的爱情著作在6世纪流传广泛。西摩卡塔的写作肯定受到当时流行的虚拟书信体风格的影响，只不过他写作更自由，更具创造性，人物个性特征更加彰显。《自然问题》和《伦理通信》都不具有重要影响，这或许是西摩卡塔年轻时进行文学训练的作品，写作的目的不仅是取悦读者，而且也是展示自己学问精深、用阿提卡希腊语熟练写作的能力和将传统的材料重新排列的写作技巧。

西摩卡塔的《生命预定的时限》是一部神学作品，这是一部重要的作品，因为从中可以观测出西摩卡塔的写作风格和人生价值观。《生命预定的时限》探讨一系列的神学问题，诸如是否存在由上帝所预定的人类生命时限，是否会因为个人的行为或自然灾难而使生命的长短改变等。参与讨

---

① 艾西弗伦（Alciphron, 125～187），修辞学家，著有包含一百二十四封信的书信文集。目前这部书信文集中的一百一十八封保存完好，六封为残篇。作者完全以阿提卡方言写作，每封信所设置的场景均为雅典，以渔夫、农民、奴隶和妓女作为主人公表达对日常生活事物的见解和情感。

② 克劳狄乌斯·阿里安（Claudius Aelianus, 175～235），罗马帝国修辞学家和教师，以古代希腊语写作，著有《论乡村生活》《动物的本性》等作品。菲洛斯塔图斯（Philostratus, 170～247），罗马帝国时期修辞学家，著有《论爱情》等著作。

论的人大多引用《圣经》来阐释各自的观点,尤其对《旧约》的引用最为充分。以塞奥洛斯图斯(Theognostus)和塞奥非拉斯图斯(Theophrastus)为代表的双方围绕此类神学问题展开精彩的辩论。塞奥洛斯图斯是一位笃信预定论(Predestination)的神职人员,①他认为人类的生存时限完全由上帝预定。他态度骄傲,言辞激烈,富有侵略性,"喉咙像敞开的坟墓,舌头似锋利的刺刀"。他直言对方的主张和言论是对信仰的亵渎,足以被开除教籍,必须像"零钱兑换者一样"被赶出教会。② 塞奥非拉斯图斯反对预定论,相信人类拥有自由意志和选择的权利。他利用对手过于骄傲地贬损自己观点的有利时机,成功地攻击他"过于骄傲"的论调。③ 双方的辩论由埃瓦吉鲁斯(Evangelus)和塞奥彭普图斯(Theopemptus)两位裁判作出裁决,最终他们在严格的预定论和随机命运论(random fate)之间采取折中观点,认为预定论是非基督教的观念,而随机命运论则与上帝的至高主权相悖,他们声称人类在美德和罪恶之间有自由选择的意志,但是这种自由选择的意志只在人的一生这个时限才有效果。④ 同样重要的是,他们对论辩双方提出告诫:"谦虚而非骄傲、温和而非愤怒应该成为我们的道德标准。人类的认知能力是有限的,况且人类无法预知未来,因此人类应当秉持谦虚和谨慎的态度。"⑤

《生命预定的时限》在写作风格上模仿罗马哲学家塞尼加的《辩论》(Controversiae),⑥该书奠定了辩论文体的基本模式:首先是辩论双方展开自己的观点,接下来由裁判作出裁决。《生命预定的时限》的内容涉及了重要的哲学命题,诸如人类的自由意志、上帝的预知、时间与永恒以及人类生命的长度是否早已预定等。这类哲学命题在5、6世纪就有哲学家深刻地阐发过类似的观点,其中以埃涅阿斯和加沙的撒加利亚(Zacharias of Gaza)为代表。他们在亚历山大里亚接受哲学教育,创作出柏拉图对话体式

---

① 预定论认为神的旨意是绝对的,也是无条件的,一切有限的受造物联合起来也不能影响神的旨意,这旨意完全是神在永恒里安排的,神是万物的主宰,伟大而有能力,安排大自然的运行,支配人类的历史。
② Theophylact Simocatta, *On Predestined Terms of Life*, ii, p. 10. 19 ~ 20.
③ Theophylact Simocatta, *On Predestined Terms of Life*, ii, p. 22. 3 ~ 9.
④ Theophylact Simocatta, *On Predestined Terms of Life*, iii, p. 24. 1 ~ 15.
⑤ Theophylact Simocatta, *On Predestined Terms of Life*, iii, p. 30. 6.
⑥ 塞尼加(Lucius Annaeus Seneca,前4 ~ 65),罗马哲学家、政治家和剧作家。他曾被训练成为一个雄辩家,约31年开始在罗马从事政治和法律工作,后因为通奸罪而被流放到科西嘉岛,在此期间(41 ~ 49)他写了哲学论文《安慰》。他曾担任过皇储尼禄的老师,在54 ~ 62年是罗马最主要的知识分子。他是斯多葛哲学的拥护者,撰写过一些哲学著作,包括《论道德》,这是一部关于道德问题的论文集。他还创作过一系列以暴力和流血为特征的悲剧诗篇,包括《提埃斯忒斯》《赫丘利斯》和《美狄亚》。他创作的剧本影响了文艺复兴时期戏剧文学的发展。

的论著,主要探讨世界末日和个体灵魂的永恒性问题,强调神意的无所不在以及上帝的超越性。① 类似的著作还有罗马哲学家波伊提乌的《哲学的慰藉》,该书主要探讨神意论等问题。他精通希腊哲学,对当时教会争论的焦点也颇为熟悉,是5~6世纪亚历山大里亚重要的思想家。② 这类哲学问题很有可能在6世纪亚历山大里亚的学者之间展开过辩论,但仅限于哲学形而上的层面,与《生命预定的时限》宗教式的观点陈述不尽相同,后者涉及生命时限是否早已预定等具体问题的探讨。关于生命的时限问题,4世纪凯撒利亚的瓦西里有过这样的表述:"人的生命长度都在上帝创造的时候已经确定了,上帝掌管我们的寿命。"③但是他没有对此展开进一步的深入探讨。西摩卡塔是最早深入探讨此类问题的作家,他完全用基督教术语来阐发观点,依靠其丰富的基督教知识引用一百七十七处《圣经》内容来形成辩论双方观点的基本框架。④ "生命的时限"等类似的问题仍然是当代神学探讨的问题,然而最能激发西摩卡塔兴趣的不是亚历山大学派的哲学论题,⑤而是古典的历史学。

人类的命运和自身的需要是古典史家作品中所关注的主题,然而在人类对自身行为的责任以及神对人类事务的干预等问题上,古典史家并不与基督教的观念完全一致。例如阿嘎塞阿斯在《历史》的开篇就阐述神意和人类自由意志的关系,他主张人类的自由意志应从属于神意,因为上帝通过鼓励人类弃恶从善而使世界变得美好,神意从长远来说是为人类着想的,让人类为自然灾害承担责任并不是上帝的目的。⑥ 在《生命预定的时限》中,西摩卡塔对神意和人类自由意志的关系的认识与阿嘎塞阿斯的观点略有不同。他认为应当肯定人类的内心有弃恶从善的趋向,这是人类自由意志好的一面,然而在神的"至高主权"里人并不能完全理解神意,比如

---

① Theophylact Simocatta, *On Predestined Terms of Life*, iii. 1~15, p. 24.

② H. Libeschutz,'Boethius and the Legacy of Antiquity', *The Cambridge History of Later Greek and Early Medieval Philosophy*, ed. A. H. Armsrong, Cambridge, 1967, pp. 546~564.

③ 凯撒利亚的瓦西里(Basil of Caesarea, 330~379),4世纪教会领袖、凯撒利亚的主教。东正教会将他视为最伟大的圣徒之一和卡帕多西亚三基督教早期教父之一[另外两位基督教早期教父是格里高利(Gregory Nazianzus)和金口约翰(John Chrysostom)]。

④ Theophylact Simocatta, *On Predestined Terms of Life*, introd., pp. x~xi.

⑤ 亚历山大学派,古代基督教以亚历山大教理学校为中心的神学学派,与安提阿学派相对立。该学派深受柏拉图哲学思想的影响,以克雷芒和奥利金为主要代表。柏拉图"精神实体"的思想以及希腊哲学中的某些二元论倾向在该派关于上帝的超越性和圣子"道成肉身"之神性观念中有显著反映。有些基督教思想史家认为,后来的基督一志论和基督一性论思潮皆在一定程度上受到该派的影响。此外在对《圣经》的解释上,该派注重寓意解经,不同意安提阿学派侧重从字面和历史意义上解经。

⑥ Agathias, *The Histories*, i. 1. 2~5, v. 4. 3~6; A. M. Cameron, *Agathias*, pp. 95~97.

对埃及长子被杀这一事件的解释是由于罪恶的遗传。① 阿嘎塞阿斯是绝对不会承认上帝需对杀戮和自然灾害负责任的。在《历史》中，西摩卡塔没有深入地探讨自由意志和预定论的关系，也没有对命运和上帝的旨意作任何推测（普罗柯比喜欢作这样的推测），②这或许是由于西摩卡塔将探讨此类话题的兴趣放在了《生命预定的时限》这一作品中。但他在《生命预定的时限》中阐明的观点及其思想观念也同样体现在《历史》中。尤其是对人类知识有限性的强调，西摩卡塔在两部作品中都阐明了相似的道理，即"我们无法清晰理解全部事物，只能苦苦求索以便获知其中的奥秘。由于人类的无知，无论是在神学辩论中还是在具体的历史活动中，我们都必须谨慎行事"。③ 有学者指出，西摩卡塔在《生命预定的时限》中借埃瓦吉鲁斯和塞奥彭普图斯两位裁判所表达的观点也同样适用于他在《历史》中对历史人物的评价。④ 另一方面，一个作家如果认为人类知识存在局限性，那么他就不愿花费过多的精力对历史事物进行细致探究，以便探寻出事物之间的联系，他更愿意将费解的事物放在基督教历史观中加以理解，相信上帝对人类的事物具有绝对的主权。基于此，我们不难理解缘何西摩卡塔对历史事物内在关系探求的兴趣明显小于普罗柯比和阿嘎塞阿斯。⑤西摩卡塔对人类理性不自信的态度也影响到了他的历史写作，他不像以前的历史学家那样对信息和材料进行充分的分析、辨别和甄选，进而探寻事物内部之间的联系，他的作品《历史》在很大程度上是一堆材料的拼凑物，没有融合成一个整体。《生命预定的时限》像《自然问题》和《伦理通信》一样，反映出西摩卡塔不是一个严守某种文体风格的模仿者，其写作的目的也不是解决某个特殊的问题，而是希望通过对某类神学主题的探讨来给人类的行为提供借鉴和指导。

在《生命预定的时限》一书中，西摩卡塔谨慎地在预定论和随机命运论间采取中间线路，强调人类知识的局限性，认为尤其当人类在面对不确定性时，应当采取适度和审慎的原则。⑥ 这一观念深刻影响了他在《历史》中对历史事件和历史人物的价值判断，即当好运和厄运来临时，人们采取审慎和适度的原则值得推崇，而对于胜利或失败，人们采取任何不适当的反对都应该受到责备。《生命预定的时限》表明西摩卡塔热衷于宗教问题

---

① Theophylact, *On Predestined Terms of Life*, iii, p. 28. 2.
② Procopius, *History of the Wars*, iii. 18. 2.
③ Theophylact, *On predestined Terms of Life*, iii, p. 29. 1
④ A. M. Cameron, *Procopius*, ch. 12(ⅱ), p. 38.
⑤ A. M. Cameron, *Procopius*, pp. 40~41.
⑥ Theophylact, *On Predestined Terms of Life*, iii, p. 30.

的探讨,同时也表明他对《圣经》非常熟悉,尤其是对《旧约》希腊文译本的文风推崇备至。《历史》在《圣经》知识运用和遣词造句方面,无疑深受《旧约》希腊文本的影响。虽然传统上认为《历史》属于世俗历史作品,但是与普罗柯比和阿嘎塞阿斯的作品相比较而言,《历史》却具有更浓重的神学色彩,书中大量引用基督教术语和《旧约》的故事,也热衷于讨论宗教问题。西摩卡塔既受过世俗教育,也受过神学教育,因此这四部著作的内容和风格也都反映出他受过双重训练的特点。

尽管不能确定这三部"小作品"的具体写作时间,但是学者们通常认为《自然问题》和《伦理通信》是西摩卡塔的早期作品。依据作品中对西摩卡塔身份的描述,大致可以推测四部作品写作的先后顺序。西摩卡塔最早写作的作品是《伦理通信》,因为在这部作品中提到作者的职业是一名律师;[1]《自然问题》和《生命预定的时限》都将西摩卡塔描述为城市长官[2],因此可以断定这两部作品是在《伦理通信》之后创作的;《历史》中将西摩卡塔描述为城市长官及主簿官[3],因此作者是在成为主簿官之后才写作《历史》的,这是他最后创作的作品。这四部作品中都没有提到西摩卡塔641年被任命为帝国法官这一信息,这或许是因为这一事件发生在作者所有作品写作完成之后。

---

[1] Theophylact Simocatta, *Epistulae*, p. 31.

[2] Theophylact Simocatta, *Questioni naturali*, p. 22; Theophylact Simocatta, *On Predestined Terms of Life*, iii, p. 28. 28.

[3] Theophylact Simocatta, *History*, i. 2. 5.

# 第二章

## 西摩卡塔笔下莫里斯的统治与政略

## 第一节 莫里斯的品行与即位

"莫里斯皇帝具有严格审慎、公正不阿的性格,在任期间履行着秉公执法的神圣职责,他唯恐行动草率鲁莽而使国家遭遇损失,遇事总是三思而后行。他唯恐司法不公、屈枉不伸,犯罪之人逍遥法外。他的一天忙碌而充实,三个小时用于审判,两个小时用来处理朝政,两个小时用来聆听臣民诉求和发布诏令,两个小时用来吃饭,三个小时用来祈祷,四个小时用来睡觉,剩下八小时用来做礼拜和背诵大卫的《诗篇》。无论环境和时令如何变化,每一件事情都被他安排得井然有序,生活起居也是非常有规律的。"这幅描绘莫里斯虔诚和尽责的典型肖像出自匿名作家的《叙利亚的圣徒传记》之"莫里斯皇帝篇",①此书大约完成于622年,即莫里斯皇帝死后第二十年。作者在书中对莫里斯品德和功绩的高度颂扬或许失于历史作品的真实性要求,但是文中关于莫里斯生活细节的很多记载还是颇具文献价值的。拜占庭编年史家利奥·格拉姆玛提库斯记载:"莫里斯生于卡帕多西亚(Cappadocian),中等身材,壮实敦厚,皮肤略显苍白,圆脸,红发且有些许秃顶,鼻梁坚挺,不留胡须。"②利奥·格拉姆玛提库斯的《编年史》着重记载莫里斯统治时期帝国在东方和巴尔干战场上所获得的成功,却忽视了对莫里斯如何当上皇帝以及政权如何被推翻这类事件的记载。这部写于10世纪的《编年史》,带有浓重的神学色彩,通过描写莫里斯的罪恶、忏悔以及上帝对他的惩罚和奖赏来彰显不能被证实的所谓"永恒真理",而作者认为上帝的永恒真理远比莫里斯所取得的短暂的军事胜利更为重要。

与莫里斯同时代的作家对他的态度大多是褒奖的。教会史家埃瓦格留斯著有六卷本《教会史》,记述涉及431~594年的历史事件。他在其作品中是这样描述这位未来皇帝的:"提比略皇帝任命莫里斯为东方战区将军,'莫里斯'这个姓可以追溯到罗马共和时期的古老家族,但是他的近几代祖辈却生活在卡帕多西亚的阿尔比苏斯(Arbaissus)。他性格谨慎,略显

---

① R. Janin, ed., *Syriac Hagiography*, iv. 3.1~4.
② Leo Grammaticus, *Chronographia*, p.110.

害羞,遇事认真,从不鲁莽行事,也不为未来忧愁不安……"①埃瓦格留斯对莫里斯着墨不少,他称赞其有忠厚谦逊、温和稳健的性格,能分辨忠诚之人和奸佞小人,对周围奉承和诋毁的话从不放在心上,"无知、鲁莽、胆怯这些词汇都与他无缘,他具有勇敢、果断、公正和审慎等品质"。② 在记载莫里斯指挥的东部作战时,埃瓦格留斯更是不吝称颂、溢美之词,将战场上的胜利归结为莫里斯将军信仰的虔诚,而不是拜占庭士兵的勇敢与斗志。埃瓦格留斯运用极其华丽的辞藻来描述莫里斯和皇后君士坦蒂娜的婚姻生活,形容莫里斯为"集虔诚和好运于一身、能掌握自身命运的杰出帝王"。③埃瓦格留斯声称自己对莫里斯略显夸张的描述只是一种称颂,而不是奉承,因为他认为莫里斯皇帝不可能读到他的作品,但是事实上莫里斯在皇子塞奥多西的出生庆典上褒奖了埃瓦格留斯,④这就不能推脱埃瓦格留斯有意借作品奉承当朝皇帝的嫌疑。同时代作家曼南德尔的记载中同样对莫里斯有过称颂,例如"他的性格虽然没有历经战争和宫廷斗争的锤炼,但是却仍然表现得严肃、审慎和精准,个性中融合了两种截然相反的品质——严肃而又温和,一点也不傲慢和装模作样"。⑤ 在一封由当时法兰克王室呈往君士坦丁堡宫廷的书信中更能窥见同时代的人是何等褒奖莫里斯皇帝的:"尊敬的皇帝陛下——基督的虔信者、和平的、伟大的、慷慨的、仁慈的我的陛下,战场上的常胜国王,永恒的奥古斯都——法兰克人国王吉尔德伯特向您致以崇高的敬意。"⑥以上这些褒义的评价似乎刻画出莫里斯是一位虔诚、有思想、富于同情心、温和的统治者,但莫里斯的真实面貌仍然是难以捉摸的,很难辨别哪些是真实的颂词,哪些是夸大的颂词。⑦

尽管莫里斯具有良好的品性,但是他的性格中还有不为人知的另一面。在东部前线,一次偶然发生的事件折射出莫里斯性格中的缺点。在军队内部,拜占庭的军事长官们与他们的盟友迦萨尼德人首领孟迪尔(Al-Mundir)发生纷争,莫里斯怀疑孟迪尔存在通敌行为。事件起因是连通帝国东部前线与波斯领土间的唯一一座桥梁被人为损坏,使拜占庭军队进攻的计划严重受挫。莫里斯将这一后果归结于迦萨尼德人的不作为,他认为

---

① Evagrios Scholastikos, *Ecclesiastical History*, v. 19, pp. 214~215.
② Evagrios Scholastikos, *Ecclesiastical History*, v. 20, p. 216.
③ Evagrios Scholastikos, *Ecclesiastical History*, vi. 1, p. 223.
④ Evagrios Scholastikos, *Ecclesiastical History*, vi. 24.1~5, p. 241.
⑤ Menander Protector, *The History of Menander Protector*, 23.2.
⑥ W. Gundlach ed., *Epistolae Austrasicae*, p. 42.
⑦ P. Allen, *Evagrius Scholasticus the Church Historian*, pp. 14~15.

孟迪尔有里通波斯的嫌疑,尽管后者一再解释那是一次军事失误。面对莫里斯的不信任,尽管提比略已表明此事不再追究,但已经在军队中受到排挤的孟迪尔王子最终率领手下将士逃往西西里。在这起事件中,莫里斯始终欠缺一个公正的态度,也没有展开认真细致的调查,或许他嫉妒孟迪尔与王室的良好关系才会如此主观臆断地将迦萨尼德人定罪。而这一事件的消极后果很快就显现出来,失去了迦萨尼德人这个盟友,拜占庭与波斯帝国之间也就失去了一个重要的战略缓冲地带。① 除此以外,罗马大主教格里高利在写给莫里斯表兄弟米利廷主教多米提安的信中有一段文字意在评价莫里斯的为人:"他似乎言行不一致,在熟悉的人面前从来不清晰表明自己的主张,为人处事也非常谨慎。"②

对于莫里斯的早年经历,后人知道的并不多。记载莫里斯时期历史最主要的文献是西摩卡塔的《历史》,其中主要记载的是帝国对波斯和巴尔干半岛"蛮族"部落的战争,对莫里斯的个人经历和君士坦丁堡的宫廷生活只是浮光掠影式的记载,不甚详细。根据记载,莫里斯于582年即位成为拜占庭皇帝,此时他年方四十三岁,据此推断他应该生于539年。539年正是查士丁尼统治的辉煌时期。这一年,拜占庭帝国重新恢复了对北非、西西里岛和罗马的统治,哥特人在意大利北部边境遭受重创,查士丁尼新建圣索菲亚大教堂,由于532年拜占庭帝国与波斯帝国签订合约使得东部边境一度保持和平。莫里斯出生在卡帕多西亚东北部的阿尔比苏斯。此城位于今天的土耳其城市埃比斯坦(Elbistan)附近,它在罗马帝国时期并没有特殊的地位,直到变成士兵的招募中心和通往东部战场的必经之地才凸显出它的战略重要性。埃瓦格留斯在其作品中记述自己曾与莫里斯的父母交谈,得知其从小怀揣梦想且天资聪颖,预言其将来必定有伟大的前途,③然而埃瓦格留斯没有记载莫里斯年轻时候有什么固定的兴趣爱好。莫里斯较早的就职之处不是在军队,④根据以弗所的约翰记载,莫里斯在担任禁军统领之前一直从事着公证人的工作。⑤ 公证人以前只是作为秘书,但是到了6世纪主要的工作却是监督和管理。这些公证人的作用非常重要,他们经常被任命为大使出使各国以解决棘手或敏感问题,一旦问题

---

① Evagrios Scholastikos, *Ecclesiastical History*, v. 20; vi. 2; Theophylact Simocatta, *History*, iii. 17. 7; John of Ephesus, *The Third Part of the Ecclesiastical History of John, bishop of Ephesus*, ii. 40; iii. 41; iii. 42.
② Pope Gregory, *Registrum Epistolarum*, iii. 61.
③ Evagrios Scholastikos, *Ecclesiastical History*, v. 21, pp. 216~217.
④ Menander Protector, *The History of Menander Protector*, 23. 4.
⑤ John of Ephesus, *The Third Part of the Ecclesiastical History of John, bishop of Ephesus*, vi. 27.

得以解决,他们极易获得晋升的机会。① 有两件事凸显出提比略对莫里斯的信任。第一件事是曼南德尔在其作品中记载的 578 年拜占庭和波斯帝国之间进行的一场艰难的外交谈判,双方的谈判代表分别是拜占庭宫廷医生扎查里阿斯(Zacharias)与波斯贵族米波德斯(Mebodes),而知晓此次谈判内容和进程的除了提比略皇帝以外就是莫里斯了。两国的谈判主要围绕拜占庭帝国从波斯人手里买回达拉要塞这个议题展开,双方的谈判是秘密进行的,倘若消息被泄露出去,王室将难以向公众交代,因此提比略与扎查里阿斯之间的秘密通信都是经由莫里斯之手转交的。② 还有一件事是当查士丁二世去世以后,提比略成为帝国的皇帝,而此时波斯人在两国边境地区频频制造事端,意图挑起战火,在此紧急时刻莫里斯被提比略皇帝任命为东部军队将军。负责东部军务的人选必须是皇帝充分信任的,这不仅在于这一地区的战略重要性,还在于当时军队内部纷争不断,需要一位有足够能力和智慧来平息内部矛盾的领导人上任。③ 显然提比略二世对莫里斯的军事才能是充分相信的,将他紧急派往东部前线,而莫里斯也没有辜负提比略的信任,在与波斯人的战争中屡建奇功,为国家争取了巨大利益。

　　莫里斯的职位升迁是与其上司提比略的赏识和重用息息相关的。提比略曾经做过君士坦丁堡大教长尤提奇乌斯(Eutychius)的公证人,此后尤提奇乌斯将提比略推荐给查士丁尼皇帝的外甥查士丁(即查士丁二世)做幕僚,随着查士丁 565 年成为皇帝,提比略的职位获得擢升,担任禁军统领。我们无从得知莫里斯是怎样获得提比略青睐的,但是他们之间的紧密关系至少在 574 年 12 月就已经确定了。此时提比略晋升成为凯撒来辅佐查士丁二世。查士丁二世有好几个亲戚有资格担任凯撒,比如马尔西安(Marcian)、巴杜里乌斯(Baduarius)和杰曼努斯(Germanus,查士丁尼之子),但是他们之间尔虞我诈的斗争和性情专断残暴的皇后索菲亚已经使查士丁二世备受折磨了。查士丁二世最终决定任命忠诚于自己的提比略为凯撒,而由提比略再举荐一个人担任禁军统领,专门负责保卫皇帝和宫廷的安全。

　　莫里斯随即被提比略举荐成为禁军统领,他被授予元老头衔,府邸位

---

① A. H. M. Jones, *The Later Roman Empire*, 284~602: *A Social, Economic and Administrative Survey*, pp. 572~575.
② Menander Protector, *The History of Menander Protector*, 20.2.120~125.
③ Evagrios Scholastikos, *Ecclesiastical History*, v.19; John of Ephesus, *The Third Part of the Ecclesiastical History of John, bishop of Ephesus*, vi.14.

于君士坦丁堡塞奥多西广场北部的莫里安努斯（Maurianus）地区。① 接下来他的事业发展继续依循着提比略的擢升路径。提比略凯撒于577年前后奉命前往巴尔干前线进剿阿瓦尔人，而此时的东方战线，拜占庭与波斯的战端重启，拜占庭军队统帅杰曼努斯已战死沙场，在这一紧急时刻，莫里斯临危受命，接掌东部军队帅印。莫里斯上任之初的最重要工作是管理不服约束且唯利是图的外族雇佣军并协调本国军队与雇佣军的关系和行动步调。② 考虑到莫里斯早年的非军事背景，他很有可能依赖专业军事幕僚的辅佐，比如罗曼努斯（Romanus）、纳尔西斯（Narses）和约翰·麦斯塔肯（John Mystacon），这种现象在罗马共和国与帝国早期都很普遍，但在3世纪以后却不太常见。莫里斯的工作之一就是协调军事指挥官们的不同意见，使他们的精力不至于消耗在无益的争吵当中。③ 在578~580年对波斯人的战争中，莫里斯取得了不小的成功，但是此后他被迫放弃继续进攻美索不达米亚的冒险行为。在582年6月拜占庭军队在君士坦蒂娜城（Constantina）取得了一次重大的胜利，④但是这场战事却不是莫里斯亲自指挥的，因为此时莫里斯已被紧急召回到君士坦丁堡。⑤

在查士丁二世去世后，578年10月，提比略继任皇位。但是仅过四年，在582年夏天，提比略由于身体有恙也不得不选择接班人了。当时皇位的候选人主要集中在莫里斯和杰曼努斯二人身上，后者是帝国驻非洲迦太基总督，当时刚升任为凯撒。他们分别娶了提比略的女儿君士坦蒂娜和查里图（Charito）为妻，双方的实力和地位相当。⑥ 提比略提拔杰曼努斯为凯撒，显然是不想让莫里斯成为唯一的接班人，这或许与580年莫里斯在迦萨尼德人问题上处理不当而引起提比略的不满有关。提比略原计划让两位凯撒对帝国东西部分而治之，即莫里斯治理东方、杰曼努斯治理西方。杰曼努斯出生于东哥特王室，因此他有强烈意愿治理意大利和非洲。根据尼基乌主教约翰的记载："杰曼努斯原本是提比略所钟爱的继承人，但是由

---

① T. Preger, ed., *Patria Constantinopoleos*, iii. 42; R. Janin, *Constantinople byzantine*, pp. 386~387.

② Theophanes Confessor, *The Chronicle of Theophanes Confessor, Byzantine and Near Eastern History AD 284~813*, 251.27.

③ John of Ephesus, *The Third Part of the Ecclesiastical History of John, bishop of Ephesus*, vi. 27.

④ Theophylact Simocatta, *History*, iii. 15.10~18.2.

⑤ 根据以弗所的约翰的记载，莫里斯启程离开东部前线的时间是582年7月初，抵达君士坦丁堡的时间已是8月5日。（John of Ephesus, *The Third Part of the Ecclesiastical History of John, bishop of Ephesus*, vi. 28.2.）

⑥ *Chronicon Paschale 284~628 AD*, 690.8~9; Theophanes Confessor, *The Chronicle of Theophanes Confessor, Byzantine and Near Eastern History AD 284~813*, 252.1~13.

于他个性过于谦卑致使皇权旁落。"① 然而我们有理由怀疑尼基乌的约翰的立场,因为他不满莫里斯的宗教政策,曾经猛烈地抨击莫里斯的所作所为与异教徒无异。图尔的格里高利在其作品中记载:"提比略皇帝向皇太后索菲亚咨询谁适合当未来的皇帝。索菲亚推荐莫里斯,称赞他坚韧勇敢而又充满智慧,在战场上指挥得力屡获战功,是不可多得的治国理政者。"② 然而联想到578年的继任风波中索菲亚的所作所为,这就使提比略怀疑索菲亚的立场是否公正。无论提比略为其继承人问题如何忧心、如何计划,一场突如其来的病打乱了这一切,他躺在病床上奄奄一息。莫里斯逼迫提比略宣召自己是皇位继承者,文官武将和教会贵族被紧急召回。提比略已经没有任何气力出声了,他委托君士坦丁堡市政长官约翰来宣读皇帝旨意,③其中指定莫里斯为奥古斯都。第二天,提比略去世,这一天是582年8月14日,他的尸体被庄严隆重地带回君士坦丁堡,葬在圣使徒教堂。④ 关于提比略死亡的地点,史家们的说法不一。根据《复活节编年史》的记载,提比略去世的地点在赫布顿蒙(Hebdomon),尸体后来被运回君士坦丁堡。以弗所的约翰支持这种说法,然而西摩卡塔却认为提比略在大皇宫内去世,也同样是在大皇宫,提比略委派约翰在会众面前演说。⑤

关于杰曼努斯和查里图的存在是否具有历史真实性,史家们对此评述不一。以弗所的约翰、塞奥发尼斯和约翰·仲纳拉斯的作品中都记载了杰曼努斯和莫里斯被任命为凯撒以及杰曼努斯迎娶查里图的内容,⑥但是这些记述留给后人许多疑问。几乎所有的文献都没有提及杰曼努斯为何许人也,他的身份和地位无从考证;关于查里图的信息更是缺失,考虑到"查里图"这一奇怪的名字,有学者推断她只是个象征性的人物,现实中并不存在。⑦ 更使人感到困惑的是在莫里斯被擢升为凯撒之后的第八天,也就是

---

① John of Nikiu, *The Chronicle of John, Bishop of Nikiu*, 94.26.
② Gregory of Tours, *Historia Francorum*, vi.30.
③ 君士坦丁堡市政长官一职于359年设立,被赋予了相当于罗马市长的权力,使之地位与大政区总督一样,其职责包括君士坦丁堡及其郊区范围内的所有事务,另外还掌管君士坦丁堡的司法审判权,担任首都最高法官,对司法纠纷和疑难案件作出终审判决。参见陈志强:《拜占廷帝国史》,商务印书馆,2003年,第375页。
④ *Chronicon Paschale 284~628 AD*, 690.12~16.
⑤ John of Ephesus, *The Third Part of the Ecclesiastical History of John, bishop of Ephesus*, v.13; Theophylact Simocatta, *History*, i.1~5.
⑥ John of Ephesus, *The Third Part of the Ecclesiastical History of John, bishop of Ephesus*, v.13; Theophanes Confessor, *The Chronicle of Theophanes Confessor, Byzantine and Near Eastern History AD 284~813*, 250.1~10.
⑦ N. H. Baynes, "The Literary Construction of the History of Theophylactus Simocatta", Xenia: Hommage international a l'universite nationale de Grece, Athens, 1912, pp.32~41.

8月15日,提比略去世的当天,莫里斯登基成为皇帝,而杰曼努斯和查里图从此却消失在历史的长河里。关于杰曼努斯,我们或可从尼基乌主教约翰的作品中寻得蛛丝马迹,他在记述莫里斯登基之前,提到提比略曾经希望杰曼努斯继承皇位:"但是由于他(杰曼努斯)太过谦逊,他拒绝了皇帝的要求。鉴于此,卡帕多西亚人莫里斯才有机会当上皇帝。"①关于查里图的存在,可以从曼南德尔的记载中觅得证据。根据曼南德尔的记载,提比略有两个女儿。在579年西尔缪姆城被阿瓦尔人围攻且城门即将被攻破的紧急时刻,提比略派遣使者希望劝服阿瓦尔可汗柏严放弃围攻此城,并以两个女儿中的一个女儿嫁给汗王为劝和条件。② 由于曼南德尔对提比略的记载较多,且与提比略生活在同一时代,他的记载具有较强的真实可靠性。然而,在其他史家那里都只记载了提比略只有君士坦蒂娜这一个女儿。例如西摩卡塔的《历史》中丝毫没有提及杰曼努斯担任凯撒并与莫里斯竞争的内容,也没有提到查里图。他只是告诉我们提比略临终之前称赞了莫里斯的品行和能力,向文武大臣和人民郑重地推荐了这位继承人。当时莫里斯年方四十三岁,与皇帝的关系密切,且具有多年的政治和军旅生涯。提比略称赞莫里斯"聪明,有智慧,具有稳定的品性,是驾驭国家这艘大船的适当人选,他同时也肩负着引导和保护君士坦蒂娜的重要责任。"③至于杰曼努斯和查里图是否真实存在,目前仍然是一个谜,需要进行更深入的研究。

　　提比略的去世带给人们巨大的悲痛。"由于这位伟大的富有爱心和怜悯之心君主的去世,整个君士坦丁堡的民众都陷入悲痛中;更是由于他的英年早逝,民众无不为之叹息。根据多位作家记载,没有哪位皇帝的葬礼词是这样的:'这位给世界带来福音的使者长眠了,我们深切悼念,我们永远怀念。'"④这段文字出现在12世纪编年史家叙利亚的米哈伊尔的作品中。而西摩卡塔对此事的记载是这样的:"悲痛欲绝的人们涌向王宫,悼念这位已故国王,悲痛过后情绪逐渐平复,民众逐渐转入庆祝莫里斯登基的喜庆氛围中,因为回顾过去益处尚小,不如关注当下。"⑤根据多部编年史的记载,8月13日,莫里斯被宣告成为皇位继承者,他登基的时间是在582

---

① John of Nikiu, *The Chronicle of John, Bishop of Nikiu*, p.151.
② Menander Protector, *The History of Menander the Guardsman*, iv.64.
③ Theophylact Simocatta, *History*, i.1.5~20.
④ Michael the Syrian, *Chronicle of the Michael the Syrian* (1166~1199), X.20, p.354.
⑤ Theophylact Simocatta, *History*, i.2.3~7.

年 8 月 15 日,同样是在这一天,莫里斯迎娶了提比略的女儿君士坦蒂娜。①在莫里斯的凯撒授予仪式上,提比略委托君士坦丁堡市长约翰作了"告别演讲"。在这份演讲中,提比略的言辞饱含深情,阐述自己对国家、人民和家庭的责任以及被病魔缠身后的痛苦和无力之感,并衷心传授莫里斯为君之道和治国理政的经验,其中的为君德行大致包括理性、正义、智慧、谦虚、节制和仁慈等。提比略对莫里斯的临终告诫与当年查士丁二世对提比略的临终建议内容大致相同。② 这表明西摩卡塔在创作过程中深受阿嘎培图斯·迪奥柯努斯的著作《厄克德西斯》的影响。该书总结了作为一位理想的基督徒皇帝所应具备的品质。

《历史》的开头几章或许显得过于沉重。提比略是在病榻上当着文武百官的面指定莫里斯作为皇位继承人的,这似乎在暗示这位新任皇帝将会背负重担。提比略在弥留之际隐约听到天使所带来的预示:"在他有生之年,暴乱政变不会发生,只是莫里斯会被'暴乱者'福卡斯所推翻。"③西摩卡塔首先记载提比略葬礼上人们的悲痛,接下来才记载 582~586 年帝国军队在巴尔干半岛的战事。记完巴尔干战争和波斯战争的开启之后,西摩卡塔才记载王室婚礼。埃瓦格留斯的记载却不是这样,他对莫里斯的登基记述很详细,对提比略的去世轻描淡写,对提比略的葬礼只字未提,唯一一处评论是"提比略在去世前对帝国最好的馈赠在于指定了莫里斯作为其皇位的继承人"。④ 埃瓦格留斯对莫里斯统治所记的第一件事就是莫里斯与君士坦蒂娜在秋天的婚礼,所记的婚礼现场宏伟壮观,幸福洋溢。⑤

---

① *Chronicon Paschale* 284~628 AD, 690.8~9; Theophanes Confessor, *The Chronicle of Theophanes Confessor*, *Byzantine and Near Eastern History AD* 284~813, 252.1~13.
② Theophylact Simocatta, *History*, iii. 11. 8~11; John of Ephesus, *The Third Part of the Ecclesiastical History of John, bishop of Ephesus*, iii. 5.
③ Theophylact Simocatta, *History*, i. 2. 2.
④ Evagrios Scholastikos, *Ecclesiastical History*, v. 22, p. 217. 15~16.
⑤ Evagrios Scholastikos, *Ecclesiastical History*, vi. 1.

## 第二节　莫里斯时期的王室成员与其重要幕僚

莫里斯登基的时间是582年8月15日，同样是在这一天他迎娶了提比略的女儿君士坦蒂娜。① 关于莫里斯和君士坦蒂娜之间的婚姻生活及其相互关系，西摩卡塔对此记载有限。罗马大主教格里高利的信件中提到了君士坦蒂娜的一些事迹。在其中的一封信中，格里高利拒绝了君士坦蒂娜的无理要求，后者请求格里高利将放置在罗马某处小教堂的圣使徒保罗的遗物赠送给她，以便她用这些珍贵的遗物装饰新修建的圣保罗教堂。② 根据现代学者的研究，君士坦蒂娜是听取了君士坦丁堡大教长约翰的建议才对格里高利发出这项请求的，约翰试图以此手段使格里高利感到困扰，并使格里高利与皇后的关系变得紧张。③ 君士坦蒂娜似乎不太同意莫里斯的教会政策，有几封格里高利写给君士坦蒂娜的信中表明罗马教会感谢皇后站在使徒彼得的教会一边来反对他们在君士坦丁堡的敌人。④ 根据以弗所的约翰的记载，查士丁二世的皇后索菲亚作风不正，查士丁二世去世后她一直在寻找合适的伴侣，但没有一个人满足得了她的条件。⑤ 提比略上台后，索菲亚已不再是皇后，但她仍然具有权力的野心，给提比略及其家族制造了不少麻烦。当提比略还是凯撒的时候，索菲亚不允许提比略的妻子和孩子与他生活在一起。提比略只好偷偷地溜出宫与他的家人团聚，但这一情况很快就被索菲亚发现了，她蛮横地将提比略的妻子阿纳斯塔西亚赶出君士坦丁堡。后来经过提比略的一番艰苦斗争，阿纳斯塔西亚最终还是回到了皇宫，成了名正言顺的皇后。索菲亚对此难以接受，还是不停

---

① *Chronicon Paschale* 284~628 *AD*, 690.8~9; Theophanes Confessor, *The Chronicle of Theophanes Confessor, Byzantine and Near Eastern History AD* 284~813, 252.1~13.
② Pope Gregory, *Registrum Epistolarum*, iv.30.
③ Thomas Hodgkin, *italy and her invaders*, pp.377~378.
④ Pope Gregory, *Registrum Epistolarum*, v.39.
⑤ John of Ephesus, *The third part of the Ecclesiastical History of John of Ephesus*, iii.4.

制造事端。① 作为提比略和阿纳斯塔西亚的女儿,君士坦蒂娜从小就跟随母亲生活在飞扬跋扈的索菲亚的压制下,她对自己当时的处境有清楚的认知。根据埃瓦格留斯的记载,君士坦蒂娜经常感慨于她早年的命运多舛,在成为莫里斯的妻子、当上皇后之后,命运才得以改变。②

西摩卡塔在其作品中对君士坦蒂娜的母亲阿纳斯塔西亚只字未提。根据当时法兰克文献的记载,东法兰克王国布尼吉德王后(Brunichild)致信给阿纳斯塔西亚,请求后者在莫里斯皇帝面前说情,请他释放充当人质多年的她的孙子回国。③ 布尼吉德致信阿纳斯塔西亚而不是皇后君士坦蒂娜,是否是因为布尼吉德认为阿纳斯塔西亚比君士坦蒂娜更能对自己的处境深感同情和理解,抑或阿纳斯塔西亚在宫廷中的地位更高,对莫里斯的影响更大?当然另外一种解释是布尼吉德原本是要致信君士坦蒂娜的,但是她将两位皇后的名字混淆了。无论事实的真相如何,从这一事件中我们发现,许多重要的信息是首先通过后宫才进而使莫里斯皇帝知悉的。然而根据现有的文献,莫里斯不会轻易被其他人的意见所影响,即使信息首先到达后宫,这对莫里斯作决策的影响也不大。

莫里斯和君士坦蒂娜组建了一个大家庭,育有六个儿子和三个女儿。六个儿子中,王位继承人是塞奥多西,其他的儿子是提比略、彼得、保罗、查士丁和查士丁尼。三个女儿分别是阿纳斯塔西亚、塞奥克蒂斯塔和克里奥帕特拉。④ 众多的文献史料大多只简略地提及王位继承人塞奥多西,对其他几个子女的情况以及莫里斯与他家庭的关系所记不详。塞奥多西皇子是在莫里斯与君士坦蒂娜婚后一年出生的,当时取名为塞奥多西。这招来绿党人士的强烈反对,他们认为自君士坦丁大帝以来生于紫色寝宫的已有两位名为塞奥多西的皇帝,分别是塞奥多西一世和塞奥多西二世,现在这位初生的皇子不应该再叫塞奥多西。然而在竞技场的民众却为皇子的诞生高声欢呼:"上帝真是恩待了你,因为你使我们从受支配的地步解脱出来。"这是以弗所的约翰关于皇子诞生的记载,其中似乎对当时的时局略有暗示。群众欢呼的意味在于根据以往的先例,受党派支持的有势力的人围绕王位展开激烈的争夺,他们往往代表党派的利益而非普通民众的利益,民众希望婴儿的诞生可以给国家带来持久的和平和稳定。⑤ 由于皇子的

---

① John of Ephesus, *The third part of the Ecclesiastical History of John of Ephesus*, iii. 7. 10; Gregory of Tours, *Historia Francorum*, vi. 30; Paul the Deacon, *History of the Lombards*, iii. 15.
② Evagrios Scholastikos, *Ecclesiastical History*, v. 21.
③ W. Gundlach ed., *Epistolae Austrasicae*, iii. 29 ~ 30.
④ *Chronicon Paschale* 284 ~ 628 AD, 693. 12 ~ 15.
⑤ John of Ephesus, *The third part of the Ecclesiastical History of John of Ephesus*, v. 14.

诞生,莫里斯的政策与前代皇帝相比也略有转变。以前的皇帝通常都是自由地选择成熟的、有才干的人继承皇位,而莫里斯则需要让他的儿子从小就学习处理政务的能力,以便将来堪当重任。莫里斯也不可能在自己身边扶持一位位高权重的人或有影响力的势力集团,他不希望将来有任何人或势力威胁到皇子的权力。莫里斯还采取措施与元老贵族联合,在塞奥多西年幼的时候就让他与元老贵族杰曼努斯的女儿订婚。①

遗憾的是西摩卡塔对杰曼努斯的记载有限,只记载了他的身份是元老院成员。② 很多现代学者根据杰曼努斯的身份大胆作的推测。有的学者认为这个杰曼努斯正是查士丁尼外甥的儿子,他的妻子是东哥特国王塞奥多里克(Theoderic)的孙女玛塔苏萨(Matasuentha)。③ 还有学者认为这个杰曼努斯就是当年与莫里斯同为凯撒、娶提比略女儿查里图为妻的那个杰曼努斯,他在莫里斯担任皇帝之后地位和荣誉并没有被剥夺。④ 以上两种推测都没有得到文献史料的证实。尽管西摩卡塔对杰曼努斯身份的记载有限,但他却翔实地记载了莫里斯政权岌岌可危之时杰曼努斯的作为。通过观察杰曼努斯的所作所为,我们逐渐理解了当年他同意与王室联姻的动机:在他看来,与王室的联姻只是政治交易,是为了将来谋取更大利益的一种手段,他不断积蓄实力,以便伺机而动。⑤ 在生命的最后几天,莫里斯目睹了杰曼努斯图谋不轨的行为,他为此感到气愤不已。莫里斯为何在其统治的最后几天表现得如此气愤,在内忧外患、局面失控的情况下还不忘惩治皇子塞奥多西?⑥ 这源于他怀疑塞奥多西与杰曼努斯沆瀣一气,图谋不轨。根据西摩卡塔的记载,602年反叛的士兵推选杰曼努斯继任皇位,尽管杰曼努斯拒绝了士兵们的要求,但还是难以消解莫里斯心中的怒火。民众对贵族出身的杰曼努斯不信任,他们不同意杰曼努斯成为皇帝。⑦ 605年福卡斯统治期间,杰曼努斯和他的女儿被杀害。⑧

莫里斯的父亲名叫保罗,莫里斯有一个名叫彼得的兄弟和两个姐妹,即嫁给菲利普科斯将军为妻的歌迪亚(Gordia)和终生未嫁的塞奥克蒂斯

---

① Theophylact Simocatta, *History*, viii. 4. 10; Theophanes Confessor, *The Chronicle of Theophanes Confessor, Byzantine and Near Eastern History AD* 284~813, 280. 5~6.

② Theophylact Simocatta, *History*, viii. 4. 10.

③ Thomas Hodgkin, *italy and her invaders*, pp. 641~644.

④ Wilhem Ensslin, "Mauricius", *Byzantion*. Xiv, 2(1966), pp. 238~239.

⑤ *Chronicon Paschale* 284~628 AD, 695. 1~6.

⑥ Theophylact Simocatta, *History*, viii. 8. 15.

⑦ Theophylact Simocatta, *History*, viii. 8~9.

⑧ Theophanes Confessor, *The Chronicle of Theophanes Confessor, Byzantine and Near Eastern History AD* 284~813, 299. 10~14.

塔(Theoctista)。① 像很多君主一样，莫里斯也倾向于提拔和重用自己的亲属，他当上皇帝以后为亲属们的职位升迁提供了大量的机会。② 莫里斯重用亲属，任命他们为军事或行政官员，这难免引起人们的非议和嫉妒，但是这并没有削弱民众对王室的信任基础，因为这些官员通常会为了莫里斯及其自身家族的荣誉而屡建功勋。在莫里斯的亲属中，最有影响力的人物是其表亲多米提安(Domitian)，他于577年被任命为东部战区将军，接着又被任命为米利提尼(Melitene)地区主教。莫里斯即位后，多米提安被召回朝廷委以重任，他被指派为拜占庭帝国驻波斯大使，当科斯罗伊斯二世因逃难停留在帝国东部边境的时候，多米提安负责与这位波斯嗣君接触，并试图向其传播基督教。此外，莫里斯还于597年委托多米提安担任皇子的指导教师。③ 在《历史》中，西摩卡塔如此评价多米提安："他具有较强的执行力，擅长谋划，由于具备高超的智谋而深受莫里斯的信任，被委派负责参与国家的很多重大行动。"④由此可见，莫里斯希望臣属首先要有智谋，其次必须对自己的意图和所颁布的政策具有较强的执行力，这样才能获得重用。根据《格里高利书信集》，罗马大主教格里高利与多米提安保持着密切的交往，谨慎地维持着双方的关系，格里高利还与莫里斯的姐姐塞奥蒂斯塔和皇后君士坦蒂娜的关系非同一般。格里高利试图支配或影响莫里斯的信仰，希望在宗教问题上左右皇帝的决定，所以他希望获得王室成员的支持，而与多米提安、塞奥蒂斯塔、君士坦蒂娜通信往来密切。另外为了得到宫廷医生塞奥多利的支持，格里高利在寄给他的信中写道："您为王室服务，是皇帝身边最亲近的人，可以自由地与他交谈，希望您多考虑与他灵魂有益的事情并试图影响他，因为他被大量世俗事务缠身，却极少有时间来思考灵魂得救等更为重要的事情。"⑤另外一部《奥斯特拉西亚王室书信集》收藏了几封东法兰克国王查尔德伯特二世寄往君士坦丁堡的信。除了莫里斯本人，信的收件人还包括莫里斯的父亲保罗、岳母阿娜斯塔西亚、皇子塞奥多西、皇后君士坦蒂娜和多米提安、大教长约翰等。⑥ 由此可见，外部势力经常通过拉拢或影响王室成员的手段来试图影响莫里斯的政策。

---

① John of Ephesus, *The Third Part of the Ecclesiastical History of John, bishop of Ephesus*, v. 18.
② John of Ephesus, *The Third Part of the Ecclesiastical History of John, bishop of Ephesus*, v. 19.
③ Theophylact Simocatta, *History*, iv. 14. 5; Evagrios Scholastikos, *Ecclesiastical History*, vi. 18, pp. 234. 19~23; John of Ephesus, *The third part of the Ecclesiastical History of John of Ephesus*, v. 19.
④ Theophylact Simocatta, *History*, viii. 11. 11.
⑤ Pope Gregory, *Registrum Epistolarum*, iii. 64、62, v. 43, iX. 4(Domitian); i. 5, vii. 23, Xi. 27 (Theoctista); iv. 30, v. 38-39(Constantina); iii. 64, v. 46, vii. 25(Theodore).
⑥ W. Gundlach ed., *Epistolae Austrasicae*, pp. 29~33, 37, 43~45.

在莫里斯的军事幕僚中,他的姐夫菲利普科斯先是担任禁军统领,后调任东部战区将军。① 事实上,莫里斯成为皇帝之前也是沿袭这样的升迁路径。由此可见,莫里斯试图依照前代皇帝的惯例在自己身边扶持足以担当重任的人,以便应对突发的紧急情况。菲利普科斯刚走马上任就对波斯帝国挑起战端,这一行动也与莫里斯军旅生涯开端的行为极为相似,只不过莫里斯依靠的军事力量是从家乡卡帕多西亚所征召来的士兵。从当地征召士兵是莫里斯的革新之举,对后世影响深远。遗憾的是由于文献史料的缺失,我们无从得知哪些政策是莫里斯时期制定的,哪些政策沿袭了前朝。② 另外,莫里斯的兄弟彼得担任过军事督察(magister)一职,在莫里斯统治后半期,他被授予巴尔干战区将军等职位。另外两位杰出的将领不是莫里斯的亲属,他们是科蒙提奥鲁斯(Comentiolus)和普里斯哥(Priscus)。科蒙提奥鲁斯在巴尔干和东方战区分别担任一年将军之后,在提比略统治时期,他被调任君士坦丁堡任禁军统领,③由此与莫里斯建立了良好的关系,莫里斯也十分信任他。普里斯哥在东方战区短暂地担任过将军一职,在此期间他致力于在军队实行莫里斯的军事改革,并于590年左右调任至巴尔干战区,担任将军。在莫里斯政权垮台之后,彼得和科蒙提奥鲁斯以"莫里斯最有力的支持者"之名被福卡斯所杀,菲利普科斯则逃亡至修道院,孑然一身终老。④ 菲利普科斯的部将乔治和彼得的部将帕拉昂提努斯(Praesentinus)也难逃厄运。⑤ 只有普里斯哥存活下来且在福卡斯的新政权下得以重用,他于602年被任命为禁军统领,606年又娶了福卡斯的女儿为妻。⑥ 或许有两个因素使他得到福卡斯的青睐:首先他在巴尔干半岛贯彻实施莫里斯的军事政策上不及彼得和科蒙提奥鲁斯忠诚和彻底;其次当602年莫里斯政权垮台之际,他从亚美尼亚招募了一支军队,并立即派人与福卡斯接触,暗示自己的投诚立场。⑦

以上这四位将军是莫里斯政权中颇受皇帝信任的"第一层次"军事幕僚,此外还有"第二层次"军事官员,主要包括老伊拉克略、罗曼努斯、约

---

① Evagrios Scholastikos, *Ecclesiastical History*, vi. 3.
② John of Ephesus, *The Third Part of the Ecclesiastical History of John, bishop of Ephesus*, v. 18; vi. 14; vi. 27.
③ A. H. M. Jones, *The Later Roman Empire*, 284~602: *A Social, Economic and Administrative Survey*, pp. 658~659.
④ *Chronicon Paschale* 284~628 AD, 694.5; 694.10; 695.3.
⑤ Theophylact Simocatta, *History*, viii. 13. 2.
⑥ Theophanes Confessor, *The Chronicle of Theophanes Confessor, Byzantine and Near Eastern History AD* 284~813, 294. 11~13.
⑦ Theophylact Simocatta, *History*, viii. 8. 12.

翰·麦斯塔肯和纳尔西斯。老伊拉克略先担任东部战区菲利普科斯和科蒙提奥鲁斯的副将,后来在莫里斯统治晚期(596年前后)担任迦太基总督。在578~580年莫里斯任东方战区将军时,元老罗曼努斯曾经作为莫里斯的部下屡建战功,他于589年准备进击波斯过程中被紧急任命为将军,之后指挥了著名的拉兹卡战役(Lazica),590年调任为拉文纳总督以抗击伦巴德人的进攻,直至596年逝世。约翰·麦斯塔肯在582年之前一直担任莫里斯的部将,此后他担任东部战区将军,在587年阿瓦尔人入侵威胁之下被紧急任命为色雷斯军队将军。纳尔西斯可能在578年担任过莫里斯的部将,591年被任命为远征军将军帮助科斯罗伊斯二世恢复王位,他是莫里斯时期东部前线重要的军事指挥官之一。另外还有很多中层军事官员,是连级到师级的指挥官,他们大多来自日耳曼部族,例如安西慕斯、阿瑞芬、格德瑞和库尔斯。

莫里斯对那些忠实贯彻其政策的将军们青睐有加,但是他不能容忍任何人的低效、无能和失败。在东部前线,约翰·麦斯塔肯将军于583年被解职,原因在于他战争中行动迟缓,贻误战机。587年菲利普科斯被解除将军职务,主要是因为在执行莫里斯财政改革政策时过于缓慢(虽然他的身体原因也算其中一个因素),589年他被彻底解除所有职务是在他打输了一场仗之后。591年,科蒙提奥鲁斯被降为副职,是因为他与科斯罗伊斯二世的合作失败。602年,纳尔西斯在达拉城被解除将军之职是由于科斯罗伊斯二世抱怨他的行动不够积极。在巴尔干半岛,普利斯哥在588年之前一直得到莫里斯的信任,但是之后由于在阿瓦尔人的大举入侵面前的应对不利被降职。593年又由于他不能有效贯彻莫里斯的冬季作战策略,被再一次降职。594年彼得被解职也是由于他在战场上贯彻莫里斯作战策略时收效甚微。① 莫里斯政权中的主要军事将领的权力来自这位遥远的皇帝,一切的管理措施和军事行动须来自中央政府的授权,因此他们不敢掀起军事叛乱。实际上在莫里斯统治期间,两次军事叛乱都是由中层军官领导的,588年的杰曼努斯和602年的福卡斯都是中层军官。

自6世纪以降,拜占庭帝国的君主们不再统领军队奔赴前线作战,他们必须留在首都君士坦丁堡,曾经有一次莫里斯率领军队前去追剿阿瓦尔人,这一冒险的举动立即招致批评。② 从上任伊始,莫里斯遵循传统的惯例,将军事指挥权交给值得信任的人。尽管莫里斯曾经是一位杰出的将

---

① Theophylact Simocatta, *History*, i. 13. 1 (John); iii. 5. 15 – 16 (Philippicus); v. 2. 7 (Comentiolus); viii. 15. 4 (Narses); vi. 10. 2 – 3, 11. 2 (Priscus).

② Theophylact Simocatta, *History*, v. 16. 1 ~ 4, v. 2. 5.

领,具有丰富的指挥作战经验,但是他在挑选将领方面却没有那么幸运。对于君主而言,挑选德才兼备的将领前去应对棘手的战局是一件非常困难的事情。莫里斯在选人方面遇到了问题,他倾向于选择自己的亲戚或下属执掌帅印,但是这些人的能力通常都无法胜任。例如他多次选派其兄弟彼得、姐夫菲利普科斯和部将科蒙提奥鲁斯轮番执掌帅印,①但是他们又经常被莫里斯罢黜,代之以普里斯哥,然而普里斯哥也并不总是能得到莫里斯的信任。② 军队高层将领职位的频繁变动必然导致军心不稳,出现骚乱也在所难免。显然,莫里斯缺少奥古斯都或查士丁尼大帝那种驾驭全局、运筹帷幄和调兵遣将的能力,即使他的幕僚中出现像阿古利巴(Agrippa)、贝利撒留或纳尔西斯这样杰出的将领也难以施展才华。莫里斯统治的二十余年间,他一直苦苦寻找品德和才能兼备的人才,但结果却不甚理想。

对于莫里斯政权中的文职官员,文献史料中记载较少。根据《复活节编年史》的记载,在莫里斯统治时期一种新的财政官员的职位——财务官(logothete)出现了,③但是却没有记载这一官职与大区总督(praetorian prefects)或其他重要官职之间的相互关系。约翰·布瑞推测莫里斯此举旨在通过任命贵族为财政官员从而与贵族结盟增强国家权力,因为贵族拥有过于独立的权力必然会削弱皇权。④ 但是没有文献史料来支持这种说法。莫里斯与以前的皇帝一样,依靠亲属或亲信进行统治,把他们任命到重要的岗位。与莫里斯无此类关系的人,则需依靠自身的聪明才智,待立有战功,才有机会与皇帝建立密切的关系。要说莫里斯时期与以前相比有什么发展,那就是这一时期皇帝与党派之间的利益渐趋一致,并且莫里斯可以收买党派领袖以达到控制民意的目的。如《历史》中提到莫里斯将蓝党和绿党领袖召进宫,详细询问他们各自的成员数量和近期动向,并试图施以官方影响。⑤

---

① Theophylact Simocatta, *History*, vi. 11. 2; vii. 1. 1; viii. 4~9; i. 13. 2; ii. 8; iii. 2. 11; i. 7. 3; iii. 5. 16; iv. 2. 1; iv. 14. 5.
② Theophylact Simocatta, *History*, iii. 1. 1; vi. 4. 7; vi. 7~9; vi. 10. 3; vi. 11. 2; vii. 5. 10.
③ *Chronicon Paschale 284~628 AD*, 694. 9.
④ J. B. Bury, *A History of the Later Roman Empire from the Death of Theodosius i to the Death of Justinian*, ii. 92~94.
⑤ Theophylact Simocatta, *History*, viii. 7. 10~11.

## 第三节　莫里斯时期的宫廷礼仪活动

西摩卡塔侧重于描述军事和政治领域内的事务,延续了古典时代以来历史作品撰述的基本原则,是对政治军事史编撰传统的继承与发展。他将记述的重点放在首都,对莫里斯时期的诸多政治与军事事件进行了细致入微的描述,探究了其中的原因。相比其他作品,《历史》中具有突出史料价值的部分在于书中包含了大量有关京城庆典和宫廷仪式的细节描写,这是同时代很多文献所缺少的。其中大多数的庆典和仪式都与王室密切相关,诸如莫里斯的皇帝授予仪式、提比略追悼仪式、莫里斯结婚大典、莫里斯登基一周年庆典、皇子塞奥多西结婚典礼、圣烛节仪式活动和莫里斯政权垮台之前的竞技党活动等。

### 一、宫廷礼仪活动的基本内容与程序

君士坦丁七世主持编纂了一部《礼仪书》,对宫廷礼仪活动的程序和礼节进行了细致的描写。根据《礼仪书》记载,宫廷礼仪活动包括皇帝加冕、皇家子女出生、皇家婚礼及皇帝的出行、回朝、葬礼,日常活动包括上朝、会见外国君主或使节、出席观看竞技活动、参加宗教祈祷和国家节日。上述所有活动皇帝都必须参加,皇帝始终是宫廷礼仪活动的核心,所有安排都是围绕皇帝进行的。在所有重大场合,皇帝的出场是整个活动的中心,牵动着典礼的其他环节。① 据西摩卡塔《历史》,在莫里斯登基一周年庆典和圣烛节仪式活动上,皇帝是盛装出场的,左手持十字架,标志着上帝在人间代表的身份,右手斜持权杖。②

《历史》详细记载了莫里斯的皇帝授予仪式,即加冕礼。根据罗马旧

---

① Constantine Porphyrogenitus, *The Book of Ceremonies*, trans. by Ann Moffatt and Maxeme Tall, Washington, DC. 2012, vol 1, p. 12.

② Theophylact Simocatta, *History*, viii. 4. 10; viii. 4. 12 ~ 5. 3.

制,被拥立为皇帝的人需要在全体元老、军队和首都居民的欢呼声中,站立在由将士抬起的盾牌上,这意味着皇权获得贵族和民众的认可。这一举盾仪式在篡位者福卡斯那里获得实现,叛乱的士兵将福卡斯高举在盾牌上。① 通过合法继承或指定的方式获得皇位的都需要进行皇帝加冕仪式。457 年,利奥一世首开皇帝加冕的先河。根据《礼仪书》,皇帝加冕仪式一般在君士坦丁堡的圣索菲亚教堂举行。实际上,7 世纪初福卡斯称帝时,拜占庭皇帝的加冕仪式才确定在圣索菲亚教堂,以后成为定制,而此前的加冕仪式都在皇宫内举行。加冕仪式的参加者包括帝国所有上层人物。在莫里斯加冕仪式上,提比略皇帝召集君士坦丁堡大教长、高级教士、宫廷卫队长官、军事将领、政府主要官员和民众代表参加典礼。② 根据《礼仪书》,参与者都要身着镶金边的白色礼服。在仪式开始时,大教长要在教堂前迎候皇帝的到来,并陪伴皇帝更换盛装,而后大教长手牵皇帝缓缓进入教堂,穿过夹道欢迎的众宾客来到第二道大门,点燃特制的蜡烛。皇帝由大教长继续陪同来到圣坛屏风前的斑岩石板上,面向基督圣像祈祷,随后进入圣坛。大教长在唱诗班伴唱下,为皇冠祝圣,为皇帝加冕。最后,皇帝在黄金或象牙制作的宝座上落座,接受全体文臣武将的顶礼膜拜。他们按照地位高低依次来到皇帝面前,宣誓效忠。③ 然而在 7 世纪之前,加冕仪式还未形成定制。《历史》记载莫里斯的加冕礼是由提比略主持的,由于重病在身,他授意大教长约翰发表了长篇演说。文中并未提到大教长为莫里斯加冕,而只说:"提比略拿起皇冠和紫色皇袍交到凯撒手上,随后人群中响起阵阵热烈的欢呼和经久不息的掌声。"

据《礼仪书》的记载,拜占庭王室婚礼是帝国极为盛大的典礼活动,在圣索菲亚教堂举行,婚礼由君士坦丁堡大教长主持,帝国所有的高级官吏都要盛装出席。④ 新郎和新娘身着盛装头戴皇冠,出席婚礼的贵族和官员首先向新婚夫妇行跪拜礼,而后列队伴随新人前往大皇宫。在皇宫前,由蓝、绿两个竞技党组成的唱诗班高唱颂歌以示祝贺,他们是民众的代表。之后皇帝与皇后脱去盛装,与宾客共进晚餐。《礼仪书》规定了皇室婚礼的仪式、礼节、流程以及装饰的特点,婚礼仪式与基督教结合比较紧密,呈现出庄严、肃穆与神圣之感。⑤ 在《历史》中,西摩卡塔记载了莫里斯结婚

---

① Theophylact Simocatta, *History*, viii. 7. 7.
② Theophylact Simocatta, *History*, i. 1. 2.
③ 陈志强:《拜占廷帝国史》,商务印书馆,2017 年,第 326 页。
④ Theophylact Simocatta, *History*, i. 1. 22.
⑤ Constantine Porphyrogenitus, *The Book of Ceremonies*, vol 1, p. 20.

大典和皇子塞奥多西的婚礼。莫里斯的结婚典礼由大教长约翰主持、祈祷与祝福，地点在"大皇宫"（Daphne）宫殿群的圣斯蒂芬教堂，这是传统的举行皇室婚礼的地方。《历史》描写了莫里斯婚礼的整个流程，尤为引人注目的是伴随着皇室的婚礼，民众的庆祝活动异常丰富，这表明拜占庭皇室希望通过婚礼来拉近与民众的关系，使民众感受到帝国的荣耀。《历史》对皇子塞奥多西婚礼的描述仅有寥寥数句，并未将典礼的细节充分展现。作者在此同时记载了结婚典礼和民众暴乱，二者时间上相距不远而将后者详述，究其缘由在于民众暴乱颠覆了莫里斯的统治，掩盖了皇子婚礼所带来的喜庆气氛。《礼仪书》作于10世纪，对5世纪以来皇室婚礼的典章制度、礼节仪文进行了细致总结。5~10世纪，皇室婚礼的基本仪式并无变化，因此由《礼仪书》，我们大体可以窥见此类婚礼的基本情形。

　　拜占庭帝国作为罗马帝国的继承者，在政治生活中保留了大量罗马时期民主制的因素，民众享有免费参与公共娱乐活动的权利。观看赛车是民众参与的主要公共娱乐活动。建立在观赛基础上的竞技党活动是罗马－拜占庭帝国时期，由城市民众组成的观看比赛的队伍，赛场划分为蓝、绿、红、白四个颜色的座区，各区观众为本区赛车呐喊助威，后来逐渐发展成为竞技党（或称赛区党）。竞技党不仅成为体育竞赛的参与者和组织者，同时也是民众利益诉求的重要代表。皇帝为了拉近与民众的距离，往往会与民众一起观赛，利用竞技党为其专制统治服务。其职能大致可分为仪式性职能（参与礼仪活动）、政治职能（作为民众意见传达者和骚乱制造者）和军事职能（从事保卫城市的辅助性军事组织）。竞技党诞生于4世纪，7世纪初逐渐衰落，其发展的顶峰是查士丁尼时期的尼卡起义，当时势力较大的蓝党和绿党因对皇帝的宗教政策不满，遂发动起义，对政局产生了巨大影响。由此可见，在查士丁尼时期，竞技党的职能包含了上述三者。7世纪以后，竞技党的仪式性作用日益突出，逐渐融入宫廷及宫廷仪式。君士坦丁七世的《礼仪书》记述了竞技党在各项国家仪式中的角色与活动，例如在加冕仪式、王室婚礼以及王室成员的任免仪式中，竞技党从事布置会场、唱赞美诗等活动。① 西摩卡塔的《历史》记载了与竞技党有关的重大历史事件，阐述了竞技党的某些职能，例如除了承办赛车竞技的娱乐节庆活动和为皇帝婚礼唱赞美诗外，还在国家紧急情况下作为备用军事力量来守卫城市。② 由于竞技党代表民众的力量，他们与残余的元老院势力或军队

---

① Constantine Porphyrogenitus, *The Book of Ceremonies*, vol 1, p. 22.
② Theophylact Simocatta, *History*, viii. 8. 2.

相结合,往往会成为左右政局或罢免皇帝的重要因素。据《历史》介绍,莫里斯皇帝坚持在冬季对多瑙河以北地区用兵,乘胜剿灭阿瓦尔人和斯拉夫人,拒绝士兵提出的回家的要求,因此招致百人队队长福卡斯的叛乱。莫里斯在赛车竞技集会中发表演说,希望这一军事政策能够赢得民众支持,但是以竞技党为代表的民众不再信任他,反而为福卡斯建言献策,支持福卡斯获得皇位。在此过程中,竞技党发挥了重要的政治作用,成为影响皇帝任免的重要力量。

## 二、宫廷礼仪活动的内涵及意义

### 1.宫廷礼仪活动以王室为核心,彰显"君权神授"理念,服务于皇帝专制统治

皇帝专制统治是拜占庭帝国政治的核心,而一整套中央集权的政治制度的建立则肇端于戴克里先的改革。戴克里先借鉴了波斯帝国和埃及的帝制与宫廷礼仪传统,使罗马时期"君权取之于民"的理念被"君权神授"所取代。自戴克里先开始,罗马帝国统治者不再称元首或第一公民,而是皇帝。拜占庭人沿用罗马旧称,称皇帝为奥古斯都(Augustus),但7世纪以后,就改用瓦西里(Basileus),其实质已经发生了重要变化。从权力的来源来说,皇帝的权力来自上帝,而不是民众。因此,宫廷礼仪活动一方面以王室为核心;另一方面在所有的宫廷礼仪活动中,"上帝的代言人"——基督教会都会参与其中,在某些礼仪活动中,甚至占据主导地位,比如加冕礼。据《历史》所记,皇帝的加冕礼、婚礼、登基一周年庆典等都在教堂举行,由大教长主持,整个礼仪程序与基督教密切相关。根据基督教观念,教皇是神在人间宗教权力的代表,皇帝是神在人间世俗权力的代表,皇帝的世俗统治权需要获得上帝的授予才有实质的权威,才能得到臣民的认可。由此,加冕礼是所有宫廷礼仪活动的核心,极为隆重,它代表着君主权力获取的正当性,一旦君权被神授予,君主即获得统治的神圣性与合法性。基督教被确认为拜占庭帝国国教后,皇帝成为上帝的"第十三使徒",是受上帝委托管理人间世俗事物的最高统治者。同时,他也是基督教会的有力监护人和完全的统治者。因此,拜占庭宫廷礼仪活动继承了罗马的旧制,又有新的发展,体现基督教信仰的精神。基督教教会的习俗越来越多地渗透

进宫廷典礼仪式中,同时也渗透进每一个拜占庭人的日常生活中,使他们都一样受到教会礼仪的约束。①

### 2. 宫廷礼仪活动反映皇权受到限制,表明"君权取之于民"的罗马政治理念得到继承

尽管拜占庭的君主专制制度已然建立,但根植于罗马政治传统的"君权取之于民"的观念还是对拜占庭的政治运行产生了影响。在皇帝的选立方面,拜占庭一直保持着罗马时期的传统,由元老院、军队和民众代表(竞技党人)共同决定。在皇帝的废黜方面,拜占庭历史上较为典型的是查士丁尼时期,尼卡起义的参与者们在竞技场拥立了新的皇帝。7世纪初来自巴尔干半岛的军人暴动者福卡斯在进入君士坦丁堡之后,也被首都民众拥立为皇帝。新上任的皇帝尽管获得了"君权神授"所赋予的统治权力,但在实际运作过程中,也需要得到元老院和军队的同意。此外,在皇位空缺时,元老院和军队有权指定新的皇帝。元老院、军队和民众对皇权的制约一直存在。在正常情况下,军队、元老院和民众代表是权贵夺取最高权力的工具,一旦新任皇帝的地位得到巩固,他就会毫不犹豫地实行自己的既定政策,成为真正的专制者。根据《历史》记载,莫里斯皇帝经常参与竞技党活动,与民众一起在竞技场观看赛马比赛,希望以此拉近与民众的关系,倾听民众对具体政策的意见或建议。但是,以蓝党和绿党为代表的竞技党们往往利用这套制度煽动民众,进而达到自己的政治目的。西摩卡塔对党派活动形式下的民众骚乱于国家秩序的威胁有着清醒的认识,他认为党派在大规模民众骚乱中所起的煽动作用非常大:"蓝绿两党各有庞大的支持群体,此后我们的世界将陷入极端的麻烦,罗马帝国的衰退之势不可阻挡。"②在推翻莫里斯政权的过程中,绿党所起的主要作用是阻止元老院成员杰曼努斯成为皇帝。

### 3. 宫廷礼仪活动体现王室希望形成仁慈与公正的君主形象

拜占庭的君主们继承了古希腊哲学中所描述的有关理想君主形象的观念,同时辅以基督教的博爱观念,逐渐形成了皇帝应具有仁慈与公正的形象的理念,再从仁慈与公正的普遍观念中引申出皇帝应该履行的全部义务。这一主题在无数次皇帝加冕仪式的演讲中被反复提及。尤西比乌斯

---

① 〔英〕N. H. 拜尼斯主编,陈志强等译:《拜占庭:东罗马文明概论》,大象出版社,2012年,第254页。
② Theophylact Simocatta, *History*, viii. 7. 11.

在其颂词中以仁慈和公正为主题来歌颂君士坦丁大帝的品德。查士丁尼尤为重视在臣民面前树立仁慈的君主形象,他提出仁慈须作为一切司法活动的基础。例如他在阐述死刑时给出了下述理由:"这绝非残忍而不人道,恰恰相反是最高级的仁慈,因为它是以惩罚少数人来保护多数人。"① 在莫里斯的皇帝授予仪式中,提比略授意大教长约翰发表了长篇演讲,其主题是提比略劝诫莫里斯怎样做一位合格的君主:"用理性治理国家,用智慧掌握权力,皇帝应时刻保持理性和谦虚","对待臣民要充满善意,要让公正成为你的处事原则。让仁慈来抑制愤怒,让畏惧来引导审慎。为了谋求公共利益和正义,我们应该像蜜蜂中的蜂王一样引导和服务"。② 仁慈与公正是皇帝的职责这样一种思想被一直保留下来,皇帝也将公正和保护臣民视为其职责。这一观念一旦被接受并被反复提及,就形成一种约束力,这种约束力是"使作为上帝恩赐的皇帝权威观念更加符合流行的宗教情感,更增加了那些最有能力的皇帝的责任意识"。③

---

① Procopius of Caesarea, Secret History, Haward Hniversity press, reprinted 1996, p.116.
② Theophylact Simocatta, *History*, viii. 1. 16~20.
③ 〔英〕N. H. 拜尼斯主编,陈志强等译:《拜占庭:东罗马文明概论》,大象出版社,第256页。

## 第四节 国家的情形与莫里斯的政略

### 一、国家的情形

在查士丁尼统治时期,拜占庭帝国最后一次展现了其全部实力,经历了它最后一次政治和文化上的伟大复兴。国家的边界再度扩展到整个地中海世界以外,文学艺术在基督教的框架内,充分展示了古典遗产的魅力,查士丁尼制定的《罗马民法大全》所确定的法律原则对后世影响深远。查士丁尼的统治揭开了一个新时代,同时,它也标志着一个伟大时代的结束。查士丁尼重建罗马帝国的事业并未取得成功,他千方百计扩大其统治疆域,但是却只能维持短暂的时间。这表明他在古代罗马陈旧的国家体制内寻求拜占庭帝国出路的计划落空了,拜占庭帝国要发展只能适应新的历史环境。而且,他对古代领土的重新征服不是建立在任何坚实的基础上,其建立的帝国的轰然崩塌必定造成灾难性后果,给后人留下一个内力耗尽、财政经济近乎崩溃的帝国。查士丁尼逝世后,他所创立的一度辉煌的大帝国开始在普遍的衰落中瓦解,并在内忧外患的困局中艰难地寻求转型。历史学家约翰·布瑞认为:"当查士丁尼逝世后,分裂的因素开始全力发挥作用,一个人为的体系崩溃了,帝国的性质发生了明显且根本的变化。这种变化虽然已经经历了长期的发展过程,但人们依然倾向于认为,这种变化与查士丁尼忙乱的统治时期那些光彩夺目的'业绩'有关。"[①]瓦西列夫则认为:"565 年到 610 年是拜占庭历史上最灰暗无华的时期。在这一时期,混乱、贫穷和瘟疫席卷了整个帝国,以至于查士丁二世时期的历史学家以弗所的约翰认为,世界末日即将来临。"[②]

---

① J. B. Bury, *A History of the Later Roman Empire from the Death of Theodosius i to the Death of Justinian*, p. 65.
② A. A. vasiliev, *History of the Byzantine empire*:324~1453, vol.1, p.171.

在查士丁尼之后相继统治拜占庭帝国的皇帝是查士丁二世、提比略一世、莫里斯和福卡斯,这四位皇帝统治期间一个共同的特征是国家面临内忧外患的复杂局面。在帝国内部,长期以来困扰历任皇帝的宗教论争问题并没有结束,查士丁尼虽然一度保持了他对教会的绝对控制,但他无法在宗教信仰和思想认识上保持对帝国内部各民族人民的绝对控制。为了争夺政治权利和教会利益,拜占庭中央政府、君士坦丁堡教会与罗马教宗的关系又紧张起来,这种紧张状况直到福卡斯统治时期才有所缓解。在意大利,568年伦巴德人进攻并在短时间内控制了其大部分地区,拜占庭势力只能蜷缩在拉文纳一隅。在西班牙,西哥特人开始进行反击性侵略。在北非,拜占庭人继续坚守其领土,直到阿拉伯人大规模征服为止,但却是以对土著摩尔人部落持久且耗费巨大的战争为代价。在东方,形势极为严峻,查士丁尼的继承者们不得不竭力重建帝国在近东地区的权威,自从572年查士丁二世再次确立了反对波斯人的政策后,为了争夺重要的战略和经济要地——亚美尼亚和美索不达米亚,两国展开了持久的拉锯战,直到591年双方签订合约。在巴尔干半岛,斯拉夫人和阿瓦尔人的入侵使拜占庭帝国的防务承受巨大的压力。阿瓦尔人甚至在多瑙河北岸地区建立起庞大的帝国,对拜占庭帝国形成不小的威慑。在6世纪最后的二十五年,斯拉夫人开始长期定居在巴尔干半岛地区,在拜占庭的土地上逐渐生长、发展出了独立的斯拉夫人国家。

从本质上来说,莫里斯继承下来的国家是"罗马式的"或"晚期罗马式的"。最初阶段的拜占庭帝国实际上就是晚期罗马帝国,其全部生活笼罩着罗马色彩,罗马的政治观念决定着拜占庭帝国的政治架构,而罗马人的普世思想决定着拜占庭与外部世界的关系。拜占庭帝国作为罗马帝国的继承者,以罗马人特有的国家观念聚拢着众多民族,致力于成为一个统一、强大的帝国,它宣称拥有以前属于罗马帝国的所有地区,并囊括当时基督教世界的所有疆域。① 从查士丁尼到莫里斯,早期拜占庭帝国的君主们无不对这一梦想孜孜以求。以莫里斯时代为例,在东方,莫里斯的权力延伸到亚美尼亚高地,甚至到了毗邻叙利亚和阿拉伯沙漠的中亚"边缘地带";在西方,帝国的权威越过巴尔干半岛,直抵非洲、意大利一部分和西班牙南部地区。然而拜占庭的实际影响力却远远超越上述范围,莫里斯能干预法兰克墨洛温王朝和伦巴德人的内部事务,能获得来自外高加索地区的若干

---

① 〔南斯拉夫〕乔治·奥斯特洛格尔斯基著,陈志强译:《拜占廷帝国》,青海人民出版社,2006年,第23页。

小国的支持,能在阿拉伯沙漠各部落中纵横捭阖。莫里斯统治时期,罗马大主教格里高利收到奥古斯丁成功使不列颠南部萨克森王国皈依基督教的好消息,与此同时,来自突厥的使节带来了关于中亚和中国事务的重要消息。由此可见,这位君士坦丁堡的皇帝俨然在当时世界舞台上扮演了重要角色。

拜占庭帝国内部仍然保留着传统的文明特征,许多城市的壮观景象仍然一览无余,尽管自然灾害使得人口逐渐减少,灾害频发使得公共建筑多有损毁而政府难以提供修缮,教会机构比世俗官方机构对地方的管理更为高效,但是这些特征只是当时衰败趋势的一部分,而不是新的危机。在巴尔干半岛,"蛮族"入侵的确使一些地区终止了城市生活,但是在东部省份的城市依然持续发展,尤其是在591年拜占庭与波斯帝国签订合约之后,这些东部城市有了较大程度的复兴,安条克附近、小亚细亚南岸和安纳托利亚中心地区的一些较大的村庄和城镇呈现出一派繁荣的景象。

## 二、莫里斯的政略

莫里斯即位之初遇到了很大问题。查士丁尼大帝的辉煌成就为其继任者们投下了黑暗的阴影,且尽管查士丁尼取得了诸多成功,但他还是给其后人留下了一个内力耗尽、财政经济几近崩溃的帝国。继任的君主们不得不纠正一个伟大人物为挽救帝国而犯下的重大错误。565年查士丁尼所留下的帝国是不稳定的,边界虽然保持和平,却是以支付高额贡金为代价;内部宗教纷争如火如荼,自然灾害导致的经济萧条日趋严重,由于灾后重建和支付贡金,国家的财政难以为继。查士丁二世即位之后,通过制定审慎的政策和平稳的控制终于使国家维持到了一个脆弱的平衡状态,但这不是查士丁二世的风格,他也试图建立很多"形象工程"来彰显帝国的光荣。查士丁二世努力改变了查士丁尼的宗教政策,制定了一个能调和一性论信仰和卡尔西顿信仰分歧的规则,另外他把注意力放在怎样提高国家税收上,并建立财政储备金制度。① 然而这些有益的措施却被他激进的对外

---

① 关于查士丁所推行的财政政策,参见 A. M. Cameron, "Early Byzantine Kaiserkritik: Two Case Histories", *Byzantine and Modern Greek Studies*, 1977(3), p. 1~17;关于查士丁所推行的宗教调和政策,参见 P. Allen, 'Evagrius Scholasticus the Church Historian', *Spicilegium Sacrum Lovaniense*, etudes et document vii,1981, pp. 21~27.

政策带来的恶果所抵消。572年查士丁二世勇敢地拒绝向波斯国王继续缴纳贡金,他打破了查士丁尼辛辛苦苦订立的合约,导致了长期且消耗巨大的战争,而战争主要是为争夺极为重要的战略和经济要地亚美尼亚。与此同时,帝国对阿瓦尔人的威胁却重视不够,阿瓦尔人急剧增长的实力已经成为多瑙河前线最严重的威胁,伦巴德人也正是由于阿瓦尔人的威胁,才举族迁徙至意大利北部。在波斯战争中,由于拜占庭帝国丧失东部边防重镇达拉(Dara),查士丁二世经受不了刺激而精神失常,578年继任的提比略遂将重点放在如何加强东部防线上。不过此时巴尔干半岛的防线出现疏漏,斯拉夫人和阿瓦尔人很快就找到了进攻的机会,处于意大利边陲的拜占庭势力在伦巴德人的频繁进攻下只能寻求自保。战争的巨大成本加上提比略的挥霍无度,很快查士丁二世辛苦积累的财富就耗之殆尽了。

事实上,莫里斯不得不认真处理自查士丁二世以来遗留下来的政治军事问题,尤其是国库空虚导致种种军事问题。莫里斯即位以后采取卓有成效的政策解决了上述问题,因此他被奥斯特洛格尔斯基誉为"最杰出的拜占庭君主之一",认为"其统治标志着转型时期极为重要的阶段,即陈旧过时的晚期罗马帝国向具有崭新的充满活力的组织结构的中世纪拜占庭帝国的转变"。① 在东部战线,经过长达二十年的战争,至莫里斯时期出现了有利于拜占庭帝国的趋势:拜占庭对边境城市达拉和玛尔提罗波利斯恢复主权,控制了底格里斯河北部城市阿扎尼尼(Arzanene)、阿贝拉行省(Iberia)和波萨美尼亚(Persarmenia)的大部分。而且,波斯帝国年轻的国王科斯罗伊斯二世由于受惠于莫里斯皇帝的帮助,对拜占庭奉行和平友好的政策,双方自591年便签署和平协议。在巴尔干半岛,拜占庭军队缓慢但却稳步地推进多瑙河沿岸的驻防建设,重新恢复了帝国在多瑙河沿岸地区的权威。莫里斯皇帝的主要注意力似乎只关注于上述两个地区——大部分的文献资料都是如此记载——但是莫里斯同样也在巩固帝国在西部领土上的权威。在意大利和非洲,莫里斯重新组建查士丁尼所收复领土上残破的管理机构,建立起拉文那和迦太基两个总督区。当地全部的行政管理、军事都被置于总督的权力管辖之下,这两个总督区成为西方拜占庭势力的前哨站。总督们提高和加固了军事组织在各自领地范围内的地位。通过高度的军事合权,迦太基总督杰纳迪乌斯(Gennadius)打退了摩尔人的进攻,并且维持了一个世纪的和平。② 在拉文那,罗曼努斯总督在波河流域

---

① 〔南斯拉夫〕乔治·奥斯特洛格尔斯基著,陈志强译:《拜占廷帝国》,青海人民出版社,2006年,第58页。

② Theophylact Simocatta, *History*, vii. 6.6~7.

组织起积极的进攻,将拜占庭的实际控制范围北移至亚平宁山脉。虽然莫里斯没有能力为意大利防线投入足够的人力和财力,但是由于伦巴德王国的分裂,意大利半岛得到了几十年的和平。在西班牙,尽管西哥特王国丢失了科尔多瓦,但是拜占庭势力却只能蜷缩在有限的塞维利亚和卡塔杰纳(Cartagena)一隅。莫里斯主张对高卢的墨洛温王朝发挥影响,特别是扣留奥斯特拉西亚王室的王子英格尼德(Ingund)及其子阿萨纳戈德(Athanagild)作为人质,①他们二人是在583年于西班牙落入拜占庭人之手的。584年,莫里斯支持法兰克公爵贡多瓦尔德竞争勃艮第的王位,虽然无果而终,但是贡多瓦尔德却引来法兰克人对伦巴德的干预,并于585年组织了法兰克对伦巴德的第二次入侵。由此可见,通过扣押人质的方式来控制各"蛮族"王国是拜占庭帝国在西方发挥影响力的重要手段之一。②

莫里斯的成功可以部分归结于幸运,因为波斯帝国的内战,莫里斯有机会恢复东部的和平,但是莫里斯成功的主要原因在于秉持公正的管理观念、合理有效配置军事资源。他在用人方面也颇有成效,这主要体现在所任用的人不仅要有才能,而且要能充分贯彻莫里斯的战略意图。历史文献对莫里斯时期拜占庭帝国的行政管理所记不详,其中值得注意的有几件事。莫里斯曾经任命行省长官利奥提乌斯(Leontius)去调查意大利和西西里的事务,利奥提乌斯发现当地一些高级官员的陈腐作风并及时上报,于是莫里斯对这些腐败官员加以严惩,尽管这些人此前一直受到罗马大主教格里高利的保护。③ 在对失事货船的责任认定中,如果私人货船负主要责任,则由国家没收船上的谷物,而对这部分谷物如何进行存储和管理,莫里斯专门制定法律加以明确。④ 在莫里斯统治时期,国家新设一种行政官职——财务官,在《复活节编年史》中对此有明确记载,⑤这类官员主要负责军队财政的管理。⑥ 莫里斯统治期间最后一任财务官由君士坦丁·拉

---

① 奥斯特拉西亚(Austrasia)是中世纪初期欧洲的王国,在墨洛温王朝(6~8世纪)时,这里是东法兰克王国,而纽斯特里亚则是西法兰克王国。其范围相当于今天的法国东北部和德国中部,首都在梅斯,后来成为加洛林帝国的一部分。

② W. Goffart, "Byzantine Policy in the West under Tiberius II and Maurice: The Pretenders Hermenegild and Gundovald(579~585)", *Traditio* 13(1957), pp. 73~118; Paul Goubert, *Byzance avant i'islam*, ii. 1~2.

③ Pope Gregory, *Registrum Epistolarum*, iX. 4. 55~57; 130; J. Richards, *Consul of God*, pp. 92~93.

④ John of Nikiu, *The Chronicle of John, Bishop of Nikiu*, 103. 1~3.

⑤ *Chronicon Paschale 284~628 AD*, 694. 9.

⑥ J. F. Haldon, *Recruitment and Conscription in the Byzantine Army c. 550~950: A Study on the Origins of the Stratiotika Ktemata*, pp. 33~34.

迪斯（Constantine Lardys）担任，602年随着莫里斯政权的垮台，他选择逃亡，但最终被福卡斯的走卒杀害。① 莫里斯对军队建设和管理的重视反映在以其名字命名的同时期军事手册《莫里斯的战略》一书中。此书完成于莫里斯统治的后半期，意在为军事训练和怎样选择最优的策略来应对不同的敌人等提供指导。在6世纪80年代，许多将军不遗余力地努力提高军队的训练强度和质量，以提高军队战斗力，使之能在莫里斯统治后期击退阿瓦尔人的入侵。在莫里斯统治期间，帝国的对外事务取得了较大成功。西摩卡塔的《历史》中对此有大量记载，细节描述也十分详尽。② 笔者试图依据《历史》和其他文献对帝国的内部事务作一概述，将关注的重点放在君士坦丁堡。根据塞奥发尼斯《编年史》和《复活节编年史》的记载，莫里斯举行了两次纪念登基的庆典仪式，一次是在583年12月25日举行的纪念登基一周年庆典，③另一次是在602年7月6日举行的纪念登基二十周年庆典。④ 每一次庆典他都竭力避免庞大的开支，但每一次都对民众和官员施以福利。⑤ 583年8月4日，皇后君士坦蒂娜为莫里斯生了一个儿子，这是自塞奥多西二世以来宫廷里所生的第一个皇子，因此他被取名为塞奥多西，并认罗马大主教格里高利为基督教早期教父。590年复活节（3月26日），塞奥多西被确定为皇位继承人，但在官方文献中却找不到与此相关的记载。⑥ 莫里斯的其他七个子女分别是：提比略、彼得、保罗、查士丁、查士丁尼、阿纳斯塔西亚、塞奥蒂斯塔和克莱奥帕特拉。⑦ 莫里斯政权垮台之后，王室成员开始了痛苦的逃亡之路。此后，除塞奥多西的王子们被福卡斯派去的追兵所杀，公主们则跟随她们的母亲躲入圣玛玛斯修道院（St Mamas）和米塔诺尼亚修道院（the Nea Metanoia），直到604年被发现后处死。⑧

根据以弗所的约翰的记载，莫里斯在即位之初就发现国库空虚，他不得不采取紧缩的财政政策。在整个莫里斯统治期间国库空虚是屡屡发生的，与提比略大肆开支形成鲜明对比的是，莫里斯实行紧缩财政政策，这难以获得

---

① Theophylact Simocatta, *History*, viii. 13. 3.
② A. M. Cameron, *Agathias*, p. 11; A. M. Cameron, *Procopius*, p. 142.
③ Theophanes Confessor, *The Chronicle of Theophanes Confessor*, *Byzantine and Near Eastern History AD* 284~813, 253. 24~25.
④ *Chronicon Paschale* 284~628 AD, 693. 5~9.
⑤ M. F. Hendy, *Studies in the Byzantine Monetary Economy c.* 300~1450, p. 193.
⑥ *Chronicon Paschale* 284~628 AD, 691. 14~17.
⑦ *Chronicon Paschale* 284~628 AD, 693. 12~15.
⑧ T. Preger, ed., *Patria Constantinopoleos*, iii. 185.

民众的支持。约翰是一位审慎、严谨的历史学家，对所记内容大多客观真实，他写道："如果国库中还存有黄金，莫里斯就不会削减军费开支和实行紧缩的财政政策，莫里斯曾经说过：'我不能分散国家财富，只能累积点滴财富以确保国家的安全。'"①由于莫里斯实行紧缩政策，取消很多日常开销，所以容易被民众误解、嘲笑甚至奚落，说他贪婪、吝啬、狭隘、只会提拔自己亲属等。这些反对莫里斯的言论在588年的东部军队中甚嚣尘上，于是被叛乱者大加利用。莫里斯在军队中削减开支的措施，使得叛乱士兵十分愤怒，他们推翻莫里斯的雕像，声称不能接受"吝啬之徒"的统治。② 尼基乌的约翰是这样记载的："现在莫里斯继承了上帝所爱的提比略的皇位，他是多么贪婪的一个人啊！""由于莫里斯皇帝对金钱的过分贪恋，现在他不得不面对大批骚乱人群的抗议。莫里斯只好卖掉埃及的粮食以换取黄金，同样地将君士坦丁堡的谷物卖掉换取黄金。"③由于国家无法负担两线作战庞大的军费开支，连年的战争再加上国家对军队的后勤保障无法跟上，使得福卡斯领导的叛乱最终爆发。然而，由于莫里斯一直以来强迫自己形成了节俭的习惯，以致在他统治后期出现了可以慷慨大方的机会但却不能适应。莫里斯从国库中拿出三十塔兰特用以修建君士坦丁堡高架渠，④并免除灌溉设施附近居民三分之一的税收。⑤ 正因为如此，602年君士坦丁堡的部分民众借机辱骂莫里斯为马尔西安主义者(the Marcianist)。⑥

当莫里斯第一次执掌东方军队帅印的时候，他就清楚地意识到军队内部出现骚乱的原因之一是士气低下和纪律不严格。为了改变这一状况，他严肃军纪，提升士气。例如他命令士兵们在不打仗的时候从事一些诸如修路和修建营地等的有益活动，但是这些举措却招来很多士兵的怨恨。根据利奥《编年史》的记载，这位未来皇帝的性格中存在严守纪律、不通人情的一面，但是这些措施确实使低迷的士气得以改观，使军队的纪律严明有

---

① John of Ephesus, *The Third Part of the Ecclesiastical History of John of Ephesus*, v.20.
② Theophylact Simocatta, *History*. iii. 2. 8.
③ John of Nikiu, *The Chronicle of John, Bishop of Nikiu*, 95.1, 21.
④ 塔兰特(talents)，古代中东和希腊-罗马世界使用的质量单位和货币单位。当用作货币单位时，塔兰特是指与一塔兰特同重的黄金或白银，一些权威学者认为古代罗马人衡量贵金属所用的塔兰特的实际质量大约在二十到四十千克之间。
⑤ Theophylact Simocatta, *History* viii. 13. 17.
⑥ Theophylact Simocatta, *History*, viii. 9. 3; Theophanes Confessor, *The Chronicle of Theophanes Confessor, Byzantine and Near Eastern History AD 284 ~ 813*, 288. 17 ~ 18. 所谓"马尔西安主义"，是指当时的一个基督教异端派别，他们反对正常的慈善标准，反对救济那些由于"蛮族"的袭击而沦为乞丐和寡妇的人。

序。① 莫里斯在担任将军时便深知士兵们发生暴乱的重要原因在于支付军饷的时间经常被推迟,或者军饷的数量被扣减。莫里斯当上皇帝以后被人冠以"吝啬鬼"的名号,他自己也曾经为此辩解:"如果不节俭政府和宫廷的开支,怎么能满足前方军队的需要?"② 尽管莫里斯是一个节俭的人,但是他清楚地意识到自身履行慈善的责任,所以在他一生中从来不乏慈善的行为,他经常施舍穷人、修缮教堂和资助修道院。根据文献记载,莫里斯对待家人从来都不吝啬。事实上,他经常遭受别人对他"优待亲属,任人唯亲"的指责。根据以弗所的约翰的记载,在莫里斯登基之前,他就组建了一支亲属团前往君士坦丁堡观礼,其中包括他的父亲保罗、母亲、一个兄弟和两个姐妹,这两个姐妹中一个是寡妇,另一个是菲利普科斯的妻子。③ 他的父亲后来荣升为元老院成员,并被赐予大量土地和金银财宝。莫里斯还将地产赐予两个姐妹,不过这些地产的所有权都归属于王室。④ 这似乎给我们一种印象,即莫里斯试图建立强大的王权,以降低或抵制其他势力的权威或影响。莫里斯曾经慷慨地赠予其家乡阿尔比苏斯地方政府大量的礼物和金钱,其实阿尔比苏斯在帝国众多城市中的地位并不显著。此后不久,阿尔比苏斯在一场地震中受损严重,于是莫里斯决定从国库中专门设立重建基金,不过莫里斯并不清楚上帝是否同意他这样做,对此他一直心存疑虑。这是以弗所的约翰为我们所留下的记载。⑤

莫里斯和他的幕僚延续查士丁二世以来宏伟的建筑规划。查士丁二世关注的是如何通过建筑来彰显帝国的荣耀,而莫里斯则通过建筑来增进民众的福祉。由于经济上的原因,建设的进度是缓慢的,有两项工程从提比略时期就已经开工建设,但直到莫里斯时期的587年和590年才得以竣工,这两项工程分别是布莱彻奈公共浴池和四十圣徒教堂。⑥ 莫里斯继续完成提比略时期即已开工的贝亚斯(Bryas)和达马特里(Damatry)的宫殿建设,这两项工程具体什么时间竣工目前尚不清楚。⑦ 莫里斯时期着手开展的建筑活动主要是兴建宗教机构和慈善机构,如重建被大火焚烧的圣塞

---

① Leo Grammaticus, *Chronographia*, 130. 1 ~ 5.
② Theophylact Simocatta, *History*, ii. 12. 7.
③ John of Ephesus, *The Third Part of the Ecclesiastical History of John, bishop of Ephesus*, v. 18.
④ John of Ephesus, *The Third Part of the Ecclesiastical History of John, bishop of Ephesus*, v. 19.
⑤ John of Ephesus, *The Third Part of the Ecclesiastical History of John, bishop of Ephesus*, v. 22; v. 23.
⑥ Theophanes Confessor, *The Chronicle of Theophanes Confessor, Byzantine and Near Eastern History AD 284 ~ 813*, 261. 15 ~ 16; 267. 29 ~ 31.
⑦ T. Preger, ed., *Patria Constantinopoleos*, iii. 170 ~ 171.

奥多拉教堂（St. Theodore），建设圣乔治教堂（St. George），在卡瑞纳斯地区（Carianus）兴建救济院，在加拉大地区（Galata）兴建麻风病医院，兴建米洛西拉顿修道院（Myroceraton）。① 莫里斯还把耶稣的雕像竖立在君士坦丁堡大皇宫的入口。莫里斯还修建了许多世俗建筑，例如维修索菲亚旧宫殿以便为其岳母阿纳斯塔西亚提供住所，在面向黄金角海湾的城墙外围修建武器库，②在玛格诺拉（Magnaura）修建环形的排屋，③维修高架渠，④为了表现皇室的威望而在卡瑞纳斯地区的柱廊描绘有莫里斯早期生活和成就的画像。⑤ 此外，许多王公贵胄也兴建教堂或修道院，例如菲利普科斯在察尔西顿修建圣母修道院，莫里斯妹妹歌迪亚在塞罗西科斯（Xerocircus）修建圣玛玛斯修道院，彼得将军在艾奥宾都斯（Areobindus）修建圣母教堂，宫廷总管斯蒂芬在阿玛图斯（Armatus）修建救济院和浴池。⑥ 在君士坦丁堡之外，莫里斯出资、格里高利大主教负责重修了安条克的圆形竞技场；莫里斯还在其家乡阿尔比苏斯装饰和修缮公共建筑，其中包括对当地教堂和救济院进行装修，对受到地震破坏的城墙进行修缮；⑦莫里斯还为受到阿瓦尔人入侵破坏的赫拉克利亚的格西里亚教堂（Glyceria）和塔苏斯城（Tarsus）的圣保罗教堂提供修缮资金。⑧ 除了以上这些建筑工程，莫里斯还在首都君士坦丁堡修建了许多纪念碑和雕像。

莫里斯作为一位文学资助者而获得了良好的声誉和评价。曼南德尔声称自己痴迷于诗歌和历史，经常夜以继日地学习和创作，他坦承自己进行历史创作的事业受惠于莫里斯皇帝的鼓励和资助。⑨ 埃瓦格留斯是另一位受惠者，由于被莫里斯任命为驻外使节，作为回馈，埃瓦格留斯在583年皇子塞奥多西的生日庆典上将自己的作品呈献给皇帝。⑩ 在《历史》中，西摩卡塔也称赞莫里斯慷慨资助那些为写作而奋斗的人。⑪

拜占庭帝国东方各省区的民众和僧侣以信奉基督一性论为主，该派主

---

① T. Preger, ed., *Patria Constantinopoleos*, iii. 30; iii. 194.
② T. Preger, ed., *Patria Constantinopoleos*, iii. 125; 155.
③ Theophanes Confessor, *The Chronicle of Theophanes Confessor, Byzantine and Near Eastern History AD 284~813*, 274. 22~24.
④ Theophylact Simocatta, *History*, viii. 13. 17.
⑤ Leo Grammaticus, *Chronographia*, 138. 17~18.
⑥ T. Preger, ed., *Patria Constantinopoleos*, iii. 185; 59; 62; 102.
⑦ John of Ephesus, *The Third Part of the Ecclesiastical History of John of Ephesus*, v. 17; 22~23.
⑧ Theophylact Simocatta, *History*, vi. 1. 3; viii. 13. 16.
⑨ Menander Protector, *The History of Menander Protector*, i. 18~28.
⑩ Evagrios Scholastikos, *Ecclesiastical History*, vi. 24, p. 241. 1~5.
⑪ Theophylact Simocatta, *History*. viii. 13. 16.

张基督的人性完全结合进其神性中,耶稣只有神性而无人性,并反对当时正统教会信奉的主张基督之神人两性联合而不混淆的《卡尔西顿信经》。从5世纪开始,东方民众反对《卡尔西顿信经》、反对拜占庭政府专制统治的斗争不断发生,一性论则成为组织人民斗争的重要手段。拜占庭皇帝们如5世纪的泽诺和6世纪的查士丁尼都想通过调和宗教矛盾的途径来安抚东方各行省人民的情绪,于是出现了泽诺统治时期的《合一通谕》(Enoticion)和查士丁尼时期的第五次全体基督教主教会议上关于"三章案"的讨论,并最终在查士丁尼时期确定了皇帝的"至尊权"原则,其实质在于维护皇帝的至高无上权威,由皇帝领导教会,主宰教会事务。然而,这些努力实际上使教会各教派的矛盾继续扩大,加上西方教会远在罗马对东方教会事务指手画脚,东西方教会之间的矛盾和冲突愈演愈烈。到了莫里斯统治时期,帝国宗教政策的实施仍面临来自各方面的压力和挑战。以弗所的约翰在其作品中称赞莫里斯成功地阻止了部分民众试图挑起一性论争端的图谋,在此过程中他得到了君士坦丁堡大教长约翰四世·聂斯特乌特斯的支持。① 然而,到了598年,莫里斯却允许多米提安迫害一性论教徒,据说四百名一性论教徒被屠杀在艾德萨城墙的外面。② 在莫里斯统治期间,正统教会和民众对基督教异端的指控甚为严重,莫里斯对待勇于承认错误的异端分子采取宽大仁慈的处理原则,但是这又为那些攻击皇帝是异端的人提供了把柄。且皇帝对异端的态度使约翰大教长甚为苦恼,因为他试图根除君士坦丁堡上层社会中的异端残余。③ 根据西摩卡塔《历史》的记载,在君士坦丁堡有一个名叫保林努斯的巫师妖言惑众,被约翰大教长派人抓获,原本莫里斯不主张对巫师施以极刑,希望他自行悔改,但在约翰的反复劝说下,莫里斯审慎地同意对保林努斯施行重刑。④ 然而在其统治末期,莫里斯对异端的态度发生转变,鉴于卡拉海地区(Carrhae)的异教活动非常猖獗,他命令当地主教斯蒂芬发起对异教徒的迫害活动。⑤ 总体来说,莫里斯在其统治末期对异教和一性论的态度变得极为强硬,这或许是源于他596年患重病之后逐渐改变了原先的宗教宽容政策,开始悔改以前的错误行为。⑥ 莫里斯一定听说过或读过约翰大教长关于"忏悔"的道德说教,约翰宣称"即使身穿皇袍的人也会因错误的行为而得罪上帝,因此需要及时

---

① John of Ephesus, *The Third Part of the Ecclesiastical History of John of Ephesus*, v. 21.
② Michael the Syrian, *Chronicle of the Michael the Syrian* (1166~1199), X. 23, pp. 372~373.
③ John of Nikiu, *The Chronicle of John*, Bishop of Nikiu, 98.1.
④ Theophylact Simocatta, *History*, i. 11.
⑤ Michael the Syrian, *Chronicle of the Michael the Syrian* (1166~1199), X. 24, p. 375.
⑥ Theophylact Simocatta, *History*, viii. 11.6-8.

忏悔","如果一个人在三十岁之后犯罪,那么他的罪行更重"。① 作为一个患有痛风、年近六十岁的老人,莫里斯从这套说辞中得不到丝毫的安慰,但是他对罪的悔改促使他采取更为激进的行为来追求信仰上的正统化、纯洁化,这也激励他给耶路撒冷的教会和修道院送去礼物,并最终选择在沙漠实行自己的赦罪礼。②

有大量的证据表明莫里斯的信仰极为虔诚,但是《叙利亚的圣徒传记》记载莫里斯一天用十一个小时来祈祷和敬拜还是略显夸张的。③ 当莫里斯578年率军将一个波斯小镇查洛玛龙团团围住时,他拒绝接受当地的基督教社群以圣杯作为交换、希望解除围困的请求。④ 在每次军事行动之前,他通常会祈祷以寻求神的帮助,在成功之后通常会举行感恩仪式。⑤ 在约翰大教长595年去世以后,莫里斯将他生前简陋的床榻用于大斋期供人们瞻仰。⑥ 耶稣的雕像被竖立在大皇宫入口,而莫里斯王室家族的雕像则毗邻耶稣的圣像,似乎在向过往的人们提示皇帝与基督的特殊关系,显示皇帝是上帝在人间的代表。莫里斯在位期间还特别资助了西卡恩的塞奥多利修道院(Theodore Sykeon)。塞奥多利是6、7世纪著名的修道士圣徒,他曾经预言莫里斯将成为皇帝,等到莫里斯果真即位之后,他被召进宫,为莫里斯祈祷并施以祝福。⑦ 莫里斯是一位圣徒遗物收藏者,他试图从科斯罗伊斯二世那里得到圣徒丹尼尔的遗体,他也希望从塞萨洛尼基得到圣徒迪米特里的遗物,经过多方努力,最终却都没有成功。⑧ 或许正是由于对圣徒遗物的兴趣,他才会对发生在察尔西顿的圣徒尤菲米亚教堂的离奇事件展开调查,然而西摩卡塔在评价莫里斯这一行为时认为莫里斯的调查是典型的亵渎行为。⑨ 显然莫里斯是一位虔诚的基督徒,但他的虔诚绝不建立在盲目轻信的基础上。当民众对圣像、圣徒遗迹或遗物越来越相信的时候,如果民间出现某种超自然现象的流传,莫里斯都会对此展开细致的调查。在面对死亡的时候,莫里斯表现得像一位圣徒:"他的家人都死

---

① Theophylact Simocatta, *History*, viii. 9. 10.
② Theophanes Confessor, *The Chronicle of Theophanes Confessor*, *Byzantine and Near Eastern History AD* 284~813, 284. 25~29.
③ R. Janin, ed., *Syriac Hagiography*, iv. 3. 1~4.
④ Menander Protector, *The History of Menander Protector*, 23. 7.
⑤ Theophylact Simocatta, *History*, v. 16. 7~8; vi. 8. 8.
⑥ Theophylact Simocatta, *History*, vii. 6. 4~5.
⑦ Elizabeth Dawes and Norman H. Baynes, trans., *Three Byzantine Saints: Contemporary Biographies translated from the Greek*, p. 54, 82.
⑧ P. Lemerle, ed., *Miracula S. Demetrii*, i. 51.
⑨ Theophylact Simocatta, *History*, viii. 14.

在他面前,暴君福卡斯通过这种残暴的方式来惩罚莫里斯。面对这一切苦难,莫里斯的内心超乎寻常的冷静,他只是一直不停地祈祷:'主啊,你是公正的,你的判断是值得称颂的。'"①

莫里斯统治时期见证了罗马大主教和君士坦丁堡大教长之间爆发的关于在大教长名称前是否冠以"世界范围内的"(Oecumenical)修饰语的争论。大教长认为这样的修饰语是合理的,体现了大教长的崇高地位,罗马大主教格里高利则反对用这样的修饰语来称呼大教长,安条克主教安纳斯塔修斯认为这样的称呼无关紧要、可以采用。莫里斯皇帝认为双方的争论是关于这么一个"不严肃的、草率的"修饰语引起的,因此为了教会的联合,大教长不宜采用这一容易引起重大分歧的修饰语。② 根据《格里高利书信集》的记载,莫里斯和格里高利对于一项法令有较大的分歧,该法令规定禁止政府官员或士兵加入教会或修道院等宗教机构供职,直到他们完全从世俗职位上退下来之后才能加入。格里高利劝说莫里斯修改这一法令,但是莫里斯却不愿让步。他们对帝国在巴尔干半岛和西班牙地区的宗教管理政策意见也不一致。③ 另外双方在如何应对意大利北部伦巴德人威胁的问题上也颇有歧见,莫里斯主张采取激进的对抗政策,而格里高利主张帝国和伦巴德人签订和平条约。④ 直到602年,格里高利才表面上屈从了莫里斯的意志,但随后却不再支持莫里斯转而对福卡斯的即位抱着极为欢迎的态度。⑤ 在帝国对西方的政策上,罗马大主教格里高利之所以敢与莫里斯皇帝讨价还价,源于在此期间罗马教会实力的上升。6世纪末以后,由于伦巴德人入侵的压力,罗马大主教格里高利在乱世中崛起,成为意大利的真正领袖,他不仅领导宗教事务,也控制了军队和法庭,甚至独立铸造货币,自行修建罗马城墙。他还背着拜占庭驻拉文纳的总督私下里与伦巴德人谈判,同法兰克人缔结和约,并积极向意大利中部及南部扩展势力,俨然成为意大利的世俗君主。然而,鉴于莫里斯的治国有方,格里高利还不敢明目张胆地以罗马教皇自居。直到7世纪初,以军事政变夺权的拜占庭皇帝福卡斯急于让格里高利承认其政权的合法性,于是被迫承认了格里高利罗马教皇的地位。从此,罗马教皇更以基督教世界的最高领袖自居了。后来,西方学者称格里高利一世为"第一位重要的罗马教皇"和"中世

---

① Theophylact Simocatta, *History*, iii. 11. 3.
② Pope Gregory, *Registrum Epistolarum*, v. 45; vii. 24; vii. 30.
③ Pope Gregory, *Registrum Epistolarum*, iii. 61.
④ J. Richards, *Consul of God*, p. 13.
⑤ Pope Gregory, *Registrum Epistolarum*, Xi. 29, Xiii. 41 ~ 42.

纪教皇之父"。

关于莫里斯统治期间的其他信息,文献史料记载简略,缺乏详尽的描述。例如583年君士坦丁堡发生过地震和大火,①阿尔比苏斯在586年的地震中损毁严重,②安条克在588年的地震中也被破坏了,③在埃及出现了严重的民众骚乱导致城镇遭到破坏,君士坦丁堡的粮食供应和国家税收也受到影响,塞浦路斯遭遇海盗袭击,这些事件只有在尼基乌的约翰的作品中被简要提及。④ 在首都君士坦丁堡,587年和598年阿瓦尔人的两次入侵以及601年的饥荒,引发了反对莫里斯统治的骚乱。⑤ 然而,依据这有限的信息却难以构建一幅完整的莫里斯时期国内政治和社会情况的画面。莫里斯统治时期被知名拜占庭学者奥斯特洛格尔斯基和卡梅伦等学者认定为从晚期罗马帝国向中世纪拜占庭帝国转型的重要时期,⑥但是究竟是如何转型的等细节信息仍是不清晰的。

---

① Theophylact Simocatta, *History*, I.11.1~2,12.8~11.
② Michael the Syrian, *Chronicle of the Michael the Syrian* (1166~1199), X.23; X.21, p.359.
③ Evagrios Scholastikos, *Ecclesiastical History*, vi.8, pp.227.1~228.10.
④ John of Nikiu, *The Chronicle of John, Bishop of Nikiu*, 97.1~33.
⑤ Theophylact Simocatta, *History*. ii.17.5; vii.15.4~6; viii.4.11~5.4.
⑥ 〔南斯拉夫〕乔治·奥斯特洛格尔斯基著,陈志强译:《拜占廷帝国》,青海人民出版社,2006年,第58~59页;A. M. Cameron, "Images of Authority: Elites and Icons in Late Sixth-Century Byzantium", *Past and Present* 84(1979), pp.3~35.

## 第五节 莫里斯政权的垮台

由于当时的人们总是希望将一系列离奇的现象与莫里斯政权的垮台联系起来,以表明自己的预言或判断的准确性,所以就有很多说法浮出水面,比如色雷斯诞生出举世无双的天才人物、一名僧侣手持利剑冲进君士坦丁堡的人群、尼罗河出现了大怪物以及鳄鱼吃掉了围观的人群等。① 到了 7 世纪初,在君士坦丁堡和其他许多地方,莫里斯的统治越来越不受民众欢迎。602 年 2 月,首都君士坦丁堡发生了民众暴乱,直接原因是饥荒,追根溯源与埃及的暴乱存在密切联系。② 这次首都的暴乱似乎更考验莫里斯的权威,事后他在高官贵胄的压力下不得不惩处暴乱分子,但是这并非出于他的本意,因为他深知这样做并不能消解民众的不满情绪。这从另一方面也说明莫里斯此时的权威或多或少已经被削弱了。加拉大西卡恩修道院的塞奥多利这样评价莫里斯的去世:"他终于得到了上帝的惩罚,他的统治是如此的糟糕,尤其是他近来所做的事更是差劲至极。"③莫里斯的王室家族内部也矛盾重重。601 年的复活节,莫里斯与皇后君士坦蒂娜爆发了激烈的争吵;602 年,莫里斯和姐夫菲利普科斯(时任禁军统领)也出现了很大分歧。602 年 1 月 11 日,莫里斯最信任的幕僚多米提安去世,在那些觊觎多米提安职位的人之间爆发了激烈的冲突。④ 更为严重的是,巴尔干半岛的军队内部出现了不满情绪,由于莫里斯拒绝为被俘士兵支付赎金,而且支持在士兵中不受欢迎的科蒙提奥鲁斯,当科蒙提奥鲁斯命令部队在冬天越过多瑙河驻扎北方时,酝酿已久的军事叛乱终于爆发。⑤

---

① Theophylact Simocatta, *History*, vi. 11.1, vii. 12. 11;16.1~9; Grorgius Monachus, *Chronicon*, pp. 657~658.

② Theophylact Simocatta,*History*, viii. 4. 11 - 5.4; John of Nikiu, *Chronicle*, 97.7; Theophanes Confessor, *The Chronicle of Theophanes Confessor*, *Byzantine and Near Eastern History AD* 284~813, 283.12~24.

③ Elizabeth Dawes and Norman H. Baynes, trans. ,*Three Byzantine Saints:Contemporary Biographies translated from the Greek*, p. 119.

④ Theophanes Confessor,*The Chronicle of Theophanes Confessor*, *Byzantine and Near Eastern History AD* 284~813,281.13~20;284.3~6;286.17~286.8.

⑤ Theophylact Simocatta,*History*,viii. 1. 9~10;4.8;6.2~10.

然而，这些事件并不必然说明人们对莫里斯政权存在普遍的反感和厌恶。在多瑙河军事叛乱刚开始的时候，士兵的诉求只是提高待遇，①但是这种不满情绪逐渐被某些充满野心的军事将领所利用。骚乱的士兵刚开始表现为犹豫不决，曾经有一段时间他们还决定遵照莫里斯的命令渡到多瑙河北岸。② 即使在士兵们的政变推翻了莫里斯的政权后，他们最初的设想仍是在王室家族中选出一位新皇帝，③杰曼努斯是他们认为适当的人选，但是绿党不支持杰曼努斯当政，军队只好退而求其次支持他们的领袖福卡斯为皇帝。④ 西摩卡塔据此认为拜占庭复杂的党派政治引来了诸多麻烦。⑤ 但是他的观点是有失公允的。当时绿党在尽力地利用莫里斯权威衰落的时机来给蓝党制造压力，如果此时杰曼努斯不那么热衷支持蓝党，那么他极有可能接替莫里斯的皇位；而如果蓝党不支持福卡斯，那么莫里斯本人及其家族成员在军事政变后或许能存活下来。⑥ 在福卡斯上台之际，蓝绿两党发挥过重要作用，因此两党逐渐形成了强大的实力，他们公开表示支持谁或反对谁。这一切政治上的发展始于莫里斯统治之初。当时党派获得了正规有序的发展，这至少在蓝绿两党借助首都民众游行示威向皇帝表达自己对某一问题的意见上可以一窥端倪。

莫里斯政权的垮台是迅速的，西摩卡塔对此事件的记载清晰且详尽，《复活节编年史》和塞奥发尼斯的《编年史》中与此相关的内容可与西摩卡塔《历史》相互印证。11月20日，莫里斯命令科蒙提奥鲁斯控制蓝绿两党，并且坚守塞奥多西城墙。第二天莫里斯指责杰曼努斯与叛乱者合谋，杰曼努斯先是藏身在圣母大教堂，后隐藏在圣索菲亚大教堂，而此时全城陷入了混乱。在经过22日一天的暴乱之后，莫里斯只好在夜间仓皇出逃。11月23日福卡斯在赫布顿蒙称帝，25日在全城民众的欢呼声中进入君士坦丁堡。27日福卡斯为皇后利奥提亚（Leontia）举行加冕仪式。在同一天，福卡斯的追兵在卡尔西顿的一处避难所杀死了莫里斯的儿子们。没过多久，莫里斯也被杀害，他的身体被扔进博斯普鲁斯海峡，头颅被陈列在赫布顿蒙军营展览。在莫里斯的姐姐歌迪亚帮助下，君士坦蒂娜皇后收集了丈夫和儿子们的遗物安放在圣玛玛斯修道院，但是却没有人去哀悼这位"过

---

① John of Nikiu, *The Chronicle of John, Bishop of Nikiu*, 102.10~11.
② Theophylact Simocatta, *History*, viii.6.7~8.
③ Theophylact Simocatta, *History*, viii.8.5.
④ Theophylact Simocatta, *History*, viii.9.13~10.5.
⑤ Theophylact Simocatta, History, viii.7.11.
⑥ Theophanes Confessor, *The Chronicle of Theophanes Confessor, Byzantine and Near Eastern History AD 284~813*, 287.12~16; Theophylact Simocatta, *History*, viii.9.15; 10.13.

于吝啬"的皇帝。然而莫里斯皇帝在帝国历史上还是有巨大功劳的,他在即位前就成功解决了与波斯的争端,后来又成功地在巴尔干半岛制定了新的应对"蛮族"入侵的策略。当人们将后来福卡斯的灾难式统治与莫里斯相比时,他们只能默默地回想莫里斯曾经所做出的巨大努力和贡献。正如西卡恩的塞奥多利告诫他的僧侣们所说的:"你们不要对莫里斯的下台过于兴奋,他的下台是短暂的,在他之后更坏的事情会发生,这不是我们这个时代所期望发生的。"①

---

① Elizabeth Dawes and Norman H. Baynes, trans., *Three Byzantine Saints: Contemporary Biographies translated from the Greek*, p.54,82,119.

# 第三章

## 西摩卡塔笔下的波斯战争

# 第一节 两国的地理边界与交往的历史背景

## 一、两国的地理边界

当572年萨珊波斯和拜占庭帝国再次爆发战端之时,双方互为邻居已经三个多世纪了,①除了在两大帝国之间经常处于流动状态的高加索游牧部落以外,双方的边界线有超过两个世纪没有丝毫的变动。这一边界线主要分为三个部分,分别是南部边界、中部边界和北部边界。每一部分边界地理条件不同,赋予双方不同的接触或冲突形式。

两国的南部边界是一片人迹罕至的沙漠地区,即叙利亚沙漠和阿拉伯沙漠。这里远离农业定居文明的控制和影响,分布着众多的阿拉伯游牧部落。两大帝国都在这一地区寻找各自的盟友,以确保他们在这一地区的利益不受损失。在这一时期,美索不达米亚和叙利亚地区被两个阿拉伯小王国所统治,他们是加萨尼德王国(the Ghassinides)和拉赫姆王国(the Lakhmids),前者以拜占庭帝国为后盾,后者则与波斯帝国结盟。② 阿拉伯人非常熟悉这里的沙漠地形,物资的供应和补给也较为有效,只有他们才知道何时何地以及多少人适合穿过沙漠。由此可见,拜占庭帝国和波斯帝国庞大和行动缓慢的军队若想利用阿拉伯人所开发的线路穿越沙漠也是颇为艰难的。当然,阿拉伯人行动的有效性存在着季节的差异,如果阿拉伯人沿着美索不达米亚线路展开军事行动,拜占庭人清楚地知道怎样制约阿拉

---

① 萨珊波斯(Sassanid Empire,224~651)是最后一个前伊斯兰时期的波斯帝国。阿尔达希尔一世(Ardashir)于224年建立萨珊王朝,定都泰西封。萨珊王朝取代了西亚及欧洲两大势力之一的安息帝国,与罗马帝国及后继的拜占庭帝国共存了400余年,领土囊括西亚、中亚甚至印度部分地区,此时期古波斯文化发展至巅峰状态,影响力遍及各地,对欧洲、西亚中世纪艺术的成形起着显著作用。

② 〔美〕希提著,马坚译:《阿拉伯通史》,商务印书馆,1979年,第86页。

伯人的行动。根据普罗柯比《战记》的记载,贝利撒留预测到春分之后波斯－阿拉伯联军的侵袭行动不会超过两个月,因为两个月之后恰逢阿拉伯人重要的宗教节日,加上届时幼发拉底河水泛滥,他们的行动将会缓慢而艰难。① 在这一地区,拜占庭和波斯的交往主要局限在幼发拉底河一线,尽管从这一线向南进入富庶的塞硫西亚和泰西封、向北进入安条克都十分便利,但是由于地理条件的限制,双方都意识到在这一带采取军事行动的极端危险性,因此彼此都小心从事,避免冲突。根据普罗柯比所记载的卡利尼库斯战役(Callinicum),531 年春天,波斯国王卡瓦德一世(Kavade,498～531)听取拉赫姆国王孟迪尔四世(al-Mundhir IV,527～554)的意见,不进攻美索不达米亚那些驻守重兵、防卫巩固的城市,而是渡过幼发拉底河深入叙利亚。在这次军事行动中,波斯军队之所以能在拜占庭帝国领土展开快速有效的突袭,得益于阿拉伯盟友对当地地理情况的熟悉。② 因此两大帝国在这一地区组织军事行动若想取得成功,与阿拉伯人合作是非常必要的。6 世纪,波斯军队在科斯罗伊斯一世率领下得以成功利用幼发拉底河取得了两次军事上的成功,这都与阿拉伯人的合作密不可分。第一次是 540 年由拉赫姆国王孟迪尔四世率领的波斯－拉赫姆盟军,他们的实力明显优于迦萨尼德国王哈里斯率领下的拜占庭－加萨尼德盟军。第二次是 573 年拜占庭的盟友迦萨尼德的孟迪尔王子率领军队决定退出战争。然而,对于进攻的一方还面临一个重大的风险,即很难找到撤退的路线,当他们进入对方的领土时就发现已经陷入被孤立的危险。542 年贝利撒留将军驻扎在卡利尼库斯战役波斯－阿拉伯联军撤退的路线上,佯装进攻,实为撤退,以此骗取波斯军队放弃了对巴勒斯坦的进攻。③ 363 年朱利安皇帝和 581 年莫里斯率领军队沿着幼发拉底河进攻泰西封之时,都发现撤退之路变得异常艰难。④

　　两大帝国的中部边界即上美索不达米亚地区,其南部是杰别尔·辛亚尔(Jebel Sinjar),北部是陶鲁斯山。拜占庭和波斯在这里分享着一条明确的边界线,它们之间没有附属小国或沙漠地带作为缓冲。6 世纪两国间的重要战役大部分都是在上美索不达米亚地区进行的。在这条边境线两侧,

---

① Procopius, *History of the Wars*, ii. 16. 18.
② Procopius, *History of the Wars*, i. 17. 25.
③ Procopius, *History of the Wars*, ii. 21.
④ 色诺芬在《远征记》的第一章和第二章中都记载了波斯属地小亚细亚长官小居鲁士(Cyrus the Younger)率领希腊雇佣军沿着幼发拉底河进攻波斯帝国腹地所遭遇的种种困难。与之相反,阿拉伯部族沿着相同的地理线路行军却轻车熟路,例如 527 年和 529 年拉赫姆国王孟迪尔四世沿着这一线路进攻安条克。

双方都部署着大批的军队,且修建了防卫坚固的要塞,极易发生军事对抗。① 拜占庭帝国的达拉要塞相距波斯帝国的尼斯比斯要塞仅 11 罗马里,②而从波斯要塞阿克巴斯(Akbas)能清楚地窥探玛尔提罗波利斯(Martyropolis)附近拜占庭军队的行动。③ 然而,由于双方在边境线两侧都有重兵布防,防御工事也异常坚固,双方都不敢轻举妄动。④ 在这一地区,一旦发生战争,则战术的经常表现形式是围攻,当围攻不奏效的时候,再发起局部的小规模军事行动。

双方的边境线将图尔·阿布丁高原(Tur Abdin)划分为两部分,拜占庭帝国在整个 6 世纪控制着这个高原的绝大部分。美索不达米亚平原几乎没有道路通往这片高原,这一地区也被普罗柯比描述为"完全不适合马车或马匹经过,对于一个身体健壮的人来说,从达拉城向东穿过这一地区至少需要两天的时间"。⑤ 拜占庭帝国在图尔·阿布丁高原最重要的两个要塞是哈布丁(Rhabdion)和玛尔丁(Mardin)。在高原的南端,陡峭的悬崖林立,对波斯帝国的军事行动构成天然的屏障;而在较为肥沃的高原内部,农村和修道院在此生生不息。⑥ 高原的南部毗邻美索不达米亚平原,这里水源充足、物产丰富,历来是人口稠密、经济发达的地区,很多重要的城市都坐落于此。在这里,军事行动的线路和时机的选择取决于水资源的获得,能否控制水资源成为影响军事行动成败的重要因素之一。⑦ 在春季的时候,牧草和水资源都较为丰富,是开展军事行动的好季节;而在夏季,河流干涸,草场干枯,不宜用兵。美索不达米亚平原上有两片区域水资源最充足,它们是埃德萨的西部地区,即肥沃的西鹿(Serug)地区和位于尼斯比斯和底格里斯河之间的贝斯·阿拉贝耶地区(Beth Arabaye)。拜占庭和波斯帝国对这两个人口稠密和富庶的地区的争夺比对那些干旱的地区要晚一些,但却要更激烈。图尔·阿布丁高原的北部毗邻分布着底格里斯河及其支流组成的平原,它四面环山,其北面和东面的山更险峻。拜占庭和波斯帝国在这一区域的分界线是沿南北走向的贝特曼河(Batman),西侧为拜占庭控制的索发尼(Sophanene),东侧为波斯控制的阿扎尼尼。进入这

---

① Procopius, *History of the Wars*, i. 17. 25.
② 罗马里:古罗马的长度单位,1 罗马里合 1490 公尺,即 1.49 千米。
③ Evagrios Scholastikos, *Ecclesiastical History*, vi. 15, p. 233. 19~22.
④ 关于拜占庭帝国在这一地区的防御要塞,详见普罗柯比《建筑》的第二章;关于波斯帝国在此地区的防御要塞,详见普罗柯比《战记》的第二章。
⑤ Procopius, *De Aedificiis*, ii. 4. 1.
⑥ G. L. Bell, *The Churches and Monasteries of the Tur Abdin*, pp. 31~35.
⑦ Procopius, *De Aedificiis*, ii. 2~3; Theophylact Simocatta, *History*, ii. 1. 5~6.

一地区最便捷的线路必须穿越陶鲁斯山和图尔·阿布丁高原,而陶鲁斯山和图尔·阿布丁高原的重要关隘均被拜占庭军队所控制,它们分别是位于陶鲁斯山的伊利西斯(Illyrisis)和萨非加(Saphcae)关隘,以及位于图尔·阿布丁高原的西法斯(Ciphas)关隘。① 在这一区域开展军事行动的主要障碍是河流,底格里斯河及其支流除了在洪水涨溢季节不能通过,其他时候都是可以涉水而过的。在阿扎尼尼地区,洪水从3月一直持续到6月末,而贝特曼河洪水泛滥持续的时间则更长。从波斯的阿扎尼尼向东和向西均为拜占庭帝国的领土,向东和向北则分别被哈卡里山脉(Hakkari)和陶鲁斯山脉包围着。波斯帝国与这一地区的交流要么经过位于陶鲁斯山的波萨美尼亚(Persarmenia),穿过凡湖(Lake Van)和比特里斯(Bitlis)关隘;要么选择一条较为艰难的线路,即从波斯帝国东南方向穿过哈卡里山脉,576年波斯国王科斯罗伊斯一世撤退选择的就是这条路线。② 因此阿扎尼尼是整个波斯前线最为脆弱的地区,同时它也是沟通波斯境内美索不达米亚和波萨美尼亚之间联系的一个关键地区。③

两大帝国的北部边界是亚美尼亚高地,这里自古就是罗马-拜占庭帝国和东方联系的咽喉要道,具有重要的战略地位和经济意义,一直是两国爆发冲突的热点地区。西萨里宗(Citharizon)和塞奥多西波里斯(Theodosiopolis)是拜占庭帝国在亚美尼亚高地的要塞,它们保护通往帝国腹地交通线路的安全,并作为统治中心管辖着当地众多的部落或民族,这些部落可以在拜占庭属亚美尼亚和波斯属阿塞拜疆之间起到重要的缓冲作用。尤其重要的是从塞奥多西波里斯要塞出发向东北方向行进,即刻便能进入塔扎尼部落(Tzani)的领地。④ 这一部落与拜占庭帝国的关系友好,它保护拜占庭帝国与拉兹卡和次高加索地区之间的联系畅通,而且塔扎尼部落对于阻止波斯人的势力进入黑海地区起着重要作用。

两大帝国都希望控制高加索山脉的关隘,目的是防止或转移从草原游牧部落而来的侵袭。在这一地区,拜占庭人和波斯人都争相拉拢这些独立

---

① Procopius, *De Aedificiis*, iii. 3.3~5.
② John of Ephesus, *The Third Part of the Ecclesiastical History of John, bishop of Ephesus*, vi.9.
③ Michael Whitby, *The Emperor Maurice and His Historian*, Clarendon Press. Oxford, 1988, p205.
④ 普罗柯比在《战记》中提到,塔扎尼部落居住在陶鲁斯山区,该地也是法希斯河的发源地,这条河贯穿拉齐卡(古称科尔奇斯河)。可是他在《战记》第八卷里又提到,塔扎尼人生活的山区有一条波斯河,流经拉齐卡注入黑海。这可能是由于普罗柯比混淆了法希斯河和波阿斯河,他误认为二者是一条河。《战记》和《建筑》中均提到了塔扎尼人的生活习俗,由于土地贫瘠、生活贫穷,他们经常抢劫海边的罗马人和亚美尼亚人,但查士丁尼给他们建起了教堂,使他们信仰基督教,使他们加快融入文明的步伐并成为拜占庭军队中作战勇敢的士兵。参见 Procopius, *History of the Wars*, Book 1, Xv, p.135; Book 8, ii. pp.63~65; Procopius, *De Aedificiis*, iv.2~8.

的部落:一方面拜占庭人除了运用政治和军事手段,还深感自身有义务向这些部落传播基督教信仰,因此拜占庭人自认为保护这些新近的皈依者免受波斯帝国的侵犯亦成为其道义上的责任;① 另一方面波斯人不愿意看到这些部落成为拜占庭帝国的附属国,因为这样会对阿塞拜疆和伊朗高原的安全构成威胁。为了平衡拜占庭人与这些部落之间的宗教联系纽带,波斯人竭力在这些部落中培养民族共同体的思想,并加强与当地部落贵族的利益联系。两大帝国在亚美尼亚高地的军事行动极少能直接影响帝国腹地,但是却对他们各自的部落盟友构成不小的压力。不过冬天的严寒和高山的阻隔使得这些部落还能保持一点独立性,不受战事的影响太深。亚美尼亚保持着自身不同于罗马人的神学和政治传统,但是它在政治上对拜占庭帝国却是无比忠诚。② 根据曼南德尔的记载,拜占庭人注意到波斯人直到 8 月末还未能抵达亚美尼亚与其交战。虽然波斯人很早就已经开始备战了,他们的军队也通常驻扎在离前线不远的地方,但是由于沿途的关卡、洪水和泥泞的道路阻隔,他们的行动一再延缓。③ 在战争时节由于物资的短缺以及地理和政治上的复杂因素,两大帝国对这一地区的控制都不十分有效,当地一小股机动的军事力量就能成功地阻止这两个帝国对整个亚美尼亚地区的控制。由于在亚美尼亚作战的复杂性,军队的机动灵活在作战过程中就显得尤为重要,它经常成为决定战争胜负的关键因素。这或许能解释为什么在亚美尼亚的军事行动中机动灵活的军队往往能取得出其不意的胜利,比如 576 年科斯罗伊斯一世在亚美尼亚作战中比拜占庭军队技高一筹,577 年塔姆查斯罗率领的波斯军队由于熟悉地形比拜占庭军队行动更加便利,而 7 世纪 20 年代伊拉克略率领的军队在这一地区的行动又比波斯军队技高一筹。

## 二、两国交往的历史背景

### 1. 两国交往的历史述论

萨珊波斯和罗马 – 拜占庭帝国的关系大致可以划分为三个主要的阶段。

---

① Procopius, *De Aedificiis*, iii. 6.7;7.6 ~ 7.
② Menander Protector, *The History of Menander the Guardsman*, 20.2.60 ~ 4.
③ Menander Protector, *The History of Menander the Guardsman*, 18.6.21.

第一阶段从 3 世纪前期至 363 年即拜占庭皇帝朱利安（Julian，361~363）战死波斯战场的那一年。这一阶段的主要特征是萨珊波斯秉持激进的民族主义立场，大举对外扩张，意图恢复阿契美尼德（Achaemenid）王朝时期的统治疆界。波斯国王阿尔达希尔一世（Ardashir，224~240）与罗马人的第一次接触就拒绝了对方以底格里斯河为两国边界的谈判要求，他声称控制整个亚洲是祖先遗留下来的权利，曾经辉煌的阿契美尼德王朝的国土必须完全得到收复。阿尔达希尔没有被罗马皇帝塞维鲁（Alexander Severus，208~235）所推行的强硬外交政策所吓倒，他坚持声称双方的争端只能通过武力解决，而不是谈判，即便是谈判，谈判的前提也必须是罗马人首先归还原本属于波斯人的土地。① 波斯帝国激进的民族主义立场在沙普尔一世（Shapur I，243~273）统治期间得以延续，这在一处描写沙普尔一世一生丰功伟绩、名为"功业录"（Res Gestae）的碑文中尽得体现。碑文记载沙普尔连续打败了多位罗马皇帝，征服了罗马帝国东部省份的大部分土地，同时碑文也暗示萨珊波斯通过大规模的扩张已经实现了先前阿契美尼德王朝的光荣。著名的那克希·鲁斯塔姆（Naqshi-Rustam）浮雕的铭文中将沙普尔一世征服的步伐夸耀为"从安条克到整个叙利亚，然后越过叙利亚进入塔苏斯、西里西亚，越过西里西亚进入凯撒利亚和卡帕多西亚，甚至远到希腊"。② 到 3 世纪后期，萨珊波斯皇帝奈尔塞（Narses，293~302）为了追寻其祖先沙普尔的荣耀，疯狂进攻罗马帝国属地。直到 4 世纪中期，沙普尔二世（Shapur II，309~379）在写给拜占庭皇帝君士坦提乌斯（Constantius，337~361）的信中还提到他有权力继承祖先遗留下来的领土"遗产"，其范围延伸至斯特蒙（Strymon）和马其顿，甚至包括君士坦丁堡。与他在信中的强硬主张相比，之后，在现实中他非常谦恭地向拜占庭皇帝提出将亚美尼亚和美索不达米亚归还波斯的请求。③ 这一态度的转变实际上反映了波斯统治者在这一时期基于现实的考虑对外政策变得更为温和，不像以前那样咄咄逼人。

罗马人面对波斯帝国咄咄逼人的扩张，最初的反应是迟缓的，他们坚信自身的实力优于波斯人，坚信他们作为亚历山大大帝的继承人能够继续征服这一片亚洲土地。作为对阿尔达希尔一世要求的回应，塞维鲁皇帝对

---

① Herodian, *History of the Roman Empire since the Death of Marcus Aurelius*, vi. 2.2~5;4.5.
② M. L. Chaumont, "Conquetes sassanides at propaganda mazdeenne", *Historia* 22(1973), pp. 664~710.
③ Ammianus Marcellinus, *The Roman History of Ammianus Marcellinus, During the Reighs of Emperor's Constantius, Julian, Jovianus, valentinianm and valens*, Xv. 5.3~8.

波斯人侵犯帝国领土的举动不屑一顾,他断言波斯人会为他们鲁莽的行动付出代价。① 对于罗马皇帝来说,阿尔达希尔仅仅是一个麻烦制造者,他的入侵行动只会引起罗马军队内部的叛乱。此后由于沙普尔一世的军事行动取得了多次成功,罗马人的信心有些削弱。到了4世纪前期,波斯帝国在沙普尔二世统治下实力有所削弱,相比之下这一时期罗马帝国的实力更为强大。314年,亚美尼亚皈依基督教。320年,沙普尔二世的兄弟霍尔米兹德在君士坦丁堡的宫廷避难,②沙普尔二世为了与罗马帝国签订条约,向罗马皇帝派出了谈判使节,并呈送了许多礼物。罗马人的傲慢充分表现在君士坦丁大帝写给沙普尔二世的信上,他向对方详细阐述了基督教对于联合波斯国内各派力量的巨大好处,而不顾波斯帝国本身并不信仰基督教这一事实,显然君士坦丁大帝希望沙普尔二世能够改宗基督教。③ 君士坦丁大帝于337年5月去世,此时拜占庭帝国与波斯帝国的战火重燃,东部前线两大帝国的战略平衡被再次打破。此后的二十余年,拜占庭帝国的东部要塞面临着来自波斯军队的巨大压力,不过在350年,拜占庭军队还是在辛格拉(Singara)战役中取得了胜利。这一时期著名的学者忒弥修斯仍将波斯帝国看作无足轻重的小国,将波斯帝国和拜占庭帝国比喻为"一叶扁舟和一艘强大的三列战舰"。④ 萨珊波斯和罗马-拜占庭帝国在这一时期的关系特征是各自对对方的傲慢与无知。⑤

两国关系的第二个阶段是从363年至500年,在此期间双方的冲突较为稀少。384年拜占庭皇帝塞奥多西一世(Theodosius I,379~395)和波斯国王沙普尔三世(Shapur III,383~388)在亚美尼亚问题上达成一致,即将亚美尼亚分区而治。这意味着在很大程度上降低了双方爆发冲突的概率。在此后的一个多世纪里,双方只出现过两次较小的危机。一次是421年,拜占庭帝国接收从波斯帝国附属的阿拉伯部落逃出来的基督徒难民,波斯人得知此消息后大为愤怒。另一次是在440年,波斯国王雅兹加德二世(Yazdgard II,439~457)利用塞奥多西二世(Theososius II,408~450)正专注于应对非洲的汪达尔人和巴尔干半岛匈奴人的威胁之际,在东部地区制

---

① Herodian, *History of the Roman Empire since the Death of Marcus Aurelius*, vi. 2. 4.

② Zosimos, *The History of Count Zosimus, Sometime Advocate and Chancellor of the Roman Empire*, ii. 27.

③ Eusebius of Caesarea, *The ecclesiastical history*, . iv. 9~13.

④ Themistius, *Orations*, i. 12. 忒弥修斯(Themistius, 317~387),拜占庭帝国初期著名的政治家、哲学家和修辞学者。作为一名异教徒,他于355年被授予元老头衔,384年担任君士坦丁堡市政长官。他对亚里士多德作品的注释颇具价值,其修辞学代表作主要是《演说术》。

⑤ Michael Whitby, *The Emperor Maurice and His Historian*, p. 211.

造事端，在领土问题上逼迫拜占庭人让步。然而，双方的冲突并非常态。整个 5 世纪，两大帝国之间的外交接触较为频繁，双方在出现矛盾的时候往往首先想到的是外交谈判和磋商，两国之间共存、并立和合作的关系逐渐取代了对立和冲突。这从拜占庭人在丢失尼斯比斯城这一事件的态度上可略见一斑。拜占庭人最初觉得丢失尼斯比斯城非常屈辱，到后来也转而认为丢失一个城池是对波斯人让步的必要步骤；而波斯人在占领尼斯比斯城之后，也表现为出人意料的谦逊和人道。在曼南德尔的作品中记载了大量两国间外交使节往来和谈判的内容。① 忒弥修斯记载了 364 年卓维安皇帝（Jovian, 363 ~ 364）对与波斯帝国达成的和平协议深感满意，卓维安认为对波斯人所做出的让步是为维持和平所必需的手段。② 塞奥多利特的作品中也表达了同样的意思："由于卓维安皇帝的敬虔和平与波斯人的慷慨仁慈，罗马人正试图通过种种努力来改善朱利安时期错误政策所导致的双方受损的关系。"③在这一阶段，拜占庭帝国和波斯帝国在其各自的北部边界也都面临着麻烦，它们不得不分出一部分力量来应对来自北部边界的威胁。拜占庭人需要遏制巴尔干半岛上的匈奴人和哥特人的入侵，而白匈奴人也给波斯人制造了不少麻烦，波斯人在由呼罗珊总督卑路斯领导下向白匈奴人挑起的战争中失败后不得不支付岁贡。双方在应对"蛮族"部落威胁方面有着共同的利益，促使他们决定摒弃前嫌，展开合作。他们都将对方视为人类优秀的文明，在保护自身的文明不受"蛮族"威胁方面双方有责任互相帮助。在普罗柯比《战记》和阿嘎塞阿斯《历史》中都记载了这样一个事件：408 年，拜占庭皇帝阿尔卡迪乌斯（Arcadius, 395 ~ 408）请求波斯国王雅兹加德一世作为其幼主塞奥多西二世的监护人。这反映了两国之间较为稳定的信任关系。④

双方在 422 年达成了一个重要协议，各自废除以前与阿拉伯部落的联盟关系，这在一定程度上消弭了两国冲突的一个重要诱因；协议还规定拜占庭人同意在波斯人的军费支出方面提供帮助，包括向波斯帝国里海驻军提供经济援助等内容；两国甚至还同意如果对方有需求便可以向其提供军事援助。⑤ 两国曾于 363 年开始共同在高加索山口所谓的"卡斯皮亚门"（Caspian Gate）一带布置防务。不久之后，拜占庭军队从此地区撤离，与波

---

① Menander Protector, *The History of Menander the Guardsman*, 6.1; 9.1 ~ 3; 18.6.1 ~ 8.
② Themistius, *Orations*, v.69.
③ Theodoret, *Ecclesiastical History*, *Dialogues*, *Letters of Theodoret*, iv.2.
④ Procopius, *History of the Wars*, i.2.1 ~ 10; Agathias, *The Histories*, iv.26.4 ~ 7.
⑤ Malchus, ed. and tr. Blockley, *Historians*, 1.4 ~ 7; Joshua the Stylite, *Chronicle*, 18.2.

波斯人侵犯帝国领土的举动不屑一顾,他断言波斯人会为他们鲁莽的行动付出代价。① 对于罗马皇帝来说,阿尔达希尔仅仅是一个麻烦制造者,他的入侵行动只会引起罗马军队内部的叛乱。此后由于沙普尔一世的军事行动取得了多次成功,罗马人的信心有些削弱。到了 4 世纪前期,波斯帝国在沙普尔二世统治下实力有所削弱,相比之下这一时期罗马帝国的实力更为强大。314 年,亚美尼亚皈依基督教。320 年,沙普尔二世的兄弟霍尔米兹德在君士坦丁堡的宫廷避难,②沙普尔二世为了与罗马帝国签订条约,向罗马皇帝派出了谈判使节,并呈送了许多礼物。罗马人的傲慢充分表现在君士坦丁大帝写给沙普尔二世的信上,他向对方详细阐述了基督教对于联合波斯国内各派力量的巨大好处,而不顾波斯帝国本身并不信仰基督教这一事实,显然君士坦丁大帝希望沙普尔二世能够改宗基督教。③ 君士坦丁大帝于 337 年 5 月去世,此时拜占庭帝国与波斯帝国的战火重燃,东部前线两大帝国的战略平衡被再次打破。此后的二十余年,拜占庭帝国的东部要塞面临着来自波斯军队的巨大压力,不过在 350 年,拜占庭军队还是在辛格拉(Singara)战役中取得了胜利。这一时期著名的学者忒弥修斯仍将波斯帝国看作无足轻重的小国,将波斯帝国和拜占庭帝国比喻为"一叶扁舟和一艘强大的三列战舰"。④ 萨珊波斯和罗马-拜占庭帝国在这一时期的关系特征是各自对对方的傲慢与无知。⑤

两国关系的第二个阶段是从 363 年至 500 年,在此期间双方的冲突较为稀少。384 年拜占庭皇帝塞奥多西一世(Theodosius I,379~395)和波斯国王沙普尔三世(Shapur III,383~388)在亚美尼亚问题上达成一致,即将亚美尼亚分区而治。这意味着在很大程度上降低了双方爆发冲突的概率。在此后的一个多世纪里,双方只出现过两次较小的危机。一次是 421 年,拜占庭帝国接收从波斯帝国附属的阿拉伯部落逃出来的基督徒难民,波斯人得知此消息后大为愤怒。另一次是在 440 年,波斯国王雅兹加德二世(Yazdgard II,439~457)利用塞奥多西二世(Theososius II, 408~450)正专注于应对非洲的汪达尔人和巴尔干半岛匈奴人的威胁之际,在东部地区制

---

① Herodian, *History of the Roman Empire since the Death of Marcus Aurelius*, vi. 2. 4.

② Zosimos, *The History of Count Zosimus, Sometime Advocate and Chancellor of the Roman Empire*, ii. 27.

③ Eusebius of Caesarea, *The ecclesiastical history*, . iv. 9~13.

④ Themistius, *Orations*, i. 12. 忒弥修斯(Themistius, 317~387),拜占庭帝国初期著名的政治家、哲学家和修辞学者。作为一名异教徒,他于 355 年被授予元老头衔,384 年担任君士坦丁堡市政长官。他对亚里士多德作品的注释颇具价值,其修辞学代表作主要是《演说术》。

⑤ Michael Whitby, *The Emperor Maurice and His Historian*, p. 211.

造事端,在领土问题上逼迫拜占庭人让步。然而,双方的冲突并非常态。整个 5 世纪,两大帝国之间的外交接触较为频繁,双方在出现矛盾的时候往往首先想到的是外交谈判和磋商,两国之间共存、并立和合作的关系逐渐取代了对立和冲突。这从拜占庭人在丢失尼斯比斯城这一事件的态度上可略见一斑。拜占庭人最初觉得丢失尼斯比斯城非常屈辱,到后来也转而认为丢失一个城池是对波斯人让步的必要步骤;而波斯人在占领尼斯比斯城之后,也表现为出人意料的谦逊和人道。在曼南德尔的作品中记载了大量两国间外交使节往来和谈判的内容。① 忒弥修斯记载了 364 年卓维安皇帝(Jovian,363~364)对与波斯帝国达成的和平协议深感满意,卓维安认为对波斯人所做出的让步是为维持和平所必需的手段。② 塞奥多利特的作品中也表达了同样的意思:"由于卓维安皇帝的敬虔和平与波斯人的慷慨仁慈,罗马人正试图通过种种努力来改善朱利安时期错误政策所导致的双方受损的关系。"③在这一阶段,拜占庭帝国和波斯帝国在其各自的北部边界也都面临着麻烦,它们不得不分出一部分力量来应对来自北部边界的威胁。拜占庭人需要遏制巴尔干半岛上的匈奴人和哥特人的入侵,而白匈奴人也给波斯人制造了不少麻烦,波斯人在由呼罗珊总督卑路斯领导下向白匈奴人挑起的战争中失败后不得不支付岁贡。双方在应对"蛮族"部落威胁方面有着共同的利益,促使他们决定摒弃前嫌,展开合作。他们都将对方视为人类优秀的文明,在保护自身的文明不受"蛮族"威胁方面双方有责任互相帮助。在普罗柯比《战记》和阿嘎塞阿斯《历史》中都记载了这样一个事件:408 年,拜占庭皇帝阿尔卡迪乌斯(Arcadius,395~408)请求波斯国王雅兹加德一世作为其幼主塞奥多西二世的监护人。这反映了两国之间较为稳定的信任关系。④

双方在 422 年达成了一个重要协议,各自废除以前与阿拉伯部落的联盟关系,这在一定程度上消弭了两国冲突的一个重要诱因;协议还规定拜占庭人同意在波斯人的军费支出方面提供帮助,包括向波斯帝国里海驻军提供经济援助等内容;两国甚至还同意如果对方有需求便可以向其提供军事援助。⑤ 两国曾于 363 年开始共同在高加索山口所谓的"卡斯皮亚门"(Caspian Gate)一带布置防务。不久之后,拜占庭军队从此地区撤离,与波

---

① Menander Protector, *The History of Menander the Guardsman*, 6.1;9.1~3;18.6.1~8.
② Themistius, *Orations*, v.69.
③ Theodoret, *Ecclesiastical History*, *Dialogues*, *Letters of Theodoret*, iv.2.
④ Procopius, *History of the Wars*, i.2.1~10; Agathias, *The Histories*, iv.26.4~7.
⑤ Malchus, ed. and tr. Blockley, *Historians*, 1.4~7; Joshua the Stylite, *Chronicle*, 18.2.

斯人签订了上述422年的协议,同意每年向波斯缴纳一笔贡赋,以助波斯履行高加索地区的防务。但这一年贡问题成为后来两国多次爆发冲突的新的导火索。到6世纪初为止,双方已经树立了稳固的合作条约,在外交实践中以下这一原则得到充分地应用:查士丁一世希望波斯国王卡瓦德遵守两国订立的合约,不能允许其中任何一方被外部势力诸如匈奴人所控制;卡瓦德同意查士丁一世的建议,但是他从拜占庭皇帝那里得到了大量的金钱作为他履行合作的报偿。①

从6世纪初开始,拜占庭帝国和波斯帝国的关系进入第三阶段。尽管双方仍在很多场合使用表示两国和平关系的一些华丽的辞藻,但是双方所谓的友谊关系是徒有其表的,取而代之的是相互的猜疑和蠢蠢欲动的敌对行为。在5世纪双方的一些细小的分歧通常能够通过外交途径加以解决,但是到了6世纪某些细小的分歧往往容易升级为实际的军事行动。两国在共同的边界地区都小心谨慎地保护各自的利益和巩固他们的影响力,对两国关系影响深远的也门事件和高加索事件就是由于双方猜忌导致的。483年,波斯拒绝执行363年同卓维安达成的和平协议的条件,不肯归还拜占庭帝国设在两河流域的驻防要地尼斯比斯。拜占庭人则以此为借口拒付高加索地区的防务费,泽诺继续了这一政策。491年,波斯国王卡瓦德重新提出向拜占庭帝国索要防守高加索隘径的贡金,②遭到阿纳斯塔修斯一世的抵制。502年8月卡瓦德发动了战争,出乎拜占庭的意料,白匈奴人加入了波斯的作战行列。卡瓦德的入侵行动开启了两国冲突时代的序幕。虽然从波斯的立场来看,双方友谊关系的基石已经由于拜占庭帝国拒绝向波斯帝国支付防守高加索隘径的贡金而受到损害,③但是拜占庭人在5世纪80年代以前一直在断断续续地向波斯人提供贡金。直到拜占庭人发现波斯人在地收取尼斯比斯城的税收后(罗马皇帝卓维安统治时期,两国协议波斯不得收取尼斯比斯的税收),他们拒绝再向波斯人支付防守高加索的年贡。502年卡瓦达的军事行动取得了胜利,波斯军队侵占了塞奥多西城、玛尔提罗波利斯和阿米达,这反映由于两国关系长时期保持和平,

---

① John Malalas, *Chronographia*, 415;449~450. 卡瓦德国王要求拜占庭皇帝支付金钱是双方友谊与合作的象征,它建立在平等基础上,而不是战胜国对战败国强行索取的贡金。

② 游牧部族由高加索南下有两条大路:其一是里海关,即德尔班特;另一条是阿兰关,即达利尔峡(Dariel Gorge)。孙培良:《萨珊朝伊朗》,西南师范大学出版社,1995年,第116页。

③ Joshua the Stylite, *Chronicle*, 18.

拜占庭帝国在这些地区的防务较为空虚。① 比如在埃德萨,波斯人的入侵就要来临,当地的军队才仓促准备维修城墙;城门极不牢固,他们只好在城门处堆砌石块作为阻挡波斯人进攻的障碍物;由于缺铁,修缮城防的过程一度中断,最后他们不得不征用当地民众家里的铁器。再如贝特纳城(Batna)被一小股波斯骑兵攻破,也是因为城墙的年久失修。②

在最初波斯人取得一系列的成功之后,505年,因有游牧部族自达利尔隘路径南侵,卡瓦德转赴高加索御敌;阿纳斯塔休斯皇帝的将军们也展开了一系列的军事行动稳定了国家的局面。双方缔结了一项为期七年的停战协定,拜占庭付出黄金一千索里德,波斯方面放弃了阿米达城和其他已征服的领土。此后波斯人再次将关注的重点放在东北边境。阿纳斯塔休斯皇帝则在达拉城大规模兴建防御工事,并且修缮一些重要的军事设施。他还修缮和加强了阿米达和埃德萨的城防,扩大了塞奥多西波里斯的城堡。贝特纳城的地方长官尤洛吉乌斯(Eulogius)修缮了毁坏严重的城墙。同样紧急的巩固城防措施在其他城市或防御要塞地区也在有条不紊地进行。达拉城与尼斯比斯毗邻,卡瓦德反对拜占庭人在达拉城加强防务的行动,因为这威胁到尼斯比斯的安全,而且也违反了双方在5世纪签订的"禁止兴建防御工事"的协议。波斯人虽然心存不满,但是在休战协议约定的七年时间内他们并没有展开军事行动。到了515年,匈奴人中的萨比尔族(Sabir Huns)越过高加索山脉,进攻亚美尼亚和卡帕多西亚,对这两个地区造成了巨大的破坏。阿纳斯塔修斯皇帝不得不在这两个受损严重的地区修建防御工事。③

527年,卡瓦德对拜占庭帝国展开第二次军事行动。6世纪初以来,波斯人对拜占庭人的心态一直在合作和猜疑之间徘徊。波斯国内围绕选立嗣君问题,祆教僧侣和大贵族间存在严重分歧:祆教僧侣支持卡瓦德的长子卡乌斯;而卡瓦德则有意传位于其幼子科斯罗伊斯,但又怕拥护卡乌斯一派的人起而反对科斯罗伊斯从而对萨珊王室和国家造成无可挽救的伤害。因此卡瓦德致书查士丁一世,提议两国议和,终止对抗,并请查士丁接受科斯罗伊斯为养子,在道义上支持其继位,抵制其他人对王位的要求。4世纪末,雅兹加德一世曾受拜占庭皇帝阿尔卡迪乌斯之托,承认为其幼子

---

① L. M. Whitby, "Procopius and the Development of Roman Defences in Upper Mesopotamia," in H. Kennedy and P. Freeman, *The Defence of the Roman and Byzantine East*, Cambridge, 1986, pp. 725 ~ 726.

② Joshua the Stylite, *Chronicle*, 52; 63.

③ John Malalas, *The Chronicle of John Malalas*, 406. 15 ~ 18.

塞奥多西的保护人,虽未用父子的名义,但的确仍不失为可以援引的先例。查士丁一世听从参事官普洛克路斯(Proclus)的意见,认为若承认科斯罗伊斯为养子,拜占庭的帝位日后势必由他继承,于是回答卡瓦德:"收科斯罗伊斯为养子,不能立契约,而必须采取欧洲蛮族的方式,即给予武器和甲胄。"①这是卡瓦德所不能接受的。到议和时,双方各派大员在两国交界处谈判。谈判中意见颇有分歧,特别因为波斯代表提出拉兹卡王国(位于黑海东岸,早已是拜占庭帝国的属国)自古以来属于波斯、拜占庭人无理抢占其地,所以拜占庭方面极为愤怒。关于收科斯罗伊斯为养子问题,拜占庭大员重申必须采用对待一个"蛮族"的方式,波斯方面亦不能接受,谈判终于破裂。② 另一方面,卡瓦德也对拜占庭人在高加索地区扩充影响的行为充满警觉,他认为拜占庭势力的介入势必增加此地区的紧张局势。527年,查士丁一世拒绝收养科斯罗伊斯成为卡瓦德对拜占庭人展开军事行动的借口,这可以视为双方在6世纪的第二次战争的起始。此后查士丁尼继位,派贝利撒留为东方战区将军,实行在边界筑堡垒进逼敌境的策略。528年,贝利撒留以两万五千人在达拉城附近战胜四万波斯军。同时期,在亚美尼亚方面,拜占庭军也在有经验的将领统率之下以少胜多两次打败波斯军队。

双方在540年爆发的第三次战争则完全是波斯人猜疑的产物,是由于科斯罗伊斯一世担心查士丁尼征服西方的行动会使拜占庭帝国的实力增强,继而对波斯帝国取得压倒性的优势。普罗柯比在其作品中描述,当科斯罗伊斯一世得知拜占庭皇帝取得了这一系列大胜利后,"他和波斯人都大大懊悔当初不该同罗马人议和,因为他们知道罗马人的力量已经大大增长"。③ 事实上,科斯罗伊斯并不单纯向普罗柯比所说的那样嫉妒查士丁尼的成功,查士丁尼却准备扭转头来进侵波斯、东向扩张。他在征服西方的同时,也在加强拜占庭东方的防御。据普罗柯比《建筑》一书所记,他派工程专家修复和重建美索不达米亚奥斯洛恩(Osrhoene,埃德萨地区)以及北叙利亚各重要城市的防御工事。他尤其加强了对幼发拉底河以东的亚美尼亚的控制,废止当地人任总督的政策,改由拜占庭的执政官直接统治该地。④ 面对这种形势,科斯罗伊斯一世决定废弃合约,他利用附属于双

---

① 根据英国学者 R. 吉尔什曼在其作品《伊朗:从远古到伊斯兰征服》中的解释,大概用这种方式,就不负有什么重大的义务。(R. Ghirshman, iran: *From the Earliest Times to the islamic Conquest*, p. 355.)

② Procopius, *History of the Wars*, i. 2. 11.

③ Procopius, *History of the Wars*, i. 26. 2.

④ Procopius, *De Aedificiis*, ii. 2.

方的两个阿拉伯国家之间的摩擦,①对拜占庭帝国发动战争。于是战端重启,从540年春起,直到545年止。

在这三次战争的起初阶段,由于拜占庭人准备不足(比如502年和540年的战争)或组织不当(比如527年的战争),波斯人暂时取得了成功;但一旦拜占庭人从最初的惊慌中恢复过来,双方在战争中的态势就能趋于平衡,例如505年塞勒(Celer)和阿尔宾都斯(Areobindus)、531年蒙都斯(Mundus)和541年贝利撒留都扭转了战争的局面。如果有充分的准备时间,拜占庭帝国城市的防御通常能够抵御波斯人的进攻,比如531年玛尔提罗波利斯和544年的埃德萨。拜占庭人将波斯人看作带有机会主义的侵略者,其实拜占庭与波斯之间是"竞争式合作"关系。② 这种合作关系起始于拜占庭皇帝阿尔卡迪乌斯委托波斯国王雅兹加德一世作为塞奥多西二世的监护人。在反波斯人问题上,阿嘎塞阿斯比普罗柯比表现更甚,他批评阿尔卡迪乌斯不应该对波斯国王这般信任。③ 双方信任度的下降表现在双方签订的条约上。532年,拜占庭和萨珊波斯达成和平协定,从内容上看两国的信任关系犹存:双方将各自占有的拉兹卡和波塞美尼亚互相交换,拜占庭人同意向波斯人支付一万一千索里德作为在高加索山区修建防御工事的费用,拜占庭人甚至将位于达拉城的美索不达米亚军区总部移走,查士丁尼和科斯罗伊斯一世同意在对方有需要的时候向其提供人力或经济援助。④ 562年双方签订了一项为期五十年的和平条约,在曼南德尔的作品中对这项条约的内容有具体的记载。条约的具体内容反映双方存在较深的怀疑,信任关系不复存在:波斯人希望拜占庭人向其缴纳四十年或至少三十年的军事防御费用,但拜占庭人不情愿,最终双方达成一致,拜占庭每年向波斯缴纳三万索里德;规定了双方出现争议时的解决程序以及补偿方案;任何一方都不能在靠近边境的地方修建防御工事,任何一方不能进攻臣属于另一方的部落或国家;定居在波斯帝国境内基督徒的权利必

---

① 539年,两个阿拉伯小王朝——据有大马士革以南地区、称藩于拜占庭的迦萨尼德和据有希拉、称藩于萨珊波斯的拉赫姆为争夺一段名为斯特拉塔(Strata)的沙漠地带而发生纠纷。科斯罗伊斯指责拜占庭使者在调停时许拉赫姆国王孟迪尔四世以重金,引诱后者叛投拜占庭。科斯罗伊斯还声称他已经掌握了查士丁尼给白匈奴人的一封信,要他们入侵波斯。
② Procopius, *History of the Wars*, i.2.6~10; Agathias, *The Histories*, iv.26.4~7.
③ Agathias, *The Histories*, iv.2.5.
④ Procopius, *History of the Wars*, i.22; John Malalas, *The Chronicle of John Malalas*, pp.477~488.

须得到保障。①在条约中双方还一致认为在以下三种情况下怀疑和冲突会出现,即不受监管的阿拉伯人和商人的活动、不透明的"防御联盟"的建立以及在牺牲小国利益的基础上持续的扩张行为。在 6 世纪,拜占庭人认为是波斯人的进攻态势迫使他们不得不提升防御级别,在外交上寻求与小国的合作,共同建立反波斯人的联盟;而波斯人也基于相似的考虑,害怕自己一方落后于对方。但这就像是陷入了一种恶性循环,两个大国间的逐渐不信任都促使对方不断地提升防御级别,战争的规模也在逐渐扩大。当 572 年查士丁二世(Justin II,565～578)认为拜占庭人自身的实力已经优于波斯人之时,他们的进攻行动开始了。

**2.6 世纪拜占庭应对波斯的策略**

6 世纪拜占庭和波斯两国在外交利益上无法取得一致是导致双方出现紧张关系的一个主要因素。查士丁二世进攻波斯帝国是此前双方在涉及荷美拉特人、高加索部族、中亚突厥人和波斯境内亚美尼亚人等问题上的谈判失败所导致。在这四个问题上,只有亚美尼亚人叛乱能影响到两国边境地区,其他三个问题都表明两国外交触角的延伸范围之广以及由此所导致的国家关系之紧张。实际上,是两大帝国在其利益相关区域积极拓展势力范围的行为引起了对方的警觉,从而逐渐从政治、经济方面的较量发展为军事对抗。②

查士丁尼在其统治期间积极发展与邻近红海南部的埃塞俄比亚的阿克苏姆王国和也门的荷美拉特王国的关系,试图与这两国加强合作,以开

---

① Menander Protector, *The History of Menander the Guardsman*, 6.1. 根据曼南德尔《历史》的记载,和约的内容大致如下:(1)波斯军队撤出拉兹卡,放弃对这一地区的一切要求;(2)拜占庭每年付波斯金币三万索里德,最初七年一次付清,第八年要求一次付清三年,第十年后每年各付当年的款;(3)保证波斯的基督教徒奉行本教的充分自由,但不得收袄教徒改宗;(4)两国商人限在指定城市(达拉和尼斯比斯)进行贸易,经行路线须按规定,不得漏税;(5)两国使臣往来,必须利用公共驿站,其行装等项不予课税;(6)两国均不得在边境新筑设防城市,以免引起冲突,达拉仍为设防城市,但不能为拜占庭东方军事长官驻所,亦不得有大量驻军;(7)两国间有争执应由仲裁法庭解决;(8)两国的盟邦包括在和约之内,享有同样的权益和义务;(9)波斯单独守卫高加索中部诸隘道以抵御匈奴、阿兰等"蛮族"入侵拜占庭领土;(10)和约有效期为五十年。约翰·布瑞在《晚期罗马帝国史》中除了列举条款,还附带记录了和约签订的过程:"和约是由两国高级官员在边境上商讨的,当双方君主看了他们议定的条款并予签署后,两个使臣各自用本国文字起草和约,希腊文本译成波斯文,波斯文本译成希腊文,两种文本详细对照校勘。原本由使臣和通事盖印,波斯文本交拜占庭使臣,希腊文本交波斯使臣。其未盖印的副本,拜占庭使臣执希腊文本,波斯使臣执波斯文本。"这种古代正式外交程序在一般罗马或波斯史书上是很少记载的。(J. B. Bury, *History of the Later Roman Empire*, vol. 2, pp. 122～123.)

② Michael Whitby, *The Emperor Maurice and His Historian*, p. 215.

辟通往远东的商路,打破波斯人在丝绸贸易方面的垄断。根据普罗柯比《战记》的记载,拜占庭帝国与这两个国家有多次的外交往来。① 普罗柯比在《战记》中记载道:"当海列斯提埃伊乌斯统治着埃塞俄比亚人而埃西米发伊乌斯统治着荷美拉特王国的时候,皇帝查士丁尼要求这两个民族由于他们有共同的宗教而应当在反对波斯人的战争中同罗马人携起手来。他建议埃塞俄比亚人从印度购买丝织品而把它卖给罗马人,并且建议荷美拉特人组建一支大军入侵波斯人的领土。"② 由此可见,查士丁尼派遣使者是希望劝说这两个基督教兄弟来共同反对波斯人,但是即便两位国王答应了查士丁尼的要求,也不是那么容易做到的。埃塞俄比亚人不可能从印度人那里买到丝织品,因为波斯商人总是到印度船只最先停泊的那些港口来购买,并且通常总是把船上全部的货物买断。希望荷美拉特人穿越一片需要很多时日才能走完的沙漠然后再去攻打一个远比他们自己更为好战的民族,那同样也是一件困难的事情。然而,当时荷美拉特国王阿布拉姆斯(Abulamus)还是在玛德尼人(Maddene)的帮助下向波斯的国土进攻过一次,他们的军事行动最终失败了,波斯人也由此察觉到拜占庭帝国的战略意图。540 年,科斯罗伊斯一世意识到荷美拉特人是拜占庭帝国扩张、威胁波斯帝国利益的一个马前卒,他必须采取办法瓦解他们之间的联合。③ 565 年,机会终于到来了。波斯人支持了荷美拉特国内的一位王位觊觎者来反对亲拜占庭的统治者。军事政变成功后,由于这位波斯的代理人无法巩固自身的统治,科斯罗伊斯派遣一位波斯总督去接管这个国家的政权。④ 拜占庭人认为波斯人的此次成功是对拜占庭多年来经营的外交政策的一次成功突破,损害了拜占庭帝国在这一地区的核心利益。然而,这也促使继任的查士丁二世越发相信波斯人的扩张意图,越来越热衷于用战争的方式解决双方的矛盾。⑤

在高加索部族的问题上,拜占庭帝国和波斯帝国围绕拉兹卡问题发生

---

① 查士丁尼派遣朱利安率领使团于 530 年出使这两个国家。农诺索斯(Nonnosus)至少有一次出使过阿克苏姆王国,并且详细记载了自己的出使行程。从阿克苏姆王国派出的一位使节于 550 年抵达君士坦丁堡,开展一系列的外交活动。参见 Procopius, *History of the Wars*, i. 20. 9 ~ 13; J. Malalas, *The Chronicle of John Malalas*, 456. 24. Theophanes Confessor, *The Chronicle of Theophanes Confessor*, *Byzantine and Near Eastern History AD 284 ~ 813*, 244. 14; Photius, *Bibliotheca*, codices 1 ~ 165, cod. 3; John Malalas, *The Chronicle of John Malalas*, 477. 7 ~ 8.

② Procopius, *History of the Wars*, i. 21. 1 ~ 5.

③ Procopius, *History of the Wars*, ii. 3. 40 ~ 41.

④ John Malalas, *The Chronicle of John Malalas*, 480. 3 ~ 6.

⑤ C. Müller, ed., *Fragmenta Historicorum Graecorum*, vol. 3. 2; Theophanes Confessor, *The Chronicle of Theophanes Confessor*, *Byzantine and Near Eastern History AD 284 ~ 813*, 233. 11.

须得到保障。①在条约中双方还一致认为在以下三种情况下怀疑和冲突会出现,即不受监管的阿拉伯人和商人的活动、不透明的"防御联盟"的建立以及在牺牲小国利益的基础上持续的扩张行为。在 6 世纪,拜占庭人认为是波斯人的进攻态势迫使他们不得不提升防御级别,在外交上寻求与小国的合作,共同建立反波斯人的联盟;而波斯人也基于相似的考虑,害怕自己一方落后于对方。但这就像是陷入了一种恶性循环,两个大国间的逐渐不信任都促使对方不断地提升防御级别,战争的规模也在逐渐扩大。当 572 年查士丁二世(Justin II,565～578)认为拜占庭人自身的实力已经优于波斯人之时,他们的进攻行动开始了。

### 2.6 世纪拜占庭应对波斯的策略

6 世纪拜占庭和波斯两国在外交利益上无法取得一致是导致双方出现紧张关系的一个主要因素。查士丁二世进攻波斯帝国是此前双方在涉及荷美拉特人、高加索部族、中亚突厥人和波斯境内亚美尼亚人等问题上的谈判失败所导致。在这四个问题上,只有亚美尼亚人叛乱能影响到两国边境地区,其他三个问题都表明两国外交触角的延伸范围之广以及由此所导致的国家关系之紧张。实际上,是两大帝国在其利益相关区域积极拓展势力范围的行为引起了对方的警觉,从而逐渐从政治、经济方面的较量发展为军事对抗。②

查士丁尼在其统治期间积极发展与邻近红海南部的埃塞俄比亚的阿克苏姆王国和也门的荷美拉特王国的关系,试图与这两国加强合作,以开

---

① Menander Protector, *The History of Menander the Guardsman*, 6.1. 根据曼南德尔《历史》的记载,和约的内容大致如下:(1)波斯军队撤出拉兹卡,放弃对这一地区的一切要求;(2)拜占庭每年付波斯金币三万索里德,最初七年一次付清,第八年要求一次付清三年,第十年后每年各付当年的款;(3)保证波斯的基督教徒奉行本教的充分自由,但不得收袄教徒改宗;(4)两国商人限在指定城市(达拉和尼斯比斯)进行贸易,经行路线须按规定,不得漏税;(5)两国使臣往来,必须利用公共驿站,其行装等项不予课税;(6)两国均不得在边境新筑设防城市,以免引起冲突,达拉仍为设防城市,但不能为拜占庭东方军事长官驻所,亦不得有大量驻军;(7)两国间有争执应由仲裁法庭解决;(8)两国的盟邦包括在和约之内,享有同样的权益和义务;(9)波斯单独守卫高加索中部诸隘道以抵御匈奴、阿兰等"蛮族"入侵拜占庭领土;(10)和约有效期为五十年。约翰·布瑞在《晚期罗马帝国史》中除了列举条款,还附带记录了和约签订的过程:"和约是由两国高级官员在边境上商讨的,当双方君主看了他们议定的条款并予签署后,两个使臣各自用本国文字起草和约,希腊文本译成波斯文,波斯文本译成希腊文,两种文本详细对照校勘。原本由使臣和通事盖印,波斯文本交拜占庭使臣,希腊文本交波斯使臣。其未盖印的副本,拜占庭使臣执希腊文本,波斯使臣执波斯文本。"这种古代正式外交程序在一般罗马或波斯史书上是很少记载的。(J. B. Bury, *History of the Later Roman Empire*, vol. 2, pp. 122～123.)

② Michael Whitby, *The Emperor Maurice and His Historian*, p. 215.

辟通往远东的商路,打破波斯人在丝绸贸易方面的垄断。根据普罗柯比《战记》的记载,拜占庭帝国与这两个国家有多次的外交往来。① 普罗柯比在《战记》中记载道:"当海列斯提埃伊乌斯统治着埃塞俄比亚人而埃西米发伊乌斯统治着荷美拉特王国的时候,皇帝查士丁尼要求这两个民族由于他们有共同的宗教而应当在反对波斯人的战争中同罗马人携起手来。他建议埃塞俄比亚人从印度购买丝织品而把它卖给罗马人,并且建议荷美拉特人组建一支大军入侵波斯人的领土。"② 由此可见,查士丁尼派遣使者是希望劝说这两个基督教兄弟来共同反对波斯人,但是即便两位国王答应了查士丁尼的要求,也不是那么容易做到的。埃塞俄比亚人不可能从印度人那里买到丝织品,因为波斯商人总是到印度船只最先停泊的那些港口来购买,并且通常总是把船上全部的货物买断。希望荷美拉特人穿越一片需要很多时日才能走完的沙漠然后再去攻打一个远比他们自己更为好战的民族,那同样也是一件困难的事情。然而,当时荷美拉特国王阿布拉姆斯(Abulamus)还是在玛德尼人(Maddene)的帮助下向波斯的国土进攻过一次,他们的军事行动最终失败了,波斯人也由此察觉到拜占庭帝国的战略意图。540 年,科斯罗伊斯一世意识到荷美拉特人是拜占庭帝国扩张、威胁波斯帝国利益的一个马前卒,他必须采取办法瓦解他们之间的联合。③ 565 年,机会终于来了。波斯人支持了荷美拉特国内的一位王位觊觎者来反对亲拜占庭的统治者。军事政变成功后,由于这位波斯的代理人无法巩固自身的统治,科斯罗伊斯派遣一位波斯总督去接管这个国家的政权。④ 拜占庭人认为波斯人的此次成功是对拜占庭多年来经营的外交政策的一次成功突破,损害了拜占庭帝国在这一地区的核心利益。然而,这也促使继任的查士丁二世越发相信波斯人的扩张意图,越来越热衷于用战争的方式解决双方的矛盾。⑤

在高加索部族的问题上,拜占庭帝国和波斯帝国围绕拉兹卡问题发生

---

① 查士丁尼派遣朱利安率领使团于 530 年出使这两个国家。农诺索斯(Nonnosus)至少有一次出使过阿克苏姆王国,并且详细记载了自己的出使行程。从阿克苏姆王国派出的一位使节于 550 年抵达君士坦丁堡,开展一系列的外交活动。参见 Procopius, *History of the Wars*, i. 20. 9 ~ 13; J. Malalas, *The Chronicle of John Malalas*, 456. 24. Theophanes Confessor, *The Chronicle of Theophanes Confessor*, *Byzantine and Near Eastern History AD 284 ~ 813*, 244. 14; Photius, *Bibliotheca*, codices 1 ~ 165, cod. 3; John Malalas, *The Chronicle of John Malalas*, 477. 7 ~ 8.
② Procopius, *History of the Wars*, i. 21. 1 ~ 5.
③ Procopius, *History of the Wars*, ii. 3. 40 ~ 41.
④ John Malalas, *The Chronicle of John Malalas*, 480. 3 ~ 6.
⑤ C. Müller, ed., *Fragmenta Historicorum Graecorum*, vol. 3. 2; Theophanes Confessor, *The Chronicle of Theophanes Confessor*, *Byzantine and Near Eastern History AD 284 ~ 813*, 233. 11.

冲突。双方都希望与处于这个地区战略缓冲地带的拉兹卡王国结盟，以此来控制北方的游牧部落越过高加索山脉的路线，这样既阻止了游牧部落对本国的入侵，也可以将这些游牧部落引入到对方国家的领土。① 拜占庭人担心倘若波斯帝国得以成功控制拉兹卡王国将会导致波斯人不受威胁地建立起一支强大的黑海舰队，进而对君士坦丁堡的安全造成直接威胁。然而，波斯人也担心拜占庭人在高加索地区势力的渗透会导致阿塞拜疆（这里历来是波斯帝国的宗教中心）面临威胁，进而威胁到波塞美尼亚的安全，更为严重的是拜占庭人与高加索部族的接触会直接威胁到波斯帝国在里海边界地区的安全。尽管拜占庭人与高加索部落保持友好关系，并在5世纪50年代干预过拉兹卡的王位争夺，②但是直到5世纪末为止，拜占庭人一直满足于让波斯人承担防卫高加索部族侵袭的责任，并且为此向波斯帝国支付部分防卫费用。根据当时的文献记载，拜占庭人帮助波斯人在很多城市修建了铁门以防止游牧部落的侵袭。③515年萨比尔族匈奴人对拜占庭帝国的侵入表明拜占庭人此前的设想和安排是存在问题的，这促使他们在高加索地区采取自己的防御策略。与此同时，波斯帝国也致力于巩固和扩大他们在高加索部族中的影响，卡瓦德国王决定在信仰基督教的伊伯里亚王国（Iberians）和拉兹卡王国的居民中强行推广锁罗亚斯德教，迫使他们接受波斯人宗教的仪式。《战记》中这样描述这一仪式："在任何情况下都不要将他们的死者埋藏在地里，而是把所有的死者抛给鸟或狗吃。"④伊伯里亚和拉兹卡不可避免地向拜占庭帝国寻求帮助，拉兹卡国王在写给查士丁一世的信中如此请求："我希望您对待我们这边的基督徒像对待您自己国内的基督徒一样，这样我和我的国家将臣服于您伟大的罗马帝国的统治。"当卡瓦德抗议拜占庭帝国干涉波斯事务时，查士丁如此答复："我们没有从贵国剥夺任何附属国……但我也没有权利阻止一个人归回上帝的意愿……当他成为一个基督徒时，我们允许他回到自己的国家。"⑤

查士丁一世的声明对卡瓦德继续在拉兹卡推广锁罗亚斯德教影响甚微，但是拉兹卡国王访问君士坦丁堡且得到了高规格的接待，这表明拜占庭帝国已决定在这个地区发挥自己的影响。查士丁一世派遣一位使者带

---

① Procopius, *History of the Wars*, ii. 28. 22.
② Procopius, *History of the Wars*, i. 10. 9 ~ 15.
③ E. A. W. Budge ed. , and tr. , *The History of Alexander the Great*, Cambridge, 1989, pp. 153 ~ 158.
④ Procopius, *History of the Wars*, i. 12. 3 ~ 4.
⑤ John of Nikiu, *The Chronicle of John, Bishop of Nikiu*, 90. 35 ~ 41; John Malalas, *The Chronicle of John Malalas*, 412 ~ 413.

着大宗的款项前往博斯普鲁斯,他用这笔钱从匈奴人那里征集到一支军队,并把这支军队作为联盟者派到伊伯里亚人那里去,于是拜占庭帝国开始在拉兹卡和伊伯里亚的边境要塞驻军。① 自此以后,这两个小王国纳入拜占庭帝国的势力范围。在查士丁尼东征西讨的战争中拉兹卡人作为盟军在战场上表现卓越,545 年拜占庭和波斯帝国订立为期五年《美索不达米亚休战协定》,但不包括拉兹卡地区在内。在休战的第四年即 549 年,战火又在拉兹卡点燃。科斯罗伊斯一世首先决定对拉兹卡展开军事行动,以争夺在这一战略地区的利益。两国的战争持续多年,直到 562 年双方再次签订合约,其中最重要的内容是"波斯军队撤出拉兹卡,放弃对此地区的一切要求"。② 尽管拜占庭帝国在拉兹卡的统治有些混乱,但是拜占庭人最终还是在拉兹卡保持住了影响力,使得波斯人的势力退出了黑海。拜占庭帝国将所控制的拉兹卡和塔扎尼作为抵御东北部游牧民族入侵的缓冲地带。同时,波斯人保持住了对里海地区的控制,他们拒绝接受拜占庭人的主张,后者声称拉兹卡附近的苏阿尼亚地区必须纳入拜占庭帝国领属。③ 查士丁二世时期两国继续为苏阿尼亚的地位谈判,但是拜占庭人的主张最终也没有实现,因此查士丁二世对波斯帝国怨恨有加。④ 在哈扎尔人越过高加索山脉侵入波塞美尼亚和阿塞拜疆之后,波斯帝国在此地区建立了"边防使"(marzban)官署,并设置军队驻防,此举提升了其在高加索南部地区的影响力。波斯帝国的统治深刻地影响到波塞美尼亚,大量锁罗亚斯德教徒的到来使波塞美尼亚人深感不安,但是他们只能容忍异教徒在其土地上举行各种宗教仪式。

中亚的突厥人是在查士丁二世统治前期才进入拜占庭帝国外交政策视野的,但是它却很快成为引发两大帝国冲突的最重要因素,因为突厥人的存在能时刻威胁到波斯帝国脆弱的东北边界。波斯人心中仍清晰记得卑路斯一世(Peroz,459～484)兵败白匈奴以及向其进贡的屈辱历史,⑤这

---

① Procopius, *History of the Wars*, i. 12.6～19.
② Menander Protector, *The History of Menander the Guardsman*, 5.6～7.
③ Menander Protector, *The History of Menander the Guardsman*, 6.1.
④ Menander Protector, *The History of Menander the Guardsman*, 9.1～3.
⑤ 西方史学家最先提到白匈奴的是拜占庭的普罗柯比,他在《战记》第一卷第三章中这样描述白匈奴人:"白匈奴人在事实上和名称上都属于匈奴种,但并不与任何其他匈奴族杂居。他们的领土在波斯以北,他们的城叫作果尔干,坐落在波斯边境对面,因而经常是两个民族间边界争执的中心。他们肤色白皙,容貌不丑。他们的生活方式不像他们同种的亲族那样,他们不过那种野蛮的生活。" 483～484 年,波斯军队与白匈奴交战,波斯战败,卑路斯战死沙场,波斯不得不向白匈奴纳贡称臣。经此一战,白匈奴很快就强大起来。至 519 年(北魏神龟二年)时,它已是"南至牒罗,北尽敕勒,东被于阗,西及波斯,四十余国皆来朝贺"(《洛阳伽蓝记》卷五)的大国了。

使得他们对拜占庭人在此地区的行为充满疑虑和警惕。562 年波斯帝国与拜占庭帝国订立合约之后,科斯罗伊斯一世致力于巩固东方边疆。大约在 557 年,科斯罗伊斯与勃兴的突厥人联盟,夹击白匈奴。此后波斯-突厥联军大胜,平分了白匈奴国土,白匈奴政权于 558 年倾覆。但波斯和突厥的友好关系并未维持很久,白匈奴政权的不复存在使波斯人与处于快速扩张中的突厥人直接接触,缺少了缓冲地带。567 年,突厥使臣抵达君士坦丁堡,建议拜占庭与突厥联盟夹击共同的敌人波斯和巴尔干的阿瓦尔人。突厥汗王的意图除进攻波斯外,一方面是为了向拜占庭帝国出售丝绸,另一方面也是为了追捕那些逃亡的阿瓦尔人。① 查士丁二世随即于 568 年初派遣使臣泽马尔克(Zemarque)随突厥使者至突厥王宫报聘并订约。之后两国间虽频有使节往返,但突厥和拜占庭夹击波斯仍未成事实。571 年,突厥使臣再至拜占庭,敦促查士丁二世废止查士丁尼所订五十年和约,出兵攻打共同的敌人。此时恰值亚美尼亚人民反抗波斯,向拜占庭求援,这使查士丁二世下了进攻波斯的决心。② 波斯人对拜占庭和突厥的密切接触深感担忧:"突厥汗王违背了不接待罗马使节的诺言,科斯罗伊斯假装对突厥汗王的背叛行为漠不关心,但是他之后对此事件又评论道:'我不希望突厥汗王接待罗马使节,我惊恐于他与罗马皇帝建立的友谊关系,我对他们之间发生的任何一切都毫无兴趣,现在我该做的是保卫我的东部要塞和城市……'"③拜占庭帝国和波斯帝国的外交使节在很多场合都爆发过激烈的矛盾,或在突厥汗王的宫廷里,或在突厥进攻波斯帝国的过程中,波斯使节发现拜占庭使节也参与其中感到非常愤慨。④ 波斯人得知拜占庭人与突厥人间建立外交关系后极为不满,试图在拜占庭使节从突厥返回路途中对他进行伏击。阿兰人此时也背叛了波斯人,⑤拜占庭人意识到波斯人粗暴地干涉自己的外交政策,这更促使查士丁二世接受突厥汗王的建议,即双方密切合作从东、西两个方向来进攻波斯帝国。⑥

---

① Menander Protector, *The History of Menander the Guardsman*, 10.1.
② 孙培良:《萨珊朝伊朗》,中华书局,1963 年,第 147 页。
③ Menander Protector, *The History of Menander the Guardsman*, 10.1.
④ John of Ephesus, *The Third Part of the Ecclesiastical History of John, bishop of Ephesus*, vi. 23; Menander Protector, *The History of Menander the Guardsman*, 10.3.64~89.
⑤ C. Müller, ed., *Fragmenta Historicorum Graecorum*, vol.4,2; Menander Protector, *The History of Menander the Guardsman*, 10.5.
⑥ Menander Protector, *The History of Menander the Guardsman*, 13.5.

## 第二节　查士丁二世和提比略一世时期双方战争进程分析

### 一、两国重启战端

西摩卡塔在记载波斯叛军首领瓦哈姆(Vahram)反抗霍尔米兹德四世的叛乱过程中,突然笔锋一转开始记述拜占庭与波斯的十年战争,①他认为插入这一段历史记载是为了增加叙事的完整性。② 这一插入的段落扰乱了对瓦哈姆叛乱记载的连续性,③其主要目的在于告诉读者追溯过去战争的历史是多么重要,因为西摩卡塔认为这对理解当下的事件具有重要的启发意义。④ 这一插入段落主要由十节组成,⑤其中两节记载战前演讲,⑥一节记载在一个作者虚构的战场上拜占庭军队胜利的情景,⑦一节用于分析两国新任统治者提比略和霍尔米兹德的性格特征和治国方略,⑧剩余几节的大部分都在描写瓦哈姆的事迹和波斯帝国的官僚体制,对军事事务的记载章节甚少。由此可见,西摩卡塔所记的军事事务较为简略,我们必须

---

① 589年,即霍尔米兹德统治的第十一年,波斯处于四面受敌的境地,突厥军队以三十万兵力进攻波斯,拜占庭皇帝以八万军队从叙利亚方面进攻,霍尔米兹德紧急指派瓦哈姆迎击突厥,双方激战,瓦哈姆大胜,国王赞许瓦哈姆,赐给他战利品。在此以后,霍尔米兹德重新发动拉兹卡战争,又派瓦哈姆率军入侵柯尔契斯,先是小获胜利,不久拜占庭方面集结兵力拒敌,双方爆发遭遇战,瓦哈姆大败。这一次军事上的失利本来无关大局,但在波斯内部却引起政治上的变局。霍尔米兹德得到瓦哈姆的败讯,派使者前往军营将瓦哈姆免职,并送给他一个纺线杆和一套妇女衣服,以示羞辱。于是瓦哈姆盛怒之下揭起叛旗,各地群起响应。
② Theophylact Simocatta, *History*, iii. 9. 2.
③ Theophylact Simocatta, *History*, iii. 8. 10~12; iii. 18. 13~iv. 1. 9.
④ Theophylact Simocatta, *History*, iii. 9. 1.
⑤ Theophylact Simocatta, *History*, iii. 9. 1~18. 1.
⑥ Theophylact Simocatta, *History*, iii. 11, 13.
⑦ Theophylact Simocatta, *History*, iii. 14.
⑧ Theophylact Simocatta, *History*, iii. 16.

运用其他文献资料对《历史》所记内容进行补充、校订和拓展。

572年,查士丁二世利用波斯帝国国力虚弱的有利时机对其发动了战争。查士丁二世一向认为帝国所继承下来的罗马遗产光荣伟大,对任何冒犯帝国尊严的行为极为敏感。他希望对外呈现出一种光辉的国家形象,这样就足以威慑外邦异族,于是他着手构建这一形象来应对阿拉伯人、阿瓦尔人和波斯人的挑战。① 例如查士丁二世在发行的货币上着力构建帝国光辉的形象,用宏伟的雕塑将君士坦丁堡装饰一新,这都反映出他对帝国昔日光辉的迷恋。② 依据双方562年签署的和约,查士丁二世必须于569年向波斯帝国支付九万索里德,③但是他非常不愿意继续向波斯帝国支付这笔巨款,认为这样做有损帝国的尊严,而且一旦给波斯人缴纳贡金,则其他"蛮族"更会肆无忌惮地入侵帝国领土,要挟拜占庭人支付贡金。根据曼南德尔的记载,当时阿瓦尔人和阿拉伯人也向拜占庭发出威胁,要求其纳贡,被查士丁二世断然拒绝。④ 维护帝国的利益是查士丁二世拒绝再向波斯人支付贡金的主要原因,然而当时还有另外两个因素促使查士丁二世下定决心与波斯人公然决裂。第一个因素是突厥汗王向查士丁二世再派使臣,敦促查士丁二世废除与波斯所订立的562年和约,出兵攻打共同的敌人。⑤ 这份倡议信是571年突厥使节在陪同拜占庭使节泽玛库斯返回君士坦丁堡后向查士丁二世提交的,突厥汗王使泽玛库斯在回国途中路经波斯领土时被冒充的波斯人袭击,从而使拜占庭人卷入对抗波斯人的阵营中。⑥ 第二个因素是亚美尼亚人起义。约在564年,科斯罗伊斯一世任命苏凉家族的一员为亚美尼亚总督,此人在当地推行祆教,杀了一个不肯改宗祆教的当地最有影响的贵族,这一事件引起亚美尼亚人的暴动。根据埃瓦格留斯的记载,亚美尼亚人已经在安条克主教格里高利任期的第一年(570年)与查士丁二世展开了秘密谈判,查士丁二世答应给他们提供援助。⑦ 571年,查士丁二世可能派遣了一位名叫查士丁尼的贵族前往亚美尼亚观察事态。当查士丁尼还在塞奥多西城的时候,波斯驻亚美尼亚总督

---

① Menander Protector, *The History of Menander the Guardsman*, 9.1;12.5;16.1.
② A. M. Cameron, "The Artistic Patronage of Justin ii", *Byzantion* 50(1980), pp.62~84.
③ 根据562年双方签署的和约,拜占庭每年付波斯金币三万索里德,最初七年一次付清,第八年要求一次付清三年贡金,第十年后每年各付当年的款,因此569年拜占庭必须一次付清三年即九万索里德的贡金。
④ Menander Protector, *The History of Menander the Guardsman*, 8;9.1;12.6.
⑤ Menander Protector, *The History of Menander the Guardsman*, 13.5.
⑥ Menander Protector, *The History of Menander the Guardsman*, 10.3.64~73.
⑦ Evagrios Scholastikos, *Ecclesiastical History*, v.7, p.203.14~15.

苏凉及其扈从被杀死。① 正是这次谋杀点燃了起义之火,起义的时间是572年2月,在此之前亚美尼亚国王逃往拜占庭帝国。② 与此同时,科斯罗伊斯一世得知了亚美尼亚总督苏凉遇害的消息。

根据史料记载,波斯人不愿与拜占庭人爆发战争,在随后两军交战的战场上,科斯罗伊斯一世在他的军队前方展示两国签署的和平条约,这似乎意在表明波斯人对战争的爆发不承担任何责任。③ 为了避免战争,科斯罗伊斯一世派去一名基督徒塞布哈特作为使者,想劝说查士丁二世不要挑起战端,不要进攻波斯境内的那些基督徒兄弟。④ 这是科斯罗伊斯使用的一项巧妙的外交策略,因为亚美尼亚事件的主要根源是宗教信仰问题。科斯罗伊斯一世受到祆教僧侣的鼓动试图在整个帝国境内推行单一宗教,而亚美尼亚是信仰基督教人口较多的地区,波斯国王的这一政策立即遭到了当地基督徒的反对,而且这也违反了拜占庭与波斯两国此前签署的和约。⑤ 塞布哈特出使拜占庭的主要意图在于向查士丁二世表明基督徒在波斯帝国享有平等的地位,不存在迫害基督徒的事情。根据以弗所的约翰的记载,塞布哈特向查士丁二世解释了亚美尼亚事件的由来:"外界对亚美尼亚人遭受迫害的传闻源于亚美尼亚人在向外界提供信息时夸大了他们遭受苦难的程度。显然亚美尼亚人强烈地反对波斯中央政府在自己的土地上修建祆祠,但是这些寺庙实际上是用来安置移民,而不是像传闻中所说的作为强迫当地基督徒改变信仰的一种手段。何况我们的国王多年来致力于在他的基督教臣民中形成一种英明君主的形象,他不会推行这样一种粗暴的宗教统一政策。"⑥然而查士丁二世没有心思听塞布哈特的解释,他有两个挑起战争的理由:其一,自571年以来,波斯人粗暴干涉拜占庭与突厥的交好,拜占庭使节泽玛库斯返回君士坦丁堡途中遭到波斯人杀害;⑦其二,波斯人还于570年干涉阿拉伯半岛上荷美莱特人的内政,波斯人支持赫姆拉特国内的一位王位觊觎者发动军事政变推翻了亲拜占庭的

---

① John of Ephesus, *The Third Part of the Ecclesiastical History of John*, bishop of Ephesus, ii. 20.
② 根据以弗所的约翰的记载,亚美尼亚人向查士丁二世请求援助分为不同的阶段:在570年之前双方都是秘密接触;等到571年波斯总督被杀害之后,亚美尼亚人便开始公开逃往拜占庭。(John of Ephesus, *The Third Part of the Ecclesiastical History of John*, bishop of Ephesus, vi. 11.)
③ John of Ephesus, *The Third Part of the Ecclesiastical History of John*, bishop of Ephesus, vi. 21.
④ Menander Protector, *The History of Menander the Guardsman*, 16. 1.
⑤ 根据562年两国签署的和平协议第三条的规定,波斯统治者须保证境内的基督徒拥有奉行本教的充分自由。
⑥ John of Ephesus, *The Third Part of the Ecclesiastical History of John*, bishop of Ephesus, vi. 18~20.
⑦ Menander Protector, *The History of Menander the Guardsman*, 10. 5.

国王的统治,然后派遣了一位总督去接管政权,这极大损害了拜占庭的利益。塞布哈特还催促查士丁二世支付接下来三年的贡金以维护两国的和平关系,但遭到了查士丁二世的当面回绝。①

  现存有关文献没有显示查士丁二世挑起战争的意图所在,但观察之后拜占庭军队的一步步军事行动,恢复对达拉城的主权似乎是查士丁二世最重要的目标。然而拜占庭人还有一些别的考虑。首先,他们认为自己有一种宗教责任来保护亚美尼亚基督徒免受波斯异教徒的迫害,同时他们认为自身也有责任为那些从亚美尼亚逃亡的国王提供帮助。所以当拜占庭与波斯于578年签署和平协定时,拜占庭人同意波斯帝国控制亚美尼亚领土,但是却坚持声称亚美尼亚人有迁徙或定居在拜占庭帝国境内的权利。② 其次,拜占庭人认为为确保两国和平所支付的贡金存在问题,不仅是金额过高,而且这种方式本身既不公平也不可靠。③ 最后,拜占庭人也有某种程度上的领土目标,他们希望通过进攻波斯而获得领土收益。此时,两国继续围绕苏阿尼亚的归属问题展开谈判,查士丁二世由于波斯人拒绝向其交出高加索地区的苏阿尼亚而十分苦恼,④不过亚美尼亚人的起义恰好给了拜占庭人一个在此地区扩张领土的机会。然而拜占庭帝国此时主要的领土目标仍是在上美索不达米亚地区,他们希望恢复对尼斯比斯的控制以及进一步征服阿扎尼尼。恢复对尼斯比斯的控制似乎是查士丁二世的个人目标,他一再声称对这座城市的法律主权,他特别派遣表亲马尔西安率军围攻尼斯比斯。⑤ 但在丢失达拉城之后,尼斯比斯成为拜占庭人难以征服的目标。同时,占领阿扎尼尼也是拜占庭人在战场上所追求的目标之一,他们有时确实还能控制阿扎尼尼几处关键的要塞。

  西摩卡塔在《历史》中对战端挑起的分析是合理的,他认为拜占庭人应为挑起战端承担主要的责任。不过,埃庇发尼亚的约翰却认为双方都有责任,双方的行为都在不断地为对方累积怨恨。西摩卡塔没有解释查士丁二世发动战争的原因及其所要达到的目标,在他看来,"查士丁二世挑衅波斯人的行为是愚蠢的,他接下来的疯狂行为会得到应有的报应"。⑥ 但假如西摩卡塔细心研究查士丁二世与突厥人的外交往来以及亚美尼亚问题

---

① Michael Whitby, *The Emperor Maurice and His Historian*, p. 220.
② Menander Protector, *The History of Menander the Guardsman*, 20.2.41~56.
③ Menander Protector, *The History of Menander the Guardsman*, 20.2.16~23; John of Ephesus, *The Third Part of the Ecclesiastical History of John, bishop of Ephesus*, vi. 12.
④ Menander Protector, *The History of Menander the Guardsman*, 9.2~3.
⑤ C. Müller, ed., *Fragmenta Historicorum Graecorum*, vol. 3.4.2~5.
⑥ Theophylact Simocatta, *History*, iii.9.8.

的历史渊源,或许就会改变他的观点。4~6世纪,由于有了朱利安皇帝不幸的前车之鉴,①之后的拜占庭皇帝们都竭力避免在东部地区与波斯帝国爆发战争。但是,查士丁二世却没有合理评估国力,而是一味地强调伟大光辉的帝国形象。他过高地估计了突厥人进攻和亚美尼亚人起义这两个因素对波斯帝国所造成的影响,更为重要的是他没有考虑重启波斯战争对帝国在巴尔干半岛和西部地区的权威将会造成多大影响。查士丁二世关于拜占庭帝国伟大尊严的观念,以及他对发动战争利益和风险的评估,使得他倾向于通过发动战争来达到帝国的目标。但是正如日后的历史进程所表明的那样,当这种实际并非那么强大的国家形象呈现给阿瓦尔人、波斯人和其他邻邦面前之时,战争经常是一触即发的,而战争进一步使拜占庭帝国的实力逐渐下滑。

## 二、572~573年的战争态势

早在569年,查士丁二世就确定了"进攻是最好的防御方式"这一基本战略,因此他没有等待科斯罗伊斯一世对塞布哈特带回的信息做出反应就开始采取行动了。② 查士丁二世立即任命他的表亲马尔西安为东部军队总司令,命令他做好进攻波斯的一切准备。马尔西安于572年夏到达美索不达米亚,大约在秋季,他命令塞奥多利将军率领三千名士兵成功侵入阿扎尼尼,命令塞尔吉乌斯(Sergius)率军进入图尔·阿布丁地区,命令朱文提鲁斯(Juventinus)率军进攻柯尔契斯。③ 查士丁二世曾经参与过维护和重建东部地区防务的工作,④并且马尔西安作为司令官却花费了大量时间和精力用于军队的招募、组织和后勤补给工作。埃瓦格留斯认为这是导致拜占庭军队初战告负的原因之一。⑤ 对阿扎尼尼小规模的军事行动是由马尔西安组织实施的,由于士兵数量有限,且后勤保障难以一时到位,无法立即展开大规模军事行动,这次对阿扎尼尼的侵入行动是马尔西安在572

---

① 363年,"背教者"朱利安皇帝在远征波斯的进攻战中,被狂热的基督徒从背后刺杀暗害,他的逝去也标志着恢复异教的努力宣告结束,基督教的胜利是不可避免的。参见陈志强:《拜占廷帝国史》,商务印书馆,2003年,第75页。
② Menander Protector, *The History of Menander the Guardsman*, 16.1.26~28.
③ C. Müller, ed., *Fragmenta Historicorum Graecorum*, vol.3.5.2.
④ Menander Protector, *The History of Menander the Guardsman*, 9.1.16~21.
⑤ Evagrios Scholastikos, *Ecclesiastical History*, v.8, p.203.28~33.

年组织的唯一一次军事进攻行动。马尔西安不准备在 573 年春天之前对敌发起大规模的进攻,这一进攻的延后给了波斯人充足的时间做好防御工作。根据米哈伊尔《编年史》的记载,波斯总督用妙计欺骗马尔西安将进攻时间推迟四个月,而在此期间这位波斯总督实行了组织后勤补给、在城外砍伐树木、驱逐基督教徒等措施。① 这四个月时间正好处于拜占庭军队 572 年秋进攻阿扎尼尼和 573 年春进军萨迦农(Sargathon)之间。与此同时,在亚美尼亚,尽管拜占庭人烧毁了一座被波斯人当作仓库的教堂使得自己不再受亚美尼亚人的欢迎,但是当地的反叛势力仍然在拜占庭的帮助下从波斯人手里重新夺回了达文城(Dwin)。② 在高加索部落当中,柯尔契斯人、拉兹卡人、伊伯里亚人和阿兰人支持亚美尼亚及其"盟主"拜占庭帝国,塞比尔匈奴人支持波斯帝国。③

573 年初,马尔西安率军进攻尼斯比斯,在尼斯比斯西边八罗里④处的萨迦农打败了波斯军队。正是由于这次胜利,君士坦丁堡竖立起查士丁二世和索菲亚皇后的黄金雕像以示庆祝。⑤ 在此之后,马尔西安率军围攻尼斯比斯东南方向三十罗里处的塞伯农要塞(Thebothon)。他试图切断尼斯比斯与周围的联系来孤立这座重要的城池,但是这一努力最终却没有成功。在围攻塞伯农十天后,他决定放弃这项计划,于 573 年 4 月 8 日复活节回到达拉城。在几天短暂的休整之后,马尔西安得到查士丁二世要求他继续进攻尼斯比斯的紧急命令,于是在复活节后的那个周日,马尔西安率军围攻尼斯比斯。⑥ 这次围攻是短暂的,埃瓦格留斯记载:"这次围攻几乎没有什么效果,波斯守军都无须关上城门便可以抵挡马尔西安的军队。"⑦ 但埃瓦格留斯的记载很有可能是为了支持"查士丁二世军事准备不充分"的观点而故意夸大了马尔西安的受挫程度。然而若根据以弗所的约翰的记载,马尔西安对尼斯比斯采取了强有力的进攻行动,离成功仅有一步之遥,⑧恰在此时,马尔西安被解职,而科斯罗伊斯一世率领的波斯援军及时赶到,使拜占庭军队围攻尼斯比斯以失败告终。关于接下来的事态发展,埃庇发尼亚的约翰、西摩卡塔和埃瓦格留斯的记载都比较混乱,因为他们

---

① Michael the Syrian, *Chronicle of the Michael the Syrian* (1166~1199), X.8, p.307.
② Sebeos, *Armenia Chronicle*, ch.1.
③ Theophylact Simocatta, *History*, iii.10.4.
④ 罗里:古罗马长度单位,1 罗里合 1.49 千米。
⑤ Theophylact Simocatta, *History*, iii.10.6.
⑥ C. Müller, ed., *Fragmenta Historicorum Graecorum*,, vol.3.6.8.
⑦ Evagrios Scholastikos, *Ecclesiastical History*, v.8, p.204.2~4.
⑧ John of Ephesus, *The Third Part of the Ecclesiastical History of John*, bishop of Ephesus, vi.2.

都没有解决好发生在尼斯比斯、安条克和君士坦丁堡若干重要事件的年代问题,也没有考虑到将信息从前线报告到君士坦丁堡所需时间问题。① 埃庇发尼亚的约翰与西摩卡塔都记载了拜占庭军队从尼斯比斯进攻未果撤退后波斯将领阿达马汗(Adarmahan)进攻叙利亚的历史事件。② 西摩卡塔还提到了阿达马汗的成功是查士丁二世决定撤销马尔西安职务的原因,他认为马尔西安被解职是因为他在应对阿达马汗的进攻中表现不力。但是埃瓦格留斯却认为马尔西安被解职的原因是他进攻塞伯农和尼斯比斯两次行动没有成功。埃瓦格留斯将阿达马汗在叙利亚的军事行动与科斯罗伊斯一世封锁达拉城的拜占庭军队联系起来,③将这两个事件都记述在马尔西安被解职之后。他认为马尔西安被解职是由于在他攻城艰难之际,查士丁二世得到了尼斯比斯主教对马尔西安不利言论的报告,这份报告是通过安条克主教格里高利转交给查士丁二世的。④ 这种观点是不合理的,因为在围攻尼斯比斯的过程中,任何所谓的"报告"都是无法从城内送到君士坦丁堡的。如果埃瓦格留斯的观点正确,那只有一种可能,就是当马尔西安进攻塞伯农失败之时,查士丁二世就有了换帅的意图,后来马尔西安在尼斯比斯久攻不下更是加大了查士丁二世的决心。⑤

与此同时,拜占庭人对科斯罗伊斯一世的行踪全然不知,他们被谣言误导以为这位波斯君主已经死了或病入膏肓了,⑥但实际上科斯罗伊斯一世正率军从阿姆巴(Ambar)和西尔缪姆快速进军幼发拉底河地区,在那里他命令阿达马汗率领一支军队进攻叙利亚,而波斯军队则继续沿着哈伯尔河行进,准备从南面奇袭正在围攻尼斯比斯的拜占庭军队。阿达马汗对叙利亚奥沦特斯山谷(Orontes)许多富庶城市的进攻是科斯罗伊斯军事计划的一部分,这牵制了拜占庭军队的力量,使波斯人得以专心进攻尼斯比斯附近的拜占庭军队以及得以施行围攻达拉城的计划,而奥沦特斯山谷的城市防御力量较为薄弱,无力抵挡阿达马汗的进攻。⑦ 科斯罗伊斯的快速进攻行动也得到了迦萨尼德王国的有力配合。在孟迪尔四世领导下的迦萨

---

① 从前线到君士坦丁堡有一千罗里,传递一项重要信息至少需要花费十天时间,平均需要十五天到十七天。(W. M. Ramsay, 'The Speed of the Roman imperial Post', *Journal of Roman Studies* 15, 1925, pp. 60~74.)

② C. Müller, ed., *Fragmenta Historicorum Graecorum*, vol. 4. 1. 3; Theophylact Simocatta, *History*, iii. 10. 8~11. 2.

③ Evagrios Scholastikos, *Ecclesiastical History*, v. 9, p. 206. 3~5.

④ Evagrios Scholastikos, *Ecclesiastical History*, v. 9, pp. 204. 29~205. 8.

⑤ Michael Whitby, *The Emperor Maurice and His Historian*, p. 223.

⑥ Evagrios Scholastikos, *Ecclesiastical History*, v. 9, p. 204. 20~22.

⑦ John of Ephesus, *The Third Part of the Ecclesiastical History of John*, bishop of Ephesus, vi. 6

尼德军队本应承担护卫拜占庭帝国南部疆界的责任，但是此时孟迪尔四世却率领军队在波斯人面前撤退了。孟迪尔四世在此前要求查士丁二世增加防务费，但遭到了拜占庭人的断然回绝，一气之下孟迪尔四世接受了科斯罗伊斯的贿赂，允许波斯军队安全地通过。总之，在尼斯比斯城外的拜占庭军队没有接到任何关于波斯军队临近的消息，当大敌出现在他们面前的时候，恰逢主帅被解职，这足以使军心产生动摇。这支军队之后甚至都没有统帅，因为我们不清楚阿卡西乌斯·阿切劳斯（Acacius Archelaus）被派往前线是接掌帅印还是宣布消息，或查士丁二世仅仅只是宣布由查士丁尼将军的儿子塞奥多利·特兹鲁斯（Theodore Tzirus）担任此职，他并没有亲赴前线。根据塞奥发尼斯的记载，马尔西安的职位被塞奥多利·特兹鲁斯所取代。① 如果他的记载属实，那么阿卡西乌斯去尼斯比斯的作用只是宣布皇帝的任命而已。拜占庭军队惊慌之中逃往马尔丁，波斯军队的追逼使这支混乱的军队没有进入离他们最近的避难地达拉城。科斯罗伊斯随后抓住了部分拜占庭士兵，缴获了攻城装置，并将这些攻城设备对准了达拉城；与此同时，阿达马汗攻占了叙利亚，洗劫了阿帕米（Apamea），他们没有遭到任何有效地抵抗，驻守叙利亚的拜占庭守军此前在财务官玛格鲁斯（Magnus）的率领下已经逃往马尔丁。② 573年11月，在波斯军队围攻达拉城六个月之后，此城最终落入波斯人之手。③ 科斯罗伊斯一世对达拉城治理有方，大力完善防御工事。以弗所的约翰对此有过这样的细节描述："波斯人准备改善达拉城的水供应问题，于是他们在高于城墙的地方修建了一座水塔，他们还把年久失修的城墙和城防设施加固。"④

## 三、574～578年两国停战

根据埃瓦格留斯和西摩卡塔的记载，查士丁二世得知达拉城陷落的消息后一度精神失常，埃庇发尼亚的约翰则认为这位拜占庭君主患了重

---

① Theophanes Byzantinus, *Fragmenta Historicorum Greacorum*, vol. 4, i. 2. 3.
② Evagrios Scholastikos, *Ecclesiastical History*, v. 9 – 10; John of Ephesus, *The Third Part of the Ecclesiastical History of John, bishop of Ephesus*, vi. 6
③ Evagrios Scholastikos, *Ecclesiastical History*, v. 10, p. 207. 14～15.
④ John of Ephesus, *The Third Part of the Ecclesiastical History of John, bishop of Ephesus*, vi. 5

病。① 查士丁二世"担心事态难以掌控,吁请波斯人签订停战协定",②此后两国签订了为期一年的停战协定。西摩卡塔和埃庇发尼亚的约翰都认为是查士丁二世首先提出休战然后将休战的声明传递给提比略凯撒的。埃瓦格留斯却认为这一过程实际上更为复杂,索菲亚皇后在其间发挥了一定的作用,③不过埃瓦格留斯很可能将574年签署的为期一年的停战协定和575年签署的为期三年的停战协定混淆了。曼南德尔的作品中保留了两国较详细的外交谈判细节,根据他的记载,实际上谈判是由科斯罗伊斯一世发起的,拜占庭的谈判代表是扎查里阿斯(Zacharias)医生,他是索菲亚皇后的私人代表,提比略被指派协助他处理具体事务。④ 现存的文献中没有记载停战协定生效的日期。叙利亚的米哈伊尔在其作品中提到若从573年11月中旬达拉城陷落开始算起,双方实际上休战了十五个月。⑤ 以此推断,协定生效的日期应是从574年2月中旬开始算起。然而,那多出来的三个月也有可能是一年停战协定到期之后的那段时间,因此协议生效的时间应该不晚于3月末,因为双方必须留出时间来交换外交文书。按照协议规定,拜占庭须向波斯支付四万五千索里德贡金。波斯人坚持声称此停战协议不适用于亚美尼亚,拜占庭人则承诺等待查士丁二世身体康复后再派遣一个代表团来与波斯人讨论在亚美尼亚最终停战的问题。

　　查士丁二世的身体迟迟不能康复使拜占庭人无法兑现此前的诺言。直至574年12月提比略登上凯撒之位,才准备与波斯帝国重启谈判,延长双方停战的时限。与此同时,他从巴尔干半岛北部的日耳曼部落中招募了一支雇佣军,由新的东部军队将军查士丁尼统领。⑥ 这些雇佣兵组建了一支所谓的"提比里亚军团",其中的一部分大约一万五千人由莫里斯指挥。⑦ 575年春,提比略派遣使节前往波斯帝国谈判。在谈判期间,拜占庭使节主张以黄金支付的贡金在未来的四年之内每年减少四分之一。他尤其提到,如果要保持对波斯支付的金额,就必须减少对奥斯若恩和美索不

---

① Evagrios Scholastikos, *Ecclesiastical History*, v. 11, p. 207. 20~23; Theophylact Simocatta, *History*, iii. 11. 3; C. Müller, ed., *Fragmenta Historicorum Graecorum*, vol. 4, i. 2. 4.
② Theophylact Simocatta, *History*, iii. 11. 3.
③ Evagrios Scholastikos, *Ecclesiastical History*, v. 12, pp. 207. 33~208. 17.
④ Menander Protector, *The History of Menander the Guardsman*, 18. 1~2.
⑤ Michael the Syrian, *Chronicle of the Michael the Syrian* (1166~1199), X. 9, p. 312.
⑥ Theophylact Simocatta, *History*, iii. 12. 3~4; Evagrios Scholastikos, *Ecclesiastical History*, pp. 209. 27~210. 2.
⑦ Theophanes Confessor, *The Chronicle of Theophanes Confessor*, *Byzantine and Near Eastern History AD 284~813*, 251. 24~27.

达米亚的军费支出。① 西摩卡塔对这次谈判的记载是简略的,内容模糊不清,他提到拜占庭一位使节参与了停战协定的谈判,然后又提到了这个协议是双方在边境地区签署的,没有提到双方的谈判代表以及具体的谈判进程。② 根据《历史》的内容可以推断,在这一部分西摩卡塔不再引用曼南德尔的材料,转而重视起埃庇发尼亚的约翰的记载:前者对外交谈判较为关注,后者对外交谈判没有丝毫兴趣。

曼南德尔对于这一次外交谈判的记载还是颇为详细的。③ 拜占庭谈判代表图拉真和扎查里阿斯被派往谈判地点,旨在与波斯代表签署一份适用于整个东部地区(包括亚美尼亚)为期三年的和平协定(简称"三年和平协议");而波斯人主张签署一份为期五年的和平协定,但不包括亚美尼亚。拜占庭人倾向于一个时间略短但内容全面的和平条约,这样既有充足的时间训练军队和重建防务,也可以在准备充分后再从波斯人手里收回达拉城的主权。波斯人的主张则有利于他们在上美索不达米亚地区巩固自身的既得利益,对达拉城的占领已经满足了他们领土扩张的雄心,但是波斯人必须保留在北方地区(例如亚美尼亚)采取军事行动的权利。拜占庭谈判代表接受了波斯人的主张,上报王室后也获得了查士丁二世的赞成,但是提比略凯撒却坚持必须签署"三年和平协议"。波斯谈判代表马哈伯德于是命令塔姆查斯洛率军入侵拜占庭领土,以向对方施压。此前于574年2月签署的"一年和平协定"已经到期,波斯人的军事行动并不违约。塔姆查斯洛一直侵入到君士坦蒂娜城,④在这里他停止了继续进攻,因为他得到了查士丁尼率领日耳曼雇佣军临近的消息。⑤ 两军在边境地区对峙,难分高下。⑥ 这种僵持的局面使得马哈伯德不得不接受提比略提出的关于和平协定期限的修正意见,但他拒绝在边界地区交付贡金的做法,而是把交付的地点选择在波斯境内,即远离边界三十余罗里的尼斯比斯。此时塔姆查斯洛在两国边界地区的军事行动仍在持续。⑦

没有文献记载此项和平协定签署的时间,英国学者斯坦因研究推测协

---

① Theophanes Confessor, *The Chronicle of Theophanes Confessor*, *Byzantine and Near Eastern History AD* 284~813, 252.1~3.
② Theophylact Simocatta, *History*, iii.12.3;12.9~10.
③ Menander Protector, *The History of Menander the Guardsman*, 18.3~4;23.1.
④ C. Müller, ed., *Fragmenta Historicorum Graecorum*, vol.5.
⑤ John of Ephesus, *The Third Part of the Ecclesiastical History of John*, *bishop of Ephesus*, vi.13.
⑥ Theophylact Simocatta, *History*, iii.12.10.
⑦ Menander Protector, *The History of Menander the Guardsman*, 23.1.

定签署的时间应该不早于575年7月。① 这种推测是合理的,因为根据西摩卡塔的《历史》,拜占庭的谈判代表直到575年初春才启程,②谈判现场的争论与周旋以及前线两军的小规模冲突大概耗去了几个月时间。确定拜占庭与波斯谈判所持续的时间对勾画574年历史事件的清晰画面是大有裨益的。拜占庭帝国境内对于紧急信息的传送是极为迅速的,信使从东部前线将信息传送到君士坦丁堡大约只需要十天的时间,而两地相距约一千罗里。据此推测,信使一天的行走里程是一百罗里。③ 遇上紧急的事务,传递往往就是以这个速度进行的;如果不是紧急事务,则一般需要十五至十七天。例如576年科斯罗伊斯一世要求一位拜占庭信使用三十天时间从塞奥多西城往返君士坦丁堡,这大概就是以每天一百罗里的行进速度推算的。然而,相比信使,外交使节或谈判代表的行进速度却较为缓慢,他们必须注意自己所代表的国家形象。在6世纪,拜占庭人认为一位波斯使节从达拉城到君士坦丁堡需要一百零三天。④ 据此推测,一位拜占庭使节在波斯以同样的速度行进,从尼斯比斯到泰西封大约需要六周时间,而使节在自己国家的行进速度肯定比在别国的行进速度要快,因此一位使节从本国首都到另一国首都往返所用的合理时间应该是七个月。有时候,他们行进的速度取决于本国一方是否想拖延谈判,如果想拖延谈判,他们总能找到缓慢行进的理由。例如,根据曼南德尔记载,579年波斯帝国故意延后谈判时间以确保他们有时间做好军事准备,543年拜占庭谈判代表已经抵达阿塞拜疆准备与波斯代表谈判时发现波斯人单方面延后了谈判时间。而在575年,拜占庭使节或谈判代表经过长期缓慢的旅程,即便抵达波斯宫廷,他们通常也需要在炎热难耐的波斯宫廷待上三个月才有可能达成某种和平协定。⑤ 如果双方都希望尽快开启谈判,则往往选择在边界地区开展谈判,且利用信使传送谈判结果比使节要快很多。⑥ 使节以较快的行进速度参与谈判只是一种例外,而不是常态,如果双方都觉得延后谈判时间对本国有利,他们就会找无数个借口来延后谈判。早在公元前5世纪,外

---

① E. Stein, *Study of Byzantine foreign policy in Justin ii and Tiberius*, Cambridge, 1945, p. 82.
② Theophylact Simocatta, *History*, iii. 12. 3.
③ W. M. Ramsay, 'The Speed of the Roman imperial Post', *Journal of Roman Studies* 15, 1925, p. 70.
④ Procopius, *History of the Wars*, ii. 24.
⑤ Menander Protector, *The History of Menander the Guardsman*, 23. 8 ~ 9; John of Ephesus, *The Third Part of the Ecclesiastical History of John, bishop of Ephesus*, vi. 21.
⑥ Menander Protector, *The History of Menander the Guardsman*, 10. 4. 11 ~ 17.

交谈判耗时漫长就已是颇为常见了。①

## 四、两国争夺亚美尼亚的战争

确定"三年和平协议"签署的具体时间,对推测科斯罗伊斯一世入侵亚美尼亚的时间非常重要。西摩卡塔记载:"最终双方达成了一项和平协定,条约规定两国在边界停息战火三年,但是此项和平协定不适用于亚美尼亚。罗马将军率部进军阿米达,他们在临近亚美尼亚的地方扎营,而波斯国王也率领大军越过了幼发拉底河向亚美尼亚行进。"②这表明亚美尼亚战争的爆发紧随条约的签署。条约签署的时间是575年7月,据此推测,亚美尼亚战争极有可能发生在575年夏季。埃瓦格留斯也认为亚美尼亚战争发生在达拉城陷落的一年之后,也就是"三年和平协议"签署的同一年,即575年。③ 然而根据曼南德尔的记载,亚美尼亚战争直到春天才开启,科斯罗伊斯于春季末才到达塞奥多西城。④ 尽管曼南德尔没有阐明"三年和平协议"签署和再一次敌对行动开始中间相隔多长时间,但是他所记载的春天应该是576年的春天。而且,曼南德尔的记载也证实了科斯罗伊斯一世的远征行动发生在576年,因为他记载拜占庭使节瓦伦提安出使突厥是在提比略任凯撒(574年12月)的第二年,在科斯罗伊斯入侵亚美尼亚之前不久。⑤ 曼南德尔还记载了拜占庭帝国东部军队军饷中断的事件,这很有可能发生在576年而不是575年,因为查士丁尼军队的大部分都是574年12月以后才由提比略招募的雇佣军,而575年正好是查士丁二世登基十周年庆典,在当年的冬天国家不可能使军饷中断。⑥ 众说纷纭,关于亚美尼亚战争爆发的时间,目前学术界尚不能确定,我们暂且依据西摩卡塔《历史》的观点来考察此次战争的历史进程。

根据《历史》的记载,在575年两国签署"三年和平协议"之后,查士丁尼将军接到提比略凯撒的命令,要求他将军队从美索不达米亚前线紧急开

---

① 〔古希腊〕阿里斯托芬著,罗念生译:《阿卡奈人》,人民文学出版社,1954年,第61页。
② Theophylact Simocatta, *History*, iii. 12.10~11.
③ Evagrios Scholastikos, *Ecclesiastical History*, v.14, p.210.2~3.
④ Menander Protector, *The History of Menander the Guardsman*, 18.4.30; 18.6.66.
⑤ Menander Protector, *The History of Menander the Guardsman*, 19.1.
⑥ Menander Protector, *The History of Menander the Guardsman*, 18.6.45~47.

往亚美尼亚。① 查士丁尼在离开美索不达米亚之前与迦萨尼德领导人孟迪尔已然达成了和解。② 孟迪尔此前一直担心拜占庭人会利用当时美索不达米亚和平的局面来惩罚自己此前的背叛行为,他也始终为获得拜占庭人的原谅而努力。为了恢复与拜占庭的关系,他曾与臣服于波斯的阿拉伯王国发生过小规模战争,将所获得的战利品交给拜占庭帝国。此外,他还前往君士坦丁堡谒见提比略凯撒。比克利的约翰在其《编年史》中记载了在查士丁二世上台的第九年即575年,孟迪尔曾率领庞大使团觐见拜占庭皇帝,以示臣服。③ 早在575年,驻守亚美尼亚的拜占庭将军塞奥多利和库尔斯就率军侵入阿尔巴尼亚,④随后便控制了当地部落萨比尔人和阿尔巴尼亚人,但是阿尔巴尼亚人的反抗不断。⑤ 当576年初查士丁尼率军经过阿米达前往亚美尼亚的时候,拜占庭的军队再一次进入到阿尔巴尼亚。正好此时科斯罗伊斯一世到达塞奥多西城。西摩卡塔认为波斯人是紧随查士丁尼行军的路线从美索不达米亚到达亚美尼亚的,但是根据曼南德尔更为详尽的记载,波斯军队是在查士丁尼之前到达亚美尼亚的,他们没有遭遇太大的阻力。⑥ 掠夺财物不是科斯罗伊斯的主要目的,因为仅将掠夺来的财物运出亚美尼亚山区都是困难至极的,他的主要目的是通过侵入城市和乡村,破坏拜占庭帝国的影响力,进而恢复波斯在亚美尼亚的政治统治。科斯罗伊斯在波塞美尼亚的行动是成功的,但是却没有攻下塞奥多西城。在塞奥多西城,两国拟进行谈判,科斯罗伊斯不同意拜占庭驻波斯大使塞奥多利担任谈判代表,提比略只好答应在三十天后派遣另一位大使到达塞奥多西。这一时间空当是出人意料的,因为它给了拜占庭人充足时间来重建防务。但是对于科斯罗伊斯来说,这也是不得已之举,因为他是在

---

① Theophylact Simocatta, *History*, iii. 12. 11; Menander Protector, *The History of Menander the Guardsman*, 18. 6. 45 ~ 47.

② John of Ephesus, *The Third Part of the Ecclesiastical History of John*, bishop of Ephesus, vi. 4.

③ John of Biclar, *Chronicle*, pp. 45 ~ 47.

④ 高加索阿尔巴尼亚人活动在今天的阿塞拜疆北部与格鲁吉亚东南部,是今天阿尔巴尼亚人的祖先。在395年,他们被划归拜占庭帝国管辖,拜占庭势弱后,趁机摆脱其统治。随后在接下来的几百年内,不断反抗外来侵略者,同时也渐渐融入新鲜的外族血液与文化。在1190年,西迁到今天阿尔巴尼亚中部地区的后裔,以克鲁雅城为中心建立了他们第一个封建国家——阿尔贝里公国。

⑤ Menander Protector, *The History of Menander the Guardsman*, 18. 5 ~ 6. 萨比尔人是先于阿瓦尔人居住在蓬塔斯草原(Pontic Steppe)的古老游牧民族,他们很可能是突厥人的分支。蓬塔斯草原位于里海东岸、黑海西面、高加索山脉南侧。552年,此前与萨珊波斯结盟的萨比尔人转投拜占庭帝国,开始陆续侵入高加索地区;此后不久他们被阿瓦尔人和西突厥人征服;8世纪前后萨比尔人消失在历史文献中,很有可能这一族群被吸收进哈扎尔人和保加尔人部落。

⑥ Menander Protector, *The History of Menander the Guardsman*, 18. 6.

春天冰雪融化之前进入亚美尼亚的,此时波斯军队的行动已经受困于冰雪融化造成的洪水肆虐和泥泞道路。没有文献资料提到提比略是否派遣使者或使者的具体行踪,我们只知道科斯罗伊斯继续他的入侵行动。以弗所的约翰记载了波斯军队在这一阶段大部分的军事行动,大致如下:

科斯罗伊斯率军向卡帕多西亚的凯撒利亚猛烈推进,但是受到拜占庭军队的顽强阻挠,随后他向北进军塞巴斯特,将此城劫掠一番。人们纷纷向西逃亡,前任君士坦丁堡主教尤提修斯(Eutychius,552～565在任)也在逃难的人群中。当他们到达阿玛塞(Amasea)准备避难时,惊慌地发现食物已经不够了,他们必须想办法解决食物的供给问题。然而,科斯罗伊斯的军队却在接下来的行军中被亚美尼亚山区复杂的地理形势所困住,他们的辎重行李车被拜占庭军队截获,科斯罗伊斯只好率军退到米利廷,将此地劫掠一空。在米利廷附近,波斯人遭遇了拜占庭军队,但是战争却没有打响。最后,当科斯罗伊斯率领一支残破不堪的军队经过幼发拉底河的时候,他发现军队的实力已经损失了一大半。①

西摩卡塔对亚美尼亚战争的记载是粗略的,②他只简要记载了查士丁尼率军抵达亚美尼亚之后与波斯军队遭遇战的经过,这几乎占据了这部分战争叙事的全部。西摩卡塔对战争的记述通常遵循的都是较为固定的写作模式。例如他所记述的这次战争,首先是查士丁尼发表一大通演讲来对比拜占庭人的虔诚和波斯人的邪恶,以达到鼓舞士气、提振信心的目的;③随后军队开始进行战前准备,通常都是"天空中尘土飞扬,战场上的号声、噪声不绝于耳";④然后阵地战打响,尽管波斯人具有射箭的优势,但是英勇的拜占庭士兵发动的一次又一次猛烈的攻势战胜了波斯人;⑤最后拜占庭军队取得了巨大的胜利,他们截获了波斯军队的辎重行李车,而打了败仗的波斯人只好向幼发拉底河的方向逃去,在途经米利廷的时候,他们烧毁了这座美丽的城市。然而,西摩卡塔没有提到这次遭遇战发生的时间和地点,也没有记载波斯人在越过幼发拉底河之后军队的伤亡情况。总之,他所记述的拜占庭军队的胜利是存在问题的,他极有可能将以弗所的约翰所记载的两次事件合并在了一起。这两次事件分别是拜占庭军队在亚美尼亚山区截获波斯辎重行李车和两军在米利廷以及幼发拉底河的遭遇战。

---

① John of Ephesus, *The Third Part of the Ecclesiastical History of John, bishop of Ephesus*, vi. 8～9.
② Theophylact Simocatta, *History*, iii. 12. 11～14. 11.
③ Theophylact Simocatta, *History*, iii. 13. 1～21.
④ Theophylact Simocatta, *History*, iii. 14. 2～3.
⑤ Theophylact Simocatta, *History*, iii. 14. 4～8.

然而根据约翰的记载,当波斯人穿越幼发拉底河的时候,两军没有交战,波斯军队也没有很大的伤亡。① 西摩卡塔和埃瓦格留斯的记载中存在某种联系,尤其是两位作者对战前准备的描述极其相似。② 埃瓦格留斯也强调了拜占庭军队与波斯军队的激战,但是他将此事件放置在亚美尼亚山区波斯辎重行李车被截获一事之前,且没有记载两军在米利廷的遭遇。同时,埃瓦格留斯在记述战争场面时过于强调拜占庭军队右翼所发挥的作用,说右翼军队在库尔斯率领下对波斯人发起了多次猛攻,他记载波斯军队撤退至幼发拉底河的时候已经伤亡惨重。另外西比奥斯也记载了拜占庭军队在对阵波斯军队的亚美尼亚战争中取得了胜利,波斯军队的行李车被拜占庭人截获,此后伤亡惨重的波斯军队撤退到幼发拉底河一带。③ 西摩卡塔和埃瓦格留斯的记述反映他们采取了有利于拜占庭帝国的"宣传叙事",这种"宣传叙事"呈现出拜占庭军队在亚美尼亚山区与波斯人交战的胜利图景,但实际上两军激烈交锋对垒的战斗并不多。埃瓦格留斯的战争叙事比西摩卡塔的更为严谨和准确。埃瓦格留斯的叙事不可能源于埃庇发尼亚的约翰或西摩卡塔的作品,相反,埃庇发尼亚的约翰的叙事却极有可能受到埃瓦格留斯的影响,如对拜占庭军队胜利情节的描述以及两军将战场从亚美尼亚搬到米利廷附近的记述。而西摩卡塔《历史》的主要资料来源是埃庇发尼亚的约翰的《历史》,因此可以推断的是,西摩卡塔受到了埃瓦格留斯作品的影响。相比之下,以弗所的约翰的文字中却鲜有这种"宣传叙事",他保留了较为全面客观的对战争情况的记述。④

科斯罗伊斯越过幼发拉底河之后迅速逃往阿扎尼尼,随后转至卡克卡里山脉(Kakkari)。⑤ 由于打了败仗,他极度沮丧,并且颁布了一项法令——禁止波斯国王亲自率军出战。根据西摩卡塔的记载,这一禁令适用于所有的对外军事行动。但在埃瓦格留斯那里,这一禁令只适应于波斯对拜占庭的军事行动。⑥ 以弗所的约翰对此法令的诠释最为准确,即只有在另一方也是国王出征的情况下,波斯国王才能率军出征,因为只有这样才能体现波斯王室的尊严,否则波斯国王不能亲自上战场。⑦ 科斯罗伊斯领

---

① John of Ephesus, *The Third Part of the Ecclesiastical History of John, bishop of Ephesus*, vi. 9.
② Evagrios Scholastikos, *Ecclesiastical History*, v. 14, p. 210. 11 ~ 211. 21.
③ Sebeos, *Armenia Chronicle*, ch. 1.
④ Menander Protector, *The History of Menander the Guardsman*, p. 278.
⑤ Theophylact Simocatta, *History*, iii. 14. 11; John of Ephesus, *The Third Part of the Ecclesiastical History of John, bishop of Ephesus*, vi. 9.
⑥ Evagrios Scholastikos, *Ecclesiastical History*, v. 15, pp. 211. 33 ~ 212. 1.
⑦ John of Ephesus, *The Third Part of the Ecclesiastical History of John, bishop of Ephesus*, vi. 9.

导的军事行动持续了几个月,一直到 576 年秋天才结束。拜占庭军队取得了多次胜利,并继续扩大战果,一直侵入到里海沿岸,并在那里过冬。在第二年春天返回本国之前,拜占庭军队的行动一度威胁到波斯王室位于阿塞拜疆的另一个行宫。① 波斯帝国在战争的消耗中国库日渐空虚,且战败之后军队士兵的不满情绪高涨,眼看拜占庭军队扩大战果的行动卓有成效,科斯罗伊斯一世的臣子们纷纷劝谏国王与拜占庭皇帝重启谈判,商讨和平之事宜。② 于是由波斯人倡议发起的一次双边谈判开始了。提比略派遣的谈判代表有元老院贵族彼得和约翰、前任圣库伯爵塞奥多利和扎查里阿斯医生,科斯罗伊斯一世则派贵族马哈伯德出任谈判使节。③ 根据西摩卡塔的记载,当波斯将军塔姆查斯洛在亚美尼亚对查士丁尼的军队取得一次突然的胜利、波斯人的信心顿时得以恢复的时候,这次会谈破裂了,④但是他没有记载谈判的开始时间、持续时间和主要商讨议题。曼南德尔和以弗所的约翰对谈判的细节有所记载,他们都认为谈判从 577 年开始断断续续持续了一年多时间,波斯人在塔姆查斯洛取得胜利之后故意延长了谈判时间。⑤ 曼南德尔记载了此次谈判关注的议题是达拉城的回归、拜占庭支付贡金以及亚美尼亚和伊比利亚的地位等问题。以弗所的约翰在记载两国军队在亚美尼亚交战时,对拜占庭军队充满敌意。他认为,正是由于拜占庭军队的不妥协和冒进才导致其溃败,其对战场胜负的解释充满神学色彩,将拜占庭的失败主因归结于他们恶待亚美尼亚基督徒而导致上帝对其实行惩罚。⑥ 在谈判中,拜占庭人主张构建平等基础下的和平协议,他们以向波斯人归还亚美尼亚和伊比利亚作为平衡条件,要求收回达拉城和停止支付贡金;但是波斯人不准备接受拜占庭人的主张,因为他们看到了塔姆查斯洛用军事行动收回亚美尼亚的希望。为了收回达拉城,拜占庭人不得不继续战斗,在此后的战争中拜占庭人做好了充分的准备。在"三年和平协议"期间,提比略继续尝试征召日耳曼雇佣军,在上美索不达米亚和叙利亚的城镇及要塞进行大量的防务重建和物资准备工作。

---

① Theophylact Simocatta, *History*, iii. 15. 1 ~ 2; John of Ephesus, *The Third Part of the Ecclesiastical History of John, bishop of Ephesus*, vi. 10.

② Theophylact Simocatta, *History*, iii. 15. 3 ~ 6.

③ Menander Protector, *The History of Menander the Guardsman*, 20. 1. 19 ~ 20; Theophylact Simocatta, *History*, iii. 15. 6.

④ Theophylact Simocatta, *History*, iii. 15. 8 ~ 9.

⑤ Menander Protector, *The History of Menander the Guardsman*, 20. 1 ~ 2; John of Ephesus, *The Third Part of the Ecclesiastical History of John, bishop of Ephesus*, vi. 12.

⑥ John of Ephesus, *The Third Part of the Ecclesiastical History of John, bishop of Ephesus*, vi. 10.

## 五、莫里斯将军指挥的战争

577 年冬天,莫里斯被提比略紧急任命为东部军队的将军。① 此前,经过亚美尼亚战争的惨败,查士丁尼将军愤愤而终。围绕争夺将军的职位,他的副将们吵作一团,但是提比略最终决定让莫里斯担此重任,这表明提比略对莫里斯的充分信任。② 为了征召更多的兵员奔赴前线,莫里斯不仅在其家乡卡帕多西亚招兵买马,同时也在安兹特尼(Anzitene)和叙利亚征召兵源,然后他将所有征募过来的军队驻扎在西萨里宗。西萨里宗所处的地理位置得天独厚,便于观测波斯人在亚美尼亚和上美索不达米亚的行动,并及时作出反应。③ 塞奥发尼斯对莫里斯领导的东部战事所作的记载较为简略,他只记载了提比略招募了一万五千人组成联军。④ 但是这一万五千人应该是 575 年提比略为查士丁尼所招募的日耳曼雇佣军,这支军队在此后的亚美尼亚战争中伤亡严重,此外还有一些逃兵。⑤ 因此,到莫里斯担任将军的时候,重新招募新兵是非常必要的。根据曼南德尔的记载,莫里斯上任之初就着手加强军队纪律,采取措施制止军队中骚扰现象的蔓延,⑥这可能指的是以弗所的约翰所记的拜占庭籍士兵对亚美尼亚籍士兵的骚扰。⑦ 根据《历史》的记载,在和平协定到期前的四十天(大约 578 年春),波斯将领马哈伯德率军侵入美索不达米亚地区的君士坦蒂娜和塞奥多西城,攻占了没有任何防备的萨努瑞姆(Thanurium)要塞。⑧ 双方在协议终止的日期认定上存在分歧。拜占庭人认为从协议签署日起到 578 年还不到三年,他们是按 575 年 7 月签署的"三年和平协议"算,到 578 年春

---

① Menander Protector, *The History of Menander the Guardsman*, 20.2.120; Theophanes Confessor, *The Chronicle of Theophanes Confessor*, *Byzantine and Near Eastern History AD 284~813*, 251.27.
② John of Ephesus, *The Third Part of the Ecclesiastical History of John*, *bishop of Ephesus*, vi.27.
③ John of Ephesus, *The Third Part of the Ecclesiastical History of John*, *bishop of Ephesus*, vi.14.
④ Theophanes Confessor, *The Chronicle of Theophanes Confessor*, *Byzantine and Near Eastern History AD 284~813*, 251.24~28.
⑤ John of Ephesus, *The Third Part of the Ecclesiastical History of John*, *bishop of Ephesus*, vi.10.8.
⑥ Menander Protector, *The History of Menander the Guardsman*, 23.3~4.
⑦ John of Ephesus, *The Third Part of the Ecclesiastical History of John*, *bishop of Ephesus*, vi.10.
⑧ Theophylact Simocatta, *History*, iii.15.11; Menander Protector, *The History of Menander the Guardsman*, 23.1; 23.5.

当然还不到三年。然而波斯人却认为"四年和平协议"已经到期了,波斯人将574年春签署的"一年和平协议"向后延三年,至578年春则恰好是协定到期之时,所以波斯人认为此时发起军事行动并不违约。而在亚美尼亚的波斯将领塔姆科斯罗忽然意识到正在集结的拜占庭大军的数量要远远超过自己一方,于是他率军离开亚美尼亚。莫里斯得知塔姆科斯罗已经离开亚美尼亚后,紧急赶往南方抵抗马哈伯德所率军队的进攻;塔姆查斯洛则经过西萨里宗,顺利侵入到阿米达的近郊。①

波斯人希望与拜占庭的和平协议早日到期反映了他们当时所面临的困境。根据曼南德尔的记载,在577至578年双方和谈期间,一位当时被波斯人关押的名叫阿斯特里乌斯(Asterius)的拜占庭某城市长官通过密信向提比略告知当时波斯人所面临的困境,②很有可能当时波斯帝国的东北边境已经受到突厥人的威胁。③ 波斯人希望迅速阻止拜占庭军队入侵其领土的行动,于是他们攻占了位于上美索不达米亚的拜占庭军事基地,他们以为丢失阿米达或君士坦蒂娜对于拜占庭来说是严重的打击,将使拜占庭人没有能力继续向东方组织军事行动。莫里斯对波斯人的进犯采取坚决的回击,虽然他患了严重的风寒,但是却不惧辛劳,坚持亲征。他率军劫掠了阿扎尼尼,攻占了阿弗姆(Aphum)和其他几座要塞,俘虏了大约一万人。这些俘虏主要是定居在阿扎尼尼的聂斯托利派基督徒,莫里斯将他们安置在塞浦路斯,让他们耕种荒芜的土地。④ 莫里斯的行动范围非常广泛,以致科斯罗伊斯一世不得不从卡杜克亚(Carduqia)撤离。这一次事件导致此后不久科斯罗伊斯一世受到高度刺激而去世,⑤与查士丁二世在达拉城失守之后精神失常相似。莫里斯进攻阿扎尼尼的主要城镇查洛马龙没有成功,驻扎在阿弗姆的拜占庭军队被迫与当地的波斯守军签订临时停战协定。当时参与谈判的波斯代表是查洛马龙主教玛尔埃索·雅布(Marisho-Yabh),他是未来整个波斯聂斯托利教会的大主教,与波斯王室关系密切。此后莫里斯将军事进攻的目标从阿扎尼尼转移至贝斯·阿拉巴耶地区,侵占尼斯比斯郊区,派库尔斯(Curs)和罗曼努斯率一部分军队越过底格里斯河蹂躏敌方领土。在冬季到来之前,莫里斯已经攻占了辛格拉

---

① Theophylact Simocatta, *History*, iii. 15. 13 ~ 15; Menander Protector, *The History of Menander the Guardsman*, 23. 6.
② Menander Protector, *The History of Menander the Guardsman*, 20. 1.
③ Theophylact Simocatta, *History*, iii. 6. 10 ~ 11.
④ Theophylact Simocatta, *History*, iii. 15. 13 ~ 15; Evagrios Scholastikos, *Ecclesiastical History*, v. 19, p. 215. 16 ~ 26. Menander Protector, *The History of Menander the Guardsman*, 13. 7.
⑤ Agathias, *The Histories*, iv. 29. 8 ~ 10.

(Singara)的一些重要要塞。① 莫里斯的军事行动相当成功,这是拜占庭军队在失去达拉城之后在美索不达米亚的第一次主动进攻。占据达拉城有利于波斯人保护尼斯比斯的安全,但是对提高波斯人对外进攻的能力助益不大;然而丢失达拉城对于拜占庭人来说,却意味着他们从此失去了一个对外展开军事行动的重要基地,削弱了拜占庭军队向图尔·阿布丁高原以南地区继续拓展的能力。由于达拉城的失守,提比略不得不考虑发展其他军事基地,拜占庭人逐渐将军队驻扎在君士坦蒂娜和莫洛卡顿(Momocarton),②他们还利用和平时期改善他们在图尔·阿布丁军事基地的防务,尤其是在马尔丁和哈布丁。通过这些补救措施,失去达拉城对拜占庭人后来的军事行动影响不大。刚开始波斯人对于莫里斯的进攻行动猝不及防,无力抵抗,之后他们逐渐将主要军事力量用于保护那些重要的城镇,比如阿扎尼尼的查洛马龙、贝斯·阿拉巴耶地区的达拉城和尼斯比斯,这些地区的守军都抵挡住了莫里斯军队的进攻。莫里斯有两个主要的目标:其一,通过攻占波斯人在阿扎尼尼的要塞,在这一地区拓展拜占庭的势力;其二,通过逐步孤立达拉和尼斯比斯来削弱波斯帝国在贝斯·阿拉巴耶的统治地位。③

查士丁二世卒于578年10月4日,正好是莫里斯指挥的第一次战争结束的时间,579年2月科斯罗伊斯一世也去世了。西摩卡塔在《历史》中比较了两国继任皇帝的性格特征,④字里行间充满道德说辞。他将提比略的性格描述为"和平""友好""仁慈",将霍尔米兹德的性格描述为"邪恶""贪婪""崇尚暴力"等,如此鲜明的对照表明西摩卡塔带有强烈的主观偏见。东方的历史学家却一致地称赞这位新任波斯国王关心民众疾苦和仁义公正的秉性,白勒阿米(Balami)说"他为人正派超过其父科斯罗伊斯",泰伯里则说"他具有良好教养,扶贫济弱,压制贵族,为贵族所不满,由此招来贵族的憎恨"。⑤ 拜占庭的史家,例如曼南德尔和西摩卡塔,把霍尔米兹德看作拜占庭国家的敌人,只看到他坏的一面,把它描写成骄傲自大的暴君,对待臣民蛮横不已。⑥ 但实际上,波斯境内的聂斯托利教徒对霍尔米兹德的印象却不错。琐罗亚斯德教僧侣在霍尔米兹德面前攻击基督徒,他

---

① Theophylact Simocatta, *History*, iii. 16. 1~2.
② Theophylact Simocatta, *History*, i. 14. 6.
③ Michael Whitby, *The Emperor Maurice and His Historian*, p. 237.
④ Theophylact Simocatta, *History*, iii. 16. 4~13.
⑤ R. Ghirshman, *iran: From the Earliest Times to the islamic Conquest*, Harmondsworth, 1954, pp. 441~445.
⑥ Theophylact Simocatta, *History*, iii. 15. 3.

立即回答:"我们的宝座若是只有前面两条腿而没有后面两条腿,就不能站得住。同理,若是基督徒和其他宗教的信徒反对我们,我们的政权也难以安稳。因此,不要攻击基督徒,而要使基督徒和其他宗教的信徒看到你们力行善事,从而称赞你们,被吸引到你们这一边来。"① 由此可见,霍尔米兹德在宗教方面实行的是开明政策。

西摩卡塔记载了提比略皇帝试图向新任波斯国王霍尔米兹德展现友好姿态、重启和平谈判,他表示愿意放弃对亚美尼亚的一切要求,并以数处要塞来交换波斯所占的达拉城,其余维持现状。霍尔米兹德傲慢至极,声称不放弃寸土,他向罗马人提出了苛刻的和平条件,即:罗马帝国向波斯帝国提供巨额贡金;亚美尼亚和伊比利亚必须纳入波斯帝国管辖;罗马帝国不能改变达拉城的现状,尽管科斯罗伊斯国王已经和罗马人达成了共识,同意将达拉城的主权归还给罗马帝国。② 于是在夏季开始的时候,双方的战争再次打响。③ 西摩卡塔暗示在谈判结束和战争重启之间没有太长时间的间隔,他认为莫里斯的第二次战争开始于579年初夏。但霍尔米兹德至少在579年2月或3月才登基,即便从3月开始,到初夏战争重启,中间留给谈判的时间也只有短短三个月。而依据曼南德尔的记载,波斯人有意拖延谈判,使得他们有时间在要塞和乡村地区储备战争物资,以应对拜占庭军队的进攻和蝗虫灾害。④ 拜占庭的使节扎查里阿斯和塞奥多利直到提比略得知科斯罗伊斯去世的消息后(应不会早于579年3月),才启程前往波斯,他们以十分悲痛的心情悼念这位故去的国王,他们在波斯宫廷停留了三个月却看不到波斯人有丝毫和谈的意愿。⑤ 当他们回到君士坦丁堡将此情况告诉提比略后,皇帝随即命令莫里斯做好战争的一切准备,所以莫里斯不太可能于579年秋天之前就率军侵入波斯。西摩卡塔和埃庇发尼亚的约翰的错误在于没有考虑到外交上的缓慢进程而人为地漏记了一个年份的历史。西摩卡塔实际上只记载了提比略四年统治期间的三次战役,只记录了提比略时期三年的历史事件。他极有可能将提比略时期第一年(579年)的历史事件忽略不记,因为这一年没有军事行动。综上所述,莫里斯的第二次军事行动应该始于580年初夏。

---

① R. Ghirshman, *iran*: *From the Earliest Times to the islamic Conquest*, Harmondsworth, 1954, p. 447,转引自孙培良:《萨珊朝伊朗》,西南师范大学出版社,1995年,第167~169页。
② Theophylact Simocatta, *History*, iii. 17. 2.
③ Theophylact Simocatta, *History*, iii. 17. 3.
④ Menander Protector, *The History of Menander the Guardsman*, 23. 8~9.
⑤ Menander Protector, *The History of Menander the Guardsman*, 23. 9. 102~117; John of Ephesus, *The Third Part of the Ecclesiastical History of John*, bishop of Ephesus, vi. 22.

579 年两国之间没有重大的军事行动,只是在亚美尼亚有一些小规模的冲突。在亚美尼亚经过了塔姆查斯洛两年统治之后,①拜占庭军队在库尔斯的率领下取得了对塔姆查斯洛军队的较大胜利,双方随后爆发了瓦拉兹·维兹尔(Varaz Vzur)战役。② 579 年初春,莫里斯即被派往东部前线,一边等待外交谈判结果,一边做好战争准备。③ 他命令军队在贝特曼河东岸的塞姆哈特(Semkhart)修筑要塞。④ 波斯人为了应对拜占庭人的行动,于是在贝特曼河北岸的阿克巴斯(Akbas)也修建防御工事。580 年的历史事件只有西摩卡塔记录了下来,他记载莫里斯的副将们展开了大规模的军事进攻行动,他们越过底格里斯河,进入米底的腹地。⑤ 这次军事行动始于 580 年初夏,拜占庭军队一整个夏天都在波斯境内展开军事行动。然而,西摩卡塔没有提到 580 年的任何一次围攻战,这或许是由于波斯人在这一年做了充分的城防准备,使得这些城市经受住了拜占庭军队的袭击,以致拜占庭人只好继续采取消耗战略来瓦解波斯军队的实力。与此同时,580 年初,在君士坦丁堡受到提比略皇帝热情接见的加萨尼德国王孟迪尔四世,此时已经成功调解加萨尼德与拜占庭的一性论争端,提比略一世将孟迪尔四世头上的冠冕换成一顶更宝贵的王冠。同年,孟迪尔在幼发拉底河附近出兵打败了拉赫米德军队,并焚毁其首都希拉城,获得了重大的成功。⑥

580 年冬,莫里斯的军队在卡帕多西亚过冬。⑦ 第二年开春,他率领军队向幼发拉底河进军,在那里与孟迪尔的军队会师。西摩卡塔的记载虽然简略,但保留了事件的核心细节,而且比以弗所的约翰那些带有强烈倾向性的记载更为确切:约翰或许太注重保护孟迪尔的名声以致年代上出现混乱。⑧ 莫里斯从幼发拉底河东岸的西尔缪姆出发,在一艘物资补给船的辅助下,军队向下游方向行进,他们的目标是进攻泰西封。⑨ 拜占庭军队在阿纳宗(Anathon)遭受了波斯军队的一次伏击而使行动受到了耽搁。当他

---

① Sebeos, Armenia Chronicle, ch. 2.
② John of Ephesus, *The Third Part of the Ecclesiastical History of John, bishop of Ephesus*, vi. 28.
③ Menander Protector, *The History of Menander the Guardsman*, 23. 9. 18 ~ 23.
④ John of Ephesus, *The Third Part of the Ecclesiastical History of John, bishop of Ephesus*, vi. 35.
⑤ Theophylact Simocatta, *History*, iii. 17. 3 ~ 4.
⑥ 〔美〕希提著,马坚译:《阿拉伯通史》,商务印书馆,1979 年,第 65 页。
⑦ Theophylact Simocatta, *History*, iii. 17. 5.
⑧ John of Ephesus, *The Third Part of the Ecclesiastical History of John, bishop of Ephesus*, vi. 16 ~ 18.
⑨ Theophylact Simocatta, *History*, iii. 17. 5 ~ 6.

们艰难地抵达泰西封近郊时,却发现横贯底格里斯河的一座大桥被切断了,①但是这只会造成莫里斯进攻的暂时中断,因为他能很快建造船只,将位于幼发拉底河船上的物资转移至下美索不达米亚运河的船上。真正对他继续进攻造成阻碍的是波斯将领阿达马汗已经侵占奥斯若恩这一消息,奥斯若恩缺乏军队的驻守,于是莫里斯被迫率军从底格里斯河撤出,前往奥斯若恩驰援。进军奥斯若恩的波斯军队行动迅速,他们袭击了埃德萨,进入幼发拉底河沿岸的卡利尼库姆,在那里他们能威胁莫里斯的撤退路线。但是当莫里斯的军队沿幼发拉底河逆流而上的时候,波斯军队撤出了卡利尼库姆。②

根据以弗所的约翰的记载,莫里斯被阿达马汗的假情报所骗,没有与波斯军队正面交战;然而西摩卡塔却记载莫里斯和阿达马汗的军队交战了,而且莫里斯最后还取得了胜利。③ 到底有没有交战,事实真相或许介于两个极端之间。但不管怎样,阿达马汗被莫里斯军队所震慑而从卡利尼库姆快速地撤退应是真实的。莫里斯和孟迪尔四世为是否远征泰西封而发生过争吵。孟迪尔进攻拉赫米德王国及其同盟者取得了成功,④但是他很有可能没有参与进攻阿达马汗的行动。⑤ 莫里斯的军事行动取得了很大的战绩,但是在亚美尼亚首府达文和泰西封的行动却不成功,⑥正是在泰西封的失败,开启了此后拜占庭军事失败的序幕。在此后的战役中,波斯人获得了大量的战利品,包括八百匹白色战马。莫里斯的军事幕僚们在寻找失败教训的过程中互相指责,推脱责任,他们最终将孟迪尔作为替罪羊关押审讯。⑦ 曼南德尔在其作品中称赞莫里斯行动的计划周密,责备其他副将不守纪律,⑧但是行动失败的真正原因是莫里斯在 578 年和 580 年两次取得军事成功后制定了太过雄心勃勃的进攻计划,他把战线拉得太长,而在上美索不达米亚没有留下足够的军队来阻止波斯人的反击。

---

① John of Ephesus, *The Third Part of the Ecclesiastical History of John, bishop of Ephesus*, iii. 40; vi. 16.

② John of Ephesus, *The Third Part of the Ecclesiastical History of John, bishop of Ephesus*, iii. 40; vi. 17; Michael the Syrian, *Chronicle of the Michael the Syrian* (1166~1199), X. 20, p. 354.

③ Theophylact Simocatta, *History*, iii. 17. 11. John of Ephesus, *The Third Part of the Ecclesiastical History of John, bishop of Ephesus*, iii. 41.

④ John of Ephesus, *The Third Part of the Ecclesiastical History of John, bishop of Ephesus*, iii. 18.

⑤ Evagrios Scholastikos, *Ecclesiastical History*, v. 20, p. 216. 5~14.

⑥ Menander Protector, *The History of Menander the Guardsman*, 23. 11.

⑦ John of Ephesus, *The Third Part of the Ecclesiastical History of John, bishop of Ephesus*, iii. 40~41.

⑧ Menander Protector, *The History of Menander the Guardsman*, 23. 11. 8~12.

根据曼南德尔的记载,581 年冬天,提比略试图与霍尔米兹德重启和平谈判,最终谈判得以在两国边境地区进行。① 西摩卡塔没有记载这次谈判。谈判以失败告终,之后,波斯将领塔姆查斯洛随即率军侵入君士坦蒂娜,这里紧邻莫诺卡顿的拜占庭军营。由于之前所取得的军事成功,波斯人接下来的行动更具进攻性,而拜占庭人被迫处于守势,他们此时必须面对迦萨尼德人忠诚度下降的问题。显然,迦萨尼德盟军对拜占庭忠诚度下降和战斗意愿不强是因为孟迪尔四世被关押。然而 582 年 6 月,在两军交战于君士坦蒂娜的战役中波斯军队却意外战败了,塔姆查斯洛被刺杀,据说行刺者是一位匿名的普通士兵或一位名叫君士坦丁的基督徒。② 经此一役,波斯军队被迫撤至达拉城,拜占庭军队没有乘胜追击以继续扩大战争优势。莫里斯或许没有参与君士坦蒂娜战役的指挥,因为在史家的撰述中没有提到任何莫里斯的指挥,更没有褒奖莫里斯的功绩。根据以弗所的约翰的记载,莫里斯此时的注意力已经转移至君士坦丁堡事务中。在这个夏天的大部分时间,莫里斯都让军队原地待命,他自己返回君士坦丁堡。他于 8 月 5 日被任命为凯撒,可能在 7 月中旬就离开了军队。与此同时,波斯军队驻扎在达拉城长达三个月,他们害怕拜占庭军队进攻,不敢轻举妄动,③双方一直处在停战状态,直到 582 年秋天莫里斯登基之后。④

西摩卡塔对查士丁二世和提比略一世时期波斯战争的追溯以"提比略的去世"为终结,他对这一阶段波斯战争记载的目的并非提供一幅全面的叙事图景,因此我们不应抱怨记述的简练。西摩卡塔花了很多笔墨用于记载拜占庭军队在亚美尼亚胜利后查士丁尼将军对士兵的演讲,⑤他还用了较长篇幅对比提比略和霍尔米兹德的性格特征。⑥ 这部分内容最明显的缺点在于没有记载两国谈判所持续的时间以及与谈判代表相关的具体信息,而这一缺点又导致两次年代上的漏记(575 年和 579 年)。⑦ 埃庇发尼亚的约翰没有全面记载外交谈判细节。即使是曼南德尔,也没有记录谈判开始和结束的时间。除此以外,这一部分内容的另外一个缺陷是没有记载

---

① Menander Protector, *The History of Menander the Guardsman*, 26.1.1~15.
② Menander Protector, *The History of Menander the Guardsman*, 26.5; John of Ephesus, *The Third Part of the Ecclesiastical History of John, bishop of Ephesus*, vi.26.
③ John of Ephesus, *The Third Part of the Ecclesiastical History of John, bishop of Ephesus*, vi.26.
④ Theophylact Simocatta, *History*, i.9.4.
⑤ Theophylact Simocatta, *History*, iii.13.121.
⑥ Theophylact Simocatta, *History*, iii.16.4~13.
⑦ 所谓"漏记"就是由于那一年(假定为第二年)的历史事件不重要,史家人为地省略掉这些历史事件。但是在此后对"第三年"历史的记述中,又存在某种与"第一年"记述事实的连贯性,使人错误的将第三年当作第二年。

亚美尼亚事务,西摩卡塔直接转向记载美索不达米亚和平协议,这一缺陷应归责于埃庇发尼亚的约翰的记载。从总体上来说,西摩卡塔对军事事件的记载虽然简略,但是史实是清楚和准确的。这部分内容最差的部分是对科斯罗伊斯一世远征亚美尼亚的记载,[①]这也恰恰反映出埃庇发尼亚的约翰作品中的缺陷。从总体上而言,约翰的作品为西摩卡塔叙事的优良提供了基础。因为约翰所记内容的简练不是一个缺点,他保留了事件的核心内容,西摩卡塔在此基础上增加其他材料中的细节内容或者对同一事件提供不同的解释。但是当西摩卡塔记载莫里斯时期事务的时候,约翰文字的简练就成了一个问题,因为西摩卡塔无法找到其他可靠的材料对约翰的作品进行补充或修正。

---

① Theophylact Simocatta, *History*, iii. 12. 11 ~ 15. 10.

## 第三节 莫里斯统治时期
## 双方战争进程分析

### 一、莫里斯统治初期两国交战的态势

在莫里斯统治的初期,拜占庭帝国在东方仍然延续莫里斯担任将军时期所制定的策略。这一时期,拜占庭军队没有开展大规模的军事行动,这已经被 581 年的事实证明会带来巨大损害,拜占庭人此时重点专注于巩固边境防御阵地,并以此为基础逐步蚕食波斯边境地区薄弱的部分。尽管拜占庭军队从底格里斯河两侧对驻守达拉城的波斯军队发起袭击,试图夺回该城的主权,但是在上美索不达米亚和图尔·阿布丁高原的南侧,拜占庭军队仍坚守防御策略,不对波斯的领土目标发起军事行动。拜占庭帝国与迦萨尼德王国联盟的破裂,①以及与拜占庭结盟的某些部落叛变到波斯帝国,使得拜占庭的军事行动受到限制。在阿扎尼尼,拜占庭人的行动颇为积极,他们试图尽力清除残余抵抗势力,以及切断该城与波斯其他地区的联系。另一方面,波斯人也很难采取有效的进攻性军事策略。尽管波斯人占领达拉城以及迦萨尼德人的叛离似乎使上美索不达米亚地区的战略天平倒向波斯帝国一边,但是由于拜占庭帝国在君士坦蒂娜、马尔丁和图尔·阿布丁的其他要塞防御异常坚固,使得波斯人军事行动的有效性大大降低。波斯人在阿扎尼尼取得了一些防御性的军事成功,但是拜占庭人在阿扎尼尼的主导地位在短时间内却难以被撼动。

西摩卡塔直到记载完 587 年春的巴尔干战役,才开始转向记载波斯事

---

① 581 年莫里斯率军进攻泰西封的途中,突然一座关键的大桥被人为损毁,莫里斯怀疑迦萨尼德首领孟迪尔有里通波斯的嫌疑,在没有经过认真调查的情况下将其关押,后来孟迪尔从狱中逃脱,率领手下将士逃往西西里。这一事件导致拜占庭与迦萨尼德王国联盟关系的破裂。

务即莫里斯统治期间的第一次波斯战争;① 当他对东方事务记载到 587 年春的时候,又开始延续对巴尔干事务的记载。② 根据西摩卡塔的记载,莫里斯任命约翰·麦斯塔肯担任东部军队司令。约翰以前担任过亚美尼亚军队将军,后来在 582 年 6 月,即莫里斯离开军队前往君士坦丁堡的那段时间担任代理司令长官。他的第一次军事行动是将军队驻扎在贝特曼河与底格里斯河的汇合处附近,正是在这里,双方的战斗打响。③ 约翰刚开始与波斯人交战只取得了部分的成功。根据史料记载,最初的进攻由伦巴德人阿瑞夫(Ariulph)率领,行动的目标是迫使波斯人撤退。但随后在约翰和库尔斯之间发生了矛盾,使得波斯人有机会卷土重来,最终拜占庭人失去了他们在两河交汇处的营地。④ 在提比略统治时期,库尔斯和约翰是同在亚美尼亚军队的同事,库尔斯经常独立指挥作战。⑤ 他们几乎同时被调任东部波斯战场,本来他们之间就有不和的传闻,约翰军阶的提升很可能使库尔斯心生怨恨,在战场上不服从约翰的战术安排,使军队遭到了较大损失。

  这次战役结束于 582 年秋。记述完这次战役后,西摩卡塔在其作品中插述几件君士坦丁堡的重大事件,比如 582 年末的莫里斯皇帝结婚庆典、583 年 4 月君士坦丁堡某处集市发生的火灾和巫师保林努斯的异端邪说,⑥这三起事件都发生在两次战役之间的间歇期。随后西摩卡塔继续记载拜占庭军队在贝特曼河附近的军事行动,⑦这一阶段军事行动始于 583 年春。两军在阿扎尼尼激烈交锋。波斯人首先采取行动,意欲夺回 578 年丢失的阿弗姆要塞并保护阿克巴斯要塞。拜占庭军队也不甘示弱,迅速进攻贝特曼河西岸的阿克巴斯要塞。阿克巴斯要塞位于贝特曼河岸,它是在 579 年波斯人在莫里斯侵占阿扎尼尼之后紧急修筑的,对波斯人监视和干扰拜占庭军队在玛尔提罗波利斯和阿弗姆之间的军事联系意义重大。根据西摩卡塔的记载,波斯人善于作战,拜占庭军队在封锁阿克巴斯两个月之久后毫无进展,只好被迫撤退。但从总体上而言,拜占庭的军事行动还

---

① Theophylact Simocatta, *History*, i. 9. 1 ~ 3.
② Theophylact Simocatta, *History*, ii. 10. 6 ~ 8.
③ 贝特曼河(Batman)又称尼姆弗乌斯河,它是拜占庭帝国和波斯帝国的界河,河两岸分属两国的地区分别为索发尼尼和阿扎尼尼。西摩卡塔没有记载战争在哪一边进行,考虑到此前拜占庭军队取得的胜利而使他们处于攻势,因此战争极有可能在阿扎尼尼进行。
④ Theophylact Simocatta, *History*, i. 9. 5 ~ 11.
⑤ John of Ephesus, *The Third Part of the Ecclesiastical History of John, bishop of Ephesus*, vi. 28.
⑥ Theophylact Simocatta, *History*, i. 10. 1 ~ 11;11. 1 ~ 2;11. 3 ~ 20.
⑦ Theophylact Simocatta, *History*, i. 12. 1 ~ 7.

是成功的。由于阿克巴斯受到威胁,波斯人只好推迟对阿弗姆的进攻,这说明当时拜占庭人支配着整个战局的进程。很有可能拜占庭军队在583年底攻克了阿克巴斯要塞,因为根据以弗所的约翰的记载,阿克巴斯在拜占庭军队长期的封锁之后终于陷落。① 由于这个要塞地势险恶,易守难攻,拜占庭人不准备在这里大量驻军,但是只要拜占庭人占据了这座要塞,他们只需抵御波斯人的进犯即可。②

西摩卡塔接下来记述了两件君士坦丁堡事务,一件是发生在583年5月10日的地震,③另一件是583年12月25日纪念莫里斯登基一周年的庆典。④ 584年初,莫里斯指派妹夫菲利普科斯担任东部军队将军,取代约翰·麦斯塔肯。尽管约翰一直对阿扎尼尼保持进攻性压力,但是显然莫里斯对约翰的军事行动不甚满意。约翰的主要事迹由埃瓦格留斯记录,但埃瓦格留斯似乎不愿意展示约翰军事成功的一面,他把更多的溢美之词用在菲利普科斯身上。⑤ 在584年秋季到来之前,双方没有战事。在这段时间,菲利普科斯忙于招募军队和加强莫诺卡顿的防御工事。⑥ 这段短暂的和平时期源于莫里斯和霍尔米兹德互派大使进行和平谈判。⑦ 西摩卡塔没有记载此次谈判,但米哈伊尔对这一事件略有提及。根据他的记载,虽然波斯人发起了这次谈判,但是霍尔米兹德不愿意做出让步,他希望当时在巴尔干半岛发生的事情可以迫使莫里斯接受波斯人的要求。⑧ 因此,霍尔米兹德在谈判现场公然侮辱对方使节,希望在拜占庭人面前展示强硬姿态,以便使后者妥协。无论如何,谈判使得波斯人暂时远离了拜占庭军队的进攻,达到了拖延对方战争准备的目的。⑨

莫里斯对波斯人在579年采取的拖延策略记忆犹新,他命令菲利普科

---

① John of Ephesus, *The Third Part of the Ecclesiastical History of John, bishop of Ephesus*, vi. 36.
② 阿克巴斯在拜占庭战略上的重要地位随着马尔提罗波利斯被波斯人侵占发生变化。588年拜占庭人仍将阿克巴斯作为防御要塞,589年此要塞被波斯人侵占。[Michael the Syrian, *Chronicle of the Michael the Syrian* (1166~1199), X. 21, pp. 360~361.]
③ Theophylact Simocatta, *History*, i. 12. 8~11; Theophanes Confessor, *The Chronicle of Theophanes Confessor, Byzantine and Near Eastern History AD 284~813*, 252. 29.
④ Theophylact Simocatta, *History*, i. 12. 12~13; Theophanes Confessor, *The Chronicle of Theophanes Confessor, Byzantine and Near Eastern History AD 284~813*, 253. 29.
⑤ Evagrios Scholastikos, *Ecclesiastical History*, vi. 3, p. 223. 32~34.
⑥ Theophylact Simocatta, *History*, i. 13. 3, 14. 6.
⑦ John of Ephesus, *The Third Part of the Ecclesiastical History of John, bishop of Ephesus*, vi. 37~38.
⑧ 根据西摩卡塔的记载,584年夏秋之际,阿瓦尔人大举侵入拜占庭国土,攻占多瑙河沿岸许多城市,迫使拜占庭人与之和谈。(Theophylact Simocatta, *History*, i. 6. 4~5.)
⑨ Michael the Syrian, *Chronicle of the Michael the Syrian* (1166~1199), X. 21, p. 361.

斯一旦双方谈判破裂立刻组织进攻。于是在8月初,菲利普科斯就已率军驻扎在底格里斯河畔,接下来他花了几天时间向东南方向进军,越过了图尔·阿布丁高原。这个时候他得知了一个波斯人计划进攻图尔·阿布丁的消息,这使得波斯人在尼斯比斯的防务空虚,给了菲利普科斯一个绝佳的进攻机会。于是他率军通过贝斯·阿拉巴耶平原,侵入尼斯比斯近郊。波斯人慌忙返回尼斯比斯来阻止敌方的进攻。菲利普科斯撤退至图尔·阿布丁,将军队驻扎在贝特曼河附近。① 西摩卡塔还记载了拜占庭军队第二次进攻贝斯·阿拉巴耶的行动,这一次进攻的策略和所选择的路线都与第一次相似:菲利普科斯率军首先驻扎在艾萨玛山脉南部城市莫洛卡顿,此地临近君士坦蒂娜城,随后他向东北方向行进到达底格里斯河畔,之后向西南方向越过图尔·阿布丁高原进入尼斯比斯近郊,正是在这里菲利普科斯对波斯军队发起袭击的。波斯将领卡达里刚肯定误判了菲利普科斯的行军方向,他以为拜占庭人应该停留在图尔·阿布丁高原的北侧,他没有想到拜占庭人这么快就到达尼斯比斯。② 拜占庭军队的进攻行动一直在持续,直到波斯军队快速赶到才撤退,一部分军队撤退至图尔·阿布丁,另一部分军队准备越过沙漠进攻哈伯尔河沿岸的塞奥多西城。西摩卡塔对两次军事行动的记载如出一辙:每次波斯人向西行进准备进攻拜占庭领土时,都会出现波斯某个城市的防务空虚,于是拜占庭军队开始进攻这座城市,波斯军队不得不赶回来驰援。但实际上波斯人不可能允许菲利普科斯在这么短时间内发动两次成功的袭击。西摩卡塔关于第二次军事进攻的记载中提到了根据所引述的口述史料,尼斯比斯和哈伯尔河之间有一大片干涸的土地,拜占庭军队的撤退必须经过这片地区。③ 这份引述的口述史料表明西摩卡塔在记载这一事件的时候没有援引埃庇发尼亚的约翰的文献。西摩卡塔记载586~589年战事的时候还引用了"亲伊拉克略"文献,在这份文献中肯定记载了菲利普科斯的第二次军事行动,并且集中记述了菲利普科斯的军队撤退至塞奥多西城所遭遇的麻烦。可以推断的是,西摩卡塔没有很好地将约翰所记的菲利普科斯的第一次军事行动与"亲伊拉克略"文献中关于菲利普科斯的第二次军事行动的内容融合成一个整体。④

在接下来的一年,即585年,菲利普科斯率军侵入阿扎尼尼,但是不久

---

① Theophylact Simocatta, *History*, i. 13. 3 ~ 8.
② Theophylact Simocatta, *History*, i. 13. 8 ~ 12.
③ Theophylact Simocatta, *History*, i. 13. 10.
④ Michael Whitby, *The Emperor Maurice and His Historian*, p. 301.

之后他就病倒了,不得不将军队的指挥权委托给斯蒂芬和阿皮什(Apsich)。① 在菲利普科斯生病期间,波斯人组织了两次军事进攻,分别对莫诺卡顿和玛尔提罗波利斯进行围攻。波斯人对拜占庭军队没有进行任何有效的抵抗而感到惊奇。菲利普科斯的两员副将斯蒂芬和阿皮什在波斯人进攻面前合作不力,而且此时一部分拜占庭军队已被调往南方去应对迦萨尼德人的进攻。根据以弗所的约翰的记载,莫里斯统治前期,孟迪尔的儿子努曼(Numan)在其父亲被关押之后一直对拜占庭侵扰不断,直到他也被关押,侵扰才得以停止。② 从此以后,迦萨尼德王国分裂成十五个小邦国,其中一些邦国投靠到波斯帝国。585年冬天,菲利普科斯痊愈,他解散了军队后返回君士坦丁堡。

西摩卡塔关于586年战事的记载明显增多了。埃庇发尼亚的约翰将"拜占庭军队在索拉丛的胜利"作为一个重点的叙述主题。西摩卡塔很可能引用了约翰的记载,除此以外他还大量引用"亲伊拉克略"文献的信息,在他作品中有很多关于伊拉克略将军战场事迹的记述。586年初春,菲利普科斯离开君士坦丁堡,向东前往阿米达,在那里与波斯使节商谈。西摩卡塔记述了波斯使节向拜占庭军官们发表演说的内容。③ 波斯人在演讲中重申波斯人对和平的愿望,并坚持声称拜占庭人作为侵略者必须支付贡金,这一点是双方签订和平协议的前提。波斯人还希望拜占庭人会由于巴尔干日渐恶化的局势而对波斯妥协,但莫里斯在与菲利普科斯商议之后,坚定地拒绝了波斯人的主张。谈判进展得非常迅速,波斯使节只需要从尼斯比斯行进到阿米达(不到一百罗里),距离较近,菲利普科斯通过最快的信使将谈判的内容传送至君士坦丁堡。谈判破裂之后没过多久,战争就打响了。586年初夏,菲利普科斯率军从阿米达出发,越过图尔·阿布丁高原,向阿扎蒙河(Arzamon)沿岸的比巴斯(Bibas)进军。在图尔·阿布丁的山麓,拜占庭军队占据了一个有利的防御位置,可以阻止波斯人获得水源。④

波斯军队在卡达里刚的率领下从达拉城出发,他们提前做好准备来确保水的供应。他们采取骆驼运输和储存水的办法,即使拜占庭人封锁阿扎蒙河,他们也能有效应对。⑤ 拜占庭军队希望与波斯人立即开战,他们向

---

① Theophylact Simocatta, *History*, i.14.1~2.
② John of Ephesus, *The Third Part of the Ecclesiastical History of John, bishop of Ephesus*, vi. 41~42; iii.42.
③ Theophylact Simocatta, *History*, i.15.3~10.
④ Theophylact Simocatta, *History*, i.15.14~ii.1.6.
⑤ Theophylact Simocatta, *History*, ii.2.4.

索拉丛平原进军以迎战波斯军队。双方的战斗在一个周日打响,"菲利普科斯命令士兵将耶稣基督的肖像立于支架上,将圣像上的布掀开,两列士兵抬起圣像支架行进在军队的正中央,这给了作战的士兵无穷的勇气和斗志。"① 阿米达的主教与马尔丁的居民整天都在为拜占庭军队获得胜利而祈祷。② 祈祷终于得到回应,在上帝的帮助下,拜占庭人赢得了这一次战斗的胜利。波斯军队遭受了巨大的伤亡,剩余的士兵逃回达拉城,可是城门却对他们关闭了。根据西摩卡塔的记载,超过一千名波斯士兵被俘,还有一些饥渴的士兵在逃亡的过程中渴死在干涸的井旁。③ 在战争结束之后,菲利普科斯嘉奖在战场上表现英勇的士兵,看望受伤的士兵。④ 西摩卡塔在描述拜占庭军事成功的过程中没有突出菲利普科斯的个人贡献,他的这种做法源于《莫里斯的战略》的建议。《莫里斯的战略》的作者认为:"战前宗教上的准备对于战争取得胜利至关重要,祈祷必须在战争开始之前进行,在危险来临之前将军必须祈祷,以便获知上帝的意旨,得到上帝的支持,这一点对于任何一次军事行动都非常重要。在战争进行当中,将军不需要参加战斗,他必须随时观察战争的进展以作出决策,并在必要的时候派去军队支援,在战争结束后将军必须及时关心受伤人员和死难将士,这都是作为将军的宗教责任,这样做同时也是为了提升士兵的士气。"⑤

拜占庭人下一个军事目标是阿扎尼尼,他们在封锁当地行政和宗教中心查洛马龙之前发现了几处地下避难设施,这是当地的贵族在拜占庭军队到来之前遗弃的。拜占庭人要想完全控制阿扎尼尼,就必须占据一些战略要地。菲利普科斯派老伊拉克略去执行此项任务,其中包括夺取从北和从东通往阿扎尼尼的交通线路。⑥ 在这次行动中,老伊拉克略遇上了卡达里刚临时组建的军队,卡达里刚希望通过扼守交通要道来保护阿扎尼尼的安全,双方军队在此发生遭遇战,最终伊拉克略的军队战败撤退。西摩卡塔

---

① Theophylact Simocatta, *History*, ii. 3. 4. 这幅圣像是历史上最著名的两幅所谓"神所创造的"基督的圣像之一,它在574年被从叙利亚运抵君士坦丁堡,此后开始被人频繁使用、为人尊崇。在《莫里斯的战略》中有多处强调了当时军事行动前所应做的宗教准备,其中就包括树立圣像等。

② Theophylact Simocatta, *History*, ii. 2. 6 ~ 3. 9.

③ Theophylact Simocatta, *History*, ii. 4. 1 ~ 5. 8.

④ Theophylact Simocatta, *History*, ii. 6. 10 ~ 12.

⑤ *Maurice's Strategikon*, *Handbook of Byzantine military strategy*, ii. 18; viiB. 1; viiB. 6. 查士丁尼时期匿名作家撰写的军事战略手册《策略学》(*Peri Strategikes*)没有强调在军事行动中宗教的作用,也没有记述战前的宗教准备。《莫里斯的战略》则对宗教有大量涉及,这从一定程度上反映出6世纪末期社会整体的宗教氛围有所增强,或者反映出《莫里斯的战略》的作者或资助者自身的宗教态度,莫里斯本人对宗教信仰非常虔诚。

⑥ Theophylact Simocatta, *History*, ii. 7. 9 ~ 11.

详细记载了这一战事,①他极力描写老伊拉克略的勇敢与谋略,却对伊拉克略在阻止波斯军队进入阿扎尼尼的军事行动中的失败只字不提。据此推断,西摩卡塔极有可能是依据"亲伊拉克略"文献来记载的。经此一役,卡达里刚率领军队迅速进入查洛马龙,他先于菲利普科斯抢占了一处重要的战略高地,那是一处易守难攻的山丘。波斯人凭此优越地理位置得以俯瞰拜占庭军营,更重要的是此举有利于阻止拜占庭军队接近查洛马龙。②为避免军队遭受更大损失,菲利普科斯率军准备撤至阿弗姆,③整个军队夜间穿越查洛马龙和阿弗姆之间的巨大峡谷。尽管拜占庭军队较为混乱,但是他们仍然越过了贝特曼河并最终抵达阿米达。在那里,波斯人为了保护这座城市而遭受了重大的伤亡。④

西摩卡塔记载有关查洛马龙的历史事件大概用了几页篇幅,⑤辞藻华丽,多用修辞手法,这可能是作者在"亲伊拉克略"文献基础上加上了的精心修辞。他没有解释菲利普科斯撤退行动的动机,而是简单地指责这次突然的撤退行动给军队带来的混乱。例如"自从罗马军队集结在一起就没有和波斯军队正面交过战,双方似乎在玩互相追逐的游戏。罗马人一直不停地转移,在转移过程中损兵折将,这足以表明菲利普科斯愚蠢之极","鉴于菲利普科斯的战略决策错误使军队遭受了很大损失,很多人对菲利普科斯心存不满"。⑥ 实际上菲利普科斯有自己的战略安排,他希望撤退至阿米达之后重整军队,再在波斯人防御薄弱地区发动下一轮的进攻。西摩卡塔对拜占庭军队不幸的描述略显夸大,然而事实是军队从险境中得以逃脱,并迅速扭转颓势。在此后的几年,他们建立了许多军事要塞,并对波斯领土展开了大范围的军事行动。⑦ 这些都可算是菲利普科斯领导下的拜占庭军队的成功之举。西摩卡塔在其作品中对老伊拉克略赞誉有加,而对菲利普科斯却充满责备。但实际上,老伊拉克略在阻止卡达里刚的军事行动中失利,并且没有及时向菲利普科斯汇报卡达里刚临近的消息,而菲利

---

① Theophylact Simocatta, *History*, ii. 8.1~5.
② Theophylact Simocatta, *History*, ii. 8.12.
③ 阿弗姆坐落在峡谷的东侧,离查洛马龙相对较近。菲利普科斯撤退到阿弗姆的动机不难以理解,因为拜占庭军队进攻查洛马龙的计划受阻,卡达里刚已经加强了查洛马龙的驻防力量,所以菲利普科斯选择退到一个相对安全的地方并筹划发动下一次进攻是合乎情理的。相反,执行侦察任务的伊拉克略恰恰应该为卡达里刚成功地为查洛马龙解围一事承担一定的责任。因此,西摩卡塔对菲利普科斯的尖锐批评或许是为了避免对伊拉克略的批评。
④ Theophylact Simocatta, *History*, ii. 9.1~14.
⑤ Theophylact Simocatta, *History*, ii. 8.1~9.17.
⑥ Theophylact Simocatta, *History*, ii. 9.7, 9.9.
⑦ Theophylact Simocatta, *History*, ii. 9.17, 10.4.

普科斯则千方百计运用谋略使他的军队脱离不利局面。西摩卡塔这种有态度偏向的文字不可能来自埃庇发尼亚的约翰,因为约翰及其雇主格里高利主教都对菲利普科斯的评价较为中允。①

尽管菲利普科斯在抢占查洛马龙的军事行动中失败了,但是他的战术性撤退并不必然造成灾难性影响。拜占庭军队随后的行动证实了这一基本判断,尽管他们从查洛马龙撤退,但是仍有能力组织进攻。根据西摩卡塔的记载,拜占庭军队紧急撤退令菲利普科斯陷入精神错乱,身体状况每况愈下,他在图尔·阿布丁做好防御准备,随后他派遣老伊拉克略对底格里斯河沿岸发动一次袭击,正是这次行动鼓舞了军队的士气。② 西摩卡塔详细记述了菲利普科斯所做的防御工作:两座要塞得以修建,被命名为帕萨肯(Phathacon)和阿拉雷苏斯(Alaleisus)。它们坐落在阿扎尼尼附近,控制通往阿扎尼尼的陶鲁斯山各重要关口。《莫里斯的战略》这样评论道:"无论是在阿扎尼尼还是在图尔·阿布丁,拜占庭人所做的防御性准备都难以实现对波斯人的有效威慑,除非拜占庭人在战场上拥有绝对的优势。"③根据西摩卡塔的记载,拜占庭人在战场上的优势似乎只在老伊拉克略随后入侵波斯的军事行动中才得以体现。西摩卡塔关于伊拉克略这次军事行动的记载是混乱的,因为他没有意识到老伊拉克略在发起军事进攻之前已经驻扎在底格里斯河东岸,他所提到的伊拉克略返回罗马帝国路程中的过河,实际上是从底格里斯河的东岸到西岸。伊拉克略发起军事行动之前,或许在阿扎尼尼管理或保护当地的防御工程,之后他率军向南进军,在图尔·阿布丁的山脚下驻营,接下来继续行军,穿过哈卡里(Hakkari)到达沙玛农(Thamanon),这是底格里斯河东岸的一个村庄(位于哈伯尔河北侧),从那里出发他向南进攻,越过哈伯尔河和扎克霍山(Zakho),侵入底格里斯平原,之后他进入底格里斯河西岸。经过一番劫掠之后,拜占庭军队回到本国领土,即哈伯尔河沿岸的塞奥多西城。④

587年春,菲利普科斯由于重病缠身,将三分之二军队交给老伊拉克略指挥,剩下三分之一军队则交给塞奥多利和安德鲁指挥,他们所接受的任务都是进攻波斯。⑤ 西摩卡塔在记载587年东部事务之前插入记载这一年的巴尔干事务,之后继续记载老伊拉克略对波斯的军事行动。老伊拉

---

① Michael Whitby, *The Emperor Maurice and His Historian*, p.312.
② Theophylact Simocatta, *History*, ii. 9. 17.
③ *Maurice's Strategikon*, *Handbook of Byzantine military strategy*, X. 4.
④ Theophylact Simocatta, *History*, ii. 10. 8 ~ 17. 13.
⑤ Theophylact Simocatta, *History*, ii. 10. 6 ~ 7.

克略延续了上一年的军事行动,经过一番艰苦卓绝的围攻,终于攻破了一座不知名的要塞。① 与此同时,塞奥多利和安德鲁再次加强图尔·阿布丁的马特扎农(Matzanon)防御工事,他们在当地农民的帮助下成功地袭击了附近的法菲(Fafi)要塞,在这次军事行动中涌现出一位名叫沙普尔(Sapeir)的士兵英雄。根据哈金斯的研究,西摩卡塔所记的关于伊拉克略的围攻战略和沙普尔的英雄事迹都来自"亲伊拉克略"文献。拜占庭军队在587年的军事行动是为了巩固586年所取得的战果。② 老伊拉克略攻占的不知名的要塞坐落在阿扎尼尼,而塞奥多利和安德鲁在图尔·阿布丁的军事行动反映了拜占庭军队在上美索不达米亚的索拉丛地区所具有的优势地位。法菲要塞位于达拉城东北方向的十罗里处,它原本属于拜占庭帝国,可能是在573年波斯人进攻达拉城的战争中或580年波斯人侵占图尔·阿布丁的过程中被侵占的。拜占庭军队对法菲要塞的重新占领标志着帝国正逐步恢复在达拉城附近地区的主权。

587年冬天,菲利普科斯出发前往君士坦丁堡述职,临行前他让老伊拉克略暂时执掌军队帅印。③ 在前往君士坦丁堡途中,他得知自己将军的职位已经被普里斯哥所取代,于是他写信给老伊拉克略,告知普里斯哥即将赴任,并且伊拉克略同样面临解除职务的危险,他建议老伊拉克略回到亚美尼亚,将军队委托给君士坦蒂娜城的纳尔西斯。④ 老伊拉克略此前担任过亚美尼亚军队将军,在菲利普科斯担任东部军队将军后,伊拉克略率军从亚美尼亚集结至菲利普科斯麾下。菲利普科斯试图将军队分成几部分。这样做可能是出于妒忌,为普里斯哥执掌军队制造一点麻烦;也可能是担心换帅会引起军队骚乱,希望通过分散士兵来降低骚乱的风险。莫里斯皇帝颁布了一项旨在改革军费支出的法令,这项法令不久前才到达菲利普科斯的军营,⑤但是菲利普科斯并没有及时公布,他前往君士坦丁堡的目的之一是建议莫里斯不要推行此项改革。当他得知自己的职位被取代时,在信中要求老伊拉克略公布这项法令。西摩卡塔认为莫里斯推行这项法令是为了减少军费支出的四分之一,他没有注意到在新颁布的法令中也包括提高武器装备水平和后勤服务的条款。埃瓦格留斯认为,莫里斯不可能在一项改革中只减少军事开支而不进行其他的配套改革,法令中所规定

---

① Theophylact Simocatta, *History*, ii. 18.1 ~ 6.
② M. J. Higgins, *The Persian War of The Emperor Maurice*(582 ~ 602), pp. 75 ~ 78.
③ Theophylact Simocatta, *History*, ii. 18.26.
④ Theophylact Simocatta, *History*, iii. 1.1.
⑤ Theophylact Simocatta, *History*, iii. 1.2.

的削减军饷额度实际上通过提高每个士兵的武器装备水平和后勤服务获得了补偿。① 在西摩卡塔的巴尔干事务记载中,明确指出了军费支出包括三部分:士兵的衣物、装备和军饷。② 莫里斯推行此项改革的原因之一是五年一次的捐赠金额大幅度减少了,这使得帝国面临财政紧张的困难,尤其是莫里斯皇帝必须同时支付巴尔干军队和东部军队的军费。

588 年发生的主要事件是拜占庭军队的叛乱,它始于 588 年复活节,直到 589 年复活节仍未平息。在叛乱期间两国军事行动较少,这从另一方面也反映了当时波斯人的国力逐渐虚弱,他们无法提供足够的资金来支持拜占庭军队中的叛乱势力。波斯人当时的注意力主要集中在突厥人身上,不过突厥人最后于 589 年被瓦哈姆击溃。588~589 年,两国之间有一些小的军事行动,主要是围绕对重要要塞阿扎尼尼的争夺。588 年,一支波斯军队在阿扎尼尼展开军事行动,以阻止杰曼努斯对波斯领土的侵袭。③ 589 年,波斯军队攻占了玛尔提罗波利斯,此举将更加有助于他们恢复对阿扎尼尼的控制。然而波斯人却没有成功攻取君士坦蒂娜,他们在阿扎尼尼的军队也在随后被杰曼努斯的一小股拜占庭军队所击败。

西摩卡塔关于 588 年叛乱的记载结合了支持普里斯哥和反对普里斯哥的两种意见,有时会出现前后不一致的地方。支持普里斯哥的观点责备菲利普科斯出于妒忌通过公布法令来削弱普里斯哥的权威,在军队中埋下了分裂的种子;赞赏普里斯哥在叛乱期间的表现,例如在士兵面前展现一个公正的形象来平复他们的情绪,在逃往君士坦蒂娜以后来不及处理自己的伤口就忙于恢复当地的秩序,通过反复努力安抚士兵,与士兵代表展开充分的协商等。④ 反对普里斯哥的观点强调普里斯哥到达莫洛卡顿军营后十分傲慢,没有听取士兵的意见就强行推行改革,这是导致军队叛乱升级的原因之一;而且表示是普里斯哥在复活节后的第三天公布的改革法令,并不是菲利普科斯公布的。反对普里斯哥的观点主要来自埃瓦格留斯,他认为普里斯哥应该为公布法令负责。⑤《复活节编年史》也强调了普里斯哥的傲慢态度。⑥ 这两种观点的流行反映亲历者不同的利益取向。一方面,普里斯哥不太可能反对莫里斯,特别是莫里斯对他委以重任后。他忠实地准备执行莫里斯的改革政策,但不会愚蠢到刚一赴任就挑起士兵

---

① Evagrios Scholastikos, *Ecclesiastical History*, vi. 4, p. 224. 25~28.
② Theophylact Simocatta, *History*, vii. 1. 1~7.
③ Theophylact Simocatta, *History*, iii. 4. 1.
④ Theophylact Simocatta, *History*, iii. 1. 11,14~15;3. 1~5.
⑤ Evagrios Scholastikos, *Ecclesiastical History*, vi. 4, p. 224. 19~34.
⑥ *Chronicon Paschale 284~628 AD*, p. 57.

的不满情绪。改革法令的公布只是军事叛乱的导火索,其实在普里斯哥到达东部之前,军队内部就已经在酝酿着不满了。他588年回到君士坦丁堡后,又被莫里斯任命为巴尔干军队司令,由此可见,莫里斯认为普里斯哥无需为叛乱担责。另一方面,叛乱士兵的领袖杰曼努斯一直强调军队是忠于莫里斯的,普里斯哥的傲慢、对士兵们的诉求毫不关心才是军队爆发叛乱的主要原因。菲利普科斯欣然接受这种反对普里斯哥的观点,尤其是当后来普里斯哥所指挥的巴尔干战争败绩累累而东部的军队通过打败波斯人、将缴获的战利品交给莫里斯以表现他们的忠诚时,这种观点就更加被官方所接受了。我们无法确定埃庇发尼亚的约翰是否结合了这两种观点,亦无法确定西摩卡塔是否受到约翰反对普里斯哥观点的影响又结合了其他文献中支持普里斯哥观点的记载。约翰极有可能吸收了埃瓦格留斯反对普里斯哥的观点,而老伊拉克略持有支持普里斯哥的观点,因为他作为亲历者深知菲利普科斯意在损坏普里斯哥名声的诡计。"亲伊拉克略"文献虽没有支持普里斯哥的倾向,但是它记载了菲利普科斯在整个事件中所表现出来的妒忌和诡诈。

叛乱始于588年复活节,此时普里斯哥担任东部军队司令还不到一个月。当时信息在东部前线和君士坦丁堡之间传递的速度非常快,信使将叛乱的消息传送到君士坦丁堡宫廷只用了一周时间。根据埃瓦格留斯的记载,当588年6月或7月安条克主教格里高利从君士坦丁堡返回之时,菲利普科斯已经被莫里斯皇帝恢复了东部军队将军的职务,只不过仍在赴任的途中,此前他拒绝了叛乱士兵请求其担任这一职务的要求。① 与此同时,杰曼努斯被叛乱的士兵推选为领导人。杰曼努斯率军挫败了波斯人对君士坦蒂娜的一次进攻,在莫里斯派来的代表阿里斯托布鲁斯(Aristobulus)安抚好士兵情绪后,他命令一部分军队进入阿扎尼尼,守卫这个城市的安全。杰曼努斯还在玛尔提罗波利斯打败了波斯军队,杀死了波斯将领玛鲁扎斯(Maruzas),抓获了三千战俘,其中包括几位波斯官员。拜占庭人在这场战争中取得了伟大的胜利,他们获得了大量的战利品,原先军营中敌对莫里斯的情绪也得到消解,他们向皇帝送去贵重的战利品以示尊崇。除了《历史》,叙利亚编年史对这一事件的记载也较为充分。②

西摩卡塔在记载588年战事之余,还记载589年春军队收到了国家下发的正常军饷,没有按照改革法令的标准执行。这项任务由安德鲁负责,

---

① Evagrios Scholastikos, *Ecclesiastical History*, vi. 7~8, pp. 226.31~227.2.
② Theophylact Simocatta, *History*, iii. 3.8~4.4; Michael the Syrian, *Chronicle of the Michael the Syrian* (1166~1199), X.21, p.359.

他于589年复活节前夕抵达东部军队驻地。① 根据埃瓦格留斯的记载，589年4月9日，在安条克主教格里高利的积极斡旋下，军队和菲利普科斯的关系得以和解。② 然而帝国在玛尔提罗波利斯的形势很快出现了逆转，当地守城军队长官西提塔斯带领军队叛变至波斯，与波斯人联合起来占领了这座城池。③ 菲利普科斯立即组织军队准备围攻玛尔提罗波利斯，意在收复这座城市。拜占庭军队在城外与波斯援军发生了激烈的交战。西摩卡塔认为拜占庭军队最终战败了，④尽管波斯军队也遭受了严重的损失，但是却成功守住了城防要塞。⑤ 埃瓦格留斯却认为拜占庭军队胜利了，⑥不过这极有可能是为了故意隐瞒菲利普科斯失败的事实。菲利普科斯在军队遭受巨大损失之后放弃了继续围攻。这场战役发生在589年盛夏时节。在此之后，菲利普科斯的职位被科蒙提奥鲁斯取代，他刚从西班牙回来即被紧急任命执掌东部军队。科蒙提奥鲁斯走马上任后便率军侵入贝斯·阿拉巴耶，在尼斯比斯东部附近的西萨巴农击败了波斯人。西摩卡塔在记载西萨巴农战役的过程中有意贬抑科蒙提奥鲁斯，而称赞老伊拉克略所取得的胜利："当战斗进行过程中，科蒙提奥鲁斯突然率领一部分军队逃出战场，他们一直逃到塞奥多西城，而伊拉克略在战场上的表现非常英勇，他挥舞着手中的长矛奋勇杀敌。"⑦但科蒙提奥鲁斯不可能从西萨巴农逃到塞奥多西城，因为两地相距几天的行程。西摩卡塔的这种说法无法令人信服，他有意夸大科蒙提奥鲁斯的懦弱，以提升老伊拉克略的形象。埃瓦格留斯在关于这次战争的记载中没有提到伊拉克略，却记载了科蒙提奥鲁斯在一次激战中差点被杀死，幸好被一位不知名的护卫所救，波斯军队幸存者则纷纷逃到尼斯比斯。⑧ 西萨巴农战役发生在589年秋，恰逢波斯将军瓦哈姆开始起义，⑨此时瓦哈姆可能正好率军从阿塞拜疆挺进底格里斯河。此后科蒙提奥鲁斯将进攻的目标集中在玛尔提罗波利斯，⑩他组织军

---

① Theophylact Simocatta, *History*, iii. 4. 6; Evagrios Scholastikos, *Ecclesiastical History*, vi. 10, p. 228. 27～29.
② Evagrios Scholastikos, *Ecclesiastical History*, vi. 11～13.
③ Theophylact Simocatta, *History*, iii. 5. 11～13; Evagrios Scholastikos, *Ecclesiastical History*, vi. 14, pp. 231. 30～232. 4.
④ Theophylact Simocatta, *History*, iii. 5. 15.
⑤ Michael the Syrian, *Chronicle of the Michael the Syrian* (1166～1199), X. 21, p. 360.
⑥ Evagrios Scholastikos, *Ecclesiastical History*, vi. 14, p. 232. 23～28.
⑦ Theophylact Simocatta, *History*, iii. 6. 2.
⑧ Evagrios Scholastikos, *Ecclesiastical History*, vi. 15, p. 233. 5～10.
⑨ Theophylact Simocatta, *History*, iv. 1. 1～2.
⑩ Evagrios Scholastikos, *Ecclesiastical History*, vi. 15, p. 233. 16～26.

队再次对该地进行围攻,但是由于菲利普科斯在玛尔提罗波利斯城外的失败,整个进攻计划受到影响。① 于是科蒙提奥鲁斯将军事进攻目标转移至阿克巴斯要塞,并最终攻占此要塞。此举有助于阻断玛尔提罗波利斯与波斯驻阿扎尼尼援军的联系。

  在西摩卡塔的记载中,拜占庭人在美索不达米亚地区的行动比在高加索南部的行动重要得多,尽管他也记载了高加索的苏阿尼亚事务,但是所用的篇幅却非常有限。② 苏阿尼亚战争发生的时间略早于瓦哈姆起义。589年初,莫里斯试图对波斯西北部的阿塞拜疆组织一次军事行动。由高加索部落成员组成的军队在伊比利亚贵族瓜拉姆(Guaram)的领导下率先出征,然而他们意外遭遇了瓦哈姆的军队。瓦哈姆是在波斯东北边境反对突厥人的战争中才崛起的,他在战争中取得了巨大的成功,但是却在分配战利品方面与霍尔米兹德国王出现分歧。此后,霍尔米兹德重新发动科斯罗伊斯一世在二十七年前业已中止的拉兹卡战争,派瓦哈姆率军入侵拉兹卡。瓦哈姆的突然出现,使准备入侵阿塞拜疆的高加索部落只好撤退。③ 西摩卡塔没有记载这一事件,他将瓦哈姆进军拉兹卡附近的苏阿尼亚作为整个战争的开始。罗曼努斯是拜占庭军队驻苏阿尼亚的将军,由他来执行阻止瓦哈姆进攻的任务。④ 瓦哈姆进军苏阿尼亚先是小获胜利,不久拜占庭方面集结兵力拒敌,双方在阿拉克斯(Araxes)河畔打了一场遭遇战。瓦哈姆原本试图运用游击战术诱敌深入,使罗曼努斯进入波斯领土以便一举消灭他,但罗曼努斯对进入波斯作战没有一点信心,瓦哈姆只好返回与罗曼努斯的军队正面交战。最终,瓦哈姆抵挡不住拜占庭军队的正面进攻,他的军队遭受了巨大损失。⑤ 瓦哈姆之前所经历的都是与游牧民族的战争,他可能忘记了与拜占庭军队正面交战的风险。

  589年7月,霍尔米兹德和瓦哈姆之间的互相指责和漫骂直接导致了后者的起义。西摩卡塔在记载这次起义之前记述了亚美尼亚暴动的基本情况。⑥ 根据他的记载,亚美尼亚暴动的领导人是萨姆巴特·巴格拉图尼(Smbat Bagratuni)。莫里斯于6世纪90年代在亚美尼亚招募一批人去巴尔干半岛工作,萨姆巴特就是当中的一员,他供职于君士坦丁堡的圆形竞

---

① Theophylact Simocatta, *History*, iii. 5. 14～16.
② Theophylact Simocatta, *History*, iii. 6. 6～6. 8.
③ Sebeos, *Armenia Chronicle*, ch. 2. M. J. Higgins, *The Persian War of the Emperor Maurice (582～602)*, p. 38.
④ Theophylact Simocatta, *History*, iii. 6. 17.
⑤ Theophylact Simocatta, *History*, iii. 7. 17～18.
⑥ Theophylact Simocatta, *History*, iii. 8. 4～8.

技场。然而西比奥斯提供了关于莫里斯招募亚美尼亚士兵特别是骑兵前往色雷斯前线的重要信息,亚美尼亚贵族不愿意远离故土服役,更不用说去前线极有可能战死沙场。这导致了萨姆巴特领导的一次暴乱,失败后他被作为角斗士投往君士坦丁堡的竞技场,与凶猛的野兽一决高下,以示对他的惩罚。幸运的是,或许由于他的力量巨大无比,或许由于皇后的仁慈,他的性命得以保全。①

西摩卡塔的《历史》并不完美。例如,西摩卡塔对战争发生地的地理知识欠缺,这表现在《历史》中,影响了我们对《历史》的理解,因为我们只有在正确了解事物空间位置的基础上才能更好地理解史学作品的具体内容。但它仍是现存记载582~589年拜占庭帝国军事事务最好的文献。由于西摩卡塔结合了埃庇发尼亚的约翰、曼南德尔和以弗所的约翰等前贤的记载,对某些事物的观点比同时代作家埃瓦格留斯更为客观全面。总之,《历史》为我们构建这一时期拜占庭与波斯战争史实的基本轮廓提供了充足的信息。

## 二、波斯内战

西摩卡塔对波斯内战的记载主要来自埃庇发尼亚的约翰的记载,也反映了约翰的知识背景和兴趣取向。西摩卡塔对历史事件记载的详细程度不一,例如西摩卡塔对霍尔米兹德政权的被推翻、科斯罗伊斯二世的逃亡以及591年美索不达米亚战争等事件的记载非常详细;对590年夏季和秋季的事务,即两国谈判和军事准备的过程就没有重点关注;对591年扎格罗斯山战役的地理和军事战略情况则没有提及。

589年瓦哈姆在与拜占庭军队的交战中失败本来无关大局,但在波斯内部却引起政治上的大动荡。霍尔米兹德得知败讯,派使者前往阿拉克斯

---

① Sebeos, *Armenia Chronicle*, ch.8, ch.10.

河畔营地将瓦哈姆免职,并送给他一个纺线杆和一套妇女衣服,以示羞辱。① 霍尔米兹德这样对待瓦哈姆似乎有些突然和过分,实则并非偶然。瓦哈姆系出波斯名门米赫朗家族(Mihran),此族系旧安息王室的后裔。他擅长于军事,在军队中享有盛名。霍尔米兹德对这位骄傲且有野心的将领本怀猜忌,希望乘他战败之机对他实施打击。589 年,瓦哈姆通过向士兵们传播霍尔米兹德国王将要惩罚战败的军队的谣言来确保他们对自己的忠诚,②他甚至还伪造霍尔米兹德国王的法令,谎称国家财政将继续减少军队的支出、降低士兵待遇。③ 由于惧怕国王的惩罚,且对降低待遇不满,士兵们在尼斯比斯宣誓对瓦哈姆效忠。士兵们对国王的不忠诚或许是霍尔米兹德长期接触不到军队所致,这也是科斯罗伊斯一世制定法令禁止国王率军出征的直接后果。此后,瓦哈姆率军南下,与集中在尼斯比斯的美索不达米亚军队会合,进驻大扎布河,准备直取首都泰西封。根据西摩卡塔对战事的记载,瓦哈姆的军队行军至扎布河岸边,他们的行动必须隐蔽,面对湍急的河流他们一时难以跨越,但是霍尔米兹德派来的一支军队却抢先从渡口跨越了河流。④ 这一渡口非常重要,危险的扎布河即使是在秋天也很难涉水而过,瓦哈姆的军队上下都没有信心抢占这一战略要点。霍尔米兹德的军队由法鲁克汗(Farrukhan)率领,他希望瓦哈姆的军队会由于缺少物资供给而自行撤退,但他却被部下背叛,最后被谋杀。此事发生后的第五天,⑤消息传到霍尔米兹德那里,于是他慌忙地集结剩下的军队逃往泰西封——他把夏宫设在伊朗高原,把冬宫设在下美索不达米亚的泰西封,经常往返于这两个地方。在他到达泰西封后的第三天,他的政权被一次宫廷政变推翻了。⑥

根据阿拉伯史家马苏第的记载,政变的过程大致是这样:"当时叛军力量大为加强,对首都形成威胁之势,大贵族和袄教僧侣都不肯支持霍尔米

---

① Theophylact Simocatta, *History*, iii. 8. 1. 瓦哈姆在应对突厥侵犯的作战得胜之后,东方作家泰伯里、马苏第和费尔多西都未提到他又被派往拉兹卡以及败于拜占庭之事,此项记载唯见于西摩卡塔的《历史》。麦斯欧迪只谈到瓦哈姆胜利归来,有个大臣向霍尔米兹德进谗言,说瓦哈姆吞没了一些首饰、财宝和战利品等,但未提及霍尔米兹德以纺线杆和妇女服装羞辱瓦哈姆。([古阿拉伯]马苏第著,耿昇译:《黄金草原》卷二,青海人民出版社,1998 年,第 214 页。)费尔多西则称霍尔米兹德相信瓦哈姆侵吞了战利品,怒而以纺线杆、棉花和女衣等送给他。(《王书》卷八,韦尔纳本,第 151~154 页。)

② Theophylact Simocatta, *History*, iii. 18. 13.

③ 根据西摩卡塔的记载,此前霍尔米兹德国王已减少了十分之一的军费支出。(Theophylact Simocatta, *History*, iii. 16. 13.)

④ Theophylact Simocatta, *History*, iv. 2. 7.

⑤ Theophylact Simocatta, *History*, iv. 3. 2.

⑥ Theophylact Simocatta, *History*, iv. 3. 5.

兹德,原来被霍尔米兹德关押的贵族如宾都斯(Bindoe)和毕斯坦(Bistam)等人都被释放出来,成为政变的领袖。政变人士将霍尔米兹德囚禁起来,剜其双目,随后宣布立霍尔米兹德的长子科斯罗伊斯为王。"①根据西摩卡塔的记载,霍尔米兹德于590年2月6日被废黜,他的长子科斯罗伊斯此时已逃往阿塞拜疆,在那里他被政变领导人劝服回到宫廷。② 在狱中的霍尔米兹德请求贵族们给自己一个当众演讲的机会,在演讲中他极力劝服贵族们不要支持科斯罗伊斯担任国王。西摩卡塔记录了演讲的具体内容,但其中有一段对科斯罗伊斯性格的描述却不像来自霍尔米兹德:"不要让科斯罗伊斯成为你们的国王,因为他不具备皇家精神,作为国王所应具备的智慧和权威,他一样都没有。他的冲动是不受控制的,脾气暴躁,生性残暴,行事缺乏深谋远虑,他态度傲慢,喜爱宴乐享受,巴不得每件事都合他心意,他不会等待好的时机,也不会听取别人的建议,他为人吝啬小气,总是沉浸在贪婪的喜好中,他极为好战,从不珍惜和平。"这一大段描述科斯罗伊斯的语言很明显是西摩卡塔所作,而非霍尔米兹德演讲的真实内容,这反映了在福卡斯和伊拉克略统治期间科斯罗伊斯二世入侵拜占庭帝国所造成的拜占庭人对这位波斯国王的基本看法。此后霍尔米兹德被挖眼,他的很多亲属都被处决。科斯罗伊斯二世在2月15日登上了王位。霍尔米兹德在狱中拒绝治疗,最后悲惨离世。③

西比奥斯和泰伯里等东方作家的记述与西摩卡塔的记述大相径庭。根据西比奥斯的记载,在瓦哈姆的叛军开进泰西封之前,霍尔米兹德确实召开了一次会议,在会中决定逃往底格里斯河流域,寻求阿拉伯人的帮助,但是与会的官员们决定罢免霍尔米兹德,与越狱贵族宾都斯等人合谋杀害了国王,这一切发生在科斯罗伊斯二世即位之前。④ 根据泰伯里的记载,⑤瓦哈姆号召叛军将士支持科斯罗伊斯继任王位,这一举措迫使科斯罗伊斯逃往阿塞拜疆。因为如果科斯罗伊斯接受了瓦哈姆的要求,霍尔米兹德就会怀疑他参与了瓦哈姆的叛乱行为。之后,波斯贵族罢黜并谋杀了霍尔米兹德,科斯罗伊斯是听到这个消息后才回到宫廷的。《复活节编年史》记录了瓦哈姆制造了以科斯罗伊斯二世头像为背景的钱币,⑥这一证据支持了泰伯里记载的第一部分。叙利亚的米哈伊尔记载了科斯罗伊斯与霍尔

---

① 〔古阿拉伯〕马苏第著,耿昇译:《黄金草原》卷二,青海人民出版社,1998年,第215页。
② Theophylact Simocatta, *History*, iv. 3. 13~14.
③ Theophylact Simocatta, *History*, iv. 4. 14~15.
④ Sebeos, *Armenia Chronicle*, ch. 2.
⑤ Tabari, *The Chronicle History of Persian and Arab in Sassanid Era*, pp. 272~273.
⑥ *Chronicon Paschale 284~628 AD*, p. 43.

米兹德的死没有牵连。① 东部作家似乎比西摩卡塔的记载更为可信,即更有可能的事实是霍尔米兹德在被罢黜之前召开会议,而不是在狱中。西摩卡塔所记载的双方在狱中的争辩纯属伪造。科斯罗伊斯极有可能在2月6日霍尔米兹德被废黜之前就已经逃往阿塞拜疆,因为2月6日距离2月15日他返回宫廷登上王位的时间太短(从阿塞拜疆到泰西封宫廷的距离是四百罗里)。东方文献记载的霍尔米兹德被贵族所杀也比西摩卡塔记载的科斯罗伊斯应对霍尔米兹德的死负责更为可信。埃庇发尼亚的约翰的作品部分源于波斯文献。这些波斯文献是科斯罗伊斯二世的随从所作,他们不认为科斯罗伊斯犯有弑父罪,相反,他们或相信霍尔米兹德的死是他拒绝科斯罗伊斯的慷慨所导致的,或把霍尔米兹德的死归在其他朝臣名下。西摩卡塔的强烈敌对科斯罗伊斯二世的观点在7世纪的伊拉克略时代较为流行。②

科斯罗伊斯在加冕典礼之后,与瓦哈姆通信表示希望和谈,但瓦哈姆认为自己是安息王室后裔,誓从萨珊朝夺回王位。西摩卡塔的《历史》保存着他们之间的通信内容。③ 和解不成,科斯罗伊斯集结在泰西封、阿塞拜疆和尼斯比斯的军队,准备前往抗击瓦哈姆的进攻。④ 在一片不知名的平原上,两军对峙,中间隔着一条河流,这一地点位于泰西封东面几罗里的纳哈瓦河(Nahrawan)附近。⑤ 双方在此展开了一场小规模激战,科斯罗伊斯的军队明显处于下风,他率军撤回泰西封。大约一周以后,瓦哈姆在夜间袭击了科斯罗伊斯的军队,令其伤亡惨重。显然科斯罗伊斯那临时拼凑的军队不是富有作战经验的瓦哈姆军队的对手,他带着士气低落的残兵败将纷纷逃离。这一天是590年3月1日。科斯罗伊斯与他的两个舅父和少数扈从一同奔向拜占庭帝国边疆。科斯罗伊斯希望聂斯托利派主教玛尔埃索·雅布(Mar isho – Yabh)跟随他前往,玛尔埃索同意了他的请求。这位主教此前深得科斯罗伊斯一世的器重,他曾经做过阿扎尼尼的主教;在两军争夺阿扎尼尼的过程中,他将拜占庭军队的行动情报告诉波斯人;在578年拜占庭军队围攻查洛马龙的过程中他也支持过波斯人;⑥他还强

---

① Michael the Syrian, *Chronicle of the Michael the Syrian* (1166~1199), X.21, p.360.
② Michael Whitby, *The Emperor Maurice and His Historian*, p.270.
③ Theophylact Simocatta, *History*, iv.7.5~8.8.
④ 在瓦哈姆的大军到达泰西封之前,科斯罗伊斯没有足够的时间进行军事准备,他只能命令以前跟随他逃亡至阿塞拜疆的军队、驻扎在扎布河附近的法鲁克汗残余军队以及驻扎在尼斯比斯的军队向首都泰西封集结。
⑤ Theophylact Simocatta, *History*, iv.9.1~4.
⑥ Menander Protector, *The History of Menander the Guardsman*, 23.7.

烈反对基督教第五次大公会议作出的决议：① 以上理由都足以使他陪同科斯罗伊斯前往拜占庭帝国。科斯罗伊斯还希望通过调解拜占庭帝国和拉赫姆王国的矛盾而主动向莫里斯皇帝示好。叙利亚的米哈伊尔在其作品中记载了他们之间往来的信件。② 科斯罗伊斯在军队溃败之际，带着妻妾、亲属和随从踏上了逃亡之路。他逃亡的路线与其祖父当年率军解救尼斯比斯所选择的路线一致，即在泰西封附近越过底格里斯河，随后进入幼发拉底河流域，经过阿姆巴(Ambar)、阿奈特(Anat)和赫特(Hit)。③ 事实上，当科斯罗伊斯从泰西封逃出来到达底格里斯河西岸时就已经决定了他的逃亡路线，他不可能往东北方向逃亡，因为这极易与瓦哈姆的追兵相遇，也不可能前往突厥人或高加索部落之地。科斯罗伊斯从一开始就有意寻求拜占庭人的帮助，他可能听取了玛尔埃索主教的建议，也有可能提前通过迦萨尼德部落首领纳尔曼(Narman)获取了拜占庭人所释放的善意。④ 科斯罗伊斯被瓦哈姆的军队紧紧追逼，幸亏他的舅舅宾都斯的牺牲精神挽救了他的性命。根据泰伯里记载，宾都斯要科斯罗伊斯解下甲胄逃走，自己披戴上那副甲胄，自称科斯罗伊斯，被追骑擒获，押回泰西封。⑤ 科斯罗伊斯最终安全抵达拜占庭城市西尔缪姆，而那些追兵也在抓获宾都斯的第七天之后返回军队驻地。瓦哈姆得知科斯罗伊斯已经逃离波斯，于是登上王位。瓦哈姆登基的日子是590年3月9日。⑥

西摩卡塔的《历史》中对波斯内战的记载包含一些不准确的描述。例如他记录了科斯罗伊斯在"究竟逃往何方"这一问题上的犹疑不定。科斯罗伊斯曾经考虑逃往突厥或高加索避难，在此关键时刻，他向基督教的上帝祈求，让神意决定由他的马带领他走向何方，最终他的马带领他向西来到拜占庭帝国领土。⑦ 这个故事可以看作一种基督教式的宣传。尽管埃瓦格留斯也记载了科斯罗伊斯依靠神意来决定自己的逃亡路线，⑧但是此

---

① 第五次基督教大公会议于553年在君士坦丁堡召开，也称第二次君士坦丁堡大公会议。此次大公会议由查士丁尼主导，将基督一性论视为异端，审查"三章案"，即对古代几位有聂斯托利派异端倾向的基督教早期教父塞奥多利、塞奥多利特和伊伯斯进行批判，会议通过了关于谴责上述三位基督教早期教父的决议，并将他们开除教籍，同时宣布将意见不同的罗马教皇维吉里乌斯解职。

② Michael the Syrian, *Chronicle of the Michael the Syrian* (1166～1199), X. 23, p. 371.

③ Theophylact Simocatta, *History*, iv. 10. 4～5.

④ Michael the Syrian, *Chronicle of the Michael the Syrian* (1166～1199), X. 24, p. 378.

⑤ Tabari, *The Chronicle History of Persian and Arab in Sassanid Era*, pp. 280～282.

⑥ Theophylact Simocatta, *History*, iv. 12. 2～6.

⑦ Theophylact Simocatta, *History*, iv. 10. 1～3.

⑧ Evagrios Scholastikos, *Ecclesiastical History*, vi. 17, p. 234. 2～4.

事的可信度不高。因为当时科斯罗伊斯被瓦哈姆的军队追得很紧,事实上科斯罗伊斯在逃亡前就做好了去哪里的准备。很有可能是科斯罗伊斯捏造了这个故事,借此表明神意相助和自己持有的基督教信仰,以博取莫里斯的同情和帮助。泰伯里认为科斯罗伊斯是在十分危急的情况下仓促作出的选择,并没有向上帝祈求。① 此前,罗马帝国一直是波斯王室成员的避难所,例如320年沙普尔二世的兄弟霍尔米兹德就在罗马帝国避难,科斯罗伊斯此时前往拜占庭帝国避难实属正常之举。另外,西摩卡塔记载瓦哈姆采取追踪行动与莫里斯考虑科斯罗伊斯请求的时间几乎一致,这一点不准确,因为在科斯罗伊斯出逃之际瓦哈姆就组织人马一路追踪他了。西摩卡塔出现这一错误的原因或许是受到埃庇发尼亚的约翰的误导,约翰先记载科斯罗伊斯对莫里斯的请求,然后再记述瓦哈姆所采取的行动。

## 三、两国为波斯嗣君恢复王位合作开展的军事行动

科斯罗伊斯到达拜占庭边境城市西尔缪姆的消息是通过当地驻军的将军普罗布斯(Probus)上报给莫里斯皇帝的。西摩卡塔在其作品中记载了科斯罗伊斯请求莫里斯帮助的通信内容。他在信中强调拜占庭和波斯帝国的亲密关系,将两国比喻成"上帝创造的照亮世界的两只眼睛",认为两国在遇到困难时有互相支持的必要。除此以外,他还强调瓦哈姆叛乱的邪恶性以及拜占庭人扶助的正义性及可带来的利益。② 在信中科斯罗伊斯除了模糊地提到了"邪恶的魔鬼使上帝的精兵陷入艰难的处境",并没有提到自己对基督教有何兴趣。③ 科斯罗伊斯不会将类似皈依基督教的事情写入信中,但是他极有可能通过使节向拜占庭人表明自己改变信仰的可能性。聂斯托利派基督教也是科斯罗伊斯向莫里斯请求帮助时所用的一项重要工具,因为莫里斯一直希望异端的聂斯托利派能回归正统信仰,这也是科斯罗伊斯希望玛尔埃索主教陪同自己前往拜占庭帝国的重要原因。

从590年4月至12月,拜占庭和波斯展开了持久的谈判,拜占庭帝国

---

① Tabari, *The Chronicle History of Persian and Arab in Sassanid Era*, 1973, p. 284.
② Theophylact Simocatta, *History*, iv. 11.1~11.
③ Theophylact Simocatta, *History*, iv. 11.4.

准备支持科斯罗伊斯恢复王位。这一系列事件被西摩卡塔所记录,但不甚详细和明晰,其中两篇演讲占据了较长篇幅,①这可能是由于埃庇发尼亚的约翰对此也记载不详。西摩卡塔的叙事中只有几处提到了时间的信息,诸如"到第九天的时候""第五天的时候""大概在第十天"等,②有一处提到了季节信息,即"大约在初春的时候",③但这些时间线索并不能使人明确地推导出事件发生的具体时间。当军事叙事重新开始的时候,他记载瓦哈姆的军队已经接近尼斯比斯城,读者会很惊奇地发现时间已经跳到了591年1月。④ 这个事例的时间信息还是间接得出的,而在很多主要事件的记述中连这样间接的时间信息都没有,直到591年春天。⑤

  瓦哈姆在加冕典礼不久后便向玛尔提罗波利斯的地方官员和亚美尼亚的贵族发去信函,⑥希望以此建立统治的权威。给玛尔提罗波利斯的信件被拜占庭人截获了,因为自从589年拜占庭人就已经封锁了所有通往此城的道路,包围了城内那些投降波斯的叛变者。由于受到莫里斯的恩惠,科斯罗伊斯派遣代表劝说城内的驻军和民众停止抵抗,要求他们欢迎拜占庭军队进入,因为"波斯人和罗马人已经成了朋友"。⑦ 但是他的劝说不见效,城内的人认为投降将难逃此前叛变的惩罚,而坚持抵抗或许还有一线生机,他们设想瓦哈姆的势力强于科斯罗伊斯,瓦哈姆会派军队来解救他们。科斯罗伊斯还派叔父维斯塔姆(vistam)去亚美尼亚和阿塞拜疆召集自己的支持者,希冀建立广泛的联合战线。⑧ 不过此时莫里斯还没决定是否给科斯罗伊斯提供实际帮助,他推迟了科斯罗伊斯计划从赫拉波里斯请求访问君士坦丁堡的时间,于是科斯罗伊斯专门派遣一位使节去请求莫里斯支持自己恢复帝位的事业。⑨ 根据西摩卡塔的记载,莫里斯派去使节的时间是在590年盛夏,作为对科斯罗伊斯第二次请求的回应,莫里斯决定以实际行动来帮助他,这一决策直至7月中旬才传达到东部前线。尽管瓦

---

 ① Theophylact Simocatta, *History*, iv. 12. 6 ~ 16. 28.
 ② Theophylact Simocatta, *History*, iv. 12. 9,13. 1,14. 3,15. 2.
 ③ Theophylact Simocatta, *History*, iv. 13. 3.
 ④ Theophylact Simocatta, *History*, v. 1. 2.
 ⑤ Theophylact Simocatta, *History*, v. 3. 1.
 ⑥ Theophylact Simocatta, *History*, iv. 12. 6 ~ 7; Sebeos, *Armenia Chronicle*, ch. 3. 拜占庭军队在589年冬天一直都在对玛尔提罗波利斯进行封锁作战,到590年3月的时候拜占庭军队已经撤出了其主力。
 ⑦ Theophylact Simocatta, *History*, iv. 12. 6.
 ⑧ Theophylact Simocatta, *History*, iv. 12. 10. 根据西摩卡塔后面的记载(iv. 15. 3,15. 5),贝斯塔姆直到7月中旬才到达亚美尼亚,这表明科斯罗伊斯直到6月底才下达派遣命令。
 ⑨ Theophylact Simocatta, *History*, iv. 13. 2 ~ 3.

哈姆提议将从尼斯比斯到底格里斯河的大片土地归还给拜占庭帝国以换取莫里斯在波斯内战中保持中立，①尽管拜占庭御前会议的很多成员对支持科斯罗伊斯仍有保留意见，但是莫里斯在少数成员的支持下还是执意通过了支持科斯罗伊斯的决策。根据尼基乌的约翰和西比奥斯的记载，在会议上莫里斯皇帝得到米利廷主教多米尼安的支持，否决了君士坦丁堡大教长约翰的意见，后者希望波斯陷入内乱后国力削弱。② 莫里斯已经做好准备接受干预波斯内政所带来的任何风险，他希望帮助科斯罗伊斯恢复王位，并在此基础上建立两国和平稳定的外交关系，实现东部边境战火的消弭。英国学者布罗克利认为莫里斯此举是有意制造与瓦哈姆政权的对抗态势，其干涉波斯内政的行为与查士丁二世无异。③ 但是笔者认为莫里斯支持科斯罗伊斯复位与查士丁二世和霍尔米兹德的激进扩张战略迥然不同，莫里斯决策审慎，并尽力支持波斯正统王位的延续，希望通过以此奠定两国和平关系的基础。此后科斯罗伊斯前往君士坦蒂娜城与米利廷主教多米尼安和安条克主教格里高利会合。④ 他们都是在拜占庭帝国东部地区非常有影响力的人，而且他们还能潜移默化地培养科斯罗伊斯对基督教的兴趣。

与此同时，科斯罗伊斯收到了一个令人鼓舞的消息，舅父宾都斯已经从瓦哈姆的囚禁之下逃脱出来，到了阿塞拜疆，正在那里招兵买马，组建军队。⑤ 得知莫里斯决定支持科斯罗伊斯，大概在590年盛夏时节，宾都斯率领刚组建的军队在亚美尼亚与约翰·麦斯塔肯的拜占庭军队会合。在这一年剩下的几个月，科斯罗伊斯一直在为远征进行着各种准备工作。由于看到了拜占庭人的支持，越来越多的波斯人也加入科斯罗伊斯的"统一战线"中。大约在年底，尼斯比斯城的民众在科斯罗伊斯持续不断的努力劝说下，最终决定支持这位波斯嗣君。⑥ 玛尔提罗波利斯的民众在多米尼安主教的劝说下服从了科斯罗伊斯的治理。西摩卡塔指责科斯罗伊斯在玛尔提罗波利斯投降的问题上使用了欺骗手段。⑦ 埃瓦格留斯记载他在

---

① Theophylact Simocatta, *History*, iv. 14.8~9.

② John of Nikiu, *The Chronicle of John, Bishop of Nikiu*, XCvi. 10~13; Sebeos, *Armenia Chronicle*, ch. 2, p. 15.

③ R. C. Blockley, "Subsidies and Diplomacy: Rome and Pesia in Late Antiquity", *Phoenix* 39 (1985), pp. 62~74.

④ Theophylact Simocatta, *History*, iv. 14.5~6.

⑤ Theophylact Simocatta, *History*, iv. 14.10~15.6.

⑥ Theophylact Simocatta, *History*, iv. 14.7, 15.7. 尼斯比斯人可能是在590年末投降科斯罗伊斯的，而此时瓦哈姆并不知道这一消息，他还派遣扎德斯帕拉特斯前去担任职务。

⑦ Theophylact Simocatta, *History*, iv. 15.9.

玛尔提罗波利斯被石头砸死,①西摩卡塔记载他在君士坦蒂娜城被烧死但没有记载玛尔提罗波利斯投降的具体日期,只记述了希提塔斯在"第二天"被焚烧。② 这个城市的城墙上有很长一段希腊文与叙利亚语对照的雕刻,主要记述的内容是关于玛尔提罗波利斯的统治权由一位不知名的波斯国王移交给拜占庭军队的历史事实,这或许与科斯罗伊斯二世恢复王位的行动有关。③ 拜占庭人像过节一样欢庆玛尔提罗波利斯的回归。塞奥菲拉克特记载了多米尼安一篇庆祝城市回归的欢欣鼓舞的、充满胜利口吻的布道词,并将此次玛尔提罗波利斯未经任何流血冲突的回归的意义与628年伊拉克略战胜科斯罗伊斯二世的意义等同。④

在冬天的时候,危险突然降临到科斯罗伊斯身边,这威胁到他恢复王位目标的实现。瓦哈姆在得知拜占庭人支持科斯罗伊斯的行动后,派军队控制进入波斯的几处关键要塞,即幼发拉底河附近的阿纳宗和尼斯比斯。⑤ 然而,瓦哈姆派往阿纳宗的米哈达里(Mihradari)被人谋杀,派往尼斯比斯的扎特斯帕哈姆(Zatspharham)在到达尼斯比斯之前也被杀害。1月7日,科斯罗伊斯得知了扎特斯帕哈姆临近的消息,于是他恳切祈祷,寻求圣徒塞尔吉乌斯的帮助。2月9日他收到扎特斯帕哈姆的人头,在那一刻他认为这也证实了他的祈祷得到了上帝的回应。⑥ 作为对上帝帮助的回报,科斯罗伊斯在位于拉沙法(Resapha)的圣徒神殿树立了一个黄金十字架,并在神殿墙上镌刻了这一系列事件的经过。这一事件似乎加深了科斯罗伊斯对基督教的信仰。此后不久,格里高利主教返回安条克,他可能相信科斯罗伊斯的皈依是真诚的,所以认为自己的使命已经完成了。⑦ 科斯罗伊斯的皈依或许是为了获得拜占庭人的帮助而做的虚假表面功夫。虽然很多文献都记载科斯罗伊斯皈依了基督教,且他在统治期间与基督教徒的关系良好,但是事实上他从来没有放弃琐罗亚斯德教信仰。根据《格里高利书信集》,罗马大主教格里高利在写给多米尼安主教的信中对科斯罗

---

① Evagrios Scholastikos, *Ecclesiastical History*, vi. 19, p. 234. 34~35.
② Theophylact Simocatta, *History*, iv. 15. 13~16.
③ M. J. Higgins, *The Persian War of the Emperor Maurice*(582~602), p. 47.
④ Theophylact Simocatta, *History*, iv. 16. 1~26.
⑤ Theophylact Simocatta, *History*, v. 1. 2.
⑥ Theophylact Simocatta, *History*, v. 1. 3~2. 1, 13. 4~6. 塞尔吉乌斯是上美索不达米亚地区信奉一性论教义的阿拉伯部落所尊崇的一位著名圣徒,圣祠坐落在塞尔吉奥城(也称拉萨法)。科斯罗伊斯或许希望自己崇拜塞尔吉乌斯的举动能够获得阿拉伯部落的好感,进而协助他恢复帝位的事业。
⑦ Theophylact Simocatta, *History*, v. 2. 4~7.

伊斯最终没有皈依基督教就表示过遗憾。①

此后不久,科斯罗伊斯劝说莫里斯皇帝用纳尔西斯(Narses)接掌科蒙提奥鲁斯的将军职位,莫里斯听从了科斯罗伊斯的意见。于是在591年初春,科斯罗伊斯、纳尔西斯和米利廷主教多米尼安率领联军进入马尔丁要塞。尼斯比斯城和其他一些城市的长官以及部分军队将领都公开表示拥护科斯罗伊斯,他们承诺向科斯罗伊斯派去人质,并为联军的进驻做好充分准备。② 随后联军在纳尔西斯和科斯罗伊斯的率领下开始远征,他们的第一个目标是达拉城,经过一番激战,达拉城终被攻克。从达拉城继续出发,科斯罗伊斯派遣两千士兵在马哈伯德的率领下取道辛格拉,重点进攻下美索不达米亚附近通往泰西封的一些小城镇。③ 科斯罗伊斯认为瓦哈姆不会尽全力保卫这些小城镇,而会将主要的兵力用于应对科斯罗伊斯的主力部队。在夏天刚开始的时候,科斯罗伊斯和纳尔西斯率领主力部队进入阿莫迪乌斯(Amoudius)。④ 在那里,多米尼安发表了一通慷慨激昂的演说,然后离开军队返回了君士坦丁堡。

远征军谨慎地行动,他们逐渐进入到底格里斯河流域,到达离尼斯比斯仅一河之隔的法克哈伯(Fechkhabour)。⑤ 他们在城内寻找后勤补给物资,但是却很难找到,科斯罗伊斯不准军队烧杀劫掠,且城内重要的物资都已被瓦哈姆转移殆尽了。于是联军准备在此城休整,等待与从亚美尼亚来的军队会合。春天扎格罗斯山的冰雪融化,扎布河上游洪水泛滥,亚美尼亚军队无法通行,他们不可能在6月底之前抵达底格里斯河流域。在休整的这段时间,科斯罗伊斯派遣几名私人护卫前往底格里斯河实地考察,他们在扎布河附近擒获了一名瓦哈姆军队的将军。由于这次成功的经历,科斯罗伊斯鼓励拜占庭人跨越底格里斯河。此时底格里斯河已经过了洪水涨溢的高峰期,军队可以通过迪纳巴顿(Dinabadon)进而越过扎布河。⑥ 根据西摩卡塔的记载,联军越过扎布河是在越过底格里斯河之后一天进行的。但对于一支庞大的军队来说,士兵的身体不能承受如此频繁的跨河行动,所以在跨越底格里斯河之后肯定有几天时间的间隔,然后才能再去跨越扎布河。

在此之后,西摩卡塔撒下科斯罗伊斯不记,而去记载马哈伯德在下美

---

① Pope Gregory, *Registrum Epistolarum*, iii. 62.
② Theophylact Simocatta, *History*, v. 3. 1 ~ 2.
③ Theophylact Simocatta, *History*, v. 4. 2 ~ 3.
④ Theophylact Simocatta, *History*, v. 4. 3 ~ 4.
⑤ Theophylact Simocatta, *History*, v. 5. 4.
⑥ Theophylact Simocatta, *History*, v. 5. 5 ~ 6. 1.

索不达米亚的军事行动,在那里马哈伯德轻而易举攻占了塞琉西亚和安条克,没有遇到任何抵抗。① 西摩卡塔对科斯罗伊斯的军队在两河之间的行动以及他们与亚美尼亚军队会合的情形记载较模糊,②他没有提及科斯罗伊斯的军队跨越扎格罗斯山脉,只是提到联军突然从东南地区向东北方向进军。按照西摩卡塔在《历史》中所提到的地点,大致可以推断军队进攻的线路:科斯罗伊斯从扎布河向亚历山大里亚进军比较缓慢,两地相距十七罗里,但却用了四天时间;③之后联军继续向东南方向进军,穿过西奈萨斯(Chnaithas),驻扎在扎格罗斯山的山脚下,靠近扎布河的一条支流。④ 瓦哈姆试图占领支流上的一座桥来阻止科斯罗伊斯军队的前进,但是他的计划被提前暴露,于是纳尔西斯率领军队从支流上的其他桥跨过,进入到纳尼塞尼斯(Nanisenes)。⑤ 这一次行动使纳尔西斯认识到必须改变进军的方向,于是他沿着东北方向行进,争取与亚美尼亚军队会师,而不是继续向南进入扎格罗斯山脉。瓦哈姆希望在扎格罗斯山脚下钳制住纳尔西斯的主力部队,以阻止他们与扎格罗斯山北的亚美尼亚军队会合。⑥ 瓦哈姆的军队惯于在山区作战,具有非常大的速度优势,当他得知纳尔西斯率领主力部队向东北方向转移后,他计划在两军会合之前对约翰和宾都斯率领的亚美尼亚军队发动突然袭击。西摩卡塔记载了瓦哈姆的这次军事行动。⑦ 瓦哈姆在乌米尔湖(Urmiah)附近突然遇到亚美尼亚军队的一支分遣队。这支以约翰和宾都斯为首的分遣队可能是行进至湖的东侧,而瓦哈姆正好沿塔塔维河(Tatavi)而下进入湖的南侧,两军相距不远。⑧ 约翰和宾都斯率军继续向南行进,他们计划与纳尔西斯的军队会合,并打算从侧面包抄瓦哈姆的军队。⑨ 瓦哈姆完全可以在纳尔西斯的主力部队越过扎格罗斯山之前与亚美尼亚军队交战,但是他错过了足以扭转战局的有利时机。⑩ 尽管瓦哈姆的军队在数量上胜过对方,但是在一次不成功的夜间袭击和一次失败的白天战斗之后,他最终率领军队向东南方向撤退,穿过一片崎岖难行的山区,终于抵达阿塞拜疆的坎扎克平原(Canzak)。他一路撤

---

① Theophylact Simocatta, *History*, v. 6.1~7.10.
② Theophylact Simocatta, *History*, v. 7.10~9.3.
③ Theophylact Simocatta, *History*, v. 7.10.
④ Theophylact Simocatta, *History*, v. 8.1~2.
⑤ Theophylact Simocatta, *History*, v. 8.4~5.
⑥ Theophylact Simocatta, *History*, v. 8.3.
⑦ Theophylact Simocatta, *History*, v. 8.6~8.
⑧ 两军在塔塔维河两岸对峙,这条河向南流入乌米尔湖。
⑨ Theophylact Simocatta, *History*, v. 8.8.
⑩ Theophylact Simocatta, *History*, v. 9.3.

退,但始终摆脱不了联军的追击,在巴拉索斯河(Blarathos)附近,他们与联军激战,遭受了决定性的失败。① 此后,瓦哈姆率领残兵败将逃往突厥,受到可汗器重。科斯罗伊斯派遣密使暗中送给可汗之妻可敦一块珍贵宝石和另外许多贵重物品,可敦派人杀害了瓦哈姆。②

西摩卡塔只简略记载了联军胜利后的一些事件。《历史》东部叙事的剩余部分混杂着圣徒传记、编年史材料、科斯罗伊斯的轶事和少量的历史事件等内容。西摩卡塔记述了科斯罗伊斯在胜利后解雇了拜占庭军队,没有给予他们任何报酬。③ 叙利亚的米哈伊尔认为拜占庭士兵得到了报偿。④ 西比奥斯在其作品中提到士兵们获得了大量战利品和来自科斯罗伊斯的礼物。⑤ 根据西比奥斯的记载,科斯罗伊斯与亚美尼亚贵族穆塞尔·玛米柯尼亚(Musel Mamikonian)之间的关系较为紧张。但由于穆塞尔是西比奥斯作品中描述的英雄人物之一,他记述的这种紧张关系有夸大的嫌疑。⑥ 不管怎样,双方之间还是保持着良好的关系,西摩卡塔记载科斯罗伊斯实现了此前对穆塞尔的承诺,将许多波斯属亚美尼亚土地归还给亚美尼亚人,就像他将达拉和玛尔提罗波利斯归还给拜占庭帝国一样。此后波斯帝国与拜占庭帝国签订了和平协议。西摩卡塔认为双方是在平等基础上签署的条约,他的这一看法不太合理。⑦ 他所谓的"平等"意即两国都没有为对方支付贡金,但实际上通过这一次援助行动及签署的两国协议,拜占庭帝国的影响力和控制力得以扩展,延伸至阿扎尼尼、亚美尼亚的大部分和下高加索地区的伊比利亚公国,⑧这意味着莫里斯外交政策的巨大成功。莫里斯恢复了5世纪初拜占庭和波斯两国相互合作的传统,当时拜占庭皇帝阿尔卡迪乌斯对波斯国王雅兹加德充满信任,让其担任幼子塞奥多西二世的监护人,这种合作关系到6世纪被双方的战争所打破。即使这样,两大帝国之间仍保持着某种特殊关系,这体现为新任拜占庭皇帝与波斯国王向对方国家所发的官方通告以及互派规模不等的官方使团。⑨ 在5世纪就有富于观察力的人士指出两国之间持续的战争会损伤彼此的国力,

---

① Theophylact Simocatta, *History*, v.9.4~11.7.
② 〔法〕沙畹著,冯承钧译:《西突厥史料》,中华书局,1958年,第175页。
③ Theophylact Simocatta, *History*, v.11.7~8.
④ Michael the Syrian, *Chronicle of the Michael the Syrian* (1166~1199), X.23, p.372.
⑤ Sebeos, *Armenia Chronicle*, ch.3.
⑥ Sebeos, *Armenia Chronicle*, ch.4.
⑦ Theophylact Simocatta, *History*, v.15.2.
⑧ Sebeos, *Armenia Chronicle*, ch.3.
⑨ Menander Protector, *The History of Menander the Guardsman*, 18.6.1~8.

鹬蚌相争,渔翁得利,这是极其愚蠢的行为。① 查士丁二世的挑衅行为将双方关系的信任基础一举打破,重启了猜忌和冲突的局面,而莫里斯帮助流亡的科斯罗伊斯二世恢复政权又重新为两国关系带来了新的和平,最大限度地确保了拜占庭帝国在东方的利益不受损失。②

---

① Menander Protector, *The History of Menander the Guardsman*, 6.1.94~96.
② Michael Whitby, *The Emperor Maurice and His Historian*, p.275.

## 第四节 591年以后拜占庭帝国的东方形势

自591年科斯罗伊斯二世恢复王位,直到莫里斯统治结束,这一段时间两国间一直保持和平,尽管有一些可能导致兵戎相见的风险,但总能被及时化解。例如600年,叙利亚沙漠的阿拉伯人迦萨尼德部渡过幼发拉底河侵扰波斯领土,莫里斯及时命令东方行政长官乔治(George)为全权大使向科斯罗伊斯表明那是迦萨尼德人自己的决定,他并不支持,于是两大帝国重申友好。根据西摩卡塔的记载,科斯罗伊斯二世希望以此次冲突为借口挑起战争,但是他的这一计划由于国内纷争严重和拜占庭使节乔治的劝说而搁浅。① 当时波斯国内的纷争主要是在波斯东部地区持续了十余年的贝斯塔姆叛乱(Bestam)。② 西摩卡塔记载了宾都斯被处死的细节。尽管宾都斯在科斯罗伊斯恢复王位的过程中立下了汗马功劳,但是他曾公开袭击霍尔米兹德,违背了国王神圣不可侵犯的原则。在他死后,已退守波斯东部地区的贝斯塔姆掀起长达十年之久的大规模反叛。③ 统一恢复后,科斯罗伊斯仍须致力于巩固他的统治,因为琐罗亚斯德教僧侣对他的复位并不满意。592年科斯罗伊斯迎娶持一性论信仰的希琳(Shirin),这使他对基督教的理解更为深刻,他在拜占庭帝国境内停留期间深受基督教的影响,尤其崇拜基督教殉道者、圣徒塞尔吉乌斯,他以这个圣徒为自己的保护者,时常给圣徒寺庙捐献财物。④ 592年,为了感谢塞尔吉乌斯在自己流亡期间所提供的帮助,他进行了第一次献祭;593年,他第二次前往塞尔吉乌

---

① Theophylact Simocatta, *History*, viii. 1.1~8.
② 科斯罗伊斯二世复位后,任命宾都斯为国库总监,贝斯塔姆为呼罗珊、库米斯(Kumis)、古尔干(Gurgan)及泰白利斯坦(Tabaristan)诸省的总督,但他不会让这两个人长享高官厚禄,原因是,这两个人是在将他扶上王位后处死霍尔米兹德的,此事他当然不会不知情,为了洗刷自己的"弑父"罪名,他密谋处死这两个人。随后他将宾都斯投入底格里斯河,又召贝斯塔姆入朝。贝斯塔姆知道自己要被杀害,于是在北方山区宣布独立为王,建都赖夷。科斯罗伊斯遣军征讨,不能取胜,贝斯塔姆反倒得以向哈姆丹和呼罗珊推进。直至601年,科斯罗伊斯才将波斯全境恢复统一。(孙培良:《萨珊朝伊朗》,西南师范大学出版社,1995年,第176~178页。)
③ Theophylact Simocatta, *History*, v.15.1~2.
④ 孙培良:《萨珊朝伊朗》,西南师范大学出版社,1995年,第177页。

斯神殿献祭。① 不过,此时琐罗亚斯德教僧侣的权势无复昔日之盛,对他不能构成威胁。

在莫里斯统治末期,科斯罗伊斯二世与驻守达拉城的拜占庭将军纳尔西斯发生争执,莫里斯最终只好同意科斯罗伊斯关于撤换纳尔西斯的要求,代之以杰曼努斯。② 纳尔西斯当时主要的任务是监督迦萨尼德王国阿拉伯人的动向,阻止他们越界侵犯拜占庭领土。他被撤换或许与其卷入尼斯比斯事件有关。③ 601 年尼斯比斯主教格里高利被流放,602 年尼斯比斯爆发革命,纳尔西斯在这场革命中支持尼斯比斯民众。波斯驻尼斯比斯总督在这场革命中被杀,科斯罗伊斯不得不派军队镇压革命的民众,最后这个城市恢复了平静。④

从总体上看,两国自 591 年和平协议签署之日一直到莫里斯去世都保持良好的关系。在此阶段,莫里斯希望集中力量恢复帝国对巴尔干半岛的控制,而科斯罗伊斯二世也有棘手的国内叛乱需要处理。莫里斯试图努力缓和一些潜在的矛盾比如亚美尼亚贵族挑起的分裂斗争,他甚至设想过将制造麻烦事端的民族从边境地区迁往内地。⑤ 莫里斯和科斯罗伊斯二世之间始终保持着使节往来,同时莫里斯和波斯境内基督教群体的联系也比较密切。尤斯塔提乌斯(Eustratius)的作品《格林杜克的生平》撰写于 602 年的君士坦丁堡,他前后经历了 1 月多米尼安主教去世和 11 月莫里斯皇帝去世两件重大事件,在书中作者高度颂扬由莫里斯开启的两国和平关系。⑥ 在莫里斯从福卡斯的政变中逃亡之际,他仍对自己与科斯罗伊斯开创的良好的两国关系充满信心,将长子塞奥多西委托给科斯罗伊斯二世保护。⑦ 东方文献诸如西比奥斯的《叙利亚编年史》中记载了塞奥多西逃亡的内容:他受到波斯国王科斯罗伊斯二世的优待,并在聂斯托利派教堂被

---

① Theophylact Simocatta, *History*, v.13~14.
② Theophylact Simocatta, *History*, viii.15.4.
③ 尼斯比斯事件起源于在当地一所神学学校里围绕基督教义爆发的争论,这场争论逐渐扩展到王室和民间。601 年,尼斯比斯主教格里高利因处置不当的罪名被流放,但这样也没有平息民众的纷乱。
④ Michael the Syrian, *Chronicle of the Michael the Syrian* (1166~1199), X.24, p.380.
⑤ Sebeos, Armenia Chronicle, ch.6.
⑥ 转引自 R. C. Blockley, *Subsidies and Diplomacy: Rome and Pesia in Late Antiquity*, Phoenix39 (1985), p.78.《格林杜克的生平》(*A Life of Golinduch*)由赫拉波利斯城主教斯蒂芬所作。现存的版本是格鲁吉亚版本,1956 年英国学者迦里特对这一版本进行翻译和注释。另外还有尤斯特拉提乌斯(Eustratius)所著的改编本,1944 年由皮特斯(Peeters)译成英语。西摩卡塔对格林杜克的描述来源于埃庇发尼亚的约翰的作品,后者直接查阅过斯蒂芬的原作。
⑦ Theophylact Simocatta, *History*, viii.9.11.

加冕为皇帝,此后科斯罗伊斯二世向其提供了一支军队用于侵入拜占庭帝国。①

然而,时过境迁,科斯罗伊斯二世对拜占庭人的感激之情也开始逐渐淡化。很显然,波斯人比拜占庭人有更多的理由对和平条约表示不满,对拜占庭人来说平等、温和的条约内容在波斯人看来是对其国家实力和资源的一种掠夺。因为条约包含归还拜占庭领土、认可拜占庭军队占领地区等条款,由此波斯帝国的疆域大大缩小,这对波斯国王的尊严和威望也是极大的冒犯和打击。② 602 年波斯国内的主要问题——贝斯塔姆的叛乱已经成功解决,此时恰逢福卡斯兵变一举推翻了莫里斯的统治,于是科斯罗伊斯二世利用为莫里斯复仇这种高尚的借口来对拜占庭帝国发起进攻。此时的拜占庭帝国忙于应对亚美尼亚贵族的起义。这些亚美尼亚贵族此前已经预感到莫里斯计划将大量的亚美尼亚士兵连同家属一起迁移到色雷斯。③ 一位名为阿塔特(Atat Xoropuni)的贵族拒绝迁移,他被一位拜占庭将军围困在那克卡万(Naxcawan)城堡里,直到科斯罗伊斯二世派去军队才替他解了围。④ 科斯罗伊斯派兵干涉表明阿塔特所领导的起义发生在莫里斯统治结束之后不久,因为在莫里斯统治时期科斯罗伊斯尚不敢公开干涉拜占庭内政。西比奥斯在其作品中评述了科斯罗伊斯发动战争的目的:一方面是替莫里斯复仇,另一方面是为了恢复之前让出的土地的主权。⑤

两国之间随后的战争持续了整整四分之一世纪。大约二十年时间(602~622),波斯军队势不可当,在战场上连连告捷,占领了许多城市,有两次兵抵博斯普鲁斯海峡,其兵锋所向直指君士坦丁堡。直到 622 年,伊拉克略才率军掀起反击,这主要得益于伊拉克略推行的军区制改革使国家实力大增。在福卡斯统治时期,拜占庭人无法将足够的资源投入到东方战线,他们忘记了 6 世纪两国战争遗留下来的深刻教训,即要想战胜波斯人必须集中人力和财力用于东方战场。拜占庭帝国内部的纷争对波斯人是有利的。在福卡斯统治前期,国内纷争不断使波斯帝国得以有机会发展和壮大,这为后来波斯军队在战场上取得的巨大成功奠定了重要根基。拜占庭帝国在上美索不达米亚的主要要塞——达拉、哈桑克耶(Hasankeyf)、马尔丁和阿米达被波斯军队悉数占领。⑥ 波斯人对马尔丁和哈桑克耶的长

---

① Sebeos, Armenia Chronicle, ch. 21;23.
② Menander Protector, *The History of Menander the Guardsman*, 23.9.87~88.
③ Sebeos, *Armenia Chronicle*, ch. 10.
④ Sebeos, *Armenia Chronicle*, ch. 11.
⑤ Sebeos, *Armenia Chronicle*, ch. 13.
⑥ Michael the Syrian, *Chronicle of the Michael the Syrian* (1166~1199), X.25, p.378.

时间围攻,说明他们已经意识到图尔·阿布丁地区对拜占庭帝国守卫上美索不达米亚的战略重要性,也就是说,如果波斯人想要继续深入持久地侵入拜占庭帝国,就必须控制这些地区。波斯军队所取得的一系列成功激发了科斯罗伊斯的扩张野心。611 年,深入拜占庭帝国东部地区的波斯军队夺取了叙利亚首府安条克,驻军于奥伦底斯河畔,使这座拜占庭帝国东部军区司令部所在地和大教区主教的驻节地从此失陷于波斯人之手近二十年。波斯还乘势包围另一重镇耶路撒冷,经过近二十天激战,攻破了城池。波斯军队还继续向埃及和小亚细亚进军,所向披靡,兵抵博斯普鲁斯海峡,占领察尔西顿,驻军于君士坦丁堡对面的赫利堡。同时,波斯军队于 619 年占领了埃及首府亚历山大城,在这里波斯军队意外地受到当地居民的热烈欢迎。但是拜占庭和波斯两大帝国之间的长期战争消耗了彼此的国力,让原先处于两大帝国夹缝间生存的阿拉伯人渔翁得利。这种结果,其实早在 561 年,代表拜占庭帝国参加两国谈判的彼得就预测到了,他说:"如果两国坚持用战争方式来解决分歧,那么罗马人和波斯人都会共同见证他们国家实力的损耗,他们会惊奇地发现伟大的国家竟会被弱小的民族所征服。"①多数拜占庭人和波斯人都预见到了来自北部边境线以外的游牧部落的威胁,但是他们却没有预见到 7 世纪 30 年代来自持有伊斯兰信仰的阿拉伯人的威胁。正是这个新兴的政教合一的国家,以其强大的精神信仰和战斗实力,取代波斯成为此后百余年拜占庭帝国在东部、南部和西部所面对的主要对手。②

---

① Menander Protector, *The History of Menander the Guardsman*, 6.1.94~96.
② Michael Whitby, *The Emperor Maurice and His Historian*, p. 307.

# 第四章

## 西摩卡塔笔下的巴尔干战争

# 第一节 巴尔干半岛的
# 地理环境和战争历史背景

## 一、巴尔干半岛地理状况与拜占庭中央权威的保持

帝国统治者在早期拜占庭时期(即公元330～610年)竭力保持对巴尔干半岛的控制,而与此同时,"蛮族"部落蜂拥越过多瑙河逐步向南蚕食帝国在巴尔干半岛上的领土,使拜占庭帝国在这一地区的权威逐步丧失。拜占庭帝国对保持巴尔干地区控制的努力始于4世纪的哥特人入侵,直到7世纪保加尔王国建立,巴尔干领土的一部分才真正脱离了帝国的管辖。双方的矛盾冲突持续了相当长一段时间。一方面,以君士坦丁堡为中心的色雷斯地区与巴尔干省区的联系能否通畅取决于帝国的统治力和国家实力。城市和城镇是拜占庭帝国中央权威链条上的关键环节,但是随着中央权威的日渐衰弱,有些城镇陷入孤立,被迫自行保护本地区的利益,这极有可能进一步损害中央的权威。定居点自身的实力以及它们与君士坦丁堡的联系是否畅通决定了其抵御入侵以及随后复兴的能力,如果这些地区本身实力强大且与中央政府的联络通畅,则很快就能重建并有能力吸纳外族定居,反之,拜占庭定居点除逃难以外的剩余民众就会淹没在"蛮族"入侵的滚滚洪流中。① 如果中央政府能成功地将权威施之于巴尔干半岛,则帝国能保持对地理上多样化的巴尔干半岛的控制;另一方面,"蛮族"部落移居一个地区,阻塞其交通与贸易、破坏其基础设施并最终定居下来的能力决定了这个地区脱离帝国管辖的程度。

在6世纪末期,巴尔干地区行政的中心已经由君士坦丁堡移至塞萨洛尼基,这是一座坐落在巴尔干半岛东南部的城市。塞萨洛尼基与君士坦丁

---

① Michael Whitby, *The Emperor Maurice and His Historian*, p.59.

堡的地理位置凸显出某种行政管理上的劣势,因为巴尔干各行省从未形成地理上联系的纽带。半岛上分布着众多山脉,①它们将半岛分隔成不同的地区,有的地区朝向意大利和亚得里亚海,有的地区朝向爱琴海和黑海。埃格南底亚大道的修建使罗马帝国对巴尔干半岛的统治得以巩固,②它成为沟通意大利和富庶的小亚细亚的最重要通道。为了保护意大利免遭入侵,巴尔干半岛西北部的省份达尔马提亚、诺伊库姆和潘诺尼亚被并入帝国;东北部地区被划分为莫西亚行省(Moesia Prima)和赛坤达(Secunda)。巴尔干东北部地区与意大利的利益关联度不高,因此,直到1世纪才被纳入罗马帝国的统治。它在帝国战略上的作用是保护埃格南底亚大道的畅通和安全以及便于开辟多瑙河的河道交通,进而保护马其顿平原和色雷斯平原。1世纪中期,巴尔干半岛西部的防卫力量有所增强,这主要是因为罗马人开发了多瑙河防御体系。2世纪前期位于东部边境上的多布罗加城墙已全部被修缮加固,与此同时,图拉真皇帝将跨越多瑙河两岸的达西亚成功征服,这便于在多瑙河一线完善防御体系。4世纪,新都君士坦丁堡的建立提升了巴尔干各省区的战略地位,巴尔干半岛的定位转为拱卫首都的屏障和重要的农产品供应地。帝国在4、5世纪实行东西分治,因此帝国对巴尔干半岛某些地区的行政和宗教管辖权也是分治的,例如东方的色雷斯教区由君士坦丁堡大教长管辖,而处于半岛西部的伊利库姆教区则由罗马大主教管辖。尽管随着5世纪西罗马帝国的灭亡,伊利库姆的行政管辖权被转移至拜占庭帝国,但是其教会事务仍归属罗马大主教管辖。

巴尔干半岛对于拜占庭帝国来说是十分重要的,因为它既是帝国重要的防卫要塞,也是帝国最重要的军事公路贯穿之地,具有重要的战略地位。③ 这一地区为帝国军队提供了源源不断的兵源,但是它通常也成为交通的潜在障碍,来往于此地的人只能围绕山脉边缘行走。地理上沟通与否直接取决于半岛内部的两条东西走向的山脉——斯特拉山脉和罗德比山脉。这两座由火山形成的山脉分别将多瑙河和色雷斯平原以及色雷斯平原和爱琴海分隔开,它们沿着多瑙河南部河谷平原两端一字排开,似乎形成了巴尔干半岛的北部天然屏障。沿亚得里亚海岸高耸着迪纳拉山脉,其最高峰超过两千五百米,山的两侧有河流冲刷形成的高深的峡谷,成为阻

---

① 巴尔干半岛分布的山脉主要包括两组三支山脉:卡帕提亚阿尔卑斯山脉在巴尔干半岛西部形成了西北到东南走向的一组,包括韦莱比特山、迪纳拉山脉和品都斯山脉;向东发展的另一组则包括了斯特拉山脉、巴尔干山脉和罗德比山脉。

② 埃格南底亚大道(via Egnatia)是罗马共和国于公元前146年修建的一条交通要道,旨在沟通意大利中枢地区和巴尔干半岛各行省的联系,途经伊里利亚、马其顿和色雷斯地区。

③ Michael Whitby, *The Emperor Maurice and His Historian*, p.61.

碍南北交通的险途。在半岛两侧，沟通君士坦丁堡和塞萨洛尼基的埃格南底亚大道沿着罗德比山脉缓缓向前延伸，先经过马其顿萨尔和巴布两高地，后止于亚得里亚海岸。对于北方山区"野蛮"民族而言，巴尔干半岛的山脉并不那么难以逾越，一度成为斯拉夫各部落南下的通道，而对于生活在南方平原或城市的"文明"民族而言，这些大山就显得格外艰难险阻。因此，在中世纪的漫长岁月里，拜占庭文化和基督教信仰缓慢地向山区扩散，相反，北方民族的入侵和袭击总是迅雷不及掩耳。①

在巴尔干半岛的中央，横亘着一条重要的军事公路。它从君士坦丁堡的"金门"向西，途经色雷斯平原东西两端的重要城市亚德里亚堡和菲利普堡，逐渐进入罗德比山脉和斯特拉山脉的各隘口，随后穿越穆拉瓦河（Morava）峡谷和萨瓦河（Sava），最后抵达辛吉东农城（今贝尔格莱德）。河流为帝国提供了重要的交通运输手段，也成为阻挡北方"蛮族"南下的天然屏障。尤其是多瑙河及其支流萨瓦河和德拉瓦河，它们成为护卫西尔缪姆、穆萨、辛吉东农城和维明那修等多瑙河下游沿岸城市的天然屏障。除此以外，还有一条瓦尔达河—穆拉瓦河道，它南北走向，南起爱琴海附近最大的海港城市塞萨洛尼基，北抵莫西亚行省首府维明那修城。这条水路与君士坦丁堡—辛吉东农大道和埃格南底亚大道形成交汇，是沟通多瑙河地区和爱琴海、地中海地区最主要的交通线路。这三条贯穿巴尔干半岛的通道成为罗马－拜占庭帝国最重要的军事交通线路，其中每一条大道都有难以逾越的险阻路段。阿米安·马赛林努斯记载了365年伊利库姆省长阿奎廷（Aequitius）是怎样通过这三条线路来阻止"篡位者"普罗柯比（Procopius）所派遣的使者到达这一地区的。② 此外他还详细记载了朱利安在反对君士坦提乌斯的军事政变中是如何顺利通过"中部线路"（君士坦丁堡—辛吉东农大道）最狭窄关口的。③ 查士丁尼二世689年率领军队从塞萨洛尼基返回君士坦丁堡，尼基弗鲁斯一世811年从保加尔王国首都普里斯卡（Pliska）撤退，他们途经斯特拉山脉时所派遣的先遣队在通过山中狭道的时候极容易被敌人阻截。④

---

① 陈志强：《巴尔干古代史》，中华书局，2007年，第6页。

② Ammianus Marcellinus, *The Roman History of Ammianus Marcellinus, During the Reighs of Emperor's Constantius, Julian, Jovianus, valentinianm and valens*, XXvi. 7.12.

③ Ammianus Marcellinus, *The Roman History of Ammianus Marcellinus, During the Reighs of Emperor's Constantius, Julian, Jovianus, valentinianm and valens*, XXi. 10.2~4.

④ Theophanes Confessor, *The Chronicle of Theophanes Confessor, Byzantine and Near Eastern History AD 284~813*, 364.11~18, 490~491. 关于巴尔干半岛交通线路的细节描述，参见 D. Obolensky, *The Byzantine Commonwealth, Eastern Europe 500~1453*, pp.35~37.

在巴尔干半岛东部,还有几条穿越斯特拉山脉的线路与上述三条重要的交通要道相连,即一条线路沿着伊斯卡峡谷(Iskar)直抵萨尔迪卡,另一条线路穿过特罗简(Trojan)和西皮卡(Sipka)山隘口到达菲利普堡,最后一条则穿过科特尔(Kotel)和瑞斯(Ris)山隘口到达亚得里亚堡。巴尔干中部的城市借助这些线路可以直接与多瑙河前线联系。在巴尔干半岛西北部,达尔马提亚地区没有交通线路穿过,海滨城市萨洛纳和纳洛拉(Narona)有通过萨瓦河流域前往半岛南部的交通线路。

拜占庭时代人们主要的活动中心在黑海—爱琴海—东地中海一线。从君士坦丁堡的视角去看巴尔干半岛,就会发现最重要的地区是色雷斯平原和爱琴海与黑海沿岸一带,即色雷斯、马其顿和塞萨利,这些地区人口众多,富庶且极具生产力。海军舰队能随时游弋多瑙河及其支流以及亚得里亚海近海,半岛上主要的交通线路则能确保奈苏斯、萨尔迪卡和查士丁尼那·普里玛等重要城市处于中央政府的直接管辖范围内。然而,多瑙河和色雷斯平原之间横亘着斯特拉山脉,假如没有交通线路贯穿于此,那么半岛西部或西北部就会是一片人迹罕至、未经开发的山区。在某些时期,比如7世纪80年代,由于交通线路的切断,塞萨洛尼基极有可能被迫中断与中央政府的联系,从而陷入脱离帝国的危险境地。[1]

交通线路延伸的长度反映罗马-拜占庭文明对外辐射的范围和广度,这些线路的两侧通常是军营驻扎地。那些离交通主干道较近的地区最容易受到罗马-拜占庭文明的影响。如果一个城市距离交通要道较近,又保持着长时期的和平与繁荣,且当地居民的政治素质又较高,那么这个城市在国家的地位将得到提升。通常情况下,交通要道不会通往巴尔干中部的山区,这些山区的居民仍然保持前罗马时代传统的部落生活习俗,而较少受到拜占庭文明的影响。在拜占庭时代,希腊半岛并不拥有完善的交通体系,除了作为行政中心的科林斯和文化城邦雅典以外,希腊其他地区的发展逐渐陷入迟滞的状态。拜占庭的行政制度与宗教文化从城市传播到乡村,使各地连成一个整体。从罗马帝国统治时期起,中央政府就与各地建立了交通联系,这种联系的强弱可以被视为检验中央政府实施政治统治有效性的一种手段。[2]

拜占庭地理学者希罗克略(Hierocles)的著作《全舆志》(*Synecdemus*)提供了早期拜占庭巴尔干半岛的城市名单,它大概成书于查士丁尼统治时

---

[1] John v. A. Fine, *The early Medieval Balkans, A Critical Survey from the Sixth to the Late Twelfth Century*, p. 23.

[2] A. H. M. Jones, *The Greek City from Alexander to Justinian*, p. 94.

期。该书将帝国分为六十四个教区、九百一十二座城市,是人们了解 6 世纪拜占庭帝国政治和地理情况的一部重要的文献,对于人们了解"蛮族"入侵之前巴尔干半岛上的城市分布情况意义重大。① 根据该书记载,在巴尔干半岛的东北部西徐亚和下莫西亚行省有二十座城市,它们大多数沿着黑海或多瑙河错落有致地分布,只有两座城市例外,即尼科城和马尔西安,它们位于斯特拉山脉的南麓,靠近色雷斯平原;往西是上莫西亚、帕拉波塔米亚·达西亚和潘诺尼亚三个行省,分布有十二座城市,坐落在多瑙河及其主要支流的沿岸;半岛东南部的色雷斯平原分布有二十四座城市;再往西进入半岛的中央高地,在达尔达尼亚和达西亚行省的交通要道附近只分布着八座城市;半岛南部爱琴海和亚得里亚海沿岸、下马其顿河流谷地以及塞萨利平原分布着众多城市,仅在亚得里亚海沿岸的伊庇鲁斯行省就拥有二十座城市,马其顿行省拥有超过五十座城市,阿该亚地区(Achaea)拥有的城市更多。达尔马提亚众多富庶的城市分布在狭窄的海岸线一带,这在该著作中没有被提到。然而,与希罗克略在书中列举所有城市的做法不同的是,《对于世界的理解》(Expositio Totius Mundi)一书认为在巴尔干半岛上只有五座城市最著名,它们是:塞萨洛尼基、雅典、科林斯、萨罗拉和奈苏斯。②

　　由于资源、地理环境和国家重视程度的差异,城市的发展水平也不同。大多数古老的希腊城市比后来罗马人建立的城市在规模上要小得多,在帝国的地位也没有后者重要,但是它们又比半岛中、北部地区的城市重要得多,因为那些城市数量不多且主要靠近远离罗马－拜占庭文明影响的山区和偏僻乡村。多瑙河沿岸城市的发展得益于图拉真皇帝将达西亚地区并入帝国的举措,这对推进该地区罗马化意义重大,而达西亚的罗马化又进一步维护了帝国的安全。然而,在半岛东北部的莫西亚,很多地区的乡村仍然保留着原始部落式的生活方式,这反映罗马文明在山区或乡村的影响较为有限。③在半岛中部的广大乡村地区,由于被山岭阻隔,无论是物质还是精神文化,城市对这些地方的影响都微乎其微。从理论上来说,城市作为本地区的政治和经济中心,需要对广大乡村地区发挥政治统治和安全护卫的职能,但是由于交通不便,且乡村分布的范围太广,城市的这一职能很

---

① A. H. M. Jones, *The Later Roman Empire*, 284～602: *A Social, Economic and Administrative Survey*, pp. 712～713.

② A. H. M. Jones, *The Greek City from Alexander to Justinian*, p. 98.

③ A. H. M. Jones, *The Greek City from Alexander to Justinian*, pp. 82～84; D. Obolensky, *The Byzantine Commonwealth, Eastern Europe* 500～1453, p. 41.

难实现。因此,乡村地区在治理方面似乎是自发联合式的自治,为了保卫自身的安全,村民通常需要自发联合起来抵御外敌,他们利用的是残存的堡垒或要塞,而不是城墙。① 对于乡村或山区的人们来说,为国家服兵役是接受先进的罗马-拜占庭文明的重要手段之一,但是毕竟服兵役的人数不多,且只有少数的退伍老兵回到家乡,因此不足以对当地的文明演进形成较大影响。2 世纪左右,一部分巴尔干行省逐渐繁荣起来,一些城市不仅仅承担帝国的军事功能,经济也逐渐开始发展起来,但是这种暂时的繁荣很快在"蛮族"入侵面前遭受到巨大的考验。"蛮族"大肆破坏或侵占巴尔干半岛的城市和乡村,这进一步加剧了北部城市之间以及城市与周边乡村之间相互隔绝的状态,削弱了这一地区原本脆弱的社会和经济联系,使帝国在这一地区所推行的罗马化措施难以收到成效。②

## 二、战争历史背景

### 1. 公元 6 世纪拜占庭帝国的驻防建设

阿纳斯塔修斯皇帝上台以后便开始重建多瑙河流域的防线,这是恢复巴尔干内陆地区驻防的前提。重建防线的工作是从巴尔干半岛东北部开始的,因为"蛮族"从这一地区极容易进入君士坦丁堡,它是护卫首都的第一道"大门"。有大量的证据表明,阿纳斯塔修斯的重建工作是在多布罗加地区(Dobrujia)进行的。重建工作受到该地区维塔利安叛乱的影响,③直到查士丁一世时期,帝国才从叛乱分子手中恢复对多瑙河中部地区的控制。此外,阿纳斯塔修斯在统治期间进行财税制度改革,主要措施在于发行优质铜币弗里斯,通过稳定铜币弗里斯的价值来完善君士坦丁一世时期确立的货币体系,取消铜币与金币的挂钩,他重新建立税收征集体系,将征收城市税收的职责由低效的城市议会"库里亚"转给从属于大区长官的财

---

① A. H. M. Jones, *The Cities of the Eastern Roman Provinces*, p. 27.
② Michael Whitby, *The Emperor Maurice and His Historian*, p. 62.
③ 维塔利安叛乱(vitalian revolt)始于 513 年,由拜占庭将军维塔利安领导,旨在对阿纳斯塔修斯所推行的支持的一性论政策表达不满,另外他们对当时的外族雇佣兵问题也极为反感。其组建的军队大约有五六万之众,获得了大量民众的支持,他们占领了色雷斯的大部分,甚至一度到达君士坦丁堡近郊。后来阿纳斯塔修斯派遣使者与维塔利安谈判,但双方都不愿妥协。在阿纳斯塔修斯统治末期,双方的战争一直断断续续进行,直到查士丁一世上台才平定了这场叛乱。

务官，并变国有土地为皇家产业，扩大了国家税户，国库也因此充盈。① 阿纳斯塔修斯在色雷斯地区进行综合的行政改革，目的是解决这一地区多年来存在的征税不利的问题，以便增加税收，满足军事支出的需要，但是这一问题直到查士丁尼皇帝创建了一个新的行政区划即"边防区"(quaestura exercitus)，才得以有效解决。所谓的"边防区"改革，指的是查士丁尼将西徐亚和下莫西亚等多瑙河省区与爱琴海岛屿、卡瑞尔和塞浦路斯等岛屿行政区合并为新的行政区，这样岛屿行政区税收收入就能补足多瑙河省区税收的空缺。②

整个6世纪，多瑙河仍是帝国的前线，沿多瑙河北上最远至辛吉东农一线都有帝国军队的驻防。通过海军和边防军的配合，这些地区的防卫通常是卓有成效的，然而"蛮族"入侵的威胁却一直存在，其引起的紧张局势被清晰反映在现今巴尔干半岛东北部城市的考古遗存中。根据考古发现，多瑙河河谷地区的城市建筑密集度很高，挤成一团，在这些建筑群前面通常修筑有高耸的防御工事和塔楼，它们的门都非常小，通道也很狭窄。这些半岛北部城市通常比斯特拉山脉以南城市规模要小，但所修筑的防御工事却更规范和严整，这表明北部地区由于遭受"蛮族"侵袭的压力较大而使城市建设具有鲜明的军事防御特征，俨然回到了2世纪以前城市充当军事堡垒的时期。③ 斯特拉山脉山顶上的某些据点在5世纪之前是作为拜占庭人军事防御之用，在5世纪，由于"蛮族"入侵，大量的农村人口撤退到山顶定居，尽管这些定居点交通不便，却为农业开发和农村生活提供了安全的保障。当然，只有那些离避难要塞较近的地方才适宜开发农业，一旦"蛮族"来临，他们可以丢下手中的农具立即躲入城堡。圣塞维利努斯在作品《生命》中阐述了自己对生命本质的理解，这是一部反映6世纪巴尔干半岛历史的作品。根据该文献的记载，圣塞维利努斯出生在临近边境地区的一个小村庄，在整个"蛮族"侵袭期间，那些没有逃跑的村民都被捉住，有的还被屠杀了，圣塞维利努斯逃往一座城堡，直到"蛮族"离开之后，他的生活才归于正常。④ 然而，"蛮族"入侵是当时农村最主要但不是唯一的威胁，根据典籍《查士丁尼新法》记载，在伊利里亚和色雷斯的农民还经常

---

① 史家记载，阿纳斯塔修斯去世时国库留有金币三十二万索里德。A. H. M. Jones, *The Later Roman Empire*(284~602), pp. 78~80.

② I. Barnea, "Contributions to Dobrudja History under Anastasius i", *Dacia* 4 (1960), pp. 363~374.

③ B. Aleksova and C. A. Mango, "Bargala: A Preliminary Report", *Dumbarton Oaks Papers* 25 (1971), p. 278.

④ St Severinus, *Life*, 1~2, pp. 39~47.

受到债主的剥削和压榨。①

在巴尔干半岛的内陆地区,交通线路经常受到威胁和破坏,行人被埋伏在公路两旁的斯拉夫人所袭击的事件经常出现,使得民众不敢贸然经行此地。巴尔干半岛东部莫西亚地区的交通一度瘫痪,直到查士丁尼在阿迪纳(Adina)修建要塞确保民众的安全才得以恢复。② 即便是官员经常通行的交通主干道也经常受到骚扰。曼南德尔记载一位出使拜占庭的阿瓦尔使节被斯卡美拉(Scamareis)的当地部落抢劫,另一位阿瓦尔人大使在伊利库姆被斯拉夫人杀害,这两起事件都发生在贯穿巴尔干半岛的交通要道上。③ 在那些没有被侵袭的与世隔绝的山区仍保留着传统的生产生活方式和思想观念。色雷斯平原的城市比山区城市的面积大很多,农村的教堂不设防御设施,显示这个地区似乎较为安全。

查士丁尼十分重视多瑙河沿岸的防御建设,因为多瑙河沿岸是拜占庭帝国的边疆前沿,对保护拜占庭统治中心的安全具有重大的战略意义。查士丁尼修建防御工程,主要是为应对"蛮族"侵袭和陶鲁斯山脉、西徐亚等地区起义者的骚扰。普罗柯比《建筑》的第四章记载了巴尔干半岛许多地区的建筑和防御设施被修缮或加固,尤其是多瑙河沿岸地区,帝国投入了大量的人力和物力,希望以坚固的防御工事和军队的驻守来阻挡"蛮族"部落越过多瑙河。④ 当然,查士丁尼在内陆地区也做了很多防御措施以保护巴尔干腹地的安全,不过从规模和程度上而言,内陆地区的防御措施都不能和多瑙河前线的相提并论。尽管当时很多人认为修建科林斯地峡上受损的城墙就足以保护伯罗奔尼撒半岛上的城市,但是帝国仍然在伯罗奔尼撒岛上的城市兴建和维修了大量的防御工事。据普罗柯比的记载,查士丁尼派人对主要公路两侧的一些小的防御工事进行了修缮,但普罗柯比并没有提到这些修缮点的名称,即便有少数几个被提到了但也无法确定其准确位置。⑤ 这些不知名的小的定居点或避难所或许主要分布在山顶。"蛮族"入侵的过程中民众自发转移到这里,在查士丁尼时期,由国家提供资金对这些定居点进行修缮和维护。

在《建筑》一书中,普罗柯比将兴修这些防御工事的功劳都归于查士丁尼,所以我们有必要考察一下《建筑》第四章所记内容,即查士丁尼防御

---

① Justinian, *The Novel of Justinian*, 33.
② Procopius, *De Aedificiis*, iv. 7. 13.
③ Menander Protector, The History of Menander Protector, 15. 6;25. 2. 32 ~ 36.
④ Procopius, *De Aedificiis*, iv. 1. 33.
⑤ Procopius, *De Aedificiis*, iv. 1. 34 ~ 35.

工事的分布、类型及其功用的精确性。《建筑》对东部地区前线所记内容的可靠性近年来受到学者的质疑,①但是这些指证都是没有事实根据的,普罗柯比的作品仍是了解查士丁尼统治时期历史的重要文献。受限于普罗柯比本人的知识结构及其对各地区的了解程度,《建筑》一书中有些章节写得十分精彩,有些章节则稍显逊色,比如对非洲和美索不达米亚的记载就不甚详细。然而,由于缺乏考古材料的印证,关于普罗柯比的作品能否用于考察6世纪中期帝国在巴尔干半岛的驻防情况的这种怀疑将会持续。有的怀疑论者声称由于普罗柯比作品的真实性不够,比如他反复强调查士丁尼使"蛮族"部落不能进入巴尔干半岛,这种夸张的写法是为了表示对查士丁尼的称颂,所以不应该对之寄予厚望。但在4世纪的文献当中,作家经常使用这种夸张的修辞手法,尤其是题词或碑文,比如在建筑的题词上经常会对修建者歌功颂德,这种夸张的写法是必不可少的,这必定影响到普罗柯比《建筑》的写作风格。但是这种颂词般的写作风格并不影响《建筑》所记史实的客观性,因为单就《建筑》第四章记载的由查士丁尼兴建或修缮的建筑中,有确定名称的就有六百多处,如果不是源于真实,要杜撰出这么多建筑的名称也是非常困难的。

　　查士丁尼优先考虑将机动的军事力量用于东部战线和西部的征服战争,但是他对巴尔干半岛的防御工作也仍然十分重视。查士丁尼出生在巴尔干半岛,他不可能忘记自己的家乡,在统治时期他得以将出生的地方建设成为大城市,即查士丁尼那·普里玛。保加尔人和斯拉夫人的入侵经常提醒他巴尔干半岛仍然面临巨大的威胁,尤其是"蛮族"如果渗透到君士坦丁堡的郊区必将引起首都民众的骚乱。在540年保加尔人入侵之后,查士丁尼加固了温泉关和加里波利的城防,致使559年保加尔人的进攻在这些坚固的城防工事面前受阻。在经历了559年"蛮族"入侵之后,查士丁尼亲自指挥对君士坦丁堡长城的修复工作。

　　帝国在6世纪兴建和修缮了大量城防设施,加强了防御工作,使斯拉夫人和阿瓦尔人不敢侵入巴尔干半岛,这反映了帝国重新恢复了对巴尔干半岛的控制,这一进程从阿纳斯塔修斯延续到查士丁尼。《建筑》的"前言"部分评论查士丁尼在巴尔干半岛的工作有两个目的:沿着整个多瑙河沿岸分布有一段坚固的护城墙,通过在每个要塞加强驻防力量,阻止"蛮族"越过多瑙河;另外一些城堡要塞被用来保护内陆地区的安全,特别是当多瑙河前线被"蛮族"攻破之后,它们的作用就更显重要。普罗柯比没有

---

① 相关评述请参见 A. M. Cameron, *Procopius*, pp. 85, 94.

记载山脉隘口的防御设施,而山脉隘口的防御正是帝国防线最薄弱的环节。帝国不应该只想到河岸和交通要道的防御,还应该重视单个地点的防御工作,且需要在这些地点配备足够的士兵和补给。主要的道路交汇点和关口都有城堡、要塞和重兵把守,但是"蛮族"通常放弃这些交通主干道,绕过这些有重兵把守的地区。例如斯特拉山脉的东部关口地势平缓,"蛮族"从北部而来对此地区形成包抄是极为容易的,他们也经常会选择巴尔干中部的山谷作为突袭点。这样一来,帝国内那些防御薄弱的地点面对突然来袭的"蛮族"就很难抵御了。根据普罗柯比记载,①内陆地区的防御工事互相毗连,防御工事间的连接处建有城堡作为避难之用。查士丁尼认识到依靠现有的军事防御力量不可能在每一个地区都能有效阻止"蛮族"入侵,因此为了保持帝国对农村地区的控制就必须保留住当地的人口,使其不致锐减。

虽然不可能逐一识别《建筑》第四章所记的城堡或要塞的名称,但是我们基本可以确定这些防御要塞的分布情况。巴尔干半岛大致分为两个主要的军事防御地区:色雷斯和伊利里亚,大体上对应色雷斯和伊利里亚两个主教区。这样的防卫布局反映"蛮族"主要是从多瑙河下游地区和潘诺尼亚两个地区而来。

为了应对"蛮族"从多瑙河下游地区发起侵略的威胁,帝国在多瑙河南岸地区和莫西亚行省、黑海北岸的西徐亚行省都加强了防御力量。② 帝国在多瑙河下游的很多地点比如艾克斯安塔布里斯塔(Exantaprista)、提格拉(Tigra)和诺瓦(Novae),黑海沿岸的主要城镇比如奥德苏斯(Odessus)、卡拉提斯(Callatis)和托米,沿内陆地区交通主干道的很多地区比如马尔西安城、阿布瑞图斯(Abrittus)和斯卡特那(Scatrina),这些地方都建筑有大量的城堡或要塞。这同样反映了民众纷纷从不安全的多瑙河下游平原撤到南部斯特拉山脉的山谷地区,比如尼科城的人们极有可能放弃了自己的城市而逃往南部十七公里外的卡瑞维克山(Carevec hill),寻找避难和栖身之所。在普罗柯比的记载中,还有许多类似的情况。中部的山区和南部的色雷斯平原和海米蒙图斯(Haemimontus)的偏远农村设有很多军事防御据点,这反映查士丁尼不仅希望为富庶的色雷斯平原农村定居点提供安全保障,同时也希望为迁移至斯特拉和罗德比山区定居点的民众提供力所能及的安全保障。

---

① Procopius, *De Aedificiis*, iv.1.35.
② Procopius, *De Aedificiis*, iv.6~7,11.

伊利里亚的防御区设置是为了抵御来自潘诺尼亚平原的"蛮族"侵袭,"蛮族"通常可以越过山脉进入达尔马提亚和伊庇鲁斯,穿过提莫卡山谷进入多瑙河沿岸,或者沿着主要公路进入君士坦丁堡或塞萨洛尼基。在这个地区的多瑙河沿岸城市比如辛吉东农城和维明纳修城都设有坚固的城防设施,但是主要的城堡或要塞都集中在达达尼尔行省、萨尔迪卡和奈苏斯地区,这三个地区所拥有的城堡要塞数量比大多数巴尔干行省都要多。① 很难确定这些城堡或要塞的具体位置,但是它们可能都沿着公路或河谷而建,比如斯库比(Scupion)、斯坦尼(Stenes)和马西帕特拉(Marcipetra)要塞是沿着萨尔迪卡—君士坦丁堡公路而建,阿奎伊斯(Aquis)要塞则依提莫卡河谷而建。② 那些从交通便利的地区逃往巴尔干中部偏僻地区的人们也同样受到国家的保护。对于半岛南部和西部来说,马其顿、塞萨利和伊庇鲁斯地区城防坚固,有重兵把守,这反映北部的防御工事并不总是能够抵挡住"蛮族"入侵者。我们对查士丁尼在达尔马提亚采取的行动所知甚少,只是大略知道帝国于533~537年从东哥特人手中收复了达尔马提亚,但是回归后的达尔马提亚与帝国的联系并不紧密。③

事实上,"蛮族"经常选择突破潘诺尼亚平原的防御,直抵君士坦丁堡、塞萨洛尼基和科林斯地峡。他们对潘诺尼亚的某些薄弱驻防点发动突然袭击,④而不会选择实力雄厚的驻防点进行突破。在随后大规模的"蛮族"侵袭过程中,查士丁尼此前在山区兴建的定居点或避难所凸显出其重要性。防御工事阻挡不了大规模快速推进的"蛮族"军队,当他们突然出现在一些重要的关口时,拜占庭驻防士兵通常手足无措,⑤但是由于当地的人们早已将财物转移至附近城堡,使得"蛮族"对所侵入地区掠夺的财物非常有限,迫使他们只能从这片地区撤退,继续向南侵袭。巴尔干半岛北部地区的居民比如圣格里简提乌斯村庄的人们,由于经常面临"蛮族"入侵的威胁,习惯于当危险来临时迅速地撤离到城堡避难,而半岛南部地区的人们则在危险来临的时候行动迟缓,不能有效地保护自己的生命和财产,甚至君士坦丁堡近郊地区的民众也是一样。⑥ 只有当巴尔干半岛拥有

---

① Procopius, *De Aedificiis*, iv. 4, pp. 119. 40 ~ 120. 54, 121. 1 ~ 122. 5; 122. 27 ~ 124. 31.

② Procopius, *De Aedificiis*, iv. 4, pp. 121. 2 ~ 4; 123. 44 ~ 124.

③ M. F. Hendy, *Studies in the Byzantine Monetary Economy c.* 300 ~ 1450, p. 84.

④ R. Browning, *Byzantium and Bulgaria*, p. 34 ~ 35; D. Obolensky, *The Byzantine Commonwealth*, pp. 69 ~ 70.

⑤ R. C. Blockley, ed., *The Fragmentary Classicising Historians of the Later Roman Empire: Eunapius, Olympiosorus, Priscus, and Malchus*, 20. 99 ~ 109.

⑥ Procopius, *De Aedificiis*, iv. 9. 3 ~ 5.

足够的驻防军队、强大的机动部队和航行于多瑙河上的强大的海军时才能确保有效的防御,后两者作为积极的威慑力量为单纯依靠防御工事的被动防御提供有益的补充。①

根据《战记》记载,在6世纪晚期,多瑙河仍然可以作为阻挡"蛮族"入侵的重要手段,驻守河岸的拜占庭士兵严密监视对岸"蛮族"的动向,当"蛮族"试图过河时,他们会竭尽全力阻挡。② 然而在查士丁尼时期,吉皮德人占领了西尔缪姆城,对守卫多瑙河的拜占庭军队侧翼构成严重威胁,这相当于在拜占庭多瑙河防线上撕了一条大口子。550年,吉皮德人协同库特里格斯人(Cotrigurs)和斯拉夫人突破了拜占庭军队防线,他们渡过多瑙河,侵入帝国领土,掠夺了大量财物,这让查士丁尼十分恼火,这次"蛮族"的侵袭行动就是从西尔缪姆城发起的。③ 在查士丁二世时期,阿瓦尔人企图吞并吉皮德人的领土,这样他们就能轻易地进入拜占庭帝国。④ 他们于581年成功地占领西尔缪姆,从此以后,阿瓦尔人只要跨过萨瓦河就能毫无障碍地进入拜占庭帝国。而且,多瑙河结冰的时候是极易穿越的,558年,库特里格斯人就成功地渡过了多瑙河。⑤ 一旦汹涌来袭的"蛮族"越过多瑙河,势力单薄的驻防部队便无力抵挡,当士兵和居民躲入城堡避难后,土地上呈现出一片被侵袭后的残破与衰败。

关于帝国在巴尔干半岛驻防部队的人数,理论上是可以统计出来的,但是学术界至今仍难以确定具体的人数,不过可以肯定的是数量不会太多。⑥ 阿嘎塞阿斯在其作品中提到558年的那次"蛮族"入侵:"士兵们意志消沉,因为国家一度拖欠他们的军饷。士兵数量急剧减少,现存军队的很大一部分都调往其他地区。"⑦虽然阿嘎塞阿斯有夸大查士丁尼统治时期所遇到的麻烦的嫌疑,但是在普罗柯比关于549年的事件中也有类似的记载:"为了应对出现在意大利的危机,查士丁尼命令新近才任命的色雷斯军队司令阿塔巴尼率军赶赴西西里。与此同时,杰曼努斯将驻在色雷斯和伊利库姆的一部分军队和他在萨尔迪卡的军队,紧急调往意大利。"⑧杰曼

---

① Michael Whitby, *The Emperor Maurice and His Historian*, p. 69.
② Procopius, *History of the Wars*, vii. 14. 2; viii. 18. 17; Menander Protector, *The History of Menander Protector*, 15. 1.
③ Procopius, *History of the Wars*, viii. 18. 17; 25. 1 ~ 6.
④ Menander Protector, *The History of Menander Protector*, 12. 1. 18 ~ 20.
⑤ Agathias, *The Histories*, v. 11. 6.
⑥ A. H. M. Jones, *The Later Roman Empire*, 284 ~ 602: *A Social, Economic and Administrative Survey*, pp. 682 ~ 683.
⑦ Agathias, *The Histories*, v. 13. 7 ~ 14. 4.
⑧ Procopius, *History of the Wars*, vii. 39 ~ 40.

努斯曾经率领他在萨尔迪卡的军队成功阻止了斯拉夫人对塞萨洛尼基的入侵,但是他忽视了斯拉夫人绕道进攻达尔马提亚所隐藏的巨大危险。① 只有庞大的机动军队才能阻止"蛮族"侵袭,但是大部队通常被调往其他地区,比如杰曼努斯的军队被调往意大利,551 年纳尔西斯及其军队奉命在菲利普堡等候调遣,因为通往意大利的道路被"蛮族"切断,一旦"蛮族"向君士坦丁堡和塞萨洛尼基进攻,杰曼努斯和纳尔西斯的军队若想迅速驰援首都,难度较大。② 帝国在巴尔干半岛的军队大多分散驻扎在各个要塞,这些分散的势力很难迅速集结起来进行有效的防御,中等数量规模的"蛮族"部落(通常是一二千人)即可轻易地突破某一处防寨。③

普罗柯比《战记》记载:一位名叫埃迪吉萨的宫廷禁军团(scholae)长官带领三百名随从,从君士坦丁堡逃往色雷斯,他们袭击了帝国的马队,打败了驻在色雷斯的小股军队,杀死了仓促集结在伊利库姆准备截阻他的一位军事首领,迅速地逃往位于潘诺尼亚的吉皮德人领地。④ 一位英勇抵抗的中级军官托庇鲁斯(Topirus)被敌人引诱出城,在塞萨洛尼基城外被残忍杀害。⑤ 他们在敌人面前英勇战斗,但是却无军队来支援,这表明分散的要塞驻防势力薄弱,行动不够灵活,他们不敢在远离城墙的地方与敌人进行战斗。⑥ 由于查士丁尼统治时期国家的重心放在与波斯和意大利的战争上,巴尔干半岛没有足够的驻防军队,人们只能依靠城墙被动防御,或者寄希望于皇帝运用传统的外交策略使"蛮族"互相攻讦。普罗柯比在《秘史》中认为在当时运用这种外交策略难以收到成效,在他写给乌提格尔部落首领沙迪尔的信中同样表达了这样的观点。⑦ 阿嘎塞阿斯则认为查士丁尼晚年喜欢运用和平的外交策略,这恰好表明帝国实力的逐渐衰退。⑧ 曼南德尔则对查士丁尼晚年运用的外交政策会最终取得成功充满信心。⑨

---

① Procopius, *History of the Wars*, viii. 26.1~2.
② Procopius, *History of the Wars*, viii. 21.21~22.
③ R. C. Blockley, ed., *The Fragmentary Classicising Historians of the Later Roman Empire*: Eunapius, Olympiosorus, Priscus, and Malchus, 20.131~136.
④ Procopius, *History of the Wars*, viii. 27.1~18.
⑤ Procopius, *History of the Wars*, vii. 38.9~19.
⑥ Zosimos, *The History of Count Zosimus, Sometime Advocate and Chancellor of the Roman Empire*, iv. 25.
⑦ Procopius, *Secrte History*, 19.13~17.
⑧ Agathias, *The Histories*, v.14.1~5.
⑨ Menander Protector, *The History of Menander Protector*, 5.1.

## 2.6 世纪中后期阿瓦尔人和斯拉夫人的侵袭

拜占庭军队在巴尔干半岛驻防的有效性随着入侵者的不同而变化。6世纪中期之后,巴尔干半岛主要受到两个部族的威胁:一个是势力日渐强盛的阿瓦尔人联盟,另一个是组织紊乱但分布广泛的斯拉夫人部落。曾经对查士丁尼造成严重威胁的库特里格斯人此时被乌格提尔人所削弱,① 并逐渐丧失了在阿瓦尔人联盟中的主导地位。② 伦巴德人和吉皮德人也脱离阿瓦尔联盟并前往意大利。

斯拉夫人的早期历史和迁徙活动是学术界长期争论而没有最后得出结论的问题,但近年来大量的考古证据表明,斯拉夫人最初活动在一个范围很大的地区,北部自尼门河上游和维斯杜拉河下游地区起,南抵东欧喀尔巴阡山山脉,东起第聂伯河中游,西至易北河。③ 4~5 世纪,斯拉夫人一度臣服于俄罗斯南部草原的伊朗高原民族萨尔马提亚人。④ 随着 453 年匈奴人联盟的瓦解,斯拉夫人得以迁徙和定居在多瑙河北部平原,他们最初进入提斯查河,作为匈奴人的臣属定居下来,而后沿着古代道路继续南下,到达多瑙河北部的穆拉瓦河流域和潘诺尼亚平原,从此地向南可进入巴尔干半岛,向西可进入亚平宁半岛。南下的斯拉夫人多以小部落分散行动为主,逐渐定居在多瑙河中下游南部地区,并开始与控制巴尔干半岛的拜占庭人接触。根据史家阿米安·马赛林努斯的记载,在 6 世纪初期即阿纳斯塔修斯统治末期,斯拉夫人连同保加尔人首次侵入色雷斯,⑤ 这是斯拉夫人与拜占庭人首次以战争方式接触。此后,斯拉夫人便开始从多瑙河下游逐渐向西南移动,一部分斯拉夫人留在定居地,另一部分则试图努力跨越拜占庭帝国北部边界,侵袭至巴尔干半岛中南部地区。⑥

斯拉夫人侵入拜占庭帝国后所建立的定居点具有不同的特征。相对落后的斯拉夫人通常适应和遵从被占领地区的文化,他们具有较强的适应性,这使得后人在考古遗迹中很难界定哪些属于斯拉夫人的文化,哪些属

---

① Agathias, *The Histories*, v.25.1~6.
② Menander Protector, *The History of Menander Protector*, 5.3;12.5.88~93.
③ D. Obolensky, *The Byzantine Commonwealth*, *Eastern Europe* 500~1453, p.42.
④ 萨尔马提亚人是位于西徐亚西部的一个多部落联盟,它第一次被提及是在公元前 512 年。根据希罗多德《历史》中提到的传说,萨尔马泰人是斯基泰人(Scythians)与神话中的亚马逊女战士的后裔,但他们与斯基泰人确实有亲缘关系,生活习俗也与之相同。萨尔马提亚人、斯基泰人和萨马格泰人同为印欧语系民族。
⑤ Ammianus Marcellinus, *The Roman History of Ammianus Marcellinus*, *During the Reighs of Emperor's Constantius*, *Julian*, *Jovianus*, *valentinianm and valens*, 20.11.
⑥ 陈志强:《巴尔干古代史》,中华书局,2007 年,第 146 页。

于被占领地区原先的文化。例如在奥尔特山谷,斯拉夫人和平地融入当地达科罗马定居点的文化和生活。① 在这些定居点中,外来者和本地人在土地开发方面二者都没什么差异,他们都无力在多瑙河流域下游盆地的沼泽或茂密的森林地区开发土地。在整个6世纪,这里的居民一直与拜占庭帝国的其他地方保持着密切的贸易往来。这一时期斯拉夫人的活动,详细记录在《莫里斯的战略》的第十一章第四节,该书能对普罗柯比和其他史家的记载起到重要的补充作用。普罗柯比在《战记》第七卷中详细描述了斯拉夫人与拜占庭人的交往,包括战争、使节来往、对色雷斯地区的入侵等。史家们往往由于自身文明的先进而带有强烈的优越感,看不起斯拉夫人,仅仅将他们视为野蛮、残忍的民族,由此他们的描述无疑带有先入为主的成见或种族优越论的色彩。②

尽管考古材料十分有限,难以证明史家对斯拉夫人的描述是否准确,但是我们仍有可能勾画出一个较为合理的斯拉夫人的形象,或者至少可以确定某种影响巴尔干半岛历史进程的斯拉夫人特征。

首先,斯拉夫人通常组成小规模的群体来生活或作战,可能是一个大的家族,也可能是几个家族的联合。家庭是部落的基础单位,由最年长的成员控制,而部落酋长则从若干个家庭中选出。斯拉夫人从6世纪中期开始便进入巴尔干半岛寻找劫掠或定居的机会,尤其是当阿瓦尔人或其他部族迁徙对斯拉夫人造成压力时,他们不得不放弃多瑙河下游平原的土地,转而到巴尔干半岛寻求定居。③ 尽管斯拉夫人没有形成一个统一的社会或政治结构,④但是他们有一些特殊的军事机构能够迅速地将分散的小群体联合成几千人的军队进行远征,并选举出军事首领,史家称之为"王(rex)"。⑤

其次,斯拉夫人具有较强的独立性,他们不接受王朝统治,生活在无政府状态,只会在军事行动中才会联合起来。由于斯拉夫人在和平时期缺少领导人和政治机构,拜占庭人很难与他们建立正常的外交关系,也很难用经济利益来诱使他们不入侵帝国领土。"金钱外交"只能用于那些重视个人财富积累的社会,且这个社会又能够将财富运用合理的机制分配给部落

---

① 达科罗马(Daco - Roman)是指罗马 - 拜占庭帝国在达西亚推行罗马化的地区。
② Procopius, *History of the Wars*, viii. 27. 1 ~ 18, vii. 14. 21 ~ 30.
③ Michael the Syrian, *Chronicle of the Michael the Syrian* (1166 ~ 1199), x. 21, p. 362.
④ Maurice's *Strategikon*, *Handbook of Byzantine military strategy*, Xi. 4. 128; Procopius, *History of the Wars*, vii. 14. 22.
⑤ E. A. Thompson, *The Early Germans*, pp. 10 ~ 16.

成员。拜占庭曾经成功地在日耳曼部落中实行"金钱外交",①而斯拉夫社会则处于原始民主制的平均状态,部落中几乎没有贫富分化,故"金钱外交"难以奏效。

再次,斯拉夫人拥有使自恃文明的史家惊讶的军事才能。比如普罗柯比这样记载:"他们能在有利的地形展开战斗,尤其是在林地或沼泽地经常击败拜占庭军队,在攻城时也能够将守卫城墙的士兵引诱开,然后对城墙发动突然袭击。"②根据《莫里斯的战略》的记载,斯拉夫人熟悉丛林作战,常常以伏击和偷袭的方式发动进攻,对大规模平原作战和正规决战则不擅长。③ 曼南德尔记载,有一位驻守在多瑙河地区的斯拉夫籍拜占庭军官奇尔布迪乌斯(Chilbudius)偷偷地将军事知识和作战技能传授给他的部落同胞而斯拉夫人则十分善于学习。④ 虽然拜占庭的防线在6世纪80年代以前屡次被其他"蛮族"部落突破,这为斯拉夫人的入侵提供便利,但这不是斯拉夫人军事上取得成功的唯一因素,因为578~582年斯拉夫人的侵袭在时间上比阿瓦尔人提前,而此前库特里格斯人的入侵并不擅长对要塞的袭击。

最后,斯拉夫人的生活方式大体上是原始的,他们生活在文明的边缘却依然能够不断繁衍生息,他们习惯在森林或沼泽地生存,能够在巴尔干中部山区严酷的环境中找到适宜生存的定居点,这突破了拜占庭人生活的极限。⑤ 但是同样的,斯拉夫人或许也会不适应希腊半岛的地中海气候。⑥

斯拉夫社会并不是千篇一律的,但是在各地的斯拉夫人几乎都表现出较强的适应能力。很多斯拉夫人从当地居民那里学习农业生产技术,并与其他地区保持密切的贸易往来,比如定居在奥尔特山谷的斯拉夫人。斯拉夫人往往遵照当地人的习惯在农业生产或家庭中使用奴隶劳作,但根据《莫里斯的战略》的记载,奴隶在斯拉夫社区享受到了较为人性化的待遇。⑦ 那些占据塞萨利谷物种植区的斯拉夫人很快就掌握了谷物种植技术,在7世纪晚期甚至开始向塞萨洛尼基出口粮食,这表明斯拉夫人没有封锁城市的意愿。斯拉夫领导人比如波旁都斯(Perbundus)被城市文明的

---

① E. A. Thompson, *The Early Germans*, p. 93,97,106.
② Procopius, *History of the Wars*, vii. 38.7~8;38.17.
③ *Maurice's Strategikon*, *Handbook of Byzantine military strategy*, Xi. 4. 135.
④ Menander Protector, *The History of Menander Protector*,21. 39~43.
⑤ *Maurice's Strategikon*, *Handbook of Byzantine military strategy*, Xi. 4. 128, Xi. 4. 23~29.
⑥ Michael Whitby, *The Emperor Maurice and His Historian*, p. 81.
⑦ *Maurice's Strategikon*, *Handbook of Byzantine military strategy*, Xi. 4. 8~16.

种种好处所吸引,并开始进入城市生活。① 关于斯拉夫部落是怎样受到先进的拜占庭文化的影响的,安特人为我们提供了一个注解。② 普罗柯比和《莫里斯的战略》的作者都认为安特人与斯克拉文尼人(南斯拉夫人)极为相似,他们在早期可能同属于一个斯拉夫人部落,拥有同一位领导人。安特人表现得更文明,他们拥有的财富和奴隶甚多,拜占庭人多次与他们谈判并达成合约。③ 斯克拉文尼人文明程度不高,相对较容易进入巴尔干半岛,会引起侵入之地不小的混乱,一旦他们占据了某一个地区,拜占庭人就很难再将他们驱逐出去。斯拉夫人使用的运输工具是四轮马车,④这似乎制约了他们行动时可以选择的路线,但是他们仍然能够穿越森林、沼泽和山区,顺利通过拜占庭人的驻防地,进入防御薄弱的地区定居。⑤ 斯拉夫人定居在远离拜占庭帝国控制的地区,他们通过持续的入侵打乱当地原有的文明生活。⑥ 由于斯拉夫人切断了拜占庭城市与乡村的联系,所以城市的安全就变得极为脆弱,一旦"蛮族"对城市发动袭击,后果不堪设想。

阿瓦尔人对拜占庭帝国的威胁形态与斯拉夫人不同。阿瓦尔人的领袖是柏严汗王,他联合多个部族,形成以阿瓦尔人为中心的联盟。柏严汗王需要在部下面前表现威严和脸面,这是为了消解他的耻辱心理和在部下面前起到杀鸡儆猴的作用。例如在568年侵袭西尔缪姆失败之后,他要求部下伯纳斯解释清楚失败的原因。⑦ 又如626年袭击君士坦丁堡失败,他杀了指挥这场战役的斯拉夫指挥官,⑧阿瓦尔军队的组织能力和装备水平令拜占庭人羡慕不已,他们灵活的战斗阵型优于拜占庭军队所采用的单线阵型,他们的弓、盔甲和帐篷都比拜占庭军队的同类装备优胜一筹。⑨ 他们的战前欢呼非常有声势,慑人胆魄,远近闻名。⑩ 阿瓦尔人是游牧民族,

---

① Maurice's Strategikon, Handbook of Byzantine military strategy, Xi. 4. 17~20.
② 我们对安特人的情况所知甚少,只知道这个民族与斯拉夫人相似。他们生活在斯拉夫人的北部或东北部,在查士丁尼统治时期遭到阿瓦尔人的蹂躏,大约在587年前后安特人与莫里斯皇帝达成协议,同意对斯拉夫人领土进行袭击,以此缓解罗马帝国遭受斯拉夫人入侵的压力,但是这一策略最终没有成功。( Michael the Syrian, *Chronicle of the Michael the Syrian* (1166~1199), x. 21. )
③ Theophylact Simocatta, *History*, viii. 5. 13; Procopius, *History of the Wars*, vii. 14. 31~34; Michael the Syrian, *Chronicle of the Michael the Syrian* (1166~1199), X. 21, p. 362.
④ Theophylact Simocatta, *History*, vii. 2. 4. Michael the Syrian, *Chronicle of the Michael the Syrian* (1166~1199), X. 21, p. 362.
⑤ Procopius, *History of the Wars*, vii. 40. 7.
⑥ Procopius, *De Aediciis*, 7. 13, 17.
⑦ Menander Protector, *The History of Menander Protector*, 12. 5. 56~63.
⑧ *Chronicon Paschale* 284~628 AD, 724. 15~18.
⑨ Maurice's Strategikon, *Handbook of Byzantine military strategy*, Xi. 4. 8~16.
⑩ Menander Protector, *The History of Menander Protector*, 12. 3.

擅长马背上作战,在入侵的迁徙过程中携带大量的畜群和马匹。他们在潘诺尼亚的定居点沿着古罗马时期的道路网而建,入侵的时候也沿着公路行进,因为在交通线路上骑兵容易通行且发挥自身战斗优势。阿瓦尔人与拜占庭人一样不擅长丛林作战,斯拉夫人却能利用丛林游刃有余地进行作战掩护或把丛林当作战时避难场所。① 不过斯拉夫人威胁帝国的地区主要是远离城市的山区和农村,阿瓦尔人却袭击巴尔干半岛的腹地或城市,要么破坏,要么吞并。阿瓦尔人像匈奴人一样,他们军事行动的目的是在巴尔干半岛土地上建立从属自己王国的势力范围。② 尽管阿瓦尔人被认为是贪婪和阴险的,但是他们拥有政权、领导人和需要保护的固定的财富储存地,由此拜占庭人可以与他们进行谈判,通过贿赂或威胁等外交手段劝说阿瓦尔人放弃入侵。所以,阿瓦尔人有能力通过破坏拜占庭帝国的防御工事进入其统治的中心地区,形成巨大的威胁,也能与拜占庭人签订和平协议而退出巴尔干半岛。

对于阿瓦尔人的起源与早期生活,学术界目前还存有较大分歧。主要的记载来自西摩卡塔,他在记载西徐亚人的时候提到过阿瓦尔人,但不甚详细和明晰。③ 阿瓦尔在中亚和西亚众多部落中是一个常见的部落族名,而在6世纪中期出现在多瑙河流域的阿瓦尔人是从中亚突厥人联盟中逃亡出来的一支游牧部落,那些没有逃出来的阿瓦尔人仍然屈服于突厥人的统治。突厥人认为逃跑的阿瓦尔人是奴隶,到适当的时候要严厉惩处,拜占庭人不应该与那些逃亡的奴隶建立任何外交关系。④ 虽然阿瓦尔人对突厥人心生畏惧,但是他们本身也拥有凶猛残暴的名声。⑤ 他们迅速地征服了黑海沿岸的大多数部族,即使库特里格斯人也臣服于阿瓦尔人。⑥ 阿瓦尔人与伦巴德人联盟共同对抗吉皮德人,这种联盟对阿瓦尔人是有利的,他们与伦巴德人联合打败了吉皮德人。因为伦巴德人将主要的注意力和势力范围放在意大利,所以阿瓦尔人就成为潘诺尼亚平原唯一的主人。吉皮德人的失败使拜占庭人也缺少了一个可以平衡阿瓦尔人势力的合作伙伴,阿瓦尔人从潘诺尼亚平原开始逐渐拓展他们的势力范围,以此作为

---

① Menander Protector, *The History of Menander Protector*, 21.29~30.
② Theophylact Simocatta, *History*, vii. 10.5.
③ Theophylact Simocatta, *History*, vii. 7.6~9.12.
④ Menander Protector, *The History of Menander Protector*, 4.2; 10.1.80.3.
⑤ Menander Protector, *The History of Menander Protector*, 25.2.20~29; Theophylact Simocatta, *History*, vii. 7.5; Michael the Syrian, *Chronicle of the Michael the Syrian* (1166~1199), X. 21, p. 363.
⑥ Menander Protector, *The History of Menander Protector*, 5.2, 12.5.88~93.

敲诈拜占庭帝国的政治筹码,从拜占庭人那里获得极大的经济利益。他们向西北方向侵占法兰克王国的奥斯特拉西亚,控制吉皮德人、赫鲁人(Herul)和斯拉夫人在巴那特(Banat)和奥特尼亚(Oltenia)地区的定居点,并且开始控制在下多瑙河地区的斯拉夫部落。阿瓦尔人最明显的弱点在于不会造船和水上作战,①正是这一点阻止了他们在查士丁二世时期越过多瑙河侵入拜占庭帝国领土。

### 3. 莫里斯即位前夕巴尔干半岛的形势

在提比略统治期间巴尔干半岛经历了一场破坏惨重的危机。斯拉夫人第一次大规模入侵发生在 545~551 年。根据普罗柯比的记载,斯拉夫人在库特里格斯人的帮助下,大举侵入色雷斯,但遭到纳尔西斯所率军队的坚决回击,被迫退回巴尔干北部和西部山区。另一部斯拉夫人在 550 年再度侵入巴尔干半岛中部,兵临君士坦丁堡西部战略要地亚德里亚堡,引起拜占庭朝野震动。此后他们的行动被阻挡在君士坦丁堡的城防要塞外,被迫撤至多瑙河以北地区。② 在此后二十五年时间内巴尔干半岛只发生了一次主要的"蛮族"入侵,即 558~559 年库特里格斯人越过冰冻的多瑙河侵袭色雷斯平原和希腊北部。阿嘎塞阿斯详细记载了这次劫掠的行为,库特里格斯人从君士坦丁堡附近的地区获得了大量战利品,但是他们的侵袭势头最终被查士丁尼坚固的防御工事所阻挡。③

此后的六年,巴尔干半岛没有发生"蛮族"入侵,色雷斯平原和巴尔干半岛北部逐渐恢复了一些繁荣的景象,农田恢复耕作,国家投入资金修缮城市建筑。根据陈志强教授的研究,查士丁尼将罗马帝国时期的边防前线变为防御网络,形成多瑙河边防体系、边防体系南部防线和巴尔干半岛内地三道防线,在防御网络内部修建大约六百座军事要塞,增加了防御体系的纵深感,以适应斯拉夫人随时深入半岛内地的新情况。④ 帝国的防御工事非常坚固,在查士丁尼统治晚期,查士丁将军在多瑙河流域的战争中取得了多次胜利,恢复了多瑙河大部分地区的控制权,只剩下诺瓦和阿纳斯塔西奥两个城市仍被匈奴人控制。⑤ 查士丁尼给予阿瓦尔人经济利益以

---

① Menander Protector, *The History of Menander Protector*, 25.1.15~24.
② Procopius, *History of the Wars*, vii. 38.40~45.
③ Agathias, *The Histories*, v.11–14; Theophanes Confessor, *The Chronicle of Theophanes Confessor, Byzantine and Near Eastern History AD* 284~813, 233.4~234.12.
④ 陈志强:《巴尔干古代史》,中华书局,2007 年,第 153~154 页。
⑤ Agathias, *The Histories*, iv.22.7; Theophanes Confessor, *The Chronicle of Theophanes Confessor, Byzantine and Near Eastern History AD* 284~813, 236.24~237.1.

鼓励他们进攻敌对的"蛮族"部落，比如乌提格尔人和库特里格斯人。但是这一政策被查士丁二世所改变。在他登基的那一年即565年，阿瓦尔人使节来到拜占庭帝国宫廷，希望延续以前的关系，从拜占庭帝国方面获得更多的经济利益。查士丁二世委婉地拒绝了他们的请求，拒绝他们定居潘诺尼亚，不准他们南下进入色雷斯平原。查士丁二世这种主张拜占庭权利的傲慢政策在一段时间内似乎收到了成效，阿瓦尔人撤退了，将他们的注意力转向潘诺尼亚以及巴尔干半岛的西北部边界地区。他们开始介入伦巴德人与吉皮德人的冲突，与伦巴德人结盟，于568年灭亡了势头渐盛的吉皮德人，占领潘诺尼亚平原南部地区，并以此作为王国的政治军事中心，开始对外扩张。伦巴德人则侵入意大利北部，后来成为亚平宁半岛的主宰。因此以弗所的约翰认为查士丁二世此举间接地帮助阿瓦尔人增强了自身的实力。①

在吉皮德人和伦巴德人冲突期间，拜占庭帝国趁机恢复了对西尔缪姆城的控制。控制此城意味着控制了扼守萨瓦河的关键据点，拜占庭以此为防御基地应对阿瓦尔人的进攻，后者当时刚占领了吉皮德人的势力范围——潘诺尼亚南部地区。② 根据曼南德尔的记载，大约在569年提比略将军取得了一次对阿瓦尔人的胜利，但是胜利却如此短暂，570年提比略被阿瓦尔人战败，③这导致帝国与阿瓦尔人签订合约、不得不重新支付贡金，也导致了斯拉夫人越过色雷斯进入马其顿。提比略时期的拜占庭帝国缺乏应对阿瓦尔人侵袭的方法和手段，这主要是因为572年开启的波斯战端分散了国家的很大一部分资源。574~575年提比略从巴尔干半岛大量征召兵员赶赴东方战场，这无疑削弱了巴尔干半岛的防御力量。577年，沉寂数年的斯拉夫人发动了对拜占庭帝国的新攻势，入侵色雷斯和伊利里亚地区，对城市和乡村大肆劫掠。④ 历史学家布瑞认为："我们正是从这个时候算起，确定斯拉夫人开始大规模侵入巴尔干半岛的。"⑤提比略皇帝只好采取查士丁尼曾推行的"以夷制夷"政策，请求阿瓦尔人帮助进攻斯拉夫人的老巢，而阿瓦尔人也借此机会镇压不服从其霸权的斯拉夫人。于是，阿瓦尔人渡过多瑙河和萨瓦河，穿过拜占庭帝国领土，直抵斯拉夫人驻

---

① John of Ephesus, *The Third Part of the Ecclesiastical History of John, bishop of Ephesus*, vi. 24.
② Menander Protector, *The History of Menander Protector*, 12. 4 ~ 7.
③ Menander Protector, *The History of Menander Protector*, 15. 5; Evagrios Scholastikos, *Ecclesiastical History*, v. 11, p. 207. 25 ~ 30.
④ Menander Protector, *The History of Menander Protector*, 20. 2. 152 ~ 155.
⑤ J. B. Bury, *A History of The Later Roman Empire*, vol. ii, pp. 117 ~ 118.

地,斯拉夫人立即逃往森林,阿瓦尔人则解放了数以千计的拜占庭俘虏。①然而,拜占庭防线的虚弱鼓舞了阿瓦尔人重新发动袭击的图谋,通过迫使拜占庭工兵与其合作,阿瓦尔人成功地封锁了西尔缪姆城。② 提比略试图对阿瓦尔人发动一次远征,但是终告失败,581 年他被迫与阿瓦尔人谈判。拜占庭人丢掉了巴尔干半岛最重要的防御要塞之一——西尔缪姆城,从这个城市可以直接威胁阿瓦尔人领土并掌控从萨瓦河而来的任何情况。阿瓦尔人意识到西尔缪姆城的重要性,他们获得了这一关键的战略要地。③

与此同时,斯拉夫人对巴尔干半岛发动了大规模的侵袭活动,蹂躏巴尔干半岛,洗劫整个希腊地区、塞萨洛尼基和色雷斯地区。或许是受 577 年阿瓦尔人入侵其老巢的影响,他们将成功侵入的地方迅速转变为定居点。④ 考古挖掘出来的钱币可以证明斯拉夫人侵袭的程度和范围:提比略时期的钱币被发现于达尔马提亚、穆拉瓦河谷、多瑙河中部的大瀑布地区,以及现今保加利亚的很多地区;两枚钱币被发现于科林斯港口肯切里(Kenchreai),上面标明的日期是 578 年;三枚从雅典发现的钱币也显示出是提比略时期的;阿格斯和波托切利的破坏程度和奥林匹亚出土的钱币都表明斯拉夫人来过这里,说明他们甚至渗透到伯罗奔尼撒半岛。一部分希腊人正是在斯拉夫人大入侵时期逃往科林斯海湾中的岛屿上避难,并在这块巴尔干半岛最南部的土地上耕作定居的。⑤ 据说提比略皇帝在君士坦丁堡修建了坚固的防御工事来保护停在港口的船舶不受侵害。

当莫里斯 582 年继承皇位时,拜占庭帝国已经逐渐丧失了对巴尔干半岛的控制,在北部边界的阿瓦尔人已经获得战略要地西尔缪姆城。在巴尔干半岛的内陆地区,随着斯拉夫人的大规模入侵,拜占庭帝国的势力范围一步步收缩,最后只能退到边远地区进行零星的抵抗活动。斯拉夫人的入侵活动没有进行精心策划,他们的侵袭是由于惧怕阿瓦尔人的压迫,但是

---

① Menander Protector, *The History of Menander Protector*, 21; 25.1.34~42.

② 此前提比略皇帝应阿瓦尔可汗柏严之邀,派多名工匠帮助阿瓦尔人修建带有罗马浴池的宫殿和城堡以及横跨萨瓦河的桥梁,因此在这次进攻西尔缪姆的军事行动中,阿瓦尔人胁迫拜占庭工匠参与攻城。

③ John of Ephesus, *The Third Part of the Ecclesiastical History of John of Ephesus*, vi. 24;30~32; Menander Protector, *The History of Menander Protector*, 12.1.14~20;25.1~2;27.

④ John of Ephesus, *The Third Part of the Ecclesiastical History of John of Ephesus*, vi. 25.

⑤ R. L. Hohlfelder, "Migratory Peoples incursions into Central Greece in the Late Sixth Century: New Evidence from Kenchreai", *Acts of the 14th int. Cong. of Byz. Stud.*, Bucharest, 1971, iii. pp. 333~338; D. M. Metcalf, "The Slavonic Threat to Greece circa 580: Some Evidence from Athens", *Hesperia* 31, 1962, pp. 134~157; W. W. Rudolph, 'Excavations at Porto Cheli and vicinity, Preliminary Report v; the Early Byzantine Remains', *Hesperia* 48, 1979, pp. 294~320; S. Hood, 'isles of Refuge in the Early Byzantine Period', *ABSA* 65, 1970, pp. 37~45.

他们侵袭的效果却优于阿瓦尔人,他们限制了拜占庭中央权威的实施,使拜占庭帝国逐渐丧失了对巴尔干半岛的控制。拜占庭人忽视了他们当时的一个重要的箴言:"我们不仅要依靠上帝,还要把我们的希望放在军队的战略战术和武器装备上,而不是仅仅把注意力盯在防御工事上面。"[①]

---

① *Maurice's Strategikon*, *Handbook of Byzantine military strategy*, viii. 1. 38.

## 第二节 莫里斯统治时期的巴尔干战争

### 一、西摩卡塔笔下的巴尔干战争进程分析

西摩卡塔所记载的莫里斯时期巴尔干事务主要是阿瓦尔人、斯拉夫人入侵以及拜占庭帝国在这一危急局面下所采取的应对策略与军事行动。学者们对《历史》中所记录的军事行动发生的时间和进程仍不十分清楚,约翰·布瑞在一个多世纪前的观点在今天仍是适用的,他认为"历史学家对叙事精确性的过度迷恋以及巴尔干半岛地形的复杂性,使得我们难以弄清楚阿瓦尔人和斯拉夫人入侵的细节"。① 自约翰·布瑞开创性的论述以来,学术界对此问题的研究没有多大的进展,有的学者甚至倾向于认为研究战争的进程枯燥乏味,"蛮族入侵和帝国的反攻只是这个注定灭亡的帝国最后的一阵痉挛",②这些观点的流行影响了对现存史料的进一步研究分析,妨碍了对巴尔干战事进程的合理阐释。③

西摩卡塔的叙事所存在的主要问题是他自身缺乏军事知识和对巴尔干半岛地理情况欠缺了解,导致他无法合理解释军事行动中的战略和战术问题,也不能辨别所引用的军事文献中存在的偏差,从而不能在自己的作品中阐明相对准确的观点。从表面上看,他的作品展现了一个相对完整有序的军事行动记录,但是若将这些军事行动的地点在地图上标示,就会发现《历史》的记载是有纰漏的。当描写一段特殊的行军路程时,西摩卡塔只简要提及他们经过了哪些地方,而没有记载行军天数和沿途的地形、地

---

① J. B. Bury, *A History of the Later Roman Empire from the Death of Theodosius i to the Death of Justinian*, ii. 122.
② K. M. Setton, "The Bulgars in the Balkans and the Occupation of Corinth in the Seventh Century", *Speculum* 25(1950), p.508.
③ Michael Whitby, *The Emperor Maurice and His Historian*, p.138.

貌特点。例如他描写583年阿瓦尔人入侵时高估了他们从奥古斯坦到安奇阿鲁斯的行进速度,"在阿瓦尔可汗柏严对奥古斯坦和维明纳修进行一番蹂躏之后,他便立即将军队驻扎在安奇阿鲁斯城外,准备封锁此城"。① 奥古斯坦和安奇阿鲁斯位于斯特拉山脉的东西两侧,分别临近多瑙河和黑海,至少相距二百五十罗里,按照当时的正常行军速度即一天行进五十罗里计算,从奥古斯坦到安奇阿鲁斯至少需要五天,这还是在不将山地的崎岖难行考虑在内的情况下。显然西摩卡塔没有意识到它们之间相距这么远的距离。此外,西摩卡塔在记述拜占庭军队从塞罗吉苏斯河(Xerogypsus)向安奇阿鲁斯进军的时候,形容莫里斯第二天即率领军队驻扎在安奇阿鲁斯,②但两地相距一百罗里,按照当时的交通条件,拜占庭军队不可能只用一天时间就能到达黑海沿岸的安奇阿鲁斯。西摩卡塔记述彼得指挥的第一次巴尔干战役,形容军队从扎达帕到埃图拉斯也只用了不到一天时间,③两地相距较远,也不可能这么短时间内到达。

西摩卡塔在巴尔干叙事中所引用的三种文献都有其各自的叙事年代和叙事特征,他在《历史》中融合了这三种文献的内容,因此不可避免会出现年代上的混乱或叙事上的矛盾之处。西摩卡塔所引用的军事文献按顺序记载了586年至602年之间的军事战役,但是却没有提供每一战役发生的具体时间,也没有详细交代两次军事行动之间的间隔时间,其中唯一可靠的时间记载是莫里斯政权的倾覆在602年冬天。编年史文献为其所记录的每一事件提供了准确的时间,但是它所记载的军事事件却不够全面,无法为军事文献上所记载的每一重大军事行动提供相对准确的时间佐证。传记作品也没有关于莫里斯远征行军的清晰时间信息。西摩卡塔将军事文献中对军事行动的记载与编年史中的时间信息结合起来,并将传记作品中的细节信息安插到叙事中,就会不可避免出现错误或纰漏。这里结合相关的文献史料和学者的研究成果,对《历史》中所记载的巴尔干事务尤其是战争进程作一粗略的分析。

**1. 582~586年战争初期的态势**

西摩卡塔的巴尔干叙事在记述完莫里斯登基事件之后就展开,优先于东部叙事。之所以这样安排,是"因为发生在巴尔干半岛的事情离君士坦

---

① Theophylact Simocatta, *History*, i. 4. 4.
② Theophylact Simocatta, *History*, vi. 3. 5.
③ Theophylact Simocatta, *History*, vii. 2. 16.

丁堡最近,对首都容易造成影响,而且这样安排在时间上也较为合适"。①
的确,正如西摩卡塔所言,与东部相比,巴尔干半岛距离君士坦丁堡更近,
但如果考虑到年代顺序,西摩卡塔更应该先记载东部事务,因为拜占庭帝
国与波斯帝国的战争发生在582年秋,②而帝国与阿瓦尔人战争583年才
开始。③巴尔干叙事的第一部分起始于582年阿瓦尔人侵袭,④结束于586
年科蒙提奥鲁斯被任命为将军以抗击阿瓦尔人的入侵。⑤随后西摩卡塔
为其后面的东部叙事年代上的混乱致歉:"希望不会有人对我追溯以前的
事件持有意见,因为对以前事件的延续记载不能有任何限制,否则在原有
的叙事框架中插入不同的事件会引起混乱。"⑥但从《历史》第一卷第九节
开始,西摩卡塔的记载从巴尔干事务转向东部事务,这本身就打乱了原有
的对582年阿瓦尔入侵的连续性记载。很有可能西摩卡塔所引用的军事
文献本身不包括对582~586年巴尔干事务的记载,因此作者只能单纯依
靠编年史材料进行创作。

根据文献记载,在莫里斯登基不久,阿瓦尔可汗柏严随即派来了一位
使节,双方在582年冬天进行了一系列的外交活动。阿瓦尔人在565年查
士丁二世登基之初也采取过这样的行动,这一次他们同样希望以此方式来
了解拜占庭新皇帝的对外政策。由于查士丁二世一直采取对阿瓦尔人强
势的外交政策,⑦所以莫里斯皇帝没有多少可以回旋的余地。尽管提比略
皇帝的挥霍已使国库大为损耗,但是向外族提供礼物已经成为拜占庭皇帝
们所惯用的对外政策。基于此,莫里斯皇帝也只能同意阿瓦尔人的要求,
向其提供一头大象和一张金椅。这样的礼物意在向外族表明帝国的财富
和实力,但是阿瓦尔可汗柏严却向莫里斯退回礼物,拒绝向拜占庭帝国臣
服。⑧很有可能柏严因刚刚接任汗王,急于向众人表明他的威望和实力,
而与大国抗衡显然有助于此。他像匈奴王阿提拉一样深知如何对付罗

---

① Theophylact Simocatta, *History*, i.3.1.
② Theophylact Simocatta, *History*, i.9.4~11.
③ Theophylact Simocatta, *History*, i.3.13~4.1.
④ Theophylact Simocatta, *History*, i.3.1.
⑤ Theophylact Simocatta, *History*, i.8.11.
⑥ Theophylact Simocatta, *History*, i.9.3.
⑦ 曼南德尔认为只有采取查士丁尼时期的灵活外交政策来遏制阿瓦尔人的发展方可奏效。他暗示查士丁二世由于缺乏外交智慧而在阿瓦尔人面前展现的看似强硬实则空洞的言辞只会激化双方的矛盾,例如查士丁二世曾经对阿瓦尔人声称:"我们绝不需要你们的帮助,你们也休想从我们这里拿走一丝一毫。"他的这一论断在随后的事态发展中被证明是错误的。(Menander Protector, *The History of Menander the Guardsman*, 5.1.23~26;8.54~56.)
⑧ Theophylact Simocatta, *History*, i.3.8~12.

马—拜占庭帝国,即战争手段和外交手段同等重要,二者缺一不可。

柏严在583年5月运用外交手段向莫里斯施压,要求拜占庭帝国向其支付的贡金从八万索里德金币提高到十万索里德金币。① 阿瓦尔使节于5月初来到君士坦丁堡,向莫里斯皇帝提出增加贡赋的要求。莫里斯深知一味的妥协只会让他们得寸进尺,他拒绝使节的要求,导致后者撕毁了581年占领西尔缪姆之后双方签订的和平协议。根据西摩卡塔的记载,此项协议使双方维持了两年的和平,② 这表明阿瓦尔人再次挑起战端的时间应该是在583年。随后阿瓦尔人开始了军事行动,辛吉东农城很快被侵占,阿瓦尔人把攻城的时间选在收获庄稼的时节,许多当地的民众都忙于在城外收获庄稼。西摩卡塔将这座城市形容为"防卫力量薄弱,武器装备落后,士兵在和平时期所养成的懒散作风传遍整个色雷斯"。③ 但他的观点有失偏颇,因为辛吉东农与西尔缪姆都是拜占庭帝国在多瑙河上游部署的重要军事基地,是帝国沿多瑙河逆流而上最远的军事据点,是观察阿瓦尔人行动和运用多瑙河舰队阻击"蛮族"军事行动的最关键地点。曼南德尔记载:"在经过了守城将士一番艰苦的斗争之后,此城才被阿瓦尔人攻占,许多阿瓦尔人被杀,他们获得的实际上是一场卡德马斯般的胜利。"④ 辛吉东农城是一个重要的军事化地区,它不像多瑙河下游谷地以防御为主的城镇,比如利比迪纳和阿皮亚里亚这两地的要塞驻军主要依靠当地民众补充,而这极容易使当地民众的生活陷入危险境地。⑤ 西摩卡塔喜欢对其所记载的事件进行道德评判,同样关于军队懒散以及准备不充分的评判屡见于《历史》其他地方。⑥

阿瓦尔人攻占辛吉东农城之后,开始横扫多瑙河沿岸的许多城市,从维明纳修、奥古斯坦直到安奇阿鲁斯。三个月后莫里斯派出使节在安奇阿鲁斯与阿瓦尔人会谈,代表拜占庭谈判的使节是埃庇迪乌斯(时任西西里岛执政官)和科蒙提奥鲁斯(时任皇家侍卫长官)。⑦ 他们二人前往安奇阿鲁斯觐见汗王,希望两国之间订立和平条约。双方进行了谈判,但是谈判

---

① Theophylact Simocatta, *History*, i. 3. 13. Theophanes Confessor, *The Chronicle of Theophanes Confessor, Byzantine and Near Eastern History AD 284 ~ 813*, 252. 31 ~ 32.
② Theophylact Simocatta, *History*, i. 3. 8.
③ Theophylact Simocatta, *History*, i. 4. 1.
④ Menander Protector, *The History of Menander the Guardsman*, 5. 23 ~ 26. "卡德马斯的(Cadmean)胜利"指的是以巨大牺牲换得的胜利。
⑤ Maurice's Strategikon, *Handbook of Byzantine military strategy*, X. 3. 32 ~ 35.
⑥ Theophylact Simocatta, *History*, i. 8. 11; ii. 6. 13, 8. 3; iii. 10. 3.
⑦ Theophylact Simocatta, *History*, i. 4. 4 ~ 6.

最终破裂。汗王并无恢复和平之意,他甚至大放厥词,扬言要破坏长城。①科蒙提奥鲁斯对阿瓦尔人的嚣张气焰非常气愤,不过阿瓦尔人并没有真的采取进一步的军事行动。粮草补给是决定阿瓦尔人采取下一步军事行动时机、去向以及强度的一个重要因素,②由于后勤补给不足,阿瓦尔人决定在安奇阿鲁斯驻扎下来过冬。第二年即584年,双方达成和平协定,莫里斯被迫同意每年向阿瓦尔人支付十万索里德,即在原有的基础上增加2万索里德,他还承认阿瓦尔人对多瑙河沿线重镇的占领。③ 此后阿瓦尔人停止了侵袭活动,不再进攻其他城市。然而和平的局面很快就被打破,从提比略时期就侵入帝国的斯拉夫人此时又继续对帝国领土大肆蹂躏。虽然西摩卡塔认为斯拉夫人的入侵是受到阿瓦尔人的怂恿,他认为"斯拉夫人这一次的侵袭是通过不正当的狡猾手段",④但是显然斯拉夫人是独自采取军事行动的,他们不仅充分利用此前阿瓦尔人入侵造成的有利局面,同时也在远离阿瓦尔人的势力范围单独行动。西摩卡塔可能夸大了阿瓦尔人控制斯拉夫人的程度。这些沿森林和河流而居的斯拉夫人的足迹早在6世纪中期就已经扩展到整个多瑙河流域,多瑙河上游的斯拉夫人由于临近阿瓦尔人的土地潘诺尼亚,可能受到阿瓦尔人统治,但是多瑙河下游的斯拉夫人还是非常独立的,何况他们入侵拜占庭土地恰是为了逃避阿瓦尔人的控制。在6世纪80年代,斯拉夫人大范围的侵袭帝国领土,这可以从雅典和伯罗奔尼撒半岛发掘出来的钱币得到证实,也可以从以弗所的约翰的作品中得到印证。根据以弗所的约翰的记载,斯拉夫人从578年以后就开始大规模入侵并占领巴尔干半岛的大部分,584年他们已经开始定居在荒芜的农村。⑤ 塞奥拉克特没有意识到这些斯拉夫人侵袭所带来的巨大影响,但是他记载了斯拉夫人从多瑙河以北边疆直到帝国腹地长城的侵袭,而莫里斯皇帝出于对"蛮族"侵袭的恐惧,派遣宫廷卫队前往长城一带支援,希望能够守卫长城,进而保卫君士坦丁堡。⑥ 这是自库特里格斯人558年侵袭以来"蛮族"势力第一次如此接近君士坦丁堡。科蒙提奥鲁斯临危受命,被紧急任命为御敌将军,前往色雷斯抗击斯拉夫人侵。双方在

---

① 长城修筑于5世纪,作为守卫君士坦丁堡的一道外围屏障,从君士坦丁堡一直向西延伸四十罗里,从马尔马拉海附近的塞利贝拉(Selymbria)到黑海沿岸也有将近三十罗里。
② *Maurice's Strategikon*, *Handbook of Byzantine military strategy*, vii. 25~35.
③ Theophylact Simocatta, *History*, i. 6. 4~5.
④ Theophylact Simocatta, *History*, i. 6. 6~7. 1.
⑤ John of Ephesus, *The Third Part of the Ecclesiastical History of John*, *bishop of Ephesus*, vi. 25.
⑥ Theophylact Simocatta, *History*, i. 7. 2; Theophanes Confessor, *The Chronicle of Theophanes Confessor*, *Byzantine and Near Eastern History AD 284~813*, 254. 3~7.

额吉纳河附近展开激战,①最终拜占庭军队取得胜利,重创了斯拉夫人。②作为对此次军功的报偿,科蒙提奥鲁斯被莫里斯任命为御林军统帅(magister militum praesentalis)。当585年夏季来临的时候,他率领军队远赴亚得里亚堡,在安西农(Ansinon)附近打败了斯拉夫人,将斯拉夫人从色雷斯平原最肥沃的地区阿斯提克(Astike)赶走,并一直驱逐到长城以外。③

上述莫里斯统治前期的战争凸显出拜占庭军队的实力薄弱,在当时,没有哪支军队能完全阻止阿瓦尔人和斯拉夫人的入侵,拜占庭军队所能做的就是尽可能缩小"蛮族"入侵的程度和范围。583 年,西摩卡塔没有提及任何拜占庭军队在巴尔干的军事行动,虽然他有可能忽视了分散于各个要塞的驻军的防御行动,但是显然这部分军队很难联合起来形成强大的军事力量。当阿瓦尔人来袭时,陷入孤立的城镇的居民只能依靠自身的力量和资源来抵抗,国家的作用并不大。④ 莫里斯起初试图用经济手段买通入侵者,但是这样的贿赂行为对于斯拉夫部落来说丝毫不起作用,因此帝国采取军事行动驱逐侵入君士坦丁堡附近的"蛮族"成为当务之急。585 年科蒙提奥鲁斯在色雷斯平原率领一支宫廷卫队取得了一次以少胜多的战绩。这使得斯拉夫人不敢在拜占庭军队守卫严密的地区发动袭击,于是他们在巴尔干半岛偏僻且守卫薄弱的地区展开行动,这使君士坦丁堡脱离危险。在这次战役之后,斯拉夫人将侵袭的重点立即转向马其顿和希腊,这从考古材料和文献资料上可以得到印证:巴加拉在 586 年遭到破坏,与此同时,塞萨洛尼基很有可能在 586 年 9 月遭受袭击,塞萨洛尼基铸币厂受到严重毁坏;而斯拉夫人对伯罗奔尼撒半岛的侵入导致民众从城市纷纷逃离至偏远地带,他们还洗劫了科林斯的部分地区。⑤ 莫里斯没有足够的资源来应对如此大规模的"蛮族"入侵。伊利库姆的地方行政长官带着军队撤到希腊,他这样做只会使塞萨洛尼基的防卫更加空虚。⑥ 莫里斯贿赂安特人袭击斯拉夫人领土,这反而使斯拉夫人大量逃往安全的多瑙河南岸地带。

莫里斯采取的唯一有效的措施是在色雷斯平原巩固科蒙提奥鲁斯所

---

① 此战也有可能发生在长城附近。根据以弗所的约翰的记载,斯拉夫人当时已经侵入到这个地方,而额吉纳河正好从赫拉克利亚腹地缓缓流出,流经长城附近。(John of Ephesus, *The Third Part of the Ecclesiastical History of John*, bishop of Ephesus, vi. 25.)

② Theophylact Simocatta, *History*, i. 7. 3.

③ Theophylact Simocatta, *History*, i. 7. 4 ~ 6.

④ Michael Whitby, *The Emperor Maurice and His Historian*, p. 138.

⑤ B. Aleksova and C. A. Mango, "Bargala: A Preliminary Report", *Dumbarton Oaks Papers* 25 (1971), p. 273; I. Dvjcev ed., *Chronicle of Monemvasia*, pp. 86 ~ 121; Michael the Syrian, *Chronicle of the Michael the Syrian* (1166 ~ 1199), X. 21, p. 362.

⑥ P. Lemerle ed., *Miracula S. Demetrii*, p. 128.

取得的胜利成果,他在亚得里亚堡修筑了一条大型沟渠。叙利亚的米哈伊尔在其作品中记载了这件事,他在君士坦丁堡亲眼见到为修筑沟渠所做的准备工作,①这一记载具有很重要的史料价值。沟渠这种大型的土垒防御工事是罗马-拜占庭帝国为抵挡"蛮族"入侵所采取的典型护卫手段,它能保护帝国的行政中枢免受攻击。② 由于色雷斯平原此时已经成为抗击"蛮族"入侵的前沿阵地,因此如何保护紧邻色雷斯的君士坦丁堡的安全就成为当务之急。在585年之前,帝国没有修建沟渠的计划,因为科蒙提奥鲁斯此时已将斯拉夫人从色雷斯平原驱逐到阿斯提克。《莫里斯的战略》记载了帝国在边境上如何修筑堡垒或要塞,③书中建议如果进犯的是一个骑兵民族且进攻的时间恰好在7月至9月之间,那么城堡就能发挥很大作用,通过烧掉饲料的方法可阻止敌人骑兵的有效补给。但是这种策略对斯拉夫人无济于事,这可能促使莫里斯考虑在585年冬天修筑沟渠的计划。沟渠最终在586年得以建成,由于它的有效防御,斯拉夫人只好将入侵的矛头向西指向希腊和伯罗奔尼撒半岛。587年沟渠同样阻止了阿瓦尔人向君士坦丁堡进军的势头。只有在沟渠周围设重兵把守才能对敌人形成有效的防御,但是588年阿瓦尔军队却最终凭借骑兵的优势打败了普里斯哥,越过沟渠,侵入赫拉克利亚。沟渠位于今天保加利亚、土耳其的边界地区,这项莫里斯时期的防御工程成为后来保加利亚修建防御工事的模仿对象。

**2. 阿瓦尔人再度来袭**

586年秋天,阿瓦尔人公然破坏双方的和平协定,开始侵入拜占庭帝国领土。西摩卡塔没有记载此次入侵的时间,但是我们可以从《历史》第二卷第十章第八节所记的内容推测出来:在这一年科蒙提奥鲁斯来到安奇阿鲁斯,集合当地所有军队,检阅士兵状况,制定新的作战方略,他将原有的军队划分成三部分。而《历史》中记载科蒙提奥鲁斯是在586年秋被任命为将军以承担抵抗阿瓦尔人入侵的重任的,④由此可以推断阿瓦尔人入侵是在586年秋。西摩卡塔结合军事文献和编年史资料,对此次巴尔干战事的记载非常详细,但是仍有一些小错误,例如他将阿匹亚里亚被攻陷的

---

① Michael the Syrian, *Chronicle of the Michael the Syrian* (1166~1199), X. 21, p. 361.
② E. N. Luttwak, *The Grand Strategy of the Roman Empire*, p. 74.
③ George T. Dennis, tron., *Maurice's Strategikon*, X. 4.
④ Theophylact Simocatta, *History*, i. 8. 11.

内容放在了一个不适当的位置。① 这次阿瓦尔人挑起战端的原因是阿瓦尔可汗柏严声称拜占庭人收留了逃亡的西徐亚行游魔术师布科拉巴（Bookolabra），他被指控犯有勾引汗王妻子的重罪，柏严要求莫里斯交出罪犯并赔偿。与此同时，柏严对拜占庭人发动进攻，在阿瓦尔军队攻占西尔缪姆之后，柏严向拜占庭帝国索要这名罪犯。② 此时拜占庭的谈判代表塞奥吉尼斯（Theognis）向柏严陈明在广阔的帝国领土内找到一名逃犯是极为困难的，但事实上布科拉巴此时已经被多布罗加地区利比迪纳（Libidina）的守兵抓获，随即被送往君士坦丁堡，这一情况柏严肯定已经获悉。5世纪拜占庭人收留匈奴逃兵，即从事实上支持逃兵反抗匈奴，成为双方爆发争端的一个重要原因，《莫里斯的战略》的作者认为拜占庭人经常使用不同的方法削弱周边部族的实力，比如贿赂或引诱他们的大使，尤其拜占庭收留匈奴逃兵而与匈奴人交恶将会引起更大的麻烦和危险。③ 当柏严派遣使者塔吉提乌斯（Targitius）前往君士坦丁堡收取年度贡物之际，阿瓦尔军队发动了大规模的入侵。阿瓦尔人入侵的线路是这样的：首先进攻提莫克山谷的阿奎斯城，之后向东横扫多瑙河平原，占领博洛尼亚、拉提亚里亚、多罗斯托龙和托罗帕森等城市，自此调转行动的方向，向南穿过扎达帕，攻占斯特拉山脚下的马尔西安城和潘纳萨城。④ 这个时候已经快到年底了，阿瓦尔人便移师北上到多布罗加地区过冬，使军队得到休养和补给。与此同时，斯拉夫人在同年的9月对塞萨洛尼基发动袭击，这使当地民众相信斯拉夫人的此次侵袭活动是受到阿瓦尔可汗柏严的指使。

586年下半年，莫里斯皇帝采取紧急措施提高军队战斗力。叙利亚的米哈伊尔记载："即使神职人员也被抓去充军，连专门负责招募士兵的宫廷卫队军官也承认招募士兵的过程是十分艰难的，他们将孩子从父母手中夺走，将老百姓的牲畜随意牵走，这无疑受到人们的巨大抵制。"⑤这类信息很有可能源自以弗所的约翰的作品，他曾在君士坦丁堡郊区亲眼见到招募士兵的场景。莫里斯也同样在更为遥远的地方招兵买马。在意大利，由于586年帝国与伦巴德王国签订了为期三年的停战协定，莫里斯得以将一部分日耳曼同盟军调往巴尔干半岛前线。根据《历史》记载，多尔克杜夫

---

① Theophylact Simocatta, *History*, ii. 15. 13. 阿匹亚里亚坐落在多瑙河沿岸。插入阿匹亚里亚被攻占的内容说明西摩卡塔的叙述具有跳跃性，所述的地点从色雷斯平原（ii. 15. 3 ~ 4）到哈姆斯山脉，最后又回到对色雷斯平原城市的叙述上（ii. 16. 12）。
② Menander Protector, *The History of Menander the Guardsman*, 27. 3. 29 ~ 31.
③ Maurice's Strategikon, *Handbook of Byzantine military strategy*, Xi. 2. 74 ~ 8.
④ Theophylact Simocatta, *History*, i. 8. 10 ~ 11.
⑤ Michael the Syrian, *Chronicle of the Michael the Syrian* (1166 ~ 1199), X. 21, p. 362.

特(Droctulft)是一位斯瓦比亚人(Swabian),他被伦巴德人抚养,后来官职升至伦巴德公爵。587年,他率领日耳曼军队为拜占庭人效力,与其他日耳曼雇佣军通力合作,支援拜占庭帝国在巴尔干半岛的军事行动。① 在亚美尼亚,莫里斯招募骑兵,他相信亚美尼亚人即使在远离家乡的地方作战也是值得信赖的。西摩卡塔记载589年在亚美尼亚发生了一次暴乱,起因是帝国在亚美尼亚招募两千名骑兵服务于色雷斯前线所招致的民众的极大不满。② 另外西摩卡塔还记载了原本驻守在东方前线尤其是亚美尼亚的约翰·麦斯塔肯(John Mystacon)将军于587年突然率领军队出现在巴尔干半岛。

莫里斯采取这些紧急措施的结果就是587年科蒙提奥鲁斯招募了一支一万人的军队,这些从帝国各地招募来的士兵统一在安奇阿鲁斯集合,计划向北进军,袭击在多布罗加地区休整的阿瓦尔人。这是自570年提比略被阿瓦尔人打败之后拜占庭帝国组建的最为庞大的一支军队,然而士兵的质量并不高,因为在这一万人中间有四千人是不适合行军打仗的,③他们是仓促应战,没有应对阿瓦尔人充足的经验。科蒙提奥鲁斯很清楚军队的状况,他竭力避免军队和阿瓦尔人发生正面冲突,如果发生正面冲突,其后果就是自己的军队被彻底击败,他只能采取游击战来限制阿瓦尔人入侵。④ 586年,科蒙提奥鲁斯率领军队在色雷斯平原过冬,巩固这一地区的防守,加强驻防力量,将大量后勤物资送往防御工事和要塞,利用新修筑的沟渠将老百姓和牲畜保护起来。等到587年开春,此时恰逢阿瓦尔人的马匹状况不佳,⑤科蒙提奥鲁斯利用这一有利时机向斯特拉山脉进发,以便重新夺取被阿瓦尔人占领的多瑙河沿岸城市。科蒙提奥鲁斯的军队无力与阿瓦尔军队正面交锋,他们只能从侧翼不断地侵扰敌方小股军队。科蒙提奥鲁斯将军队中的非战斗人员从马尔西安城遣送回色雷斯平原,随后他挑选六千名精兵强将兵分三路。每路士兵都配备有充足的武器装备和后勤物资,完全按照《莫里斯的战略》的作战方略,为每名士兵提供马匹、小帐篷、披风和大约三十索里德的食物,这在当时被认为是拜占庭军队与"蛮

---

① Theophylact Simocatta, *History*, ii. 17.9. Paul the Deacon, *History of the Lombards*, iii. 18~19.
② Theophylact Simocatta, *History*, iii. 8.5~8. 东方作家西比奥斯对亚美尼亚起义的记载更为详细,他将起义的背景与6世纪90年代亚美尼亚民众拒绝服兵役联系起来。根据西比奥斯的记载,起义首领萨姆巴特(Smbat)在剧场里勇斗熊、公牛和狮子后被观众同情,加上皇后的求情,莫里斯最终决定放过他,萨姆巴特后来被放逐到非洲。(Sebeos, *Armenia Chronicle*, ch.10, pp.37~39.)
③ Theophylact Simocatta, *History*, iii. 8.5~8.
④ *Maurice's Strategikon*, *Handbook of Byzantine military strategy*, X.2.
⑤ *Maurice's Strategikon*, *Handbook of Byzantine military strategy*, viiA.34~6.

族"作战的最佳配备,这些物资可以供士兵数日的行军作战。① 左、右两路军队分别由卡斯图斯和马丁率领,他们在扎达帕和托米城附近奇袭阿瓦尔人。② 西摩卡塔没有记载科蒙提奥鲁斯率领的中路军行动,它主要对左、右两路军起支援和辅助进攻的作用。这次军事行动持续了很多天,阿瓦尔军队遭遇了初次失败后重新调整战略战术,给拜占庭军队以重创,使拜占庭军队的左、右两路先遣队面临很大压力。卡斯图斯和马丁只好率领各自的军队联合起来作战,此时科蒙提奥鲁斯率领的中路军也已经撤退到马尔西安,与左、右两路军实现了联合。于是科蒙提奥鲁斯率领整支军队撤退到斯特拉山脉。这几次军事行动反映拜占庭军队在进行突袭作战时缺乏经验,左、右两路军取得暂时的胜利后,应在阿瓦尔军队重新联合前立即撤退,不应该继续进攻。显然,拜占庭人对己方军队在斯特拉山脉以北地区行军打仗的孤立性和脆弱性估计不足。③

科蒙提奥鲁斯率领军队撤退至斯特拉山脉,朝向西南方向驻扎,通向外界只有一个斯皮卡关口。根据西摩卡塔的记载,科蒙提奥鲁斯的军事行动路线大致是这样的:从马尔西安城的西南方向撤退,越过哈姆斯山(斯特拉山)的最高处,进入肥沃的罗斯山谷。④ 与此同时,阿瓦尔人突破了美塞布里亚关口的拜占庭防线,闯入色雷斯平原,迫使驻守在当地的一大队步兵在阿斯姆斯的率领下仓惶逃跑。西摩卡塔对以上事件的记载是晦涩的,⑤他不清楚拜占庭军队和阿瓦尔军队分别是什么时间和什么地点越过斯特拉山脉的。他记载拜占庭军队进入罗斯山谷之后,在一条大河附近遭遇了阿瓦尔军队,但此时阿瓦尔军队极有可能仍在斯特拉山脉的北侧。西摩卡塔的记载稍显混乱,可能是他所引用的军事文献主要关注科蒙提奥鲁斯率领的中路主力部队的行动,⑥随后只记载了阿斯姆斯率军逃跑的细节。⑦ 当阿瓦尔人到达色雷斯的时候,科蒙提奥鲁斯的军队正试图撤退至君士坦丁堡。据此,可推测出阿瓦尔人越过斯特拉山脉的时间比拜占庭人要晚。⑧

科蒙提奥鲁斯撤退至斯特拉山脉之后,下一步目标是向东南方向撤退

---

① *Maurice's Strategikon*, *Handbook of Byzantine military strategy*, v. 3~4.
② Theophylact Simocatta, *History*, ii. 10. 10~13.
③ Michael Whitby, *The Emperor Maurice and His Historian*, p. 143.
④ Theophylact Simocatta, *History*, ii. 11. 3~4.
⑤ Theophylact Simocatta, *History*, ii. 4~12. 9.
⑥ Theophylact Simocatta, *History*, ii. 11. 4~12. 4.
⑦ Theophylact Simocatta, *History*, ii. 12. 5~9.
⑧ Theophylact Simocatta, *History*, ii. 12. 9.

到"莫里斯沟渠"附近,但是他的军队被阿瓦尔人所阻截,此时阿瓦尔人正好在色雷斯平原北部大肆侵袭。科蒙提奥鲁斯只好让军队继续留在斯特拉山脉,等军队士气恢复之后,他准备对阿瓦尔人发动一次夜间袭击。根据《莫里斯的战略》的建议,拜占庭军队对阿瓦尔人发动夜间奇袭能够达到出奇制胜的效果。① 笔者无法确定科蒙提奥鲁斯此次突袭的行军路线,他到底有没有途经卡沃穆提(Calvomuntis)和利比顿(Libidurgon)尚不能确定,但是他极有可能越过珊德拉·戈拉山脉,从这里他能看到贝罗城(Beroe)附近阿瓦尔人分散的营地,此城是阿瓦尔人在色雷斯平原侵占的第一个城市。② 西摩卡塔记到这里,便开始漫无边际地穿插一些叙事,比如多瑙河沿岸城市阿匹亚里亚被阿瓦尔人侵占,叙事内容大多是从编年史资料中引用过来的。③ 作者没有意识到这样的穿插打乱了对色雷斯战事的记载。阿匹亚里亚坐落在多瑙河沿岸,插入阿匹亚里亚被攻占的内容说明西摩卡塔的叙事在地点上具有跳跃性,从色雷斯平原到哈姆斯山脉,最后又回到色雷斯平原。作者还插入布萨斯的故事,意在强调布萨斯帮助阿瓦尔人制造了攻城机,使之掌握了攻城技术,这一技术加速了阿瓦尔可汗柏严攻城略地的步伐。④科蒙提奥鲁斯通过夜间奇袭取得了小规模的胜利,不过此后阿瓦尔人对色雷斯北部地区发动了猛攻,袭击了贝罗城、戴克里先城和菲利普堡,⑤在进攻途中他们没有遭到拜占庭野战军队的有效抵抗。然而,这些城市的驻防还是异常坚固的,它们的实力和富庶程度要远远高于斯特拉山脉北部的要塞驻地,阿瓦尔人试图对这些城市全力袭击,但守城的拜占庭军民抵御顽强,阿瓦尔人甚至都不敢进入拜占庭军队弩炮的射程范围之内,只好放弃进攻。他们被阿斯姆斯的步兵军队阻遏在"莫里斯沟渠"一线,⑥只得从菲利普堡出发,沿着东南方向向亚得里亚堡进军,试图从南部包抄"莫里斯沟渠"。但是拜占庭人成功地利用伦巴德雇佣兵和约翰·麦斯塔肯率领的亚美尼亚骑兵,将阿瓦尔人进攻的势头遏制住了。其间,多尔克杜夫特率领伦巴德雇佣兵假装撤退,给阿瓦尔人造成假象,是一次以退为进的军事策略。⑦

---

① Maurice's Strategikon, Handbook of Byzantine military strategy, xi. 2. 33,72~3.
② Theophylact Simocatta, History, ii. 16. 12.
③ Theophylact Simocatta, History, ii. 15. 13~16. 11.
④ Theophylact Simocatta, History, ii. 16. 11.
⑤ Theophylact Simocatta, History, ii. 16. 12~17. 3.
⑥ 西摩卡塔在上文(ii. 12. 7)记载阿斯姆斯率军撤退到长城一带,但极有可能西摩卡塔及其所引用的军事文献混淆了君士坦丁堡的两道外围防线——长城和"莫里斯沟渠"。
⑦ Theophylact Simocatta, History, ii. 17. 11.

西摩卡塔没有记载接下来发生的事情。科蒙提奥鲁斯接下来的军事行动是怎样进行的,[①]阿瓦尔人在进攻亚得里亚堡受阻后的行动是怎样的,这些都不得而知。我们只知道拜占庭军队在约翰·麦斯塔肯的领导下没有继续追击撤退的阿瓦尔人,因为"他懂得在成功之后保持节制"。[②] 阿瓦尔人撤退到斯特拉山脉,将战利品送回西尔缪姆,并且利用这一时机使军队得以休整,为下一次战争做准备。此时莫里斯派舰队威胁阿瓦尔人的家乡。拜占庭海军对辛吉东农的进攻打乱了阿瓦尔人为下一次战争所做的计划。[③] 随后拜占庭人和阿瓦尔人展开谈判,莫里斯为卡斯图斯和其他被俘的拜占庭士兵支付了赎金,将他们从阿瓦尔人手中解救出来。[④] 阿瓦尔可汗柏严要求莫里斯皇帝在584年协议的基础上再行修订,尽管在587年阿瓦尔人的入侵中拜占庭军队在亚得里亚堡附近取得了小胜,导致阿瓦尔人撤退,但是从总体上看阿瓦尔人入侵势头难以阻挡,这使得他们向拜占庭人提出更高的贡金要求,否则他们就威胁入侵整个帝国。莫里斯拒绝了阿瓦尔人的要求,他寄望于伦巴德和亚美尼亚雇佣兵能帮助他们抵挡阿瓦尔人的进攻,就像在亚得里亚堡战役中取得的胜利一样。与此同时,在整个587年,斯拉夫人继续进攻伯罗奔尼撒半岛。根据《莫利亚编年史》的记载,伯罗奔尼撒半岛在587年脱离了拜占庭帝国的统治。

### 3. 普里斯哥指挥的第一场战争

西摩卡塔接下来记载的巴尔干事务主要是斯拉夫人在色雷斯的侵袭活动。同时他也记载了588年冬天发生在意大利和北非的重大事件。例如,在意大利,帝国军队经受住了伦巴德人的侵袭;在利比亚,由于拜占庭军队的成功进剿,摩尔人的势力大为减弱。[⑤] 这类叙事主要来源于编年史文献。西摩卡塔的记载给人的印象是588年巴尔干半岛似乎没有什么重要的事情发生,这与同时代其他作家的记载大相径庭,比如埃瓦格留斯和以弗所的约翰,他们记载了这一年阿瓦尔人的侵袭活动。阿瓦尔人首先侵

---

[①] 根据西摩卡塔的记载,科蒙提奥鲁斯所指挥的军事行动大多不成功,需要为帝国的被动局面负责,但是没有证据显示科蒙提奥鲁斯被莫里斯降职或革职,587年以后他在西班牙担任将军,后于589年调任帝国驻东部军队将军。

[②] Theophylact Simocatta, *History*, ii. 17. 12.

[③] Theophylact Simocatta, *History*, vi. 3. 9~4. 1.

[④] Theophylact Simocatta, *History*, ii. 17. 7.

[⑤] Theophylact Simocatta, *History*, iii. 4. 6~4. 9. 西摩卡塔对帝国事务的概述在《历史》其他地方并不多见,只在第七章中对西地中海事务有过简要的提及(vii. 6. 6~7)。塞奥发尼斯也记载了伦巴德人在587年秋又开始对拜占庭人发动进攻(Theophanes 261. 27~29),格里高利主教记载了北非总督加纳迪乌斯成功剿灭了摩尔人。(Pope Gregory, *Registrum Epistolarum*, i. 59,72.)

占了安奇阿鲁斯和辛吉东农城,随后发动了更大规模的侵袭,其势力一度扩展至君士坦丁堡附近,最后拜占庭帝国通过支付贡金和在阿瓦尔人家乡发动进攻才迫使阿瓦尔人不再进攻君士坦丁堡。① 如果忽略了这些发生在巴尔干半岛东部的重要事件,那么将会影响作品中所载军事信息的可信度,所以西摩卡塔也在作品的其他地方记载了这些事件。

西摩卡塔记载的普里斯哥指挥的第一场战役与其他作家所记的588年阿瓦尔入侵有一些相似之处,比如阿瓦尔人在辛吉东农和安奇阿鲁斯的军事行动,阿瓦尔人向长城进逼以及他们在家乡遭到袭击后的撤退等。西摩卡塔没有详细记录此战的进程,或许是为了掩饰帝国失去安奇阿鲁斯的耻辱,但是根据以弗所的约翰的记载,战争的过程对于拜占庭人来说是极为惨烈的。普里斯哥指挥的第一次巴尔干战役爆发的时间仍有待研究。西摩卡塔将普里斯哥第一次战役的记载放在590年莫里斯远征安奇阿鲁斯之后和593年普里斯哥第二次巴尔干战役之前。② 但是这种观点难以令人信服,因为西摩卡塔记载的莫里斯远征时间线索不甚清晰,而且有不同的史料来源。普里斯哥指挥的第二次巴尔干战争发生在593年。正因为第一次战争拜占庭军队实力不济才于591年从东部前线派来援军,因此第一次战争爆发的时间肯定早于591年。根据怀特比的研究,西摩卡塔和叙利亚的米哈伊尔关于588年巴尔干战争的记载几乎如出一辙,他们的记载极有可能都是源于以弗所的约翰现已散失的作品。③ 这场战役结束的时间是确定的,西摩卡塔认为"一直到秋天才结束"。④ 笔者认为,这次战役爆发的时间应为588年。588年普里斯哥初到东部军队就面临士兵叛乱的窘境(发生在4月18日复活节),此后他从东部军队的将军岗位上被替换下来,返回君士坦丁堡。⑤ 因此,普里斯哥极有可能是在588年初夏被任命为巴尔干军队将军并开始指挥具体的军事行动的。

在588年巴尔干战役开始之前,阿瓦尔可汗柏严命令臣属的斯拉夫人

---

① Evagrios Scholastikos, *Ecclesiastical History*, v. 11, p. 207. 25~30; John of Ephesus, *The Third Part of the Ecclesiastical History of John, bishop of Ephesus*, iii. 27~34.
② Theophylact Simocatta, *History*, vi. 3. 5~4. 7.
③ L. M. Whitby, "'Theophances' Chronicle Source for the Reigns of Justin ii, Tiberius and Maurice(AD 565~602)", *Byzantion*. 53, 1983, p. 357.
④ Theophylact Simocatta, *History*, vi. 6. 1.
⑤ Theophylact Simocatta, *History*, iii. 1~2, iii. 2. 11, iii. 3. 6.

建造足够多的船只来帮助阿瓦尔军队渡过多瑙河,①但是这项计划由于受到辛吉东农军队的袭扰而没有成功。② 这是莫里斯即位以来第一次主动地阻止阿瓦尔人的入侵计划。此后莫里斯派遣大量的精兵强将渡过多瑙河,他们大部分是经验丰富的伦巴德和亚美尼亚雇佣兵(自587年他们就在巴尔干战场服役),也只有他们才能完成如此大胆的进攻行动。西摩卡塔认为是辛吉东农的民众实施了袭扰斯拉夫人造船的行动,他错误地认为驻扎在辛吉东农的士兵是当地的民众,然而这种冒险的军事行动只有可能是军队所为。不过阿瓦尔人还是袭击了辛吉东农,但是他们的行动在一周之后停止了,因为他们收到了当地民众为战俘支付的30磅黄金、一张用黄金镶嵌的桌子和丝质衣服,双方就此达成了停战协定。辛吉东农的居民忽视了帝国的整体利益,因为不再进攻辛吉东农的阿瓦尔人回到西尔缪姆城,开始进行越过萨瓦河的军事准备。③ 原本,拜占庭人在多瑙河沿线的严密布防使阿瓦尔人不敢轻易越过多瑙河和萨瓦河,又由于拜占庭人对阿瓦尔人老巢不断的骚扰,阿瓦尔人不敢发动长时间的军事袭击。当阿瓦尔人准备了充足的食物和粮草、克服了拜占庭人对他们的军事骚扰后,在588年的盛夏时节,他们开始了又一次侵袭行动。与此同时,莫里斯任命普里斯哥担任巴尔干军队将军。普利斯哥在588年5月末返回君士坦丁堡向莫里斯报告东方前线的事态进展,他在军队中严格执行莫里斯的政策而招致不满,于是莫里斯对他越发信任,委派他担任巴尔干军队的将军,以遏制阿瓦尔人咄咄逼人的入侵势头。虽然阿瓦尔人从辛吉东农向博洛尼亚的行进速度很快,但是普利斯哥仍有时间加强斯特拉山脉各关口的驻防。④ 然而,拜占庭军队的副将萨维安努斯(Salvianus)驻防的斯特拉山脉中部最重要的斯皮卡关口首先被阿瓦尔人突破,阿瓦尔人随即穿过罗斯山谷,进军安奇阿鲁斯。⑤

---

① Theophylact Simocatta, *History*, vi. 4.1~2. 阿瓦尔人在航海和造船等方面缺乏知识和技能,他们只能依靠其他民族提供帮助。执事保罗在其作品中记载伦巴德的造船工匠在阿瓦尔军队中服务(Paul the Deacon, *History of the Lombard*, ix. 20),《复活节编年史》中记载斯拉夫人的独木舟在626年阿瓦尔人围攻君士坦丁堡的战役中发挥了重要作用(*Chronicon Paschale* 284~628 AD. 724)。斯拉夫人常年在河流附近和沼泽地带生活,熟悉水性,擅于造船。(*Maurice's Strategikon, Handbook of Byzantine military strategy*, Xi. 4,23.)

② 辛吉东农于583年被阿瓦尔人侵占,但在584年又被拜占庭人收回。它是拜占庭帝国在多瑙河上游最重要的要塞,是观察阿瓦尔人动向的最好观测点。

③ Theophylact Simocatta, *History*, vi. 4.3~5.

④ 普里斯哥的策略是扼守斯特拉山脉的几个重要山口,保护色雷斯平原不受侵犯。在6世纪斯特拉山脉大概有四至五个山口,萨维安努斯可能占据的是斯皮卡山口。

⑤ Theophylact Simocatta, *History*, vi. 4.7~5.2.

拜占庭人的第一道防线被突破之后，普里斯哥只好寄希望于第二道防线，他全力加强"莫里斯沟渠"沿线的防卫力量，并且制定了作战计划以阻止阿瓦尔人突破这一地区。与此同时，阿瓦尔人集中兵力袭击巴尔干东南部重镇安奇阿鲁斯，普里斯哥无力阻挡阿瓦尔人凶猛的进攻，安奇阿鲁斯随即被阿瓦尔人攻克。之后，柏严象征性地穿上陈放在当地教堂的阿纳斯塔西亚皇后的长袍，以示对拜占庭帝国权威的公然羞辱。此外，柏严还要求被侵占的城市向其缴纳税收，从而获得阿瓦尔人的保护。① 经过了这次灾难性事件以后，阿瓦尔人突破了"莫里斯沟渠"东部一侧的拜占庭驻防点，使拜占庭军队全力退守至"莫里斯沟渠"的西部。这些对普里斯哥名誉不利的事件没有被记录在西摩卡塔的作品中，但是西摩卡塔记载了阿瓦尔人之后的军事行动，他们从迪兹帕拉进军赫拉克里亚，而普里斯哥率领他的步兵撤退至迪迪莫特，由此我们可以推断普里斯哥之前的军事行动是失败的。至于普里斯哥军队的骑兵部队的命运，我们不得而知，西摩卡塔没有记载普里斯哥军队中骑兵部队的情况，很有可能骑兵已撤退到长城一线。《莫里斯的战略》提到骑兵部队与步兵部队应该分开驻扎。② 普里斯哥的骑兵部队驻扎在赫拉克利亚附近，与步兵的分开驻扎，这一点使阿瓦尔人大为惊讶。普里斯哥原本打算撤退至长城一线，但是最终被迫驻扎在特朱鲁农地区。③ 莫里斯通过向阿瓦尔人威胁将要派遣海军舰队或请求突厥人进攻其老巢潘诺尼亚和西尔缪姆城，迫使阿瓦尔人退兵，这解救了陷入困境中的普里斯哥军队。莫里斯同意向阿瓦尔人支付黄金。根据叙利亚的米哈伊尔记载，莫里斯向阿瓦尔人支付八百索里德黄金作为退兵费用。④ 西摩卡塔记载的数目要少一些，⑤他也没有记载当时普里斯哥的困境：在阿瓦尔人退兵之后，普里斯哥解散了他这支败绩累累的军队。

### 4. 拜占庭的权威逐步恢复

在588年之后的几年里，阿瓦尔人不再采取军事行动，其原因或许是他们对拜占庭人支付的贡金感到满意，或许在6世纪90年代他们的实力

---

① Michael the Syrian, *Chronicle of the Michael the Syrian* (1166~1199), x.21, p.361.
② *Maurice's Strategikon*, *Handbook of Byzantine military strategy*, ix.2.11~14.
③ 特朱鲁农位于迪兹帕拉和赫拉克里亚的中间位置，当时阿瓦尔人正在赫拉克里亚，而普里斯哥撤退到君士坦丁堡的路已被堵住，因此他肯定是向东行进试图绕到阿瓦尔人的后方。
④ Michael the Syrian, *Chronicle of the Michael the Syrian* (1166~1199), X.21, p.363.
⑤ Theophylact Simocatta, *History*, vi.5.16.

由于受到突厥人进攻而大幅度削弱,①也或许是此时莫里斯采取的外交策略离间了阿瓦尔—安特人联盟,使阿瓦尔人没有余力对外扩张。② 尽管589年斯拉夫人仍对巴尔干半岛侵袭不断,③但从总体上来说,拜占庭帝国在色雷斯平原和其他地区正在逐步恢复其权威。④ 帝国在色雷斯平原权威的恢复必然伴随一系列政策的实施或重建活动,但是在西摩卡塔的作品中,却没有关于这一时期任何重建活动的记载,只有格里高利的书信集中记载了有关伊利库姆复兴的情况。⑤

格里高利和西摩卡塔都记载了590年秋天莫里斯远征安奇阿鲁斯的军事行动。根据西摩卡塔的记载,⑥莫里斯率军远征的决定遭到元老院成员、大教长和皇室成员的反对,但是由于他曾经在584年率领皇家卫队到长城一带抵抗入侵,这一次更是无人能阻止他的御驾亲征。西摩卡塔极有可能夸大了反对者的数量,使之与622年伊拉克略皇帝远征波斯得到的强大支持形成鲜明对照。根据塞奥发尼斯的记载,莫里斯此次远征的目的在于视察帝国遭受阿瓦尔人毁坏的程度。⑦ 其目的地选在安奇阿鲁斯,既具有重要的象征意义,即表明莫里斯应对阿瓦尔人的挑战、重新恢复帝国权威的坚定决心;同时也具有重要的战略意义,因为安奇阿鲁斯位于斯特拉山脉的东端和沿黑海一线南北要冲的中心,战略位置十分重要。莫里斯的远征是帝国恢复秩序以及未来军事行动的表征,在行军途中他修缮了位于伊拉克略城的格里西里亚神殿,⑧他在安奇阿鲁斯停留了十五天,⑨较大程度上鼓舞了前线将士的斗志。

根据韦恩的研究,西摩卡塔对莫里斯远征的记载极为混乱,因为他将记载莫里斯进军安奇阿鲁斯的编年史资料与记载莫里斯在多年以后对长城附近地区远征的传记信息合并在一起,将合并后的材料记载在波斯战争

---

① 根据西摩卡塔的记载,在莫里斯统治前期确有一个突厥使团访问过君士坦丁堡,双方商讨了合作事宜。莫里斯肯定曾借此机会敦促突厥人进攻阿瓦尔人。(Theophylact Simocatta, *History*, vii. 7. 7 ~ 8. 11. )

② Michael the Syrian, *Chronicle of the Michael the Syrian* (1166 ~ 1199), X. 21, p. 362.

③ Theophylact Simocatta, *History*, iii. 4. 7.

④ Pope Gregory, *Registrum Epistolarum*, i. 43.

⑤ Pope Gregory, *Registrum Epistolarum*, i. 43, ii. 23.

⑥ Theophylact Simocatta, *History*, v. 16. 2 ~ 4.

⑦ Theophanes Confessor, *The Chronicle of Theophanes Confessor, Byzantine and Near Eastern History AD* 284 ~ 813, 268. 3 ~ 4.

⑧ Theophylact Simocatta, *History*, vi. 1. 3. 西摩卡塔没有记载阿瓦尔人袭击赫拉克里亚,然而他记载了588年普里斯哥指挥的第一场巴尔干战役,可能是在此期间阿瓦尔人的入侵步伐已经深入到赫拉克里亚。

⑨ Theophylact Simocatta, *History*, vi. 3. 5.

结束和将东部军队转移至巴尔干半岛之后。① 但其实编年史资料尤为强调莫里斯远征的时间是其执政的"第九个年头",即 590 年 10 月 4 日,还记载他们在行军途中的霍布顿蒙亲眼见到壮观的日蚀景象。合并之后所带来的问题不仅是年代上出现错误,更在于事实本身,比如西摩卡塔记载莫里斯从塞罗吉苏斯河行军到安奇阿鲁斯仅用了一天时间。② 两地相距 100 罗里,按照当时的交通条件,很显然军队不可能以这么快的速度行进。

591 年,拜占庭军队以胜利结束了对波斯人的战争后,莫里斯皇帝亲自率领拜占庭军队向半岛北部进军,其中一部分主力在普里斯哥将军指挥下转战巴尔干地区。其战略目标包括:收复多瑙河下游被斯拉夫人占领的多布罗加地区,并沿河向西推进,争取将与北方民族的战场引入多瑙河以北地区;在整个巴尔干半岛地区开展大规模清剿入侵的北方民族的战事,争取在被"蛮族"占据的土地上恢复拜占庭帝国的统治权力,重新启动帝国政府机构在这里的运作。总之,拜占庭帝国在 591 年逐渐恢复了对巴尔干许多地区的控制。592 年初,东部军队的步兵开始抵达巴尔干半岛前线支援作战。莫里斯开始扩大军事行动的范围,越过斯特拉山脉向多瑙河沿线进发。593 年春,普里斯哥率领军队前往多瑙河前线阻截斯拉夫人越过多瑙河,这是拜占庭人试图恢复对多瑙河南线的控制所须做的第一步。此后又继续扩大战果,普里斯哥率军进攻斯拉夫人的老巢,在当地斯拉夫友人的帮助下攻入其隐藏在沼泽地深处的中心地带,得到了大量战利品和战俘。拜占庭人对斯拉夫人的进攻,引起阿瓦尔人的抗议,他们认为拜占庭人是违约进攻多瑙河。普里斯哥辩解称拜占庭人打击的目标是斯拉夫人而非阿瓦尔人,而斯拉夫人是不包括在协议中的。但是,拜占庭人打败斯拉夫人后,柏严大为恼怒,明确要求分得一部分战利品。为了缓和与阿瓦尔人的关系,普里斯哥将 5000 名斯拉夫战俘送给柏严为礼物。③ 593 年 7 月,格里高利大主教写信给普里斯哥,祝贺他取得了如此重要的成功。④ 西摩卡塔没有专门记载这一年的战事,然而根据他的记载,仍然能够总结出 594~602 年所发生的重大事件:

594 年　彼得被任命为将军(vi.11.2;vii.1.1)

---

① O. veh, "The Research about Byzantine Historian: Theophylact Simocattas", *Byzantion*. 26, 1956, p.112.

② Theophylact Simocatta, *History*, vi.3.5. 塞罗吉苏斯河是额吉纳河的支流;它的源头在特朱鲁农城附近,此地相距赫拉克里亚仅十七罗里,这表明莫里斯的远征军仍在赫拉克里亚不远处,他们或许就在长城附近。

③ Theophylact Simocatta, *History*, vi.3.8.

④ Pope Gregory, *Registrum Epistolarum*, iii.51.

595 年　莫里斯重新起用普里斯哥(vii.5.10,7.1)

595 年秋至 597 年夏　18 个月的和平(vii.12.9)

597 年至 598 年复活节(3 月 30 日)　普里斯哥被围困在托米城(vii.13.1~3)

598 年　科蒙提奥鲁斯失败;与阿瓦尔人谈判;拜占庭军队内部怨声再起(vii.13.8~15.14;vii.1.9~10)

599 年　科蒙提奥鲁斯被正式任命为将军,在多瑙河前线与普里斯哥协同作战(viii.1.11~4.7)

600 年　科蒙提奥鲁斯被再次任命为将军(viii.4.8)

601 年　彼得担任将军(viii.4.9,5.5)

602 年　彼得再次担任将军(viii.5.8)

正如 6 世纪初阿纳斯塔修斯皇帝占领多布罗加地区之后便开始沿多瑙河逆流而上逐步恢复对沿岸各城市的控制一样,593~595 年莫里斯的将军们第一次率领各自的军队集结在斯特拉山脉的东端,然后沿着多瑙河逐步向西推进。拜占庭军队与沿岸存续下来的城市建立了新的联系,并威慑多瑙河北岸的斯拉夫人以阻止他们的进攻,这两者对于帝国恢复对多瑙河流域各地的控制同等重要,然而很多史家都重视对后者的记载而忽视了对前者的记载。拜占庭军队沿多瑙河行进,逐步恢复了对沿岸地区的控制,保证了这些地区的暂时安全,①然而多瑙河南岸很多地区的安全难以在短时间内得到解决。例如 593 年塔提玛(Tatimer)率领三百名士兵护送战利品返回君士坦丁堡,在途中遭遇了一群斯拉夫人的伏击。② 伏击可能发生在塔提玛穿越斯特拉山脉时,这一事件表明拜占庭帝国并没有完全控制多瑙河南岸地区,斯拉夫人分散在巴尔干半岛的山区,拜占庭人难以一一征服。在这段时间,拜占庭军队的主要目标是斯拉夫人。同时阿瓦尔人停止了侵袭活动,虽然他们不希望看到拜占庭人战胜斯拉夫人,但也不打算干涉拜占庭人和斯拉夫人之间的斗争。

593 年普里斯哥指挥的战争尤为成功。尽管他在沼泽地和林地很难战胜斯拉夫人,③但是他仍然率领军队越过多瑙河,并在河的北岸取得了两场重要战役的胜利。他在多瑙河北岸的军事行动一直持续到冬天,后来

---

① Theophylact Simocatta, *History*, vii.2.14~16.

② Theophylact Simocatta, *History*, vi.8.4~7.

③ Theophylact Simocatta, *History*, vi.8.10~12. "罗马军队在追击斯拉夫人的时候差一点坠入泥潭",这表明了拜占庭军队与斯拉夫人在沼泽和丛林地带交战时所遇到的困难。《莫里斯的战略》针对这一问题给出了具体建议,那就是拜占庭军队应该选择在冬天作战。(Maurice's Strategikon, *Handbook of Byzantine military strategy*, xi.4,82.)

违背莫里斯继续留在北岸的命令,率领军队回到多瑙河南岸。刚开始阿瓦尔可汗柏严对普里斯哥越过多瑙河展开行动还颇有微词,但在获得普里斯哥在战后呈送的一部分战利品后,柏严不再反对拜占庭军队的行动,也没有阻拦拜占庭人撤回至多瑙河南岸的行动。① 西摩卡塔记载了这次行动,②只不过他记的内容较为含混,导致塞奥发尼斯误以为普里斯哥执行了莫里斯的命令而率领军队待在多瑙河北岸。③ 西摩卡塔对普里斯哥的行军路线不甚明确,他的困惑是所引用的传记材料所致。④ 593 年冬,斯拉夫人展开了大规模的反击侵袭活动,虽然西摩卡塔对此没有明确记载,但是从他附带提及的有关斯拉夫人对保加利亚东北部的扎达帕、提莫克山谷的阿奎斯和达达尼亚地区的斯库比的侵袭活动中可以推断出斯拉夫人侵袭的范围之广。⑤ 在多瑙河北岸的军事行动取得成功后,拜占庭军队需要在严冬来临之际撤退至奥德苏斯,并进一步向南撤至色雷斯平原,以使军队得以休整。⑥ 对于普里斯哥来说,将军队转移至较为富庶的色雷斯平原是十分必要的,斯特拉山脉北部太贫瘠,不足以供应军队的需求。但是普里斯哥撤至南方,也有可能是因为嫉妒其继任者彼得,要以此给彼得的上任制造麻烦。

593 年冬天,莫里斯皇帝计划在军队推行一项改革,即将对士兵的货币津贴转变为以衣服和装备为主的实物津贴,士兵们显然不支持此项改革,他们不愿意原本属于自己的津贴被转移至国家所应支付的武器装备上。面对士兵们的强烈反对,莫里斯只好作罢。⑦

西摩卡塔将 594 年彼得指挥的战役描述为一连串的错误与失败,例

---

① Maurice's Strategikon, Handbook of Byzantine military strategy, ix. 4. 51~6.
② Theophylact Simocatta, History, vi. 10. 3,11. 3~20.
③ Theophanes Confessor, The Chronicle of Theophanes Confessor, Byzantine and Near Eastern History AD 284~813,272. 11~19.
④ Theophylact Simocatta, History, vi. 10. 4~11. 2.
⑤ Theophylact Simocatta, History, vii. 2. 2. 斯拉夫人对这三个地方的侵袭反映出当时拜占庭帝国对巴尔干半岛的控制并不严密,因为斯拉夫人沿着主干道(他们用的是马车)在离城市较近的地区进行侵袭,而驻守巴尔干半岛的拜占庭军队却不能有效阻止其入侵。对斯拉夫人侵袭范围的记载还存在一定问题:扎达帕坐落在马尔西安城的北部,在扎达帕附近没有称为"阿奎斯"和"斯科比"的地方,这两个地方可能位于巴尔干半岛中部。这三个地方比较分散,仅仅六百斯拉夫人就能成功侵袭,是很难想象的。或许是因为西摩卡塔错误地将斯拉夫人大规模入侵重要城市的文献记载与拜占庭军队和一小股斯拉夫人战斗的某种细节的记载结合起来所致。
⑥ Theophylact Simocatta, History, vii. 1. 3.
⑦ Theophylact Simocatta, History, vii. 1. 2~9. 西摩卡塔的字里行间有贬损彼得的意味。《莫里斯的战略》认为狩猎是一种有效的军事训练手段,这种军事训练特别适于应对惯于在丛林中作战的斯拉夫人。(Maurice's Strategikon,Handbook of Byzantine military strategy, ix. 5. 89. )

如:"由于他把大量时间消耗在狩猎上,因此在战场上常常精力不济";①"他与阿塞姆斯当地的居民不和";②"他挑起了与保加尔人的战争,但是却连保加尔人的一小队士兵也无法胜过";③"他没有对斯拉夫人驻营地进行充分的侦察就贸然行动";④"在战场上他的军队很快就出现了水的短缺,尽管他率领军队刚刚从水源丰富的河流附近的营地开拔"。⑤ 我们很难相信西摩卡塔记载的这些事件没有被夸大——西摩卡塔将彼得在多瑙河的行动描述为漫无目的的逛荡,⑥但实际上彼得率军在多瑙河二百罗里的战线上(从诺瓦到黑海)展开了大范围的运动战,试图在不同的地点抵御斯拉夫人入侵。西摩卡塔在行文中大大简化了对彼得采取的军事行动的记载,然而彼得在阻止斯拉夫人越过多瑙河的军事行动上还是卓有成效的。彼得率军从比斯图斯出发,向东行进到达扎达帕,两地相距六十五罗里;此后他率军向西行进九十罗里到达艾奥图斯,然后再向西前进十罗里到达诺瓦城。他的这一军事行动持续了几周时间,直到 8 月 23 日举行完纪念圣徒鲁普斯的节日庆典后,他才率领军队离开诺瓦城向多瑙河北岸进军。⑦彼得在多瑙河北岸的军事行动比西摩卡塔所记载的范围更广,更富有效率。尽管斯拉夫人采取的伏击战术给彼得制造了很大麻烦,但是他仍然在很多军团会战中打败了斯拉夫人,⑧他从塞库里斯卡附近一直打到赫利巴希亚河。⑨ 彼得的军事行动保障了多瑙河边境的安全,打乱了斯拉夫人越过多瑙河进军的计划,使多瑙河北岸的"蛮族"不敢贸然进攻拜占庭帝国领土。

有了彼得成功的军事行动所带来的安全保障,595 年普里斯哥才得以成功向西扩展拜占庭的势力范围,对阿瓦尔人形成巨大的压力。如果没有 594 年彼得在多瑙河下游地区所取得的成功且保持对北方"蛮族"的震慑态势,普里斯哥就不可能沿多瑙河逆流而上向阿瓦尔人驻地进军,他也不会在阿瓦尔可汗柏严面前表现出如此大的信心——根据西摩卡塔的记载,

---

① Theophylact Simocatta, *History*, vii. 2.11~14.
② Theophylact Simocatta, *History*, vii. 3.1~10.
③ Theophylact Simocatta, *History*, vii. 4.1~7.
④ Theophylact Simocatta, *History*, vii. 4.8~5.10.
⑤ Theophylact Simocatta, *History*, vii. 5.6.
⑥ Theophylact Simocatta, *History*, vii. 2.14~16.
⑦ Theophylact Simocatta, *History*, vii. 2.17.
⑧ Theophylact Simocatta, *History*, vii. 5.3~5.
⑨ 赫利巴希亚河位于多瑙河北部,与多罗斯托农相对。这实际上表明彼得在多瑙河下游的北岸地区采取了卓有成效的军事行动,但是西摩卡塔对他却存有偏见,没有积极评价他的这些行动。

"普里斯哥对汗王表明这片土地是罗马人的,斥责阿瓦尔人依靠武力手段将罗马人的土地强行抢夺过去。当汗王继续为此辩护时,普里斯哥扬言要将他们立刻赶回东方老巢"。① 普里斯哥率军首先从多瑙河北岸行军到诺瓦城以向阿瓦尔人展示拜占庭军队的强大实力,接下来他调动舰队成功阻止了阿瓦尔人进攻辛吉东农的图谋。② 阿瓦尔人急于摧毁辛吉东农城墙和驱逐城内居民反映了他们实力被削弱后的信心缺乏,③因为在6世纪80年代,阿瓦尔人相信通过恫吓和威胁即可攻占一座城池,④但现在他们每进攻一座城池都担心自己的老巢会被拜占庭军队攻占。辛吉东农城最终被迅速赶来的拜占庭舰队所挽救。海军是拜占庭人与阿瓦尔人相比拥有的最主要优势,拥有它,多瑙河中游的安全便可得到保障。阿瓦尔可汗柏严面对强大的拜占庭海军,只能大声咆哮,而不敢直接进攻,他只好率军撤退至达尔马提亚,在那里袭击了几座要塞。⑤ 阿瓦尔人对爱奥尼亚海沿岸的达尔马提亚的入侵是西摩卡塔在整部作品中唯一一次记载"蛮族"在巴尔干半岛西部的军事行动,尽管在整个莫里斯统治期间阿瓦尔人和斯拉夫人对巴尔干半岛的各个区域都进行了侵袭。根据格里高利的记载,直到600年,爱奥尼亚海沿岸的许多城市都在斯拉夫人入侵的重重压力下不得安宁。⑥ 拜占庭军队已经在达尔马提亚驻防几十年,查士丁尼时期驻守此地的将军们都认为斯拉夫人不会侵入到这个荒凉和贫穷的地区。⑦ 这一次普里斯哥必须谨慎行事,他不能将全部军队投入到达尔马提亚地区去阻挡阿瓦尔人侵袭,必须留有一部分军队以保障多瑙河沿线的安全。最终他只派遣一小股军队前往达尔马提亚监视阿瓦尔人的行动,他希冀通过这些行动从阿瓦尔人手中夺回战利品。⑧

## 5. 莫里斯统治后期的战争形势

在597~602年的战争之前,多瑙河前线保持了将近两年的和平态势,西摩卡塔是这样记载的:"此战以后,阿瓦尔可汗柏严陷入极度的沮丧和绝望,他不敢再贸然采取什么行动,在此后的十八个月里双方都没有重要的

---

① Theophylact Simocatta, *History*, vii. 7.5;11.1~6.
② Theophylact Simocatta, *History*, vii. 7.3;10.1~11.8.
③ Theophylact Simocatta, *History*, vii. 10.1.
④ Michael the Syrian, *Chronicle of the Michael the Syrian* (1166~1199), X.21, p.361.
⑤ Theophylact Simocatta, *History*, vii. 11.9~12.1.
⑥ Pope Gregory, *Registrum Epistolarum*, X.15.
⑦ Procopius, *History of the Wars*, vii. 40.7~8.
⑧ Theophylact Simocatta, *History*, vii. 12.2~8.

军事行动值得记录。"①双方的休战从595年秋一直持续到597年夏,这表明拜占庭军队在战场上取得了重大胜利,且在逐步恢复帝国的控制范围。阿瓦尔人当时发现将进攻的重点转向西方会更加有利,于是他们开始侵扰法兰克王国。597年秋天,阿瓦尔人和法兰克人爆发了战争,最终阿瓦尔人取得了胜利,他们在图林根(Thuringen)击败了巴伐利亚人和法兰克人,双方最终签订了和平协议,协议规定法兰克女王布鲁希达每年须向阿瓦尔人支付贡金。②此后阿瓦尔人回到多瑙河沿线继续展开侵扰。普里斯哥的军队当时在斯特拉山脉的东端,他们在遭遇阿瓦尔人的一次突袭之后迅速撤离至黑海沿岸的托米城,在那里度过了整个冬天。③ 西摩卡塔没有记载此次阿瓦尔人是否侵袭或占领过任何城镇,但是在多瑙河大瀑布地区附近的那些要塞已经被阿瓦尔人所侵占了。占领这一地区对于阿瓦尔人来说意义重大,因为它能阻止拜占庭海军沿多瑙河逆流而上对阿瓦尔老巢展开清剿。598年复活节,阿瓦尔人解除了对被侵占要塞的封锁,给受困的民众提供食物,随后他们撤退了。阿瓦尔人在围攻西尔缪姆城的时候也实施过类似的慷慨行为,并从拜占庭民众那里获得了大量的香料作为回报,但是这一次阿瓦尔人撤退的真实原因在于他们发现科蒙提奥鲁斯已经率领大批军队越过斯特拉山脉,并准备切断阿瓦尔人的退路。此时科蒙提奥鲁斯已经越过斯皮卡山口,朝着兹克迪巴城进军。④ 科蒙提奥鲁斯领导的此次军事行动旨在解救被围的普里斯哥军队,他的行动策略是这样的:越过斯特拉山脉的中心地带,即通过斯皮卡山口,从阿瓦尔人的西面展开袭击,迫使他们回到自己的土地上。⑤

我们对接下来所发生的事情不甚明确,因为西摩卡塔的记载明显是有意贬损科蒙提奥鲁斯。⑥ 阿瓦尔人向西迎战科蒙提奥鲁斯。科蒙提奥鲁斯率军迅速地撤退至艾拉图斯,他自认欠缺丰富的战争指挥才能,而拜占庭的主力部队此时还驻扎在托米城,他不敢贸然与阿瓦尔人正面交锋。科

---

① Theophylact Simocatta, *History*, vii. 12. 9.
② Paul the Deacon, *History of the Lombards*, iv. 10. 11.
③ Theophylact Simocatta, *History*, vii. 13. 1~2.
④ Theophylact Simocatta, *History*, vii. 13. 8.
⑤ Michael Whitby, *The Emperor Maurice and His Historian*, p. 156.
⑥ 科蒙提奥鲁斯并不打算单凭自己的军队与整个阿瓦尔军队作战,他这次军事行动的目的只是援助普里斯哥,但没想到普里斯哥私下里与阿瓦尔人在托米城达成了停战协议。于是科蒙提奥鲁斯率军迅速撤退以避免与阿瓦尔人的冲突,他在夜里派遣使者觐见阿瓦尔柏严汗王的目的也是获得自身的安全保障。当时阿瓦尔人与科蒙提奥鲁斯的军队相距二十帕拉尚(大约七十五罗里),形势并不十分紧急,但随后阿瓦尔人利用科蒙提奥鲁斯孤军无援这一弱点,急速前进去追击拜占庭军队,令撤退中的拜占庭军队出现了混乱局面。

蒙提奥鲁斯向阿瓦尔可汗柏严发去一封密信,①希望为阿瓦尔人提供一条安全返回西尔缪姆的通道。刚开始,阿瓦尔人接受了科蒙提奥鲁斯的建议,但很快又拒绝了,因为他们意识到此时正是进攻科蒙提奥鲁斯军队的绝好时机。科蒙提奥鲁斯的军队此时陷入困境,很难再安全地撤回至斯特拉山脉,更不可能回到色雷斯平原。阿瓦尔人取得了暂时的成功,他们横扫色雷斯平原,侵占迪兹帕拉。但是,一场大瘟疫随之向他们袭来,据说这是阿瓦尔人烧毁圣徒亚历山大的神庙所遭到的惩罚,大批的阿瓦尔人死亡,连汗王的七个儿子也殒命。阿瓦尔人侵占迪兹帕拉,引发君士坦丁堡民众的巨大恐慌,莫里斯皇帝率领宫廷卫队紧急前往长城视察防卫的情况。② 鉴于与科蒙提奥鲁斯交战后阿瓦尔人的伤亡惨重,柏严不得不与拜占庭展开谈判。在谈判过程中,阿瓦尔人指责对方应担负破坏和平协定的责任,并以此为借口要求拜占庭人支付大量的贡金。西摩卡塔认为拜占庭人须为挑起战争负主要责任,这是没有事实依据的。此时双方的敌对行动已经停止了有八个月,③此前拜占庭人在多瑙河北岸的军事行动也只是针对斯拉夫人,而且正是阿瓦尔人在597年首先挑起战端。双方最终达成和平协议,约定多瑙河作为拜占庭人和阿瓦尔人之间的界河,但是阿瓦尔人同意拜占庭人可以越过多瑙河清剿斯拉夫人,拜占庭人须向阿瓦尔人增加支付两万金币索里德作为贡金。④

尽管阿瓦尔人暂时取得了成功,但是他们的实力显然不如6世纪80年代那样强大,呈现逐渐衰落趋势。柏严抱怨拜占庭人破坏和平,即表明他们缺乏信心。双方在598年再次修订和平条约,划定多瑙河为边界,但是允许拜占庭军队越过多瑙河进剿斯拉夫人,而且还规定一旦阿瓦尔人越过多瑙河,拜占庭人有权首先破坏协定。598年下半年,莫里斯将分散的军队重新整合在一起,查明以往军队失利的原因。⑤ 599年夏天,莫里斯命令拜占庭联军在科蒙提奥鲁斯和普里斯哥的领导下进攻阿瓦尔人在潘诺尼亚平原的老巢。拜占庭帝国在多瑙河流域实施的这种积极的防御策略是6世纪以来所不曾有的。两位将军分开行动,普里斯哥率军与阿瓦尔人作战取得了一系列的胜利,⑥而科蒙提奥鲁斯则驻守多瑙河后方,这样的

---

① Theophylact Simocatta, *History*, vii. 13. 9.
② Theophylact Simocatta, *History*, vii. 15. 7.
③ Theophylact Simocatta, *History*, vii. 12. 9.
④ 这指的是在584年双方协议缴纳贡金十万索里德的基础上再增加两万索里德,达到十二万索里德。
⑤ Theophylact Simocatta, *History*, viii. 1. 9 ~ 10.
⑥ Theophylact Simocatta, *History*, vii. 2. 7 ~ 3. 15.

安排与《莫里斯的战略》所提供的作战建议相符。《莫里斯的战略》建议拜占庭军队在越过多瑙河作战时留有一支骑兵部队在河流的渡口附近以保障这一地区的安全,同时也是为了从不同的方向威慑斯拉夫人。此外,该书还建议拜占庭将军在进攻斯拉夫人的时候将军队分开行动,突击纵队交由副将指挥,快速侵入到斯拉夫人地盘,首先形成有利的作战局面,与此同时主力军队由主将统领,在后方驰援。这一作战方略显然被科蒙提奥鲁斯所接受,并运用在进攻阿瓦尔人的军事行动中,这有助于我们理解科蒙提奥鲁斯缘何"不行动",以及合理地看待普里斯哥的成绩。① 西摩卡塔没有提及科蒙提奥鲁斯的行动,即使他的行动对于整场战争的成败极为关键。这场战役对阿瓦尔人造成了致命的打击,士兵伤亡惨重,柏严的几个儿子战死沙场,臣服于阿瓦尔人的"蛮族"部落尤其是吉皮德人遭受了重创,整个阿瓦尔联盟面临分裂的危险。在战争的最后阶段,莫里斯将战俘送还给阿瓦尔可汗柏严。② 虽然西摩卡塔宣称这是因为莫里斯被阿瓦尔可汗柏严的威严所震慑,但是莫里斯将战俘交还给阿瓦尔可汗柏严这一事件背后潜藏着外交上的策略:当时拜占庭人在战场上已经打败了阿瓦尔人,使其颜面扫地、威风不再,他们通过归还战俘以释放善意,试图与阿瓦尔人建立更为稳固和持久的关系,而且送回战俘极有可能在那些臣服于阿瓦尔人的部落中引发怨恨,因为送回的战俘中不包括臣服部落的人。

在取得这一系列的成功之后,莫里斯皇帝开始在各地巩固国家的权威,例如 599 年秋莫里斯命令科蒙提奥鲁斯重新开启"图拉真路线"并派重兵驻守,③601 年彼得率领军队成功阻止了阿瓦尔人对多瑙河大瀑布的进攻并与阿瓦尔人展开对这一战略地区的争夺。④ 这些行动对帝国权威的恢复意义重大。阿瓦尔人此时处于被动防御状态。601 年,阿瓦尔人同意与伦巴德人和法兰克人建立永久的战略联盟关系,这些"蛮族"王国在这一时期都不够强大,需要互相合作来扩展自己的势力范围:伦巴德人帮助阿瓦尔人在多瑙河流域拓展势力范围,阿瓦尔人则派遣斯拉夫人协助伦巴德人在意大利北部的军事行动。⑤ 在莫里斯统治的最后一年,安特人首领

---

① *Maurice's Strategikon*, *Handbook of Byzantine military strategy*, xi. 4, 89; xi. 4, 180.
② Theophylact Simocatta, *History*, viii. 3. 15~4. 2.
③ Theophylact Simocatta, *History*, viii. 4. 3~8. "图拉真路线"指的是特罗简山路(Trojan pass),这是穿越哈姆斯山脉最主要的途径。实际上,科蒙提奥鲁斯决意要在秋天或初冬经由这条山路穿越哈姆斯山脉是有其合理之处的:重新贯通这条重要的线路可以最大限度地消除遭遇斯拉夫人伏击的危险,且冬季树木都已凋落,也不利于斯拉夫伏击作战。(*Maurice's Strategicon*, xi. 4, 82.)
④ Theophylact Simocatta, *History*, viii. 5. 5~7.
⑤ Paul the Deacon, *History of the Lombards*, iv. 24; 28.

格德瑞在多瑙河沿岸打败了斯拉夫人,这迫使阿瓦尔人暂时将注意力转向安特人(当时安特人与拜占庭人结盟)。在随后的阿瓦尔人与安特人的战争中,阿瓦尔人战败。这一系列使阿瓦尔人丧失威望的事件更加剧了臣属部落分裂的趋势,他们纷纷叛乱,试图脱离阿瓦尔联盟。① 莫里斯制定的积极防御策略初见成效,在斯拉夫人和阿瓦尔人面前彰显了帝国的实力和权威,但是当莫里斯命令军队渡到多瑙河北岸试图扩大现有优势之时,拜占庭军队中爆发了叛乱。

### 6. 602 年军队叛乱

西摩卡塔没有详细阐述 602 年叛乱的原因,他只是认为莫里斯发布命令要求军队渡过多瑙河是基于经济上的考量,②他并不知道莫里斯这样做的真正原因。根据《莫里斯的战略》的建议,冬天是一年中进攻斯拉夫人的最好时节。西摩卡塔认为莫里斯是贪婪的,认为他只关心军事支出是否增加而不考虑士兵的现实需求。莫里斯一定知道他发布此项命令会遭到军队的反对,就像 593 年所发生的一样。③ 军队在冬天渡到多瑙河北岸,有一种可能是为了寻求安特人在物资上的供应,这将有利于减轻国家财政的压力。但是,当时国家的财政还不至于如此短缺,过去四次战役的成功使帝国从阿瓦尔人和斯拉夫人手中获得了大量的战利品,况且拜占庭人已经很长时间没有向波斯人和阿瓦尔人支付贡金了。没有任何证据表明当时拜占庭军队必须依靠当地安特居民才能度过冬天,而且根据《莫里斯的战略》的建议,拜占庭军队在此前漫长的夏季和秋季战役后一定会为冬季的行军和作战做好物资储备工作,依靠这些物资,拜占庭军队在多瑙河的北岸或南岸都能顺利过冬。冬天若军队物资供应不充足且进入到敌人的势力范围内,可以想见是何等的危险——当凯撒在公元前 55 年入侵不列颠时,军队中的每一个人都知道如果不及时供应粮食,军队将很难在不列颠度过冬天。④ 另外由于安特人定居的分散性,很难为整支军队提供大量集中的民房,除非将军队细分为若干小股队伍,才能被当地的小村庄所容纳,可是将军队细分是十分危险的,没有证据表明莫里斯愿意这样做。⑤

事实上,莫里斯命令军队渡到多瑙河北岸的真实目的是作战,因为冬

---

① Theophylact Simocatta, *History*, viii. 5. 11 ~ 6. 1.
② Theophylact Simocatta, *History*, viii. 6. 10 ~ 7. 3.
③ Theophylact Simocatta, *History*, vi. 10. 1 ~ 3.
④ 〔古罗马〕凯撒著,任炳湘译:《高卢战记》,商务印书馆,1979 年,第 105 页。
⑤ Michael Whitby, *The Emperor Maurice and His Historian*, p. 160.

季是一年之中斯拉夫人最脆弱、最易于遭受攻击的时候。根据《莫里斯的战略》的建议，拜占庭军队应该选择冬天越过多瑙河对斯拉夫人主动出击，原因包括：冬天斯拉夫士兵的数量较少，光秃的树林不能给他们提供有效的保护，依靠雪地的足迹可以追寻斯拉夫人的行踪，结冰的河流也易于被拜占庭人跨越等。① 5世纪初，拜占庭帝国阿尔伯格斯特在科隆战役中运用了同样的战略。《法兰克人史》记载："在寒冬时节，阿尔伯格斯特（Arbogast）深知法兰克人的进攻和撤退路线，于是他将灌木丛全部焚烧，使敌人无法采取伏击战术。"②拜占庭军队很有可能在6世纪90年代实施过这种小规模的冬季进攻计划，因为《莫里斯的战略》第六章显然是作者基于军队作战实践经验写作而成的。考虑到602年前后阿瓦尔人联盟已经出现分化的迹象，拜占庭军队选择这一时机向阿瓦尔人和斯拉夫人主张自己的权威以及恢复曾经丢失的领土是合理的，显然莫里斯的战略意图是希望在更大的范围内实施这种冬季作战计划。

莫里斯的作战部署取决于军事因素而非经济上的考虑。③ 但那些习惯于夏季作战、冬季休息的士兵们却没有领会莫里斯的作战意图，④他们以各种各样的理由反对执行当局的命令，比如战利品太少、马匹需要休整、对岸的斯拉夫人数量过于庞大等。他们希望将战利品保留在多瑙河南岸的营地，那样将是非常安全的。马匹的问题反映出当时的拜占庭军队被后勤补给状况所困扰。⑤ 593年冬天，莫里斯在军队中试图推行以实物津贴（如衣服和装备）取代货币津贴的改革，因为莫里斯认为士兵们在行军途中不会有什么开销需要货币支付，但改革最终遭到士兵们的反对而宣告失败。马匹是军队中最为昂贵的军事物资之一，士兵们抱怨冬季作战马匹不能达到最佳的状态。⑥ 士兵们怀疑莫里斯的计划是以节俭为目的开展，是为了使军队付出的成本最小，获得的收益最大，正如593年的改革一样。这一次，士兵们认为莫里斯无视这样做会增加他们的作战负担的后果，而只想确保资金都用于马匹和其他战略物资上。此外，士兵们还担心另外一

---

① *Maurice's Strategikon*, *Handbook of Byzantine military strategy*, xi. 4. 82.
② Gregory of Tours, *Historia Francorum*, ii. 9, p. 55.
③ 〔美〕学者凯吉认为莫里斯命令军队在冬天渡到多瑙河北岸带有惩罚性质，他忽视了莫里斯选择冬季作战的战略意图。（W. E. Kaegi, *Byzantine Military Unrest 471~843*, p. 111.）
④ 根据《莫里斯的战略》，拜占庭士兵在冬季会有2~3个月的休息时间，但是一旦遇到紧急情况，冬季休兵也需要被迫停止。（*Maurice's Strategikon*, i. 7. 14.）602年恰逢莫里斯登基二十周年，士兵们都希望从庆典中得到国家的津贴。
⑤ John of Nikiu, *The Chronicle of John, Bishop of Nikiu*, 102. 10~11.
⑥ *Maurice's Strategikon*, *Handbook of Byzantine military strategy*, vii. 35~6.

个情况会威胁到他们的地位和利益。根据西比奥斯的记载,莫里斯当时已经将大量亚美尼亚骑兵连同他们的家属迁往巴尔干半岛,并分配给他们土地。① 当普里斯哥在亚美尼亚招募骑兵移民巴尔干半岛时,巴尔干军队中的将士们正在等待分配土地,他们肯定知道帝国在亚美尼亚招募骑兵以及将它们迁徙至巴尔干半岛的计划。士兵们坦言虽然服兵役有其危险性,条件也较为艰苦,但服兵役仍是有利可图的,他们所分配的土地是能够被自己的儿子们所继承的。② 他们担心这一群新招募的亚美尼亚骑兵在巴尔干服役是以分配给他们土地作为回报的,而这必然会影响到他们自身的土地分配。

　　无论士兵们对莫里斯抱怨的理由有多复杂,但是显然他们起初并不愿意将这种不满转变为公开叛乱。③ 在起先表明对莫里斯命令的反对态度之后,士兵们随后出现了妥协的迹象,他们同意向多瑙河北岸进军,只是他们的行程一再被恶劣的天气所拖延。④ 接下来士兵们派代表试图与彼得谈判,希望彼得能够同意他们的诉求,正如593年普里斯哥所做的那样,但是顽固的彼得拒绝违背莫里斯的命令,拒绝向士兵们妥协,于是叛乱就此爆发。反叛士兵选出了领导人,⑤叛乱者此时一定知道在首都君士坦丁堡有很多人反对莫里斯,⑥甚至还知道在皇室内部也充满着不和与争斗。⑦ 叛乱者刚开始想在皇室家族内部挑选一个人继任皇位,这个人必须按照他们的意志行事。他们首先选定的人是莫里斯的长子塞奥多西,莫里斯的岳父杰曼努斯也在考虑的范围之内,⑧即使彼得将军也是皇位的候选人之一,⑨菲利普科斯由于野心太大而被排除在外。⑩ 当年阿纳斯塔修斯皇帝遭遇到由巴尔干将领维塔利安领导的叛乱威胁时,他及时与反叛军队展开谈判,并且依靠首都军队强大的防卫力量以及他在民众中的巨大威望,将

---

① Sebeos, *Armenia Chronicle*, ch. 20.
② Theophylact Simocatta, *History*, vii. 1. 7.
③ John of Nikiu, *The Chronicle of John*, *Bishop of Nikiu*, 102. 10 ~ 11.
④ Theophylact Simocatta, *History*, viii. 6. 7 ~ 8.
⑤ Theophylact Simocatta, *History*, viii. 6. 9 ~ 7. 7.
⑥ 根据塞奥发尼斯的记载,602年2月,首都民众由于食物短缺而爆发了大规模的骚乱。(Theophanes Confessor, *The Chronicle of Theophanes Confessor*, *Byzantine and Near Eastern History AD 284 ~ 813*, 283. 12 ~ 24.)
⑦ Theophanes Confessor, *The Chronicle of Theophanes Confessor*, *Byzantine and Near Eastern History AD 284 ~ 813*, 281. 19 ~ 20, 285. 1 ~ 286. 14.
⑧ Theophylact Simocatta, *History*, viii. 8. 5.
⑨ Michael the Syrian, *Chronicle of the Michael the Syrian* (1166 ~ 1199), X. 24, p. 375.
⑩ Theophanes Confessor, *The Chronicle of Theophanes Confessor*, *Byzantine and Near Eastern History AD 284 ~ 813*, 285. 1.

维塔利安的叛乱野心扼杀在摇篮之中。然而此时莫里斯的处境比阿纳斯塔修斯差远了,叛乱者拒绝了莫里斯发出的谈判请求。在首都仍有民众骚乱,一旦莫里斯放弃皇宫逃往东方,对于叛乱军队来说,就没有必要从王室成员选出一个人担任皇帝了。最终叛乱士兵信任他们自己的领导人福卡斯,并推选他成为皇帝。西摩卡塔记载此次叛乱完全受制于他所引用的文献,尽管他喜爱莫里斯而憎恶福卡斯,但是其作品的字里行间却似乎在表明叛乱的合理性和正义性。例如,西摩卡塔记载彼得做了一个梦,梦见上帝显灵支持反叛士兵,上帝借自然现象使对反叛犹豫的士兵坚定下来,他这样记载:"莫里斯命令军队在冬天渡过多瑙河作战的动机是无法让人接受的,贪婪带来不了丝毫的益处,只会诱发种种邪恶。"①此后西摩卡塔将叙事的重点转向君士坦丁堡。② 他对历史记载的贡献在于使原有的编年史记载更为精确,增加了对福卡斯的谴责,添加了对一系列术语的阐释以及对历史人物的道德性的评论,③但是他对于历史事件的内在本质和长远影响缺乏富于启发性的思考。

## 二、阿瓦尔人和斯拉夫人的侵袭特征

6~7世纪,阿瓦尔人是一支国际性的强大势力,他们的身影活跃在东起中亚西至法兰克王国的广袤土地上,他们偶尔会与法兰克王国发生冲突,但是其主要活动的地区仍是巴尔干半岛。尽管起初阿瓦尔人没有与拜占庭人交往的经验,也不熟悉拜占庭人的军事与外交策略,但是他们很快就从所征服的多瑙河沿岸部族那里掌握了与拜占庭人交往的方法。阿瓦尔人以阿兰人首领萨洛西乌斯(Sarosius)作为中间人,促成了汗王与查士丁尼皇帝的第一次会面。④ 莫里斯刚上台的时候,阿瓦尔人只能在多瑙河

---

① Theophylact Simocatta, *History*, viii. 6.6~7.3.
② Theophylact Simocatta, *History*, viii. 7.8.
③ Theophylact Simocatta, *History*, viii. 10.6, viii. 10.4, viii. 7.11, 9.6~7.
④ 558年,阿瓦尔人的使节来到君士坦丁堡觐见查士丁尼皇帝,向其递交国书,以示修好。最终双方缔结和平协议,其中重要的一条即为拜占庭帝国愿意保持双方的友好关系,同意阿瓦尔人帮助帝国与其敌人作战。当时拜占庭人的主要敌人是斯拉夫人和保加尔人。但是阿瓦尔人按照协议征服斯克拉文尼人、安特人、库特里格斯人和乌提格尔人之后,并未按照协议离开巴尔干半岛,而是从多瑙河下游地区转向南方。

北岸活动,此时他们仍被拜占庭帝国强大的实力和威严所震慑。① 然而,当拜占庭帝国深陷波斯战争的泥潭以及面对斯拉夫人的猖狂侵袭而束手无策之时,阿瓦尔人与拜占庭人之间的战略平衡就此打破。阿瓦尔人认为侵占西尔缪姆城的时机到了,占领此城意味着阿瓦尔人打开了入侵巴尔干半岛的大门,阿瓦尔人凭借西尔缪姆城的有利地位可以安全地渡过多瑙河和萨瓦河。

在莫里斯统治期间,阿瓦尔人一共发动了五次主要的侵袭。在其他时期,他们也经常越过多瑙河对帝国领土构成重大压力,但是这些入侵事件的影响都不足够深远,没有吸引住西摩卡塔所引用文献作者们的注意。阿瓦尔人选择进攻的方向和路线取决于拜占庭帝国在不同地区驻防力量的强弱程度以及阿瓦尔人自身的战略,他们通常所选择的线路是:经过摩拉瓦河下游地区的一些城市,越过斯特拉山脉西北角的提莫克山谷,然后穿过多瑙河南岸的村庄,最后再越过斯特拉山脉南部防守薄弱的山口。这五次侵袭的大致情况如下:583 年,阿瓦尔人侵袭了辛吉东农、维明纳修和奥古斯坦,此后便侵入到安奇阿鲁斯,其势力曾一度扩展到长城一带;586 年,阿瓦尔人横扫多瑙河沿岸数个城池,然后在黑海沿岸的托米城休整过冬,当科蒙提奥鲁斯袭击他们的时候,他们撤往斯特拉山脉的东部,随后向西进军色雷斯平原的城市;588 年,阿瓦尔人再次侵入色雷斯平原,这一次他们是通过斯皮卡山口穿越斯特拉山脉的;597 年冬季来临之前,他们侵入默西亚,此后便驻扎在托米城过冬,翌年春天,追击科蒙提奥鲁斯的军队直至斯皮卡山口,随后便进入色雷斯平原;595 年,一支拜占庭军队在辛吉东农阻止了阿瓦尔人向东进军的线路,于是阿瓦尔人向西南方向进入达尔马提亚。然而非常明显的是,阿瓦尔人的四次入侵都是经过肥沃的色雷斯平原,而没有选择贯穿巴尔干半岛、连接西尔缪姆城和君士坦丁堡的军事公路。② 当 5 世纪匈奴人来袭的时候,他们沿这条军事公路侵占了几座城池,但是很多文献都没有提到阿瓦尔人侵袭过这条军事公路附近的萨尔迪卡和奈苏斯等重要城市。587 年,当阿瓦尔人袭击菲利普堡之后,他们并没有沿军事公路向东南方向进军,而是向西进入色雷斯平原。③

阿瓦尔人为什么选择沿多瑙河的入侵线路,有以下两个原因:

首先,多瑙河沿岸平原地区比巴尔干中部的山区在地形上较为开放,重要防御工事较少,而在巴尔干中部地区,沿奈苏斯和萨尔迪卡一线由查

---

① Menander Protector, *The History of Menander the Guardsman*, 8; 12.5~7.
② 达尔马提亚是较为偏远的地区,西摩卡塔在其作品中很有可能忽视了这一入侵线路的存在。
③ Michael Whitby, *The Emperor Maurice and His Historian*, p. 170.

士丁尼修建的防御工事较为密集,阿瓦尔人大规模的骑兵部队很难轻易地通过这些守备严密的防御工事。当阿瓦尔人来袭时,当地的民众可躲入城堡避难,将城内的物资藏匿起来,断绝了阿瓦尔人的粮草供应。① 阿瓦尔的使节曾两次在巴尔干中部山区被当地的强盗劫持,②如果阿瓦尔人选择沿军事公路入侵,一小股拜占庭军队即可拦截或伏击他们。③

其次,控制多瑙河沿线有利于加强阿瓦尔人对斯拉夫人的控制。沿着多瑙河南岸线路行军比沿着林木茂盛、沼泽丛生的北岸行军要轻便得多,而且阿瓦尔人还能利用这条线路对那些有叛离倾向的斯拉夫部族采取行动。④ 控制多瑙河南岸地区同样有助于限制拜占庭海军的行动范围。如果拜占庭军队控制了大瀑布地区,就能占据得天独厚的地理位置。如果阿瓦尔人控制了多瑙河南岸,拜占庭海军要想通过大瀑布地区就会很难。

阿瓦尔人在大多数军事行动中之所以取得成功,原因在于其本身具有游牧民族作战的优势:他们的行军迅速,作战经验丰富、技术娴熟,攻占防御工事的能力高超。尽管其军队后方跟着行动缓慢的辎重和后勤部队,但是阿瓦尔人的袭击速度还是非常之快,经常派遣突击队袭击拜占庭守军。至少在6世纪80年代,拜占庭守军面对突如其来的阿瓦尔人经常反应迟缓,防御效果不佳。但是到了6世纪90年代,阿瓦尔人的进攻速度和效率下降了,因为拜占庭帝国已经结束了波斯战争,莫里斯从东部前线抽调大批军事力量支援巴尔干半岛的防御,例如拜占庭人在辛吉东农地区就部署了常备军,而且位于西尔缪姆附近萨瓦河上的桥梁也都被拜占庭人毁坏了。尽管阿瓦尔人可以要求斯拉夫人和伦巴德人向其传授海军知识,但是拜占庭海军此时已经控制了多瑙河流域,他们能够阻止阿瓦尔人的军事行动。

阿瓦尔士兵的生活条件极为艰苦,但是他们的武器装备都是一流的,每个士兵都配备有弓箭、军刀和佩剑,骑兵还配备有长矛,即便他们的马匹也披着铠甲。他们擅长突袭战和伏击战,他们与其他军队最明显的区别在于他们对胜利的渴求十分强烈,且拥有必胜的信念。⑤ 阿瓦尔人依靠速度优势和斯拉夫人的牺牲精神在围歼战中经常取得胜利。虽然阿瓦尔人的攻城投石机拥有巨大的名声,但是也有大量证据表明他们并不总是能够攻

---

① Maurice's Strategikon, Handbook of Byzantine military strategy, xi. 2. 66~7.
② Menander Protector, The History of Menander the Guardsman,15. 6;25. 2. 33~6.
③ Theophylact Simocatta, History, vi. 4. 7~5. 1; vii. 12. 2~8.
④ Menander Protector, The History of Menander the Guardsman,21. 23~5.
⑤ Maurice's Strategikon, Handbook of Byzantine military strategy, ii. 1. 19; Xi. 2. 1~65.

城成功，很多古代作家和口述史料记载了这些事件。① 阿瓦尔人的投石机能够投掷大型石块，但是拜占庭投石机的投掷方位更为精确，或许阿瓦尔人缺乏能熟练操作投石机且对目标定位精准的士兵。倘若拜占庭的城市具有坚固的城墙和防御工事，比如色雷斯的戴克里先城，拜占庭守军便可以将阿瓦尔人挡在城门之外。② 只有在贫瘠且防御工事落后的地区，如达尔马提亚，阿瓦尔人的攻城投石机才能发挥其作用。③ 总体而言，阿瓦尔人取得战争胜利要么是采取奇袭的方式，要么是依靠在作战人数上占据压倒性优势。也有以斯拉夫人作为先锋队的正面交战，但这种作战方式所取得的成功代价通常是巨大的。④ 阿瓦尔人经常采取围城战略，例如，587年他们在封锁西尔缪姆三年之后迫使城内居民因断粮而投降，588年封锁特朱鲁农城的时间较短而未获成功，597年围攻托米城也是同样的情况。在"蛮族"侵袭的浪潮下，多瑙河沿岸山谷地带和达尔马提亚的防御工事已经失效，但是在色雷斯平原上，防守坚固的城市大体上还是能够抵挡住阿瓦尔人的进攻的。阿瓦尔人在色雷斯平原仅有的两次成功，一是经过代价高昂的围城之后侵占安奇阿鲁斯城，另一次是通过奇袭侵占迪兹帕拉。

阿瓦尔人的扩张迅速且成功。在查士丁尼和查士丁二世统治时期，阿瓦尔人的目标只是寻找栖身之所，他们进入拜占庭土地大肆破坏，并与许多分散的部落建立联盟。提比略时期，他们将拜占庭人从其土地上驱赶出来，使拜占庭帝国的边境线一度压缩。这一过程在莫里斯统治时期得以延续，阿瓦尔人轻易取得的成功使他们更加肆无忌惮，征服多瑙河、控制巴尔干半岛成为他们下一阶段进军的目标。阿瓦尔可汗柏严曾对前来谈判的普里斯哥狂妄地说："罗马人，你们为何在我的土地上？为什么你们的脚步延伸得如此远？多瑙河现在不属于你们，它是属于我的。我们依靠武力制胜，用刀剑解决问题。普里斯哥，不要这样愚蠢了，不要破坏你们用无数礼物换来的和平，尊重合约上所规定的，信守你们的诺言！"⑤ 阿瓦尔人对运用外交策略解决问题也颇为娴熟，他们懂得何时向拜占庭人施压最有效果，同时也与拜占庭帝国潜在的敌人合作以给拜占庭人制造更大的压力。他们对所占领的地区不会盲目肆意地破坏，例如安奇阿鲁斯附近的浴场由

---

① *Chronicon Paschale* 284～628 *AD*, 719; P. Lemerle ed., *Miracula S. Demetrii*, p. 139, 151, 200.

② Theophylact Simocatta, *History*, ii. 17. 1.

③ Theophylact Simocatta, *History*, vii. 12. 1.

④ Theophylact Simocatta, *History*, i. 4. 3, 8. 11; *Chronicon Paschale* 284～628 *AD*, 719. 8～14; Michael the Syrian, *Chronicle of the Michael the Syrian* (1166～1199), X. 21, pp. 362～363.

⑤ Theophylact Simocatta, *History*, vii. 10. 5.

于汗王妻妾的喜爱而得以保存,辛吉东农城被攻占后平民被允许留在城内,其他被阿瓦尔人攻占城市的居民也被允许选择以缴纳贡金的方式使城市得以保存。① 阿瓦尔人对被占领地区的居民还是比较人道的,他们将那里的居民作为阿瓦尔联盟的一部分,以缴纳税金作为他们臣服的义务,与多瑙河北岸臣服于阿瓦尔人的部落居民的地位一样。588 年,阿瓦尔可汗柏严穿上拜占庭帝国皇后阿纳斯塔西亚的衣服,公开挑战拜占庭帝国的权威。然而随着 6 世纪 90 年代拜占庭人一步步地收复失地,阿瓦尔人气焰不再嚣张。阿瓦尔联盟由许多部落混合而成,由于在战争上取得的成功和领导人的威望等因素,他们暂时联合在一起。但是部落成员拒绝为阿瓦尔人作战,这一直是联盟内部存在的主要问题。② 而且,拜占庭人在阿瓦尔联盟各部落展开外交策略,试图分化、瓦解他们。因此,如果阿瓦尔人打了败仗,各臣属部落就可能趁机掀起反叛。

西摩卡塔和《圣迪米特里的奇事》的匿名作者认为莫里斯时期斯拉夫人的入侵是阿瓦尔人组织领导的削弱拜占庭帝国实力的这一大战略行动的一部分。③ 这一观点有失偏颇,因为他们没有注意到斯拉夫人分布范围的广泛性以及多瑙河北岸斯拉夫定居点的多样性。定居在罗马尼亚西部帕拉特山区和提斯扎河上游沿岸地区的斯拉夫人的确受到阿瓦尔人的控制,但是定居在多瑙河下游地区的斯拉夫人则不受阿瓦尔人的控制。阿瓦尔人有时确实会命令斯拉夫人按照既定计划去袭击某一个目标。例如,斯拉夫人有时会被阿瓦尔人派往意大利,帮助伦巴德人围攻塞莫纳城。又如,④当阿瓦尔人袭击塞萨洛尼基旷日持久而未果或他们被法兰克人击败的时候,斯拉夫人也被请来助阿瓦尔人一臂之力。⑤ 但是正如拜占庭人所感受的一样,阿瓦尔人很难控制这些分布广泛的斯拉夫人,斯拉夫社会缺少各部落公认的统治集团,使外部势力难以对其施加影响。在提比略统治时期,拜占庭人已经意识到斯拉夫人和阿瓦尔人是两种不同的威胁,他们甚至还利用阿瓦尔雇佣兵来对抗多瑙河下游的斯拉夫人,⑥因为那个时候斯拉夫人对帝国的威胁更为严重,尤其是当一位阿瓦尔使节被斯拉夫人谋杀后,阿瓦尔人和斯拉夫人之间出现了矛盾。579 年阿瓦尔人利用拜占庭

---

① Theophylact Simocatta, *History*, i. 4. 5; vii. 10 ~ 11; Michael the Syrian, *Chronicle of the Michael the Syrian (1166 ~ 1199)*, X. 21, p. 361.
② *Maurice's Strategikon*, *Handbook of Byzantine military strategy*, xi. 2. 74 ~ 8.
③ Theophylact Simocatta, *History*, i. 6. 6 ~ 7. 1; P. Lemerle ed., *Miracula S. Demetrii*, p. 117.
④ Paul the Deacon, *History of the Lombards*, iv. 28.
⑤ Paul the Deacon, *History of the Lombards*, iv. 10 ~ 11.
⑥ Menander Protector, *The History of Menander the Guardsman*, 21.

人对阿瓦尔—斯拉夫敌对关系的肤浅理解来掩盖自己侵占西尔缪姆城的野心。① 479~582 年,阿瓦尔人不可能控制多瑙河下游地区所有的斯拉夫人,在莫里斯统治期间他们的联盟关系仍然是松散的。根据以弗所的约翰的观点,阿瓦尔人和斯拉夫人的关系会随着阿瓦尔人的军事成败而有所波动,一旦取得军事成功,双方的关系就紧密,一旦失败,斯拉夫人就有叛离的倾向。② 如果阿瓦尔人对有叛离倾向的斯拉夫人采取镇压手段,那么这时候斯拉夫人也需要来自拜占庭帝国的保护。如果斯拉夫人侵袭巴尔干半岛,对拜占庭人造成的威胁更严重,且这一时期阿瓦尔人和拜占庭人存在和约,那么阿瓦尔人就不会反对拜占庭人采取清剿斯拉夫人的行动——只要他们能从中得利。更何况,受到清剿的斯拉夫人不得不再次向阿瓦尔人求援,使阿瓦尔人获得控制斯拉夫人的有利时机。7 世纪初期,阿瓦尔人已经成功地对巴尔干半岛上所有的斯拉夫人树立起权威,这一定使同时期的史家们认为在 6 世纪晚期阿瓦尔人也取得了对斯拉夫人同样的控制。③

尤其值得注意的是,莫里斯时期斯拉夫人向南侵袭的一个重要因素在于他们惧怕阿瓦尔人的统治。斯拉夫人大规模的侵袭行动于 6 世纪 70 年代再次开启,当时他们正处在阿瓦尔人的强权统治之下。与阿瓦尔人相比,斯拉夫人入侵的范围更广,时间更持久,方式更出其不意。④ 斯拉夫人比阿瓦尔人走得更远,他们的势力扩展至整个巴尔干半岛,其入侵的范围不会仅局限在交通线路附近,因为斯拉夫人拥有造船和航海技能,对于他们来说,多瑙河不是他们军事行动的障碍,这一点不像阿瓦尔人。斯拉夫人从多瑙河下游北岸地区迅速穿过多瑙河,侵入多瑙河南岸平原地区,之后便越过斯特拉山脉进入色雷斯平原。对于他们来说,斯特拉山脉上的森林和草场非但不是前进的障碍,反而为他们提供了定居的地点。从多瑙河中游出发,他们可以沿着南北走向的河流峡谷顺流而下,抵达马其顿和爱琴海;从多瑙河上游地区或萨瓦河出发,他们可以进入贫瘠的达尔马提亚山区,然后向西侵入亚得里亚海沿岸的城市,或向西南进入伊庇鲁斯和希腊。斯拉夫人侵袭的目的与阿瓦尔人略有不同:阿瓦尔人的目的是掠夺财富、侵占土地,将被占领的地区比如西尔缪姆和潘诺尼亚当作他们新的定

---

① Menander Protector, *The History of Menander the Guardsman*, 25.2.

② John of Ephesus, *The Third Part of the Ecclesiastical History of John*, bishop of Ephesus, iv.4. 11~12.

③ Michael Whitby, *The Emperor Maurice and His Historian*, p.174.

④ Ammianus Marcellinus, *The Roman History of Ammianus Marcellinus, During the Reighs of Emperor's Constantius, Julian, Jovianus, valentinianm and valens*, XXviii.2.12.

居点,保护这些定居点免受袭击,同时也将被占领地区作为战利品的储存地;斯拉夫人偶尔会将战利品带回多瑙河北岸原先的定居点,但大多数时候是将侵占地区当作永久居住地。

6世纪80至90年代,阿瓦尔人在潘诺尼亚平原势力的强大以及拜占庭帝国对色雷斯控制的逐渐恢复,使得斯拉夫人不得不将入侵的方向锁定在巴尔干半岛的西部和西南部。在这一时期,有一部分斯拉夫人被阿瓦尔人用来戍守边疆,正如保加尔人在7世纪80年代使用斯拉夫人戍守莫埃西亚地区一样。[1]但是从6世纪80年代开始,大部分斯拉夫人纷纷远离阿瓦尔人的控制,开始向巴尔干半岛西部和南部寻找新的家园。在莫里斯统治的前十年,斯拉夫人的势力几乎要占据巴尔干半岛的大部分。拜占庭军队对多瑙河北岸斯拉夫老巢的袭击丝毫不能令入侵巴尔干半岛的斯拉夫人撤回。叙利亚的米哈伊尔这样记载:"罗马人试图对斯拉夫人的旧有领土制造威胁,迫使斯拉夫人撤回,但这往往事与愿违。"[2]在6世纪90年代,拜占庭人逐渐恢复了一些地区的主权,但是广大分散的农村地区却仍被斯拉夫人所占据。

## 三、拜占庭帝国的应对方略

拜占庭帝国的目标非常明确,即抵御来自边境线以外的"蛮族"入侵和使那些定居在帝国领土上的"蛮族""罗马化",以便在多瑙河南岸地区重建帝国的权威。但实际上,目标能否实现取决于军队的实力和作战的效力。

6世纪80年代,巴尔干军队在兵源和军饷上都遇到了困难。尽管当兵可以使自己和家族享有国家的优待,但是对于许多年轻人来说,他们极不愿意到艰苦的巴尔干前线服兵役;拜占庭军队大多进行防御战,士兵们没有多少战利品可以获得;拜占庭军队在战场上鲜有胜利;这些都妨碍了人们应征入伍。6世纪中期之后,帝国境内发生了多次灾害,主要以鼠疫和地震为重。尤其是"查士丁尼瘟疫"的连续爆发使得帝国损失惨重,其极高的死亡率不仅使拜占庭帝国人口明显下降、劳动力和兵力锐减、正常

---

[1] Theophanes Confessor, *The Chronicle of Theophanes Confessor*, *Byzantine and Near Eastern History AD* 284~813, 359.12~17.

[2] Michael the Syrian, *Chronicle of the Michael the Syrian* (1166~1199), x.21, p.362.

生活秩序受到严重扰乱进而产生了深远的社会负面影响,而且对拜占庭帝国、地中海地区、欧洲的历史发展都产生了深远影响。① 基于这种情况,莫里斯在全国范围内开展了一次严酷的征兵行动,不愿服兵役的人即使躲进教堂也最终被莫里斯揪出来。②

财政困难是莫里斯面临的另一个棘手问题,而财政困难又进一步加剧了征兵的难度。578 年,提比略派人前往意大利花重金招募伦巴德雇佣军,581 年提比略为解救西尔缪姆城而向阿瓦尔人交纳大量贡金——提比略时期国家财政的过度支出,使得莫里斯不得不承担前任财政政策所遗留下来的后果。③ 587 年是大规模的军队进驻巴尔干半岛开始实施莫里斯积极的纵深防御策略的第一年。这年冬天,莫里斯试图减少东部军队的支出,④为巴尔干军队筹集更多的资金。随着波斯战争的结束,大量东部前线的军队转移至巴尔干半岛,且拜占庭军队所获得的胜利逐渐增多,兵源和财政紧张的情况有所改善,但是仍然没有得到完全解决。亚美尼亚此时已经成为帝国最重要的招募兵员的地区,⑤莫里斯计划将亚美尼亚人以家庭为单位迁往色雷斯定居,以此缓解兵源不足的问题。但对于从亚美尼亚招募的士兵来说,去巴尔干半岛服兵役不具有任何吸引力。593 年,莫里斯试图推行对军事支出的改革,希望以此缓解财政问题,但遭到了士兵们的激烈反对。602 年,相似的改革成为军队爆发叛乱的导火索。

如果拜占庭帝国没有一支灵活机动的军队驻守在多瑙河附近,就不可能及时阻止阿瓦尔人和斯拉夫人的入侵行动。在莫里斯统治前期,甚至没有一支足够强大的军队可以阻击"蛮族"侵袭,拜占庭军队也没有按照《莫里斯的战略》所建议的那样对"蛮族"实行游击战术。⑥ 根据《莫里斯的战略》的记载,大多数城镇拥有驻军和民兵用来守卫城墙。⑦ 但是,只有民众较团结、组织管理有序的城市才能在"蛮族"入侵的巨大压力面前实施有

---

① 关于"查士丁尼瘟疫"的具体情况可参见陈志强《地中海世界首次鼠疫研究》(《历史研究》2008 年第 1 期)、《"查士丁尼瘟疫"影响初探》(《世界历史》2008 年第 2 期)、《现代拜占廷史学家的"失忆"现象——以"查士丁尼瘟疫"研究为例》(《历史研究》2010 年第 3 期)等研究成果。

② Michael the Syrian, *Chronicle of the Michael the Syrian* (1166~1199), X. 21, p. 362; Pope Gregory, *Registrum Epistolarum*, iii. 61.

③ Menander Protector, *The History of Menander the Guardsman*, 21; John of Ephesus, *The Third Part of the Ecclesiastical History of John, bishop of Ephesus*, vi. 30~31. M. F. Hendy, *Studies in the Byzantine Monetary Economy c.* 300~1450, pp. 407~409.

④ Theophylact Simocatta, *History*, iii. 1. 2.

⑤ 从 4 世纪直到 6 世纪中叶,日耳曼雇佣兵一直是拜占庭帝国驻巴尔干军队的重要兵力来源。根据文献记载,帝国最后一次对日耳曼雇佣兵的招募结束于提比略任凯撒的 574 年。

⑥ *Maurice's Strategikon, Handbook of Byzantine military strategy*, x. 2.

⑦ *Maurice's Strategikon, Handbook of Byzantine military strategy*, x. 3. 32~35.

效的防御。在亚德里亚堡附近修建的"莫里斯沟渠"只能保卫首都君士坦丁堡及其周围腹地,不能有效保护其他的城镇。在危急时刻,这些城镇的军民只能依靠当地的资源进行防御,这无形中降低了拜占庭帝国在当地的权威,地方与中央联系的纽带被进一步弱化。在这种情况下,拜占庭帝国传统的外交策略即以一个"蛮族"部落对抗另一个"蛮族"部落也失效了,因为在巴尔干半岛没有足够强大的军队以支持这一外交策略的实施。对于斯拉夫人来说,此时留在巴尔干半岛比回到多瑙河北岸的土地面对安特人或阿瓦尔人的威胁或剥削更为有利。

在莫里斯统治后半期,拜占庭帝国将富有作战经验的东部军队转移至巴尔干前线,这一举措成为帝国在巴尔干半岛逐渐恢复主权和权威的决定性因素。在6世纪80年代后期,一支数量庞大的巴尔干军队逐步形成:584至585年,科蒙提奥鲁斯在君士坦丁堡组建了一支与宫廷卫队规模相当的军队开往巴尔干前线,由此可见军队人数之少;587年,他的军队人数扩充至一万人,其中4000人是非战斗人员;①588年,帝国巴尔干前线已经部署有多支军队,既有驻扎在辛吉东农的军队,也有在普里斯哥领导下的军队。如果按照6世纪的标准,当时驻扎在巴尔干半岛的军队规模其实并不小,因为《莫里斯的战略》认为一支军队的人数介于5000至15000人之间均属正常,超过15000人的军队就不多见了。② 不过,军队中许多新招募的士兵缺乏必要的军事训练和作战经验,这在拜占庭军队和阿瓦尔人作战的过程中凸显出来。587年,科蒙提奥鲁斯的副将由于在敌人的进攻面前撤退不及时而两次陷入极其危险的境地,而在重要的夜间行军过程中,新招募的士兵纪律涣散。③ 而另一方面,富有作战经验的伦巴德人多尔克图夫特在与阿瓦尔人作战过程中,采取诱敌深入的策略,一举歼灭阿瓦尔人的整支先遣队。④

从6世纪90年代开始,拜占庭人能够组建并向巴尔干半岛派出富有作战经验的军队。在作战过程中,他们逐渐总结出一套对付阿瓦尔人和斯拉夫人行之有效的军事战略和战术,这些军事战略与具体的战术被记录在《莫里斯的战略》一书中。

《莫里斯的战略》记载:为了对付阿瓦尔人,拜占庭军队必须进行高标

---

① Theophylact Simocatta, *History*, ii. 10.9.
② *Maurice's Strategikon*, *Handbook of Byzantine military strategy*, iii. 8,10.
③ Theophylact Simocatta, *History*, ii. 10.14 ~ 11.2,11.11 ~ 14,15.4 ~ 11.
④ Theophylact Simocatta, *History*, ii. 17.11.

准的严格的军事训练;①由于阿瓦尔军队是一架令人望而生畏的"战争机器",拜占庭军队必须时刻保持高度警惕,以预防阿瓦尔人埋伏或奇袭;在行军时须准备充足的后勤补给,谨慎地选择战斗地点;在与阿瓦尔人进行小规模的战斗或追击阿瓦尔人的过程中须十分小心。② 阿瓦尔人灵活的战斗阵型优于拜占庭人的军团作战的战斗序列,鉴于此,《莫里斯的战略》中有明确的作战指南来应对阿瓦尔人灵活多变的阵型,不过拜占庭人在实践中却很少采用。③ 当然,阿瓦尔人也有自身难以克服的弱点,比如:他们擅长骑兵作战,因此需要大量的粮草,而拜占庭人完全可以利用这一点,想方设法切断他们的粮草供应;他们作战完全依靠骑兵,当拜占庭人采取近距离作战的步兵战术时,就给阿瓦尔军队带来极大的不利;他们营帐分散,极易受到拜占庭军队的夜间袭击。但是,阿瓦尔人面临的最严重问题乃是拜占庭军队对其本土的袭击。④ 夜间袭击阿瓦尔人本土这一作战方略在《莫里斯的战略》一书中只是被粗略提及,真正得到应用是在599年普里斯哥所指挥的战役中,因为我们大致可以推断《莫里斯的战略》的成书时间在599年之前。当瘟疫在阿瓦尔人中流行的时候,当阿瓦尔人被迫撤回本土以保卫他们的家园的时候,当他们在一个不利的地形作战或没有做好充分的准备而被迫应战的时候,当拜占庭人的外交策略得以有效实施、阿瓦尔军队中来自附属部落的士兵逃离战场的时候,阿瓦尔人就没有想象中那么可怕了。

《莫里斯的战略》对如何应对斯拉夫人着墨较多,较为具体、详细,⑤这表明该书的作者很有可能参加了6世纪90年代拜占庭帝国对斯拉夫人采取的军事行动。在这一时期,拜占庭人必须适应在斯拉夫土地作战所遭遇的各种困难。在那片充满沼泽、河流和森林的土地上,拜占庭人很难掌握斯拉夫人的行踪,但是却不得不与斯拉夫人周旋,这使得他们在战斗中即使没有遭到斯拉夫人的伏击也经常失败。⑥ 斯拉夫人在战场上能够巧妙地利用地形,善于利用独木舟穿过河流与沼泽,不动声色地在夜间对拜占庭人营地发动突袭,一旦被拜占庭的驻防士兵发现,在对方组织进攻之前,他们早已消失得无影无踪。拜占庭军队若想克服这些困难,必须精心地备战,包括准备搭建桥梁和制造木筏所用的材料。在进攻时,还必须派遣若

---

① *Maurice's Strategikon*, *Handbook of Byzantine military strategy*, xi. 2.
② *Maurice's Strategikon*, *Handbook of Byzantine military strategy*, ii. 1. 19 ~ 23.
③ *Maurice's Strategikon*, *Handbook of Byzantine military strategy*, iii. 10.
④ *Maurice's Strategikon*, *Handbook of Byzantine military strategy*, xi. 2. 66 ~ 78.
⑤ *Maurice's Strategikon*, *Handbook of Byzantine military strategy*, xi. 4; xii. 20 ~ 21.
⑥ Theophylact Simocatta, *History*, vi. 8. 10 ~ 12, 9. 5; vii. 5. 1 ~ 5, 9 ~ 10.

干组舰队以较快的速度行进,以与步兵互相配合作战,而且舰队可以用来帮助运送物资和战利品。拜占庭军队要做好应对斯拉夫人伏击的各种措施,要留出一部分军队在多瑙河附近保护从前方撤回来的突击队,最好还要避免在夏季与敌人在复杂的地形作战。倘若拜占庭人选择在冬季作战,就能很好地解决以上问题。冬季林木稀少,不利于斯拉夫人展开伏击作战,由此拜占庭人就可以逼迫一向擅长隐蔽作战的斯拉夫人正面与他们交锋,这时拜占庭军队的训练和装备优势就显现出来了。斯拉夫人最大的弱点在于缺乏良好的组织性,易于在拜占庭军队的持续攻击下败下阵来。① 拜占庭应采取大规模军团作战和积极攻势这一建议意在说明当斯拉夫人无法预测的突袭被拜占庭人遏制之后,拜占庭人必须对斯拉夫人保持积极的进攻势头,只有这样,才会令斯拉夫人心生敬畏并相信与拜占庭人保持和平才是对他们有利的,否则只会导致他们进一步陷入贫困和被压迫,像莱茵河附近的日耳曼部落一样。② 何况斯拉夫人的分布范围太广,拜占庭也无意用战争的方式使斯拉夫人屈服。

6世纪90年代,拜占庭军队在多瑙河前线的胜利使帝国的权威在经历了莫里斯统治前期的收缩之后又得以恢复,帝国的疆界扩展至多瑙河一线,莫里斯皇帝被周边臣服部落或敌人视为"杰出且强硬的统治者"。由于有了较为稳固的边防,帝国开始着手改变或适应一些由阿瓦尔和斯拉夫入侵带来的内部状况。帝国将原有的城市据点向外扩散,重新树立权威,在黑海沿岸以奥德苏斯和托米城为中心,在多瑙河下游地区以多罗斯托龙和诺瓦城为中心,在多瑙河上游地区以辛吉东农城为中心,重建城镇的防御工事并迁入人口。斯拉夫人被允许定居在荒凉的农村地区,但是帝国的行政管理仍然覆盖于这些广大的农村地区。然而,帝国最终没有能够进行持久的重建和巩固工作,帝国在莫里斯统治前十年所遭受的破坏比之后十年重建工作所带来的影响更为深远。③

西摩卡塔还记载了一些发生在阿匹亚里亚和阿斯穆斯要塞的逸事,从侧面反映了当时巴尔干半岛的情形。在阿匹亚里亚,一位名叫布萨斯的士兵独自骑马穿过营地附近的田野,当他追逐猎物时,闯入一片森林,不幸被一群斯拉夫人抓获。④ 这一事件给阿匹亚里亚要塞的防卫带来了一定的

---

① *Maurice's Strategikon*, *Handbook of Byzantine military strategy*, ix. 3.6 ~ 8.
② Ammianus Marcellinus, *The Roman History of Ammianus Marcellinus*, *During the Reighs of Emperor's Constantius*, *Julian*, *Jovianus*, *valentinianm and valens*, XXvii. 5.7; XXviii. 2.7 ~ 8.
③ Michael Whitby, *The Emperor Maurice and His Historian*, p.178.
④ Theophylact Simocatta, *History*, ii. 16.1 ~ 11.

压力,因为布萨斯是驻守这座要塞的最为优秀的士兵之一,而此时的阿匹亚里亚已经被"蛮族"部落所包围。阿斯穆斯被围困了很长一段时间,当地的居民逐渐形成一种地方利益高于一切的观念。594 年,彼得的军队来到此地,城内居民表示了礼节性的欢迎,但是当彼得试图从当地居民中招募士兵驻守要塞时,就立即遭到他们的反对——他们宁愿在地方主教的领导下保卫家园。① 诺瓦城也十分不安全,当诺瓦的居民准备举行一场纪念圣徒的活动时,他们请求彼得的军队留在当地直到活动结束,他们担心塞萨洛尼基的惨剧发生在他们身上。② 其实并不只有多瑙河沿岸的城市在危险来临时表现出"地方主义",塞萨洛尼基的居民在 5 世纪就把城门钥匙从行政长官的手上移交给了地方主教。6 世纪,各个地区的神职人员在维护地方安全和团结民众方面发挥了关键作用,很多地区都出现了地方主教与行政长官之间的利益分歧。③ 在查士丁尼那·普里玛(Justiniana Prima),莫里斯急切地想撤换偏离正统神学教义的主教,因为他担心这位几近疯狂的主教会将城市带向灾难。拜占庭帝国对某些地区的管辖较为疏松,当地居民自发将避难所建在斯拉夫人的土地上。有的希腊商人从维明纳修返回的途中通常会选择在以前阿提拉修建的城堡中避难,④那里更安全,而且他们也不会被人怀疑帮助拜占庭军队从事反对斯拉夫人的事情。因此,拜占庭帝国必须采取一切措施消除民众对帝国有能力恢复昔日权威的疑虑。

斯特拉山脉以北的农村地区经常面临的严重问题是被孤立和隔绝,但是色雷斯平原上的城市和乡村防守起来还是较为容易的,在相对短暂的"蛮族"入侵后,当地的交通很快就能恢复。在山区地带,危险是常态,当"蛮族"入侵的时候,交通的不便利阻碍了拜占庭军队迅速进驻此地。对于斯拉夫人来说,山脉从来不是他们前进的障碍,但是拜占庭人却很难轻易穿过山脉的隘口。多瑙河南岸的拜占庭军队有时会感觉好像在"蛮族"的土地上进行军事行动,因为那里的"蛮族"数量众多,而当地的拜占庭居民则大多躲进山区避难。这一带的农村地区在"蛮族"入侵后变得人烟稀少,帝国不得不允许"蛮族"部落在此定居,或者从其他地方迁徙民众过来居住。以上这些情形,在巴尔干半岛的大部分地区是很普遍的。根据其他

---

① Theophylact Simocatta, *History*, vii. 3.1~10.
② 塞萨洛尼基的居民由于举行纪念圣徒迪米特里的活动而分心,导致城市最终被斯拉夫人攻破。(P. Lemerle ed., *Miracula S. Demetrii*, p. 102.)
③ Malchus, *Historians*, ed. and tr. Blockley, 20.5~19.
④ Maurice's Strategikon, *Handbook of Byzantine military strategy*, xi. 4.131~136.

文献记载,6世纪80年代以前,帝国在亚得里亚海和爱琴海沿岸以及马其顿河谷地区的许多城市仍然拥有稳固的行政管理权,然而即便是这些交通便利的城市,在经历了6世纪80年代的"蛮族"入侵后,由于受到了斯拉夫人所实行的孤立政策的影响,也很难完全恢复,例如:达尔马提亚的利苏斯和伊庇鲁斯的尤里亚的居民和神职人员放弃了他们的城市,他们前往意大利或科孚岛寻找安居之所;雅典城在被"蛮族"毁坏后没有多少实质的恢复,马其顿的巴格拉也是一片荒凉,避难的人群挤在临时搭建的建筑中苟延残喘地活着。

关于城市被隔绝这个问题,格里高利大主教在与达尔马提亚主教的通信中阐明了自己的观点:"城市的生存与繁荣取决于它周边的农村,一旦蛮族入侵占据了城市周围的农村并封锁了通往城市的物资供应之路,将会使城市面临极大的危险,而城市定居点的一步步收缩甚至消失,为蛮族定居农村提供了便利。"① 378年,在被哥特人袭击之后,许多人带着家眷和财产逃离亚德里亚堡。② 7世纪,萨洛那被"蛮族"侵占是由于当地的上层人士从港口撤离引起驻防军队的巨大恐慌而动摇了军心。③ 从查士丁尼那·普里玛和奈苏斯逃出来的难民不断传播阿瓦尔军队的攻城机械是多么威力无比、当地的富人也倒向"蛮族"等谣言。④ 塞萨洛尼基的情况也不容乐观,586年当地的民众首领被带往君士坦丁堡,不是因为他反对地方行政长官,而是因为他得不到皇帝的信任。在整个7世纪,塞萨洛尼基的民众并不总是团结一致的。⑤ 随着"蛮族"入侵压力的增大,城市中的上等阶层纷纷逃离、迁往安全的地方,这也意味着受罗马化影响最深的人口已经搬离了。由于民众领袖的缺失,城市居民丧失了抵抗"蛮族"入侵的自主性和凝聚力,因此对于当地民众而言,与蜂拥前来的"蛮族"建立友好的关系比反对他们更为重要。

---

① Pope Gregory, *Registrum Epistolarum*, iii. 52~55.

② Ammianus Marcellinus, *The Roman History of Ammianus Marcellinus, During the Reighs of Emperor's Constantius, Julian, Jovianus, valentinianm and valens*, xxxi. 16. 2.

③ Theophylact Simocatta, *History*, viii. 4. 1~10.

④ P. Lemerle ed., *Miracula S. Demetrii*, p. 200.

⑤ P. Lemerle ed., *Miracula S. Demetrii*, p. 129, 193, 244.

## 第三节　莫里斯统治结束之后的
## 　　　　巴尔干半岛状况

　　到 602 年的时候,拜占庭帝国由于交通线路的恢复以及民众从"蛮族"入侵的阴影中逐渐走出来而重新积聚着力量,帝国的元气已经从莫里斯统治前十年所经历的灾难性破坏中逐渐恢复过来,国家的权威在巴尔干半岛的大部分地区得以重建。但这只是完全恢复的第一步,广大的农村地区特别是多瑙河沿岸的农村地区仍是一片荒凉,大量的防御工事需要修复,农业生产在短时间内难以恢复到较好水平。拜占庭帝国要想在巴尔干半岛内部的居民中继续推行罗马化,必须首先确保多瑙河防线的安全,使其不被"蛮族"部落所突破。与此同时,由于拜占庭军队的持续威慑和臣属部落的反抗,阿瓦尔联盟接近崩溃的边缘。

　　莫里斯政权的被推翻对巴尔干半岛来说不是福音。福卡斯成了承担国家所有麻烦的替罪羊,尽管他不可能像伊拉克略皇帝所宣传的那样坏,但是他的继位也确实削弱了莫里斯在巴尔干半岛所推行政策的成效。当时,巴尔干半岛的安全在很大程度上依赖莫里斯时期所推行的对"蛮族"带有威慑性质的积极纵深防御策略,福卡斯并没有坚持这一政策,他撤换了那些强烈坚持这一策略的军队中上层军官。当波斯国王科斯罗伊斯二世决定以为莫里斯复仇为借口向拜占庭发动战争时,福卡斯所面临的棘手问题增加了,他不得不将一部分巴尔干军队转移至东部前线,但此时他面临的最严重的问题却是伊拉克略领导的起义以及巴尔干驻防军队中一部分人发动的骚乱。① 610 年伊拉克略上台执政,他将巴尔干半岛的大部分军队抽调至东方战场,以全力应对波斯帝国的大规模进攻。拜占庭帝国对巴尔干半岛的控制再一次变成依靠防御工事的坚固以及阿瓦尔人对和平协议的遵守等被动的状况。7 世纪巴尔干半岛的历史由于缺乏历史文献记载和考古证据而模糊不清,只有个别的历史事件是明确的,无法构成整体的历史画面。例如,626 年君士坦丁堡和塞萨洛尼基被斯拉夫人围困。

---

① P. Lemerle ed., *Miracula S. Demetrii*, pp. 82~83.

当时斯拉夫人持续不断地侵入拜占庭帝国领土、进入帝国的核心区域,他们逐渐脱离阿瓦尔联盟。此次围攻君士坦丁堡的失败,导致了阿瓦尔联盟的分崩离析。这起事件在《圣迪米特里的奇事》中有记载:"在6世纪塞萨洛尼基的民众就已经熟知斯拉夫人。到了615年,他们听说斯拉夫人从远处侵袭而来。620年斯拉夫人占领塞萨洛尼基周围的农村,当地居民有许多财富留在城外。670年斯拉夫人进一步逼近这座城市,并对它组织了一次有效的封锁。"①

由于缺乏可靠翔实的证据,学者们只能大体上认为帝国在巴尔干半岛北部和中部领土在7世纪以前已经被"蛮族"侵占,到伊拉克略统治的中期,只有希腊东部的小部分地区、塞萨洛尼基附近的地区以及色雷斯平原的一部分仍留在拜占庭帝国的版图之内。② 正如有一些城市在6世纪80年代的"蛮族"入侵灾难中幸存下来,在7世纪的灾难面前也有一些城市得以幸免,比如位于意大利的科玛希纳(Comacina),它在伦巴德人的入侵和包围下坚持抵抗,存续了二十余年时间。没有任何证据表明福卡斯统治期间帝国经历了大幅度的衰败。在现今阿尔巴尼亚的土地上发现了大量的连续纪年的钱币,表明了这一地区当时仍然在罗马帝国控制下。一些重要的城市比如奈苏斯和查士丁尼那·普里玛一直存续到伊拉克略统治前期,达尔马提亚地区的纳罗拉(Narona)也存续下来。福卡斯在巴尔干半岛毫无作为,这造成伊拉克略统治前期"蛮族"的大规模入侵,因为一旦拜占庭帝国不再实行威慑式的防御策略,阿瓦尔人就能很快地恢复实力,多瑙河下游地区的斯拉夫人也意识到拜占庭军队不会再对他们发起主动进攻了。在7世纪的头十年,编年史再次记载了"蛮族"的大规模入侵,许多城市甚至包括奈苏斯和查士丁尼那·普里玛也最终沦陷,塞萨洛尼基曾两次遭到斯拉夫人和阿瓦尔人的袭击,希腊甚至爱琴海上的岛屿也遭到"蛮族"的侵袭。伊拉克略没有组织有效的抵抗,他只能向阿瓦尔人交纳更多的贡金和交还人质以确保暂时的和平,而贪婪的阿瓦尔人甚至要求拜占庭人交出君士坦丁堡。③

随着626年阿瓦尔联盟的解体,拜占庭帝国在巴尔干半岛获得了难得的喘息机会。7世纪中期的重要文献是埃庇发尼乌斯(Epiphanius)的《记录簿》(Notitia),这一文献主要记载宗教辖区的扩展以及教会的日常事务,

---

① P. Lemerle ed., *Miracula S. Demetrii*, pp. 197, 212, 243, 253.
② R. F. Hoddinott, *Bulgaria in Antiquity*, p. 248.
③ Theophanes Confessor, *The Chronicle of Theophanes Confessor, Byzantine and Near Eastern History AD 284~813*, 300.1, 301.26; *Chronicon Paschale 284~628 AD*, 720.13~15.

此外它还记录了6世纪末、7世纪初巴尔干半岛的一些城市的沦陷以及拜占庭帝国统治范围的收缩。① 但是,与此同时,在巴尔干半岛上的教区却没有明显地减少,《记录簿》列出了当时巴尔干半岛的所有教区。在色雷斯平原,正常的教会管理事务仍得以延续,并且以赫拉克利亚、塞安诺城(Traianopolis)、亚德里亚堡和菲利普堡为中心形成四大教区,大量的难民涌入色雷斯平原上的城市,他们对宗教的需求极为迫切。然而其他地区的情况却大有不同,在斯特拉山脉的北部,有以托米城、奥德苏斯和尼科城为中心的自治程度很高的教区,当地民众在"蛮族"大规模入侵面前必须撤退至维里克·塔诺瓦(Veliko Tarnovo)。因此,《记录簿》中没有提到这些教区的名字。在这一地区,只有六个城市被记录下来,它们分别是罗德斯托罗斯(Rhodostolos)、塞玛里斯卡(Tramarisca)、诺瓦、兹克迪巴(Zikidiba)、斯卡里亚(Scaria)和马尔西安。拜占庭的权威在急剧地下降,但是斯特拉山脉以北的那些中心城市仍然存续下来,并与君士坦丁堡保持着某种联系。② 当时的官员或主教没有记载这些城市是否仍归属拜占庭帝国管辖。北部地区的主教们所掌管的教区里一定居住着许多斯拉夫人,这些斯拉夫人极有可能占据了一些被废弃的城市,诸如沃伊沃达(Voivoda)、阿比瑞图斯(Abrittus)和马尔西安城。③ 甚至到了680年,当保加尔人以普里斯卡为中心建立国家时,拜占庭帝国位于斯特拉山脉以北的军事要塞被保加尔人拆毁,而普里斯卡的宗教事务仍是由罗马大主教派来的主教来管辖的。另外,保加尔人把希腊语作为最早的官方碑文语言,这表明在其领土范围内有相当数量的拜占庭人定居。因此,拜占庭帝国在斯特拉山脉以北地区的权威的终止是一个十分缓慢的过程。④

斯特拉山脉以南的色雷斯平原的大部分地区直到7世纪末仍处在拜占庭帝国的控制之下。然而,教会资料表明这一时期色雷斯平原的北部和西部已经不受拜占庭帝国管辖了。根据《记录簿》的记载,在色雷斯平原一共有二十个教区,但只有其中七个教区的主教出席了680年和692年的宗教会议。这七个教区都位于城市或沿海地区,他们是美塞尼亚(Mesembria)、索佐波利斯(Sozopolis)、比扎耶(Bizye)、塞利姆比亚(Selymbria)、赫拉克利亚、潘尼奥(Panion)和安诺斯(Aenos)教区。其他没有出席主教会

---

① R. F. Hoddinott, *Bulgaria in Antiquity*, p. 251.
② R. F. Hoddinott, *Bulgaria in Antiquity*, pp. 256~264.
③ R. F. Hoddinott, *Bulgaria in Antiquity*, pp. 259~260.
④ J. D. Howard-Johnston, "Urban Continuity in the Balkans in the Early Middle Ages", in Poulter, *Burgaria*, ii. pp. 242~254.

议的主教所在的教区大多位于内陆地区,比如亚得里亚堡和迪兹帕拉,因路途遥远,主教们担心途中遭遇危险。但是令人惊奇的是,一些海滨的教区主教也缺席了这两次宗教会议,比如安奇阿鲁斯、卡里波利斯(Callipolis)、哈德斯图斯(Rhaedestus)教区。实际上,拜占庭帝国在这些地区的控制力也下降了。根据考古发掘材料,像贝罗埃和戴克里先这些中心城市在7世纪中期仍在罗马帝国控制之下,而在7世纪末就已经脱离帝国管辖了。①

在巴尔干半岛的其他地方,拜占庭帝国的权威也受到了极大的限制。由于城墙的坚固和大海的天然屏障,塞萨洛尼基没有被斯拉夫人攻破,但是它对其周围腹地的影响已大大降低,它与君士坦丁堡的陆路联系已经被阻隔。后来,查士丁尼二世为了重新夺回埃格南底亚大道的控制权进行了一次重要的远征,这次远征在初期取得了胜利,但拜占庭军队在返回途中遭到了斯拉夫人的伏击。② 在希腊,雅典和科林斯以及爱琴海沿岸的一些据点没有被斯拉夫人侵占,但是占据着山地的斯拉夫人阻隔了城市和农村之间的联系,这同时也反映了拜占庭帝国对巴尔干地区控制力的下降。在达尔马提亚地区,拜占庭帝国的势力已经退缩到狭长的海岸线一带。这一进程始于莫里斯统治末期,在7世纪中期,情势更为糟糕,"蛮族"入侵的压力迫使拜占庭民众放弃了许多沿海城市,他们退到亚得里亚海诸岛上以寻求庇护。达尔马提亚的情况在7世纪巴尔干半岛上极具代表性,一些城市在伊拉克略统治初期的大规模"蛮族"入侵中存留下来,但是拜占庭并没有及时在这些地区恢复自己的权威,最终这些存留的城市被淹没在斯拉夫部落侵袭的大潮中。

在一段时间内,拜占庭帝国仍然控制着色雷斯平原的东南部、爱琴海沿岸地区、达尔马提亚的一些岛屿,而斯拉夫人善于从他们的邻居那里吸收社会经济制度和文化生活的优点。拜占庭帝国的城市文明对斯拉夫人颇有吸引力,例如统治塞萨洛尼基的斯拉夫人首领帕蓬都斯热衷城市生活,极力模仿拜占庭人的生活方式。这种现象不仅仅出现在塞萨洛尼基,也出现在黑海沿岸的城市,这或许为以后巴尔干半岛的某些地区再次融入拜占庭帝国奠定了基础。③

---

① R. F. Hoddinott, *Bulgaria in Antiquity*, pp. 300, 313~315.
② Theophanes Confessor, *The Chronicle of Theophanes Confessor, Byzantine and Near Eastern History AD 284~813*, 364.11~18.
③ Michael Whitby, *The Emperor Maurice and His Historian*, p. 185.

# 第五章

## 西摩卡塔所记中国历史与文化风俗

西摩卡塔在其《历史》的第七卷中有一段关于"桃花石"的珍贵记载，记录了6、7世纪中国的历史文化风俗，其所包含的信息被认为是"在马可·波罗之前欧洲文献中保存的对中国最密切的一瞥"，①具有重要的史料价值。根据西摩卡塔的自述，他对突厥和"桃花石"的认识来自598年西突厥汗国达头可汗写给莫里斯皇帝的国书。② 同时，他也希望通过记载突厥使节与拜占庭官方的交流，使人们得知突厥人在中亚势力的增长。西摩卡塔记述，突厥人与阿瓦尔人发生了战争，突厥在获得战争胜利后，其可汗遣使于莫里斯皇帝，呈国书以叙述其武功，③而战败的阿瓦尔人有一部分逃到"桃花石"。西摩卡塔将"桃花石"称为一个国家，同时也是一座城市（类似西方的城邦国家）："桃花石是著名的城市，距突厥一千五百罗里，与印度为邻，居住在桃花石的蛮人，为人数极众而极勇敢的民族，世界诸国几乎无与其匹。"④接下来，西摩卡塔笔锋突转，开始详细记述"桃花石"的历史文化与地理风俗：

> 桃花石人的首领被称为"太上（Taisan）"，它在希腊文中的字面意义是"天子"。在桃花石人中，权力并不受派系之摆布，因为对于他们来说，君主是天生的。这一民族崇拜偶像，其法律是公正的，生活中充满智慧。他们有一种具有法律力量的习惯，即禁止男子佩戴金首饰，尽管他们在从事贸易方面具有极大的规模和便利，使他们掌握了大量的金银。桃花石以一条江为界。从前，这条江将隔岸遥遥相望的两大民族分隔开了，其中一个民族穿着黑装，另一个民族穿着鲜红色的服装。到了我们这个时代，在莫里斯皇帝的统治时期，那些穿黑衣者越过了大江，向那些穿红衣者发动了战争，他们成为胜利者并建立了霸业。蒙昧族人声称桃花石城系由马其顿的亚历山大所筑，当时他平息了大夏人和康居人，歼灭了十二万野蛮人。在桃花石城内，国王的妻妾们拥有一些金辇，各由一只被黄金和宝石装饰得非常豪华的牛犊所拉，这些牛也带有镶嵌以黄金的嚼子。桃花石的君主与七百名妻妾同居。该地的贵族们的妻妾使用银车。据传说，亚历山大在数罗里外的地方又筑了另一城，野蛮人称之为库姆丹；当君主驾崩之后，其妻妾们便为他守丧并且彻底剃头，身着黑服装，法律禁止她们离开国王的坟

---

① G. F. Hudson, *Europe and China*, London, 1931, p.127.
② 递呈国书的意图在于联合拜占庭的力量来共同遏止波斯人的扩张。(M. Whitby, *The Emperor Maurice and His Historian*, p.315.)
③ Theophylact Simocatta, *History*, vii. 7.7.
④ Theophylact Simocatta, *History*, vii. 7.11, 9.2~11.

墓。库姆丹城有两条大河流横贯其中，两岸柏树丰茂。此地居民们富有大象，并且通过贸易而同印度人保持关系。据说他们是印度人，因生活在北方，肤色为白色。产丝的蚕虫在这个民族中到处可见，数量众多；它们已经历许多代的变化，色彩斑斓。在驯养这类小动物上，野蛮人颇显工巧，并竞相为之。

# 第一节　关于"桃花石"的语源

关于"Taugas"（桃花石）是否指代中国，学术界大抵无异说。18世纪德经最早注意《历史》中的这条史料并将"Taugas"比定为"中国"，之后英国历史学家爱德华·吉本与法国历史学家克拉普罗特也接受了这一观点，法国东方学家亨利·裕尔也认为这段文字指的是中国。"Taugas"最早见于西摩卡塔的《历史》。突厥人不但把"桃花石"这个称谓带到西方，而且也将这一对中国的称谓带到了波斯和阿拉伯语中。相似的名称见于7世纪以后的众多文献与碑铭中，例如隋唐时期的突厥鄂尔浑碑文称中国为"Tabgac"，中世纪阿拉伯旅行家在其著述中称中国为"Tamghaj""Tomghaj"或"Toughaj"，①北宋回鹘人称中国为"Tapkac"或"Tapgac"。这些写法均与"桃花石"名称有关，只是书写略有不同，一般认为皆出自同一语源。

根据《历史》的原始文献与不同译本，"Taugas"一词希腊语的书写形式是"Taugast"或"Tavgas"，拉丁语的书写形式是"Tavgas"，英语的书写形式是"Taugas"。法国汉学家德经在翻译西摩卡塔这段文字的时候将这个词首先译为桃花石，且最先指出"Taugas"即中国。张星烺将之译为"陶格司"②，亦即汉语文献中的"桃花石"。"桃花石"一词的汉字书写，始见于元初李志常所撰之《长春真人西游记》卷上，书中说："及见中原汲器喜曰：'桃花石诸事皆巧。'桃花石，谓汉人也。"

"桃花石""Taugas"是域外对中国的一种称谓，其流行的地域主要是中

---

① 张星烺：《中西交通史料汇编》第一册，中华书局，2003年，第154页。
② 张星烺：《中西交通史料汇编》第一册，中华书局，2003年，第191页。

亚、西亚以及欧洲部分地区,其使用的时间上限不晚于6世纪末期①,下限则至少在一定的区域比如中亚延续到了15世纪的早期。

中亚的突厥语民族为什么要称中国为"桃花石",这一点连他们自己也说不清楚。它究竟指中国的哪一部分?"桃花石"的语源为何?百年来,中外学者围绕"桃花石"的语源问题展开的学术研究与论争,可谓异说纷呈、众口难调。其中较有影响的观点主要有"大魏"说、"唐家"说、"大贺氏"说、"拓跋"说、"天子"说、"敦煌太岳"说、"大汗"说七种。关于这些说法,阿地力、孟楠的文章《百年来关于"桃花石"问题研究综述》以及张绪山《"桃花石"(Ταυγάστ)名称源流考》已有详细的论述,②笔者在此不一一赘述,仅略述本书所支持的"拓跋"说。

"拓跋"说最早由伯希和在德经的"大魏"(Ta-goei)说基础上提出,他认为"Taugas"为北魏拓跋的译名。德经认为"Taugas"来自南北朝时期鲜卑拓跋部在中国北方建立的元魏政权。③伯希和在《通报》上发表《支那名称之起源》,提出"拓跋"说,认为386~556年,中国北部为元魏占据:"其都城先前久在山西,后迁河南,可是中国载籍尚保存此朝的土姓,而译写其音曰拓跋(Thak-bat)。……我曾考究桃花石原来的根据,或者就是拓跋,其对音虽不精确,而有可能。就历史方面而言,元魏占领中国北部,而在中亚以土姓著名,遂使中亚的人概名中国为拓跋,犹之后来占据元魏旧壤的辽朝,种名契丹,中亚的人又以此名名中国的情形一样,这也是意中必有之事。"④与此同时,日本学者白鸟库吉也提出相似观点,认为"桃花石"即"拓跋"的音译。⑤

从历史层面看,北魏的存续时间为386~534年,"桃花石"最早见于西方史籍(西摩卡塔《历史》)的时间是598年,二者在时间上至少不会发生冲突。据《魏书·帝纪》,在拓跋什翼犍建立代国之时(约338~376年),拓跋部的势力与声威就已达到"东至濊貊,西及破洛那,莫不款附"的程

---

① 在6世纪之前,希腊罗马世界对中国的称谓大体有两个:沿海路向东接近中国南部时,多称中国为"秦""秦奈""支那"(Sin、Chin、Sinae、China);沿陆上丝绸之路接近中国北部时,则多称中国为"赛里斯"(Seres)。参见张绪山:《中国与拜占庭帝国关系研究》,中华书局,2012年,第46页。

② 阿地力、孟楠:《百年来关于"桃花石"问题研究综述》,《中国史研究动态》2006年第2期;张绪山:《"桃花石"(Ταυγάστ)名称源流考》,《古代文明》2007年第3期。

③ H. Yule, *Cathay and the Way Thither*, vol. I, p. 33.

④ 〔法〕伯希和:《支那名称之起源》,见冯承钧译:《西域南海史地考证译丛》第一卷,商务印书馆,1995年,第36~48页。

⑤ 〔日〕白鸟库吉著,王古鲁译:《大秦国及拂菻国考》,《塞外史地论文译丛》第一辑,上海商务印书馆,1938年。

度,及至拓跋珪建立北魏、统一了中国北半部,其对北方民族的影响自不待言。① 后来统一中国北半部的辽朝,其"契丹"之名流传于西域、中亚各民族,以至于各民族以"契丹"之名概言中国。由此推论,北魏拓跋氏极有可能将自身姓氏"拓跋"称谓及契丹文化传播于西域各民族之中。尽管孝文帝改革推动了北魏的汉化,但不可忽视的一点是少数民族对自身的文化仍具有极高的认同度。作为统治中原的北方民族,为了保证对汉地的统治合法性,自然会吸纳许多汉地文化,但对本民族文化最好的弘扬方法乃是将它传播到与之交往的各民族中,突厥与柔然都是这方面的代表。

西摩卡塔所记莫里斯统治时期的史事,在公元582至602年间,此时正值中国隋文帝开皇二年至仁寿二年。突厥人向拜占庭皇帝递呈国书的时间为598年,国书中所言中国为"桃花石",因此突厥人用"桃花石"来称中国乃是在隋文帝开皇十八年以前。突厥人是"桃花石"这一名称向西方传播的创始者。突厥在北齐、北周统治时期已很强大,但仅限于武力征讨上的强大。在文化上,接受汉化多年的北齐与北周较突厥要高出一筹。突厥与它们之间往来甚密,也接受中原王朝及其文明的影响。根据《隋书·突厥传》,突厥可汗佗钵派遣使者到北齐求佛法,获得《净名》《涅槃》《华严》等经,佛教由此从北齐传入突厥。北齐、北周与突厥通婚,用大量财物贿赂突厥,以防后者的劫掠。② 双方的通商贸易往来频繁,络绎不绝。西魏大统十一年(545)朝廷遣使至突厥,"其国皆相庆曰:'今大国使至,我国将兴也'"。③ 由是观之,突厥与北齐、北周等鲜卑拓跋部王朝交往甚密,鲜卑人在与突厥人交往中,极有可能将"拓跋"这个词传播到突厥人中。尽管在莫里斯统治时期(582~602年),鲜卑人的统治已告覆灭,但拓跋部在历史上的活动并没有终止。从隋到宋,拓跋部一直活跃在西域和中亚一带。④

---

① 《魏书·帝纪·序纪》,中华书局,1974年,第12页。
② 《隋书·突厥传》,中华书局,1973年,第63页。
③ 《周书·突厥传》,中华书局,1971年,第108页。
④ 姚薇元:《北朝胡姓考》,中华书局,2007年,第385页。

## 第二节　关于"桃花石"国内的战争

关于"桃花石"国内的战争,《历史》中提到的最重要的线索是黑衣国越过大河灭掉红衣国。以往的研究大多认为这指的是隋灭陈的历史事实,持有此观点的主要有亨利·裕尔、戈岱司、白鸟库吉和张星烺等学者;①但也有一部分学者认为这场战争是北周灭北齐,持此观点的主要有彼得·博格和张绪山等。② 笔者倾向于后一种观点。

《隋书·五行志》记载,在589年隋灭陈前夕,陈后主曾经做了一个梦:"梦黄衣人围城。后主恶之,绕城橘树,尽伐去之。隋高祖受禅之后,上下通服黄衣。未几隋师攻围之应也。"③此梦或有依据,因当时隋已完成北方统一,剑指南方,蓄势待发,陈后主显然已感受到来自北方强大邻居的威胁。此外,隋高祖在登基之年即确立了服色:"六月癸未,诏以初受天命,赤雀降祥,五德相生,赤为火色。其郊及社庙,依服冕之仪,而朝会之服,旗帜牺牲,尽令尚赤。戎服以黄。"④从史料可见,隋朝军队旗帜尚赤,戎服尚黄。陈的戎服颜色沿袭梁,尚红。在589年,"黄衣人"(隋)侵袭了"红衣人"(陈)的边境,不符合西摩卡塔的黑衣国灭红衣国的记载。

北朝的史书则记载黑色和红色分别是北周和北齐官服与戎装的颜色。北周和北齐作为西魏和东魏的延续,自6世纪初进行了数十年的争斗,这场斗争于577年最终结束:北齐被北周打败了。不久,在581年3月4日,隋正式代替了北周,但是对军队制服颜色的改变是在四个月以后。王朝所尚之色,与五行德运切实相关。战国时邹衍之徒"论著终始五德之运",⑤后经《吕氏春秋》《春秋繁露》《淮南子》等发展完善,将之与五方五色之说相应,成为历代王朝禀受天命之依据,⑥历来受到统治者的重视。北朝后

---

① 张绪山:《中国与拜占庭帝国关系研究》,中华书局,2012年,第56页。
② P. A. Boodberg, Marginalia to the Histories of the Northern Dynastties, pp. 235~238.
③ 《隋书·五行志下》,第660页。
④ 《隋书·高祖纪上》,第15页。
⑤ 《史记·封禅书》,中华书局,1959年,第1368页。
⑥ 五方五色之说:木为东方,青色;火为南方,赤色;土为中央,黄色;金为西方,白色;水为北方,黑色。

期，魏分东西，双方皆以北魏的正统继任者自居。宇文泰奉魏孝武帝西迁定都于长安，是为西魏。尽管宇文氏掌权，但仍奉魏为正统，其所尚之色，以魏为准。然而元魏入主中原，商议德运，前后略有不同。初为土德，服色尚黄；①但自孝文帝之后，遂改为水德，服色尚黑。② 宇文泰既然奉魏为正朔，自然以魏之水德不改，服色尚黑。西魏恭帝三年（556），宇文泰病逝，大权由其嫡长子宇文觉继承。不久，宇文觉废除了有名无实的西魏，接受禅让，建立北周。北周甫一建立，便定制五行德运，即上承北魏、西魏之水德而称木德，服色尚黑不改。③

　　高欢建立东魏之后，亦奉魏为正朔，自当继承魏旧制，追附北魏天兴元年（398）所定的五行德运，奉土德，服色尚黄，也以此与西魏所尚之水德黑色以示区别，针锋相对。④ 东魏武定七年（549）八月，高澄病逝，其弟高洋继而执政。武定八年五月，高洋篡魏自立，是为北齐文宣帝，改元天保，定齐德为木，服色尚赤。⑤ 至于缘何齐称木德而尚赤，一来与高氏称扬红色代表吉祥有关，二来与当时民间流行的谶语有关。东、西魏对立时，民间流

---

① 《魏书·礼志一》载："（天兴元年）诏有司定行次，正服色。群臣奏以国家继黄帝之后，宜为土德，故神兽如牛，牛土畜，又黄星显曜，其符也。于是始从土德，数用五，服尚黄，牺牲用白。"见《魏书》，第 2734 页。

② 《魏书·礼志一》载："（太和十四年）秘书丞臣李彪、著作郎崔光等议以为：'尚书阎议，继近秦氏。臣职掌国籍，颇览前书，惜此正次，慨彼非绪。……岂可异汉之承木，舍晋而为土耶？……'诏令群官议之。十五年正月……中书侍郎贾元寿等言：'臣等受敕共议中书监高闾、秘书丞李彪等二人所议皇魏行次。尚书高闾以石承晋为水德……大魏次秦为土德，皆以地据中夏，以为得统之征。……今欲从彪等所议，宜承晋为水德。'诏曰：'越近承远，情所未安。然考次推时，颇亦难继。朝贤所议，岂朕能有违？便可依为水德，祖申腊辰。'"见《魏书》，第 2745~2747 页。

③ 《周书·孝闵帝纪》载："元年春正月辛丑……百官奏议云：'帝王之兴，罔弗更正朔，明受之于天，革民视听也。……今魏历告终，周室受命，以木承水，实当行录，正用夏时，式遵圣道。惟文王诞玄气之祥，有黑水之谶，服色宜乌。'制曰可。"见《周书》，第 46 页。《隋书·五行志下》载："武平七年，并州招远楼下，有赤蛇与黑蛇斗，数日，赤蛇死。赤，齐尚色；黑，周尚色。斗而死，灭亡之象也。"见《隋书》，第 668 页。

④ 《北齐书·神武帝纪下》载："（武定）四年八月癸巳，神武将西伐，自邺会兵于晋阳。殿中将军曹魏祖曰：'不可，今八月西方王，以死气逆生气，为客不利，主人则可。兵果行，伤大将军。'神武不从。自东、西魏构兵，邺下每先有黄黑蚁阵斗，占者以为黄者东魏戎衣色，黑者西魏戎衣色。"见《北齐书》，中华书局，1972 年，第 23 页。另《北齐书·方伎列传》："綦母怀文，不知何郡人。以道术事高祖。武定初，官军与周文战于邙山。是时官军旗帜尽赤，西军尽黑。怀文言于高祖曰：'赤火色，黑水色，水能灭火，不宜以赤对黑。土胜水，宜改为黄。'"见《北齐书》，第 679 页。

⑤ 《隋书·五行志上》："（齐后主武平）七年，宫中有树，大数围，夜半无故自拔。齐以木德王，无故自拔，亡国之应也。"《隋书·五行志下》："天统四年，贵乡人伐枯木，得一黄龙，折脚，死于孔中。齐称木德。龙，君象。木枯龙死，不祥之甚。"又："后周建德六年，阳武有兽三，状如水牛，一黄，一赤，一黑。与黑者斗久之，黄者自傍触之，黑者死，黄赤俱入于河。……黑者，周之所尚色。死者，灭亡之象。后数载，周果灭而隋有天下，旗牲尚赤，戎服以黄。"以上见《隋书》第 618、668、658 页。隋戎服以黄，北周戎服尚黑，则可以推知北齐戎服尚赤。据上引文，可知齐为木德，色尚赤。《北史·高祖神武帝纪》《北齐书·文宣帝纪》等多有记载，此不赘引。

行"黄黑之谶",北齐既为木德兼尚赤,使"黄黑之谶"顿时瓦解。此时西魏、北周仍尚黑,当北齐境内道教受到统治者压制、佛道矛盾骤起之时,民间道士遂创作"亡高者黑衣"之谶。①

此外,若考察当时突厥、柔然与北周、北齐之错综关系,亦可推知突厥与北周、北齐交往甚密,对二者之文化风俗与国内战争应当颇为熟知。西摩卡塔在《历史》中第一次提到"桃花石"是在第七卷第七章第十节:"这是对阿瓦尔人这个名称的误用;他们民族的起源不久之后将会被揭示。当阿瓦尔人被打败之后,其余众奔亡桃花石。"②以往的研究者在考证"桃花石"国内的战争时大都没有注意到这条史料。在《历史》第七卷,西摩卡塔记载了突厥可汗向拜占庭皇帝莫里斯呈献的国书,并多次提到突厥人与阿瓦尔人的交往。根据学界对阿瓦尔的研究,目前较为一致的看法是:阿瓦尔即中国史籍中记载的柔然。其在西方活跃的时期为6世纪末至7世纪初,即拜占庭莫里斯统治时期,此时阿瓦尔携斯拉夫人对拜占庭的北部边界侵扰不断,对其构成极大威胁。柔然继匈奴、鲜卑之后,活动于广袤的蒙古草原,从402年建立国家,至555年政权被突厥颠覆,他们在中国历史上活跃了一百五十余年。在中国古代史书中,柔然强盛时的疆域"西则焉耆之地,东则朝鲜之地,北则渡沙漠、穷瀚海,南则临大碛"③,形成了一个统辖地域广阔的政权,境内民族众多,其中包括后来兴起的突厥。

6世纪中叶,突厥渐强,其领袖土门袭破敕勒,收集降众五万余落,成为一支雄厚的力量。土门率领部众展开了反对柔然贵族奴隶主的斗争。根据中文史籍,552年,柔然被其锻奴突厥击败后,"柔然王室庵罗辰等逃至北齐,而留在漠北的则分成东、西两部分。东部余众立铁伐为主,西部余众则拥立邓叔子为主。东部柔然复为突厥击败投奔北齐,被安置于马邑川(今山西朔县)一带。天保四年庵罗辰等叛齐返回漠北。经北齐追击,东部柔然基本瓦解,庵罗辰下落不明。天保六年突厥木杆可汗俟斤率军击溃西部柔然,邓叔子领余众数千投奔西魏……"④此外,西摩卡塔记载另有一部分阿瓦尔人,战败后逃往当时势力较弱的"Mucri"。沙畹推测"Mucri"即为勿吉(靺鞨)。⑤ 勿吉国"在高句丽北,一曰靺鞨。邑落各自有长,不相总一,其人劲悍,于东夷最强"。⑥ 沙畹认为,由于在当时的蒙古高原周边地

---

① 姜望来:《论"亡高者黑衣"》,《中华文史论丛》2011年第1期。
② Theophylact Simocatta, *History*, vii. 7. 10.
③ 《魏书·蠕蠕传》,第2389页。
④ 赵云田主编:《北疆通史》,中州古籍出版社,2003年,第101页。
⑤ 沙畹:《西突厥史料》,第204页。
⑥ 《北史·勿吉传》,中华书局,1974年,第3123页。

带,勿吉与柔然是与突厥相对抗的两大势力,因此柔然被突厥打败后逃往勿吉是最好的选择。然而怀特比则认为,柔然在河中地区遭受突厥人的重创后,有一部分残部沿瓦罕走廊逃到摩克利。① 摩克利即今天的塔吉克斯坦的穆尔加布。柔然自 6 世纪中叶政权覆灭,余众向西逃亡,至 6 世纪末止步于黑海周边,建立新的势力,并与拜占庭人和斯拉夫人交往甚密。因此从时间和地理上考量,怀特比的观点甚为合理。

结合《魏书》,西摩卡塔《历史》所记的阿瓦尔人战败后逃往的"桃花石",应是北齐。据中文史籍,在北周与北齐角逐的过程中,突厥采取"厚周薄齐"的政策。北周武帝天和二年(567),突厥木杆可汗将其女嫁与北周武帝。静帝大象二年(580),北周将千金公主聘与佗钵可汗。作为突厥的敌对方,柔然在战败后其余众自然会逃往与突厥关系不甚好的北齐。

此外,北周灭北齐的战事,发生在拜占庭查士丁二世统治时期(565~578)的 577 年,这与西摩卡塔所记的莫里斯皇帝统治时期(582~602)黑衣人越过大河灭红衣人的描述似乎不相符合。关于这个矛盾,存在两种可能性的解释。

其一,西摩卡塔记载的信息或源于达头可汗与莫里斯皇帝的书信,或源于出使西突厥的拜占庭使节们所获得的信息。关于发生在 577 年春的北周征服北齐的信息,可能是由突厥人传递给拜占庭使节瓦伦提努(Valentinus)的。577 年初,瓦伦提努尚在突厥境内。② 作为出访突厥的使节,瓦伦提努清楚地了解时任西突厥可汗的名字、年号与统治时间。由于当时尚未出现公元纪年,因此他极有可能在档案资料中留下"西突厥达头可汗时期,黑衣人越过大河灭掉红衣人"之类的信息。西摩卡塔自行推测,认为西突厥达头可汗时期就是莫里斯统治时期。如果发生在 577 年的事件被记录在 598 年达头可汗写给莫里斯皇帝的书信中,那么极有可能是西突厥人在传播事件的过程中纪年上出现了偏差:即北周灭北齐事件正处于突厥达头可汗统治时期,且达头可汗与莫里斯的统治处于同一时期,接触到原始书信材料的拜占庭翻译员或评论员使用拜占庭皇帝纪年,将这一事件归在莫里斯执政之时,尚属合理。③

其二,589 年隋对陈的征服不太可能被突厥人所忽视。据《隋书》记

---

① Theophylact Simocatta, *History*, vii. 7. 12.
② 根据曼南德尔《历史》残卷,拜占庭使节瓦伦提努离开君士坦丁堡是在 576 年的某个时候,他前往西突厥首都艾克特尔山(Ektel)以及返回君士坦丁堡花了至少两年时间。但根据当时的交通条件与行进速度,瓦伦提努在路上的时间应没有这么多,可推知使节们在西突厥宫廷停留的时间比较长。
③ P. A. Boodberg, *Marginalia to the Histories of the Northern Dynastties*, pp. 235~238.

载,西突厥可汗曾向隋朝派遣使者。① 尽管突厥人关注的重心在中国北方,但也有可能将发生在南方的重要事件传播出去。相比拜占庭人,他们对中国的状况更为熟悉。当突厥人598年出使拜占庭之时,拜占庭人被告知,在遥远的"桃花石",黑衣国征服了红衣国(577年周灭齐),之后黑衣国被红衣国所取代(隋代周),继而红衣国(或黄衣国)继续对另一些红衣开战(589年隋灭陈)。这一系列的事件对于拜占庭人来说错综复杂,拜占庭史家极有可能只对故事的前半部分感到熟稔,而对不熟悉的南方事件往往会忽略,或把三者混为一谈、在此过程中混淆了它们的纪年。

综上所论,西摩卡塔所记黑衣国越过大河灭掉红衣国所指应当为577年北周灭北齐统一北方,大河实为划分两国边界的黄河。

---

① 《隋书·韩擒虎传》:"其后突厥来朝,上谓之曰:'汝闻江南有陈国天子乎?'对曰:'闻之。'上命左右引突厥诣擒前,曰:'此是执得陈国天子者。'擒厉然顾之,突厥惶恐,不敢仰视,其有威容如此。"第1341页。

## 第三节　关于"桃花石"国内的
## 文化风俗与传说

　　西摩卡塔关于"桃花石"的描述，大体对应 577 年前后的中国北方地区，主要描述的是北周和北齐的历史与文化。

　　我们首先来考察文化风俗之一：桃花石的统治者与七百名妻妾同居。重点分析 577 年前后的隋、北周与北齐后宫妃嫔及女官制度与数量，希冀得出较为可靠的结论。

　　西摩卡塔将宫廷中拥有大量女性嫔妃归结于"桃花石"的统治者身上，这与隋、北周君主的性格和其时之妃嫔制度完全不相符。

　　《隋书》载，"高祖思革前弊，大矫其违，唯皇后正位，傍无私宠，妇官称号，未详备焉"，"初，文献皇后功参历试，外预朝政，内擅宫闱，怀嫉妒之心，虚嫔妾之位，不设三妃，防其上逼。自嫔以下，置六十员。加又抑损服章，降其品秩。至文献崩后，始置贵人三员，增嫔至九员，世妇二十七员，御女八十一员。贵人等关掌宫闱之务，六尚已下，皆分隶焉"。① 由此可见，在隋文帝统治期间，独孤皇后在世时宫廷中有等级的妃嫔及女官数量不超过五十名，独孤皇后死后妃嫔的数量才升至一百二十名。

　　至于北周，武帝（在位时间为 560～578 年）在其统治期间通过制定严格的法令来限制后宫妃嫔及女官的数量，一度将妃嫔数量削减到十二位。《周书·武帝纪下》："性既明察，少于恩惠。凡布怀立行，皆欲逾越古人。身衣布袍，寝布被，无金宝之饰，诸宫殿华绮者，皆撤毁之，改为土阶数尺，不施栌栱。其雕文刻镂，锦绣纂组，一皆禁断。后宫嫔御，不过十余人。劳谦接下，自强不息。"② 然而，周武帝的继承者周宣帝宇文赟（在位时间为 578～579）却在全国范围内网罗美女，为她们修建华丽的宫室，增加妃嫔等级和头衔的数量。《周书·宣帝纪》："（大象元年）丙申，纳大后丞司马消难女为正阳宫皇后。尊天元帝太后李氏为天皇太后。壬子，改天元帝后朱

---

① 《隋书·后妃传》，第 1106 页。
② 《周书·武帝纪下》，第 107 页。

氏为天皇后。立妃元氏为天右皇后,妃陈氏为天左皇后。"又云:"嗣位之初,方逞其欲。大行在殡,曾无戚容,即阅视先帝宫人,逼为淫乱。才及逾年,便恣声乐,采择天下子女,以充后宫。……后宫位号,莫能详录。每对臣下,自称为天。以五色土涂所御天德殿,各随方色。又于后宫与皇后等列坐,用宗庙礼器镈彝珪瓒之属以饮食焉。"①

北齐后主高纬、幼主高恒皆奢靡荒淫,沉湎女色,政治腐败。《北齐书·后主纪》:"(武平六年)二月辛酉,括杂户女年二十已下十四已上未嫁悉集省。隐匿者家长处死刑。"②《北齐书·幼主纪》:"宫掖婢皆封郡君。宫女宝衣玉食者五百余人,一裙直万匹,镜台直千金,竞为变巧,朝衣夕弊。承武成之奢丽,以为帝王当然。乃更增益宫苑,造偃武修文台。其嫔嫱诸宫中起镜殿、宝殿、瑇瑁殿,丹青雕刻,妙极当时。"③另,《北齐书·武成帝纪》记载:"是月,彗星见。有物陨于殿庭,如赤漆鼓带小铃。殿上石自起,两两相对。又有神见于后园万寿堂前山穴中,其体壮大,不辨其面,两齿绝白,长出于唇。帝直宿嫔御已下七百人咸见焉。"④这一奇异事件发生在齐武成帝高湛河清四年(565)三月。据此,齐武成帝后宫拥有七百名宫女,这一信息与西摩卡塔的记载惊人地相似。

西摩卡塔所记桃花石的文化风俗之二:在桃花石城内,国王的妻妾们拥有一些金辇,各由一只被黄金和宝石装饰得非常豪华的牛犊所拉,这些牛也带有镶嵌以黄金的嚼子。该地的贵族们的妻妾使用银车。南北朝时期,马车已经被牛拉的两轮车取代,⑤车的种类也发生了变化,较大也更舒适的车开始流行。辎軿(有帷幔的车)最早是限制普通人使用的,一般用于运输货物和妇女乘坐,这种车到汉代开始被社会各阶层的人使用,成为最受青睐的交通工具。同时,轺车,即一种类似旧时战车的轻型无盖车,从魏晋开始由较高级的官员专享。这两种类型的车都是用牛来牵引的,这可能是牛作为役畜越来越受欢迎的缘故。⑥

六朝时期政府制定了有关车舆的等级制度,明确规定了车舆的种类和

---

① 《周书·宣帝纪》,第 120、124~125 页。
② 《北齐书·后主纪》,第 109 页。
③ 《北齐书·幼主纪》,第 113 页。
④ 《北齐书·武成帝纪》,第 94 页。
⑤ 六朝以后役畜从马到牛转变的原因,一方面是南方不宜养马而马匹稀缺,另一方面是北方的频繁战乱导致马匹大量损失。此外,这种转变的原因还在于社会观念和态度的变化。当时出现了以纯洁与美德作为标准的选官原则,而节俭成为纯洁的标志。在这种新观念的影响下,上层人士开始选用牛车出行,并引起了社会各阶层对牛车的普遍采用。见刘增贵:《汉隋之间的车驾制度》,《"中研院"史语所集刊》第 63 本第 2 册,1993 年。
⑥ 〔美〕丁爱博著,李梅田译:《六朝文明》,社会科学文献出版社,2013 年,第 418 页。

形状,乘坐的姿势,役畜的种类和数量,车盖或车帘额种类,车身、车轮和轮毂的颜色以及车上的旌旗种类和数量。南朝颇为严格地遵循了秦汉的车舆制度,而北朝也较多变化。北周车舆制度效仿《周礼》,隋代则以驭者或马夫的数量作为身份的标志。北齐的车舆形制承袭魏制,"自斯以后,条章粗备,北齐咸取用焉。其后因而著令,并无增损"。① 据考,北周的车舆制度较为复杂,只有一部分宫廷妇女所乘之车舆是用牛拉,大多数的宫廷车舆都是用马拉。用金饰(镀金饰物或镶嵌画)来装点的辒辌车被普遍应用于南北朝时期的宫廷舆辇之中。尽管史料中关于齐的车舆制度只有少数细节记载,但从这些细节中我们仍能有所发现。较为明确的是公主们乘坐的是涂漆的车舆,且用镀金或镀银装饰:"正从第一品执事官、散官及仪同三司、诸公主,得乘油色朱络网车,车牛饰得用金涂及纯银。二品、三品得乘卷通幰车,车牛饰用金涂。四品已下,七品已上,得乘偏幰车,车牛饰用铜"。② 至于皇室与王公贵族的车辇形制,《隋书》中亦有详细的记载,皇帝、皇后、诸公与诸公夫人之车多用锡面。③ 锡的颜色是银色,这与西摩卡塔所述的基本一致。此外,根据《隋书》,北周允许车辇随行队伍的使用金饰,而魏和齐允许王之下的贵族使用一马或一牛牵引。④ 因此,西摩卡塔的相关记载与北齐、北周的历史事实较为贴近。

西摩卡塔所记桃花石的文化风俗之三:男子禁止佩戴金饰。北魏自孝文帝开始,商品流通地域日益扩大,不再限于北方一隅,而是开展与南方及边境少数民族的互市乃至国际贸易。我们从《洛阳伽蓝记》卷三所记洛阳诸市以及西域人到达洛阳经商的情况,即可窥见当时商业贸易之繁盛:"西夷来附者处崦嵫馆,赐宅慕义里。自葱岭已西,至于大秦,百国千城,莫不欢附,商胡贩客,日奔塞下,所谓尽天地之区已。乐中国土风,因而宅者,不

---

① 《隋书·礼仪志五》:"后魏天兴初,诏仪曹郎董谧撰朝飨仪,始制轩冕,未知古式,多违旧章。孝文帝时,仪曹令李韶更奏详定,讨论经籍,议改正之。唯备五辂,各依方色,其余车辇,犹未能具。至熙平九年,明帝又诏侍中崔光与安丰王延明、博士崔瓒采其义,大造车服。定制,五辂并驾五马。皇太子乘金辂,朱盖赤质,四马。三公及王,朱屋青表,制同于辂,名曰高车,驾三马。庶姓王、侯及尚书令、仆已下,列卿已上,并给轺车,驾用一马。或乘四望通幰车,驾一牛。"
② 《隋书·礼仪五》,第 196 页。
③ 《隋书·礼仪五》:"皇后之车,亦十二等:一曰重翟,以从皇帝,祀郊禖,享先皇,朝皇太后。二曰厌翟,以祭阴社。三曰翟辂,以采桑。四曰翠辂,以从皇帝,见宾客。五曰雕辂,以归宁。六曰篆辂,以临诸道法门。六辂皆锡面,朱总,金钩。七曰苍辂,以适命妇家。八曰青辂,九曰朱辂,十曰黄辂,十一曰白辂,十二曰玄辂。五时常出入则供之。六辂皆疏面,缋总";"诸公夫人之辂车九:厌翟、翟辂、翠辂,皆锡面,朱总,金钩。雕辂、篆辂,皆勒面,缋总。朱辂、黄辂、白辂、玄辂,皆雕面,鹥总。诸侯夫人自翟辂而下八,诸伯夫人自翠辂而下七,诸子夫人自雕辂而下六,诸男夫人自篆辂而下五。鞶缨就数,各视其君"。第 197 页。
④ 《北齐书·文宣帝纪》,第 43 页。

可胜数。是以附化之民,万有余家。门巷修整,阊阖填列,青槐荫陌,绿树垂庭,天下难得之货,咸悉在焉。"①孝文帝为促进商业发展,曾于太和十九年(495)铸太和五铢钱,令京师及各州镇通行。北魏末年因政局不稳,商业亦蒙受影响。在东、西魏及北齐、北周对峙之际,除了双方战斗地带,其他地区商业渐回苏。例如长安为西魏、北周之都,市场繁荣,成为西域商人荟萃之地。自取得南朝的成都、江陵两大都会后,北周各地商旅往来更加频繁。总体而言,在北朝,除统治阶级所需之奢侈品外,一般民用商品多由市场供应,而且是商品销售中的大宗。当时除洛阳外,邺城及长安的商业也颇繁荣,邺城甚至可与洛阳媲美。尽管北朝的商业与南朝相比并不繁盛,但在当时与之通商的突厥人看来,仍具有极大的规模和便利,使他们从中掌握了大量的金银。

关于桃花石国禁止男子佩戴金饰,可在北周的历史文献中找到些许线索。周武帝厉行节约,反对骄奢,认为昔周王"庙有戒盈之器,室为复礼之铭。矧伊末学,而能忘此。宜依是日,省事停乐"。② 他不使用金饰或珠宝,"身衣布袍,寝布被,无金宝之饰,诸宫殿华绮者,皆撤毁之,改为土阶数尺,不施枨栱。其雕文刻镂,锦绣纂组,一皆禁断"。③ 征服北齐后,他明令摧毁许多设计精巧的宫殿或建筑物,并且禁止在新建建筑物上装裱金饰:"辛丑,诏曰:'伪齐叛涣,窃有漳滨,世纵淫风,事穷雕饰。或穿池运石,为山学海;或层台累构,概日凌云。以暴乱之心,极奢侈之事,有一于此,未或弗亡。朕菲食薄衣,以弘风教,追念生民之费,尚想力役之劳。方当易兹弊俗,率归节俭。其东山、南园及三台可并毁撤。瓦木诸物,凡入用者,尽赐下民。山园之田,各还本主。'"④虽然,在他颁布的所有关于禁止奢侈的法令中,没有发现关于个人穿戴的记录,但是,可想而知,他自己不穿戴金饰,更不会允许他的官员们沉溺于这种奢靡享受之中。

西摩卡塔所记桃花石见闻之四:桃花石人的首领被称为"Taisan",它在希腊文中的字面意义是"天子"。希腊语"Taisan"可对应中文的"太上"。"太上"由汉高祖刘邦首次使用,在登基后尊其父为"太上皇"。通常情况下皇子已经正式继承了皇位,但由于皇帝年龄尚小,掌握实政的仍是退位的"太上"。北魏献文帝拓跋弘于471年禅位给他的儿子,接受"太上"的封号,直到476年;北齐武帝高湛于565年禅位给他的儿子,使用"太上"的

---

① (魏)杨衒之撰,周祖谟校:《洛阳伽蓝记》,中华书局,1963年,第84页。
② 《周书·武帝纪上》,第73页。
③ 《周书·武帝纪上》,第107页。
④ 《周书·武帝纪下》,第101页。

封号,直到公元569年;齐后主高纬于577年退位,将动荡的国家交给其儿子,使用"太上"的封号;579年4月1日,北周宣帝宇文赟退位,使用"天元皇帝"称号,行"太上皇"之实权。据文献记载,"太上"们自愿退位给年轻皇子,甚至是婴儿,自己却保留管理国家事务的权力,特别是处理对外事务的权力。退位的"太上"拓跋弘,在472年初还带兵远征柔然和铁勒,472年至473年,又发起了对柔然的进攻,473年10月,率军镇压来自南方的叛乱。从565年至569年间的诏令来看,高湛保留了对国家事务几乎完全的控制,在名义上的他的儿子统治的前期,朝廷对外公布了对他"太上"的封号。

在我们所关注的时期内,中国北方有三位统治者拥有"太上"的封号:一个是565～569年的齐武帝高湛,一个是在577年拥有十五天"太上"称号的齐后主高纬,第三个是579年4月～580年6月的周宣帝宇文赟。在齐武帝高湛的统治下(特别是在他成为"太上"的时期),北齐和突厥关系变得非常密切。高湛强烈意识到北齐与突厥联盟将对周产生威胁,因此他极力争取突厥人站在他这一边。这件事在他人生的最后三年成功了,至少部分成功了:尽管北周持续保持与突厥的良好关系,但后者仍分别在566年、567年、568年派大使前往齐,齐"太上"也遣使前往突厥可汗的宫帐通好往来。① 在北周宣帝在位的最后两年,突厥一方面与北周保持外交上的关系,另一方面支持高绍义建立流亡傀儡政权。② 在中国,这些退位的"太上"皇帝通常在实际上掌握真正的权力,这一点在突厥朝廷中应是众所周知的。根据北齐的历史、"太上"的称谓、禁止男子穿戴金饰的法令及拥有庞大的内宅规模等西摩卡塔文中所记载的来自突厥人的信息,基本可以断定他所描述的"桃花石"的国内事务极有可能对应北周的最后几年,很可能是579年4月至580年6月。

西摩卡塔所记的桃花石的见闻之五:"蒙昧族人声称桃花石城系由马其顿的亚历山大所筑,当时他平息了大夏人和康居人,歼灭了十二万野蛮人。据传说,亚历山大在数罗里外的地方又筑了另一城,野蛮人称之为库姆丹;库姆丹城有两条大河流横贯其中,两岸柏树丰茂。"西摩卡塔对这一信息的真实性有所疑虑,且无法有效查证,因此他用了几个词来表明其对

---

① 据《周书》卷九,由于北齐的干预,齐武帝与突厥公主的婚礼从565年延迟至568年。
② 据《北齐书》所载,高绍义为文宣帝高洋第三子,废帝高殷异母弟,母世妇冯氏。578年,北齐灭亡,高绍义逃往突厥,受到突厥佗钵可汗爱重,北齐被灭后逃到北边者,都归高绍义管辖。578年,高保宁在营州奉高绍义为北齐皇帝,用武平年号,作武平九年。580年,北周派贺若谊劝佗钵可汗交出高绍义,佗钵可汗同意了。高绍义在和佗钵可汗打猎的时候,被贺若谊所擒,带回中原,流放蜀地。

这段史料的态度,即"声称""据传说"。文中的"蒙昧族"应指粟特人,粟特人在古代丝绸之路沿线十分活跃,经常扮演东西方商贸与文化交流的桥梁,其语言和货币成为交往的媒介。① 粟特与突厥、中原朝廷交往频繁,且早在4世纪初叶,即开始以"库姆丹"来称呼长安。1907年斯坦因在敦煌附近发现的粟特文书,据考证是4世纪初前后粟特商人所写的家书,信中用"库姆丹"来指代长安。② 2003年在西安北周史君墓出土的文物中有粟特文、汉文双语铭文,共51行文字,其中粟特文33行、汉文18行,粟特文中有"库姆丹"(xwmtʼn)一名,左边汉文题刻有"远迁居长安"几个字。据记载,墓主为粟特人史君,于大象元年(579)死于长安。因此,向突厥、进而向拜占庭传播"桃花石"建城传说的极有可能是粟特人。

根据西摩卡塔的叙述,亚历山大在距离"桃花石"数罗里远的地方选址建城,名为"库姆丹"。此一信息与开皇元年(581)隋文帝在原北周长安城东南二十里处的龙首原南坡另建一座新城相对应,这座新城史称"大兴城"。隋朝开国之初,都城仍在长安旧城,因久经战乱,残破不堪,而且宫室形制狭小,不能适应新建的统一国家的都城的需要。加之城市污水沉淀,壅底难泄,饮水供应也成问题。因此,隋文帝放弃龙首原以北的故长安城,于龙首原以南选择新址建城。开皇二年(582)正月,文帝命宇文恺负责设计建造新城——大兴城(习惯上仍称"长安"),翌年三月竣工。③ 根据《隋书》,隋文帝将新都之址定于灞、浐、潏河之间的平原上,此处最为开阔,东西宽约十七里,南北长约四十里,以龙首原为分界线,形成南北两个不同的地形单元。西摩卡塔文中的"两条大河"应为灞河和浐河,而柏树原产于中国西北,是长安城常见的树种,河流两岸"垂柏丰茂"也是可以想见的。

"桃花石和库姆丹为亚历山大大帝所建",这实为一种传说,应是粟特人向西传播中国见闻时结合本民族传说而加以臆测的。亚历山大及其将

---

① 详见拙文《丝绸之路沿线语言文化交往探略》,《社会科学家》2017年第9期。
② 转引自张绪山:《中国与拜占庭帝国关系研究》,中华书局,2012年,第63页。
③ 《隋书·高祖帝纪上》:"丙申,诏曰:'朕祗奉上玄,君临万国,属生人之敝,处前代之宫。常以为作之者劳,居之者逸,改创之事,心未遑也。而王公大臣陈谋献策,咸云羲、农以降,至于姬、刘,有当代而屡迁,无革命而不徙。曹、马之后,时见因循,乃末代之晏安,非往圣之宏义。此城从汉,凋残日久,屡为战场,旧经丧乱。今之宫室,事近权宜,又非谋筮从龟,瞻星揆日,不足建皇王之邑,合大众所聚,论变通之数,其幽显之情,同心固请,词情深切。然则京师百官之府,四海归向,非朕一人之所独有。苟利于物,其可违乎!且殷之五迁,恐人尽死,是则以吉凶之土,制长短之命。谋新去故,如农望秋,虽暂劬劳,其究安宅。今区宇宁一,阴阳顺序,安安以迁,勿怀异想。龙首山川原秀丽,卉物滋阜,卜食相土,宜建都邑,定鼎之基永固,无穷之业在斯。公私府宅,规模远近,营构资费,随事条奏。'仍诏左仆射高颎、将作大匠刘龙、巨鹿郡公贺娄子干、太府少卿高龙叉等创造新都。"第17~18页。

军们在中亚修筑了大量城市,这是希腊罗马世界所熟知的历史事实。长安城历史悠久,大约在公元前349年修建而成,粟特人或突厥人认为长安城截至580年已有大约930年的历史。深受希腊文化影响的拜占庭人自然极容易将长安建城的时间(前349)与亚历山大征服中亚的时间(前329)联系起来,且当时在今陕西和甘肃一带确有自西方而来的人,这进一步支持了拜占庭人的想法,认为亚历山大的征服活动延伸到了中国。① 同时,粟特人也了解这位伟大征服者的英雄事迹,它可能会证实上面所提到的拜占庭人的假设。以亚历山大遗产而自豪的希腊人(拜占庭人)自然乐于接受这类传说。

西摩卡塔所记桃花石见闻之六:"此地居民们富有大象,并且通过贸易而同印度人保持关系。据说他们是印度人,因生活在北方,肤色为白色。"此处的"大象"应包含两层含义:大象、象牙制品与绘制或雕刻有象的形象的艺术品。按照这一解释,我们首先需要搜寻魏晋南北朝时期中国与印度象与象牙制品贸易的相关证据。汉代以后,象及象牙制品已经成为中外经济文化交流的一个非常重要的组成部分。这些象牙制品大多来自南越一带,有些是通过转口贸易输入中国的。考古发现的象牙制品及文献中的相关记载证明,魏晋南北朝时期海上丝绸之路与北方地区的陆上丝绸之路同样发达。② 三国时期,东吴控制着象及象牙的输入③。三国之后,东晋南朝仍然控制着象及象牙的输入。齐武帝永明二年(484),扶南王侨陈如闍邪跋摩遣道人释那伽仙为使,献牙像一躯、牙塔二躯。梁中大通二年(528年)十二月,盘盘国遣使献牙像及塔。梁中大通三年(529年)十二月,丹丹国遣使送牙像及塔各二躯、古贝等。梁简文帝大宝二年(551年)八月,盘盘国献驯像。北魏文成帝和平元年(460年)十月,居常王献驯象一。考古发现的南北朝时期象牙制品,数量较多,而以象牙梳为主。南京西晋墓出土一件象牙尺,长24.3厘米,宽2.6厘米,厚0.6厘米。④ 北京西晋永嘉元年华芳墓出土一件象牙梳,长约24.2厘米,宽1.6厘米。青海西宁砖瓦厂一座北朝墓中也出土一件象牙梳。⑤ 这一时期的笏也有以象牙为之者,《唐会要》云:"自西魏后,五品以上,通用象牙,六品以下,兼用竹木。"⑥史

---

① P. A. Boodberg, Marginalia to the Histories of the Northern Dynastties, p. 242.
② 冉万里:《丝路豹斑——不起眼的交流,不经意的发现》,科学出版社,2016年,第46页。
③ 《册府元龟》卷九六八、九六九,中华书局,1960年,第11376~11394页。
④ 南京市博物馆:《六朝风采》,文物出版社,2014年,第159页。
⑤ 卢耀光、尚杰民等:《青海西宁市发现一座北朝墓》,《考古》1989年第6期。
⑥ (宋)王溥:《唐会要》卷三二,上海古籍出版社,1991年,第679页。

载:"穆子孙虽在襁褓,悉拜仪同,其一门执象笏者百余人,贵盛当时无比。"①说明北周时期以象牙为笏。同时,象的形象也出现在一些纹饰中,如山东益都北齐屏风石榻上刻有大象。② 到了隋唐时代,象在中国境内的生存环境发生了很大变化,仅能在今云南一带生存,所以当时所用的象牙大多数应该是外邦输入的,如阎立本所绘制的现收藏于台北故宫的《职贡图》中就有肩扛象牙的胡人形象,这应该是当时象牙输入的真实写照。③

此外,由于北周和北齐崇尚佛教,而大象在佛教里寓意着"高贵""力量"与"吉祥",所以很多的佛教艺术品中都有大象的形象。现存的大量的魏晋南北朝时期绘画和雕刻艺术品上,都绘有大象或胡人驯象的形象。如现藏于中国国家博物馆的印度象牙雕骑象菩萨,高 15.8 厘米,厚 7.5 厘米,是甘肃省安西县榆林窟的传世品。④ 在"桃花石"出使或经商的突厥人应经常见到大量的这类艺术品,故易误以为该地拥象甚多。实际上,这些数量甚多的象牙制品是中国与印度贸易或周边邦国贡献而来的。

西摩卡塔所记中国文化风俗之七:"当君主驾崩之后,其妻妾们便为他守丧并且彻底剃头,身着黑服装,法律禁止她们离开国王的坟墓。"此处所指应为皇帝过世之后后宫妃嫔出家为尼之事。妃嫔出家为尼与崇尚佛教密切相关。自佛教传入后,在中国的封建王朝中,出自尼庵或遁入空门的后妃并不乏其人,如武则天。然而像北朝中后期那样,百余年间,魏、齐、周仅历十一帝,而竟有后妃十七人出宫为尼,则实属罕见。据《魏书·皇后列传》和《北史·后妃列传》记载,出家为尼的妃嫔主要有:北魏孝文帝废后冯氏,宣武帝皇后高氏,孝明帝皇后胡氏;西魏文帝文皇后乙弗氏,恭帝皇后若干氏;北齐文宣皇后李祖娥,后主皇后斛律氏;北周孝闵皇后元胡摩,武帝皇后李娥姿,宣帝皇后朱满月、陈月仪。⑤ 后妃出家为尼,其状况大致可总结为几类。一是由于健康问题而出家。北魏孝文帝幽皇后冯氏长得特别漂亮,故深得皇帝宠幸,但生病后,太后将其遣回家为尼。太后去世后,孝文帝"闻后素疹痊除,遣阉官双三念玺书劳问,遂迎赴洛阳。及至,宠爱过本初"。⑥ 二是由于失宠被逐出宫为尼。北魏孝文帝废皇后冯氏是上面说的幽皇后的妹妹。其姐为尼期间,六宫无主,被立为后。孝文帝重引

---

① 《北史·李穆传》,第 2116 页。
② 夏名采:《益都北齐石室墓线刻画像》,《文物》1985 年第 10 期。
③ 冉万里:《丝路豹斑——不起眼的交流,不经意的发现》,科学出版社,2016 年,第 61 页。
④ 中国历史博物馆:《中国历史博物馆——华夏文明史图鉴》第三卷,朝华出版社,2002 年,第 150 页。
⑤ 陈怀宇:《中古时代后妃为尼史实考》,《华林》第二卷,中华书局,第 133~147 页。
⑥ 《魏书·孝文幽皇后传》,第 333 页。

幽后回宫后,姊妹争宠,废后失败,遂为尼,后终于瑶光佛寺。三是皇帝迫于政治压力废后为尼。西魏文帝无力对付强寇柔然,欲结亲求和。文帝不敢以柔然主女为妃,遂命原后乙弗氏逊居别宫,出家为尼。① 四是因皇位更迭或王朝易代而沦为牺牲品出家。如新帝即位,前帝之后被清除出宫的有北魏孝明皇后胡氏、北齐文宣皇后李祖娥和北周孝闵皇后元胡摩。五是幼主嗣位后两宫太后争权,失败者出家。魏宣武帝死,其后高氏被新君肃宗尊为皇太后,但遭到肃宗生母胡氏的排挤,遂为尼,居瑶光寺。六是入寺寻求政治避难的。魏末肃宗朝,契胡酋帅尔朱荣起兵攻入都城洛阳,太后胡氏害怕被杀,"尽召肃宗六宫皆令入道,太后亦自落发"。②

总之,西摩卡塔在《历史》中,对经突厥人或粟特人转介而获知的"桃花石"文化风俗与传说,有着非常准确的描述,③其所包含的文字信息被认为是"在马可·波罗之前欧洲文献中保存的对中国最密切的一瞥",④具有重要的史料价值。

---

① 《北史·文帝文皇后传》,第 507~508 页。
② 《魏书·宣武灵皇后传》,第 340 页。
③ G. F. Hudson. *Europe and China:A Survey of Their Relations from the Earliest Times to 1800*, p. 127.
④ G. F. Hudson. *Europe and China:A Survey of Their Relations from the Earliest Times to 1800*, p. 127.

# 结　语

自文艺复兴以来，人文主义者和启蒙思想家们热衷于思考罗马帝国是如何衰亡这一古老的问题。为了颂扬古典时代和自身所处时代的文化成就、贬斥中世纪文化的落后与昏昧，大多数学者认为从古典时代到中世纪早期，历史是断裂的，而非延续的。灿烂的古典文明与黯淡的"蛮族"文化，伟大的罗马帝国与粗俗的"蛮族"王国，诸如此类的表述强烈地向人们传递出一个信息：古典时代与中世纪是文明与野蛮的对立。人们普遍认为，中世纪并没有接续罗马帝国的文明特质，而是一种全新的异质文明，从罗马帝国晚期到中世纪早期长达几百年的时间里，历史是断裂的，古典文化黯然无光。1776年，英国历史学家爱德华·吉本写就六卷本鸿篇巨制《罗马帝国衰亡史》，确立了罗马帝国衰亡的经典解释模式，总结了三种导致罗马衰亡的因素，分别为自由理性精神丧失、政治德行腐败和"蛮族"肆虐。尽管19世纪以后，史家开始逐渐肯定中世纪的历史地位和文化价值，但是直到20世纪上半叶，"罗马帝国衰亡说"仍然是阐释古典时代何以退却、中世纪何以到来的学说。

20世纪中叶以来，"罗马帝国衰亡说"受到了巨大的挑战，以对公元3~8世纪古代晚期研究为主要阵地的"罗马世界转型说"逐渐兴起。诸多学者强调从古典时代到中世纪早期的历史具有连续性，从不同的方面强调罗马文明的延续性，论证罗马因素与中世纪早期的紧密关系，以往经常用来描述从古典时代到中世纪的一些词汇例如"衰退""衰亡""危机"和"终结"等，被一些中性词如"过渡""变化"与"转折"等取代。[①] 他们主张将研究视野放宽。从地理上，将研究视野从西部罗马帝国延伸至整个地中海区域，甚至包括不列颠群岛、两河流域、印度河流域和中亚阿姆河地区。从时间上，由于深受法国年鉴学派的影响，他们采取"时段"理论分析这一广阔区域的社会生活、宗教文化，将研究的时段确定为"中时段"，即3世纪到8世纪初期，以此时段来分析晚期罗马帝国至中世纪早期的社会生活和宗教文化，认为这一时段实际上是一个社会转型时期，具有较强的历史延续性，而非文明的断裂期。

---

① W. P. Bryan, *The Fall of Rome and the End of Civilization*, Oxford, 2005. p.4

在西方学术界,"罗马世界转型说"最早可以追溯到 J. B. 伯里。19 世纪末,伯里逐渐认识到吉本"罗马帝国衰亡"理论的不足,开始强调历史变迁的缓慢性,不论罗马帝国的衰亡,还是"蛮族"入侵,都经历了一个较长的历史过程。罗马帝国后期内部的社会变革其实包含北方"蛮族"的参与。20 世纪初,比利时史学家亨利·皮朗从经济史的视角研究和论证罗马文明的延续性。他认为,自古以来,地中海贸易圈就一直维系着欧洲商业的统一性,并未受到 5 世纪日耳曼人迁徙的影响,直到 8 世纪阿拉伯人的崛起,才阻隔了原本统一的地中海贸易圈。① 奥地利史学家道普什则从文明史的角度来说明日耳曼人如何延续罗马文明,他从文献和考古材料出发,发现日耳曼人保存了诸多罗马文化的因素,并在以后的政治构建和社会生活中沿袭和借鉴了罗马文明的要素。② 20 世纪 60 年代,美国学者林恩·怀特等一批学者受到史学研究视角下移和人类学、社会学研究的影响,注重从社会层面上将研究视野从上向下拓展,关注普通民众的日常生活,强调历史变迁的缓慢和持续性,由此提出了一个影响广泛的口号:罗马世界转型。他们认为,"罗马帝国衰亡说"单从政治角度出发,以政府灭亡的单一维度证明罗马世界衰亡,这一模式已显过时,人们更加应该关注的是千百万农夫和手工业者的日常生活,是生产工具和生产技术的变迁。③ 林恩·怀特提出的"罗马世界转型"口号符合 20 世纪中期以来的人文社会科学学术研究视角转向的趋势,使历史学向纵深化、交叉研究方向发展。这一解释模式由此被广大学者所接受,逐渐取代了吉本的"罗马帝国衰亡说"。

与此同时,在争论罗马帝国延续或衰亡这一问题的过程中,拜占庭史的研究者大多秉持"延续说"。他们主张需要将东、西罗马帝国等量齐观,纳入相同的考察范围,不应将二者割裂。他们从一开始就没有将"罗马帝国是否衰亡"纳入重点研究主题,而是主要考察东部罗马帝国是如何延续罗马文明并与当地因素和时代背景结合起来而最终成功转型为中世纪罗马帝国的。从最早的拜占庭史家 J. B. 伯里,到 N. H. 贝尼斯、A. H. M 琼斯等,他们强调历史的延续性,坚持使用"晚期罗马帝国"这一说法,认为西部罗马确实发生了文化断裂,东部罗马才是古代文明的继承者。

20 世纪 70 年代,拜占庭史学者、美国爱尔兰裔历史学家彼得·布朗

---

① 〔比〕亨利·皮雷纳著,陈国樑译:《中世纪的城市:经济和社会史评论》,商务印书馆,1985 年,第 4 页。

② A. Dopsch, trans. by M. G. Beard and N. Marshall, *The Economic and Social Foundations of European Civilization*, London, 1937. p. 124.

③ L. White, ed., *The Transformation of the Roman World: Gibbon's Problem after Two Centuries*, California University Press, 1966. p. 301.

和英国学者卡梅隆转换研究模式,侧重从宗教文化与社会生活方面来阐释晚期罗马的延续与转型,开辟了新的研究学说——古代晚期(Late Antiquity),为晚期罗马史和拜占庭史研究提供了巨大的学术研究空间。"古代晚期"是指从古典希腊罗马时代末期(3世纪)到8世纪初期这一特定的历史阶段,主要描述以地中海和欧洲为中心包括西罗马帝国、东罗马帝国和近东地区出现的社会转型。① 1971年,彼得·布朗发表《古代晚期世界》一书,标志着"古代晚期"成为一个专门的学术研究领域。古代晚期研究的代表人物认为罗马帝国晚期史并不是一部衰亡的历史,而是一部充满重要变迁和革新的历史。这种变迁并不是消极的、衰退的,而是多元文化的冲击交融,是充满活力的,是古典时期文化向中世纪拉丁基督教文化的转型,是政治、经济和军事制度在新的时代背景下的调整与转型。布朗在《古代晚期世界》中运用长时段和泛文化史研究模式,聚焦于拜占庭帝国的文化艺术,认为"罗马帝国衰亡"仅仅影响到帝国西部的政治结构,并未对地中海东部和近东造成损害,地中海东部的罗马帝国才是当时世界的文明中心,尽管遇到了各种内忧外患的挑战,但也经历了从查士丁尼时代至伊拉克略时代长达百余年的痛苦调整与转型。② 在古代晚期研究领域卓有成就的学者大多是从事拜占庭学研究的,他们将研究视域立足于拜占庭和地中海东部,从长时段和泛文化史的视角来阐述罗马和基督教文化的延续性影响,使古代晚期的理论观点逐步系统化。

## 一

塞奥非拉克特·西摩卡塔是7世纪初期的拜占庭历史学家,他所处的时代是晚期罗马帝国向中世纪拜占庭过渡和转型的时代,即古代晚期。在古代晚期,基督教在文化、信仰和意识形态领域的主导地位被逐步确立,由此在历史写作中开启了教会史创作的潮流。以凯撒利亚的尤西比乌斯所著的《教会史》肇端,继承这一传统的教会史家主要有苏格拉底、索卓门诺

---

① 陈志强:《古代晚期研究:早期拜占庭研究的超越》,《世界历史》2014年第4期;李隆国:《从"罗马帝国衰亡"到"罗马世界转型"——晚期罗马史研究范式的转变》,《世界历史》2012年第3期。

② P. Brown, *The World of Late Antiquity: From Marcus Aurelius to Muhammad*, Thames and Hudson Ltd, 1971, pp. 19~20.

斯、塞奥多利特、埃瓦格留斯和埃庇发尼亚的约翰等。教会史的特点主要是神意决定论的史观和以编年纪事的方法。另外一个历史写作潮流为新古典史学,受希腊、罗马的古典写作传统影响较甚。但新古典史学的写作或多或少也会受到教会史写作方法的影响,其代表作家众多,以阿米安·马赛林努斯、普罗柯比、曼南德尔最为著名,而7世纪初的西摩卡塔亦属此列。西摩卡塔在其作品中融合了古典史学和教会史学的双重特点。一方面,他继承了新古典史学的写作传统,是最后一位延续了古典史学编撰风格的史家,他极力模仿希罗多德、修昔底德、西西里人迪奥多罗斯和阿里安等古典史家的写作风格,其作品致力于描述军事、外交和政治等历史事件,对宗教很少涉及。另一方面,他的作品在诸如语言、结构、文体风格和思想观念等方面又受到前代或同时期教会史作品或圣徒传记的影响,呈现出某种神学色彩。古典史学和教会史学因素的结合在早期拜占庭史家的作品中经常得以呈现,从某种意义上来说,这也是一种历史写作形态的过渡或转型。自7世纪开始,继承教会史写作传统的编年史写作方兴未艾,而新古典史学的创作从7世纪初开始沉寂下来,直到10世纪伴随着马其顿的文艺复兴,年代纪的创作传统才逐渐得到恢复。尽管恢复了古典史学写作的外形风格,但作品所体现的思想观念却仍是神学式的,即所谓"古典表象下的神学核心",①例如12世纪作家尼基塔斯·侯尼亚迪斯所著的《记事》。

西摩卡塔《历史》中所体现的两种写作传统融合的现象,正体现出早期拜占庭过渡和转型的时代特征。

首先,从西摩卡塔的教育背景和作品来看,西摩卡塔早年在其家乡亚历山大接受过古典修辞学和哲学教育,这为他在《历史》中对典故和演讲词的熟练运用奠定了重要的基础。在另一部作品《生命预定的时限》中,他擅长使用哲学思辨的方法探讨复杂深奥的神学命题,诸如是否存在由上帝所预定的人类生存时限、是否会因为个人的行为或自然灾难而使生命的长短得以改变等,对《圣经》的引用较为充分,而在写作风格上,西摩卡塔《历史》却极力模仿罗马哲学家塞尼加的《辩论》文体,即首先是辩论双方展开自己的观点,接下来由裁判作出裁决。

其次,《历史》的序言"对话"以拟人化的对话体形式将历史和哲学的对话渐次展开,与古希腊时期柏拉图的作品和罗马哲学家波伊提乌的《哲学的慰藉》所使用的文体风格相似,这无疑继承了古典作品的写作传统,然

---

① 邹薇:《尼基塔斯·侯尼亚迪斯〈记事〉研究》,南开大学博士论文,2009年。邹薇认为,《记事》的古典外形表现在史料遴选、创作结构和文字风格方面,神学内核主要表现在作者对《圣经》的释读和援引、道德的说教和劝善以及上帝决定论等方面。

而将对话文体作为历史作品的序言却有悖于古典作品的处理方式。作为新古典史家的西摩卡塔,没有完全照搬古典历史写作传统,而是在写作过程中尽量呈现方法和风格的多样化,他对序言部分的处理体现着自己与以前史家的差异性。在序言中,西摩卡塔善于运用希腊神话典故,例如将福卡斯描述为"独眼巨人和半人半马怪的杂交后裔",将推翻福卡斯暴政的伊拉克略比喻成希腊神话中征服厄律曼托斯山的野猪和人面马身怪兽的赫拉克勒斯,将塞尔吉乌斯大教长对作者的资助和提携形容成"从死亡的坟墓中被提出来,就像阿尔刻提斯被赫拉克勒斯从冥府中救出一样"。这种运用典故的写法使《历史》带有古典作品特点。同时,西摩卡塔在"对话"中将历史看作超越人类的一种化身,它作为独立的存在向听众叙述自己的故事,而历史学家在历史面前只是一个被动的传声筒的角色。这种看待历史和写作历史的方法类似于教会史家。通常教会史家在记述基督教历史的过程中不需要作者个人的判断或任何高超的写作技巧,他们相信上帝在人类历史中拥有绝对的主权。此外,西摩卡塔处理作品目录的方法也与教会史家相似。

再次,从《历史》的语言风格上来说,西摩卡塔在《历史》中运用了大量的修辞性表达,这表明他一方面继承希腊古典作家的创作方法,另一方面也模仿同时代神学作品的修辞手法。

最后,从《历史》的内容及其表达的思想观念来看,西摩卡塔对于自己作为历史学家角色的理解是消极的,他认为人类的认知和理解能力是有限的,需要采取适度和审慎的原则。他不认同古典历史观,而倾向于基督教历史观,认为只有上帝才能决定或解释历史如何发展,历史——或被看作高于人类的化身,或被视为指导人类行为的教师——总之它高于个体历史学家而存在,历史学家的作用只是历史的"里拉琴",甚至只是历史的一片"琴拨"。这种观念影响了他对《历史》中事物间联系的深层次探讨,他所采用的对事物解释的方法类似于编年史家或教会史家的观点。编年史家和教会史家将所有的历史事件看作基督教历史的一部分,且历史事件之间具有连续性,这些联系显示出上帝的意志,人类没必要深入探究其中的奥秘。大体上而言,基督教教会史家关注的是历史编撰的方式而不是细节,是叙事而非解释。西摩卡塔在创作《历史》的过程中是深受其影响的。然而,从《历史》的内容上看,西摩卡塔缺乏强烈的好奇心和细致的钻研精神,导致某些内容较为混乱。对于枯燥的内容,他总是试图运用古典修辞手法来加强它的趣味性,而不是对这些内容进行深入的研究或呈现更多史料以增强其丰富性。此外,古典史家们甚少关注叙事中年代的准确性,他们更为重视作品的文学修饰,经常在历史叙事过程中插入演讲词和"插话"内容,这一点在西摩卡塔的作品中得到体现。在历史作品中插入地理和人种方面的背景介绍在西方古典史学中是一个悠久的传统,可以追溯到赫拉尼库斯和希罗多德。史家们利用这些"插话"为主体叙事部分提供补充,他们通常在这一部分尽情展示自己作为一名写作者的兴趣和才华。《历史》中的"插话"主要是关于波斯人和阿瓦尔人的历史背景介绍、援引的外交使节信件中关于西方对"桃花石"的最早记录和对尼罗河洪水成因的分析等。演讲词是古典历史学家用来点缀和修饰主体叙事内容的另外一种重要的文学形式。《历史》中包括12篇单独的演讲词和3对演讲词,这些演讲词并不是肤浅的修饰性内容,它既对历史叙事起到很好的阐释作用,也生动阐述了演讲者作为个体或国家代表所具有的特征,还反映了民族性格、国家实力等深层次内容。

研究《历史》可以帮助我们了解中世纪拜占庭史学的特征与形式。西摩卡塔创作《历史》的时期处于6世纪末至7世纪初期,此时帝国处于变革与转型过程中,作为文化领域的史学编纂自然也带有过渡或转型的色彩,不同于这一时期的西欧史学。从史学特征上来看,《历史》既延续了古典史学的风格与特征,同时也带有非常强烈的基督教神学色彩。

## 二

《历史》的语言充满隐喻、说教和华丽修辞的风格,既继承了古典史学编撰的传统,又借鉴了基督教典籍中的大量经典表述。首先,他极力模仿希罗多德、修昔底德、迪奥多罗斯和阿里安等古典史家的写作风格,在《历史》中大量运用修辞性表达,且极力模仿古典希腊语的风格,比如对小品词的运用。自古典时代以来,史学的求真本质业已奠立,"历史写作者应该以一种更好的风格形式来精心修饰自己的文字",①即历史写作的文学性,这为许多学者所接受并践行。《历史》的前两卷修辞色彩浓厚,从第三卷开始则在大量军事叙述中采用简洁明快的语言风格。其次,《历史》借鉴了大量的《圣经》语汇以及同时期教会史的观念和表达方式。由于西摩卡塔

---

① Ammianus Marcellinus, *The Roman History of Ammianus Marcellinus*, *During the Reighs of Emperor's Constantius*, *Julian*, *Jovianus*, *Valentinianm and Valens*, xxxi.16.9.

具备丰富的神学知识,他既清楚《圣经》文本中某些语汇的原始用法,也熟悉基督教早期教父作家们对《圣经》语言的应用,所以他的写作语言受到这两方面的影响。最后,西摩卡塔所从事的职业使他经常要接触或写作法律文书和官方文件,这对《历史》的写作风格也有较大影响。晚期罗马帝国的法律文本,无论是用希腊语还是用拉丁语写作,都呈现出修辞色彩浓、擅用比喻的特征,但伊拉克略之后的官方文件却呈现出一种平铺直叙与修辞手法相结合的风格。作为一名具有相当深厚神学功底的律师和官员,西摩卡塔意识到历史作品的风格不应该完全等同于神学作品,它应具有完全不同的、宏伟的风格。① 他认为优秀的历史作品应是融合了古典作品和神学作品的风格,因此他也借鉴和模仿通俗的拜占庭神学作品的写法。西摩卡塔在创作过程中进行这种风格上的融合,目的在于使其作品在受教育的群体和普通大众中都能受到欢迎。②

对于《历史》的语言风格,学者们褒贬不一。笔者认为,西摩卡塔关于历史作品语言风格的观念不同于以往的历史学家,反映了当时的知识精英在创作过程中的一种观念转向,即由6世纪中期出现的短暂的古典主义复兴向7世纪更为深刻的基督教创作风格转化。

作为拜占庭帝国早期的史家,西摩卡塔的创作继承了较多古典时代的历史写作理论与方法,它承续了古典史学的内核,即人本观念、世俗关照、政治与军事题材以及史料考证,与同时代的拜占庭史学家们一起发展出"年代纪"这样一种新的史学编纂形式。年代纪继承了古希腊历史家的写作风格,即在写作中围绕历史事件展开的叙述体例和注重民俗风气的社会文化视角,对王朝政治斗争、军事活动和教俗重大事件关注甚多,往往称这类体裁为"历史叙述体",类似于我国的纪事本末体体例。在形式上的特点是:以历史事件为中心,纪事系统连贯,叙事生动有趣,具有较大的灵活性。这一体裁的历史作品是拜占庭史料的重要组成部分,对研究拜占庭历史上的重大政治军事事件、地理风情和文化习俗具有不可替代的作用。西摩卡塔《历史》是早期拜占庭时期非常重要的年代纪,记载了两大战争主题、首都与宫廷事迹、古代中国历史与传说等内容,与普罗柯比的写作风格十分类似。查士丁尼时代的史家从普罗柯比开始,阿嘎塞阿斯、曼南德尔和西摩卡塔依次展开,分别续写了前位史家未记载的历史信息,且风格具有相似性,每一部作品都续写了前一部作品未及的历史,这一历史编纂特

---

① Theophylact Simocatta, *History*, Dialogue. 16.
② P. R. L. Brown, *The World of Late Antiquity*, London, 1971, pp. 180~181.

点一直保持到晚期拜占庭阶段。拜占庭历史写作从始至终具有刻意模仿古希腊历史作家的特点。在早期拜占庭帝国这个特殊阶段,突出的代表是普罗柯比和西摩卡塔,他们都公开表明自己模仿修昔底德的写作风格。谙熟古典传统显然使拜占庭历史编纂达到了极高水平,这也是远胜西欧中世纪史学家一筹的原因之一。西摩卡塔属于古典后期世俗历史学家的流派,他希望记录当时的历史真实,他所记录的几乎都是他亲身经历的事情,即使不是亲身经历的,也来自可靠的材料,人们很难质疑他记载的真实性。西摩卡塔的历史所集中的是世俗主题。查士丁尼时代基督教已经有了很大的影响,而且也出现了基督教神意历史观写作的历史,显然西摩卡塔也多少受到了这种神意史观的影响,但是其写作的主题仍是"世俗的",他所关注的仍是国家或时代的主要论题,即生存与发展。西摩卡塔非常注重历史的垂训作用,希望用自己的历史让后人记住前人的丰功伟绩,也希望他所记载的罪恶能够警示后人。针对普罗柯比,张广智先生做了恰如其分的评价:6世纪的拜占庭人基本上都已经是基督教的信徒了,普罗柯比也不例外,可是基督教的历史并没有引起他的过分注意,他仍然是个古典式的俗人,一位半有神论半宿命论者,相信历史中的因果报应,因此他关心俗人的历史,以希罗多德和修昔底德为榜样。① 张广智先生针对普罗柯比的评价也同样适用于西摩卡塔,二者极为相似。

## 三

查士丁尼之后的将近半个世纪是非常重要的历史时期,是帝国调整与转型的关键时期,它标志着"陈旧过时的晚期罗马帝国向具有崭新的充满活力的组织结构的中世纪拜占庭帝国的转变",②莫里斯统治时期是这一转型时期极为重要的阶段。西摩卡塔的《历史》记载了莫里斯皇帝统治时期二十余年的历史。

《历史》一共分为八卷,主要记载莫里斯时期帝国的政治、军事和对外关系,并追溯了查士丁二世和提比略一世对边疆的治理、政策及对外关系。西摩卡塔在内容上延续了普罗柯比和曼南德尔的记载,普罗柯比记述了查

---

① 张广智著:《西方史学史》(第三版),复旦大学出版社,2012年,第188页。
② 〔南斯拉夫〕奥斯特洛格尔斯基著,陈志强译:《拜占廷帝国》,青海人民出版社,2006年,第58页。

士丁尼时期的历史,曼南德尔则记述了提比略一世之前的历史,因此《历史》成为后人了解莫里斯时期社会历史状况最重要的文献史料。《历史》所记涉及两个主题:其一,拜占庭帝国在东部边境上与波斯的冲突与战争;其二,帝国在巴尔干半岛上对抗阿瓦尔人和斯拉夫人入侵的战争。除了以上主题,西摩卡塔还很重视对首都君士坦丁堡重要事件的描述,书中包含大量对京城庆典与宫廷仪式的细节描写,他对帝国与突厥人、波斯人、阿瓦尔人的交往也甚为关注,描写细致。他在记载重大军事行动之前,往往会着重描述当地的地理与风俗,而对帝国以东地理的记载一直延伸到古代中国,表明他对古典史学写作传统的坚守以及对古代地理学家斯塔拉波的推崇。以上记述,都是同时代其他作品所缺乏的内容,因此《历史》具有很高的史料价值,是研究6世纪末、7世纪初拜占庭帝国转型时期历史的重要文献。

通过考察《历史》和其他相关文献,笔者认为莫里斯时代的主题为"战争与变革"。

在早期拜占庭时期,战争是经常发生的,这一时期主要的战争不是对外扩张和军事征服,而是抵御来自波斯帝国和北方"蛮族"的持续入侵。战争虽然造成巨大损失和创伤,但它所带来的危机却又使一代一代的君主极力推动拜占庭帝国的内部变革,因此战争对帝国的政治、军事变革和社会变迁有着极为重要的影响。自3世纪始,罗马-拜占庭帝国的东部边境即遭遇来自迅速崛起的萨珊波斯帝国的威胁和挑战。对于罗马-拜占庭帝国而言,萨珊波斯相比帕提亚具有更大的军事威胁。同样,自"3世纪始,拜占庭人的军事力量受到极大地削弱。在北方,哥特人自3世纪便开始从巴尔干半岛东北地区入侵帝国,此后三四百年里,匈奴人、阿瓦尔人、保加尔人和斯拉夫人相继侵袭巴尔干半岛,对帝国领土和人民生命财产造成巨大破坏和威胁。尤其是到了莫里斯统治时期,斯拉夫人分散的以寻求定居点为目标的入侵方式不同以往,且规模庞大,在半岛的各地给帝国的防御造成极大的压力。以上所述是帝国所面对的外部危机,外部危机所带来的内部危机在君士坦丁大帝迁都君士坦丁堡、重整治国方略之后有所缓解,国力得到恢复。到了查士丁尼统治时期,国家的实力使这位雄韬伟略的君主重新点燃了恢复统一的罗马帝国的梦想,于是发起了征服西部'蛮族'王国的战争。军事征服使查士丁尼的梦想得以实现,地中海再次成为拜占庭帝国的内海,但建立在武力征服基础上的伟业却只能维持短暂的时间,之后帝国出现了严重的财政经济危机,尤其是542年爆发的大瘟疫使国家的人力和物力资源受损严重,这表明查士丁尼"在古代罗马陈旧的国家体制内寻求拜占庭国家出路的计划落空了,拜占庭国家的发展只能适应新的历史环境"。①

4~7世纪是晚期罗马时代(早期拜占庭)向中世纪拜占庭时代过渡的大变革时期。面对复杂的内外局面,罗马-拜占庭帝国的几位君主包括戴克里先、君士坦丁、查士丁尼、莫里斯和伊拉克略等主动推出改革方略,为国家谋求新的出路。当然其中有些君主的改革不符合历史发展的趋势,但却也为后来的改革者提供宝贵的经验或教训。每一位君主的改革都借鉴和吸收前人的改革成果,并在新的历史环境下推陈出新,制定符合客观需要的政策。早期拜占庭时期的改革趋势是明显的:在政治上强化中央集权,建立由皇帝控制、只对皇帝负责的复杂的庞大的官僚机构,削弱地方权力,将地方行政权和军事权分开,由皇帝任免军、政高级官员;在军事上确定以防御为主的战略,使以重装步兵为核心的罗马军团演化为以骑兵为支柱的拜占庭特色的中世纪军队。

莫里斯统治时期所推行的改革主要有三方面,即总督制改革、确立纵深防御战略和改革军团结构。通过这些改革,帝国确保了对西部领土的控制,在查士丁尼收复的领土上重新组建管理机构,在北非和意大利建立起拉文纳和迦太基两个总督区,通过确立严格的军事建制,适当加强了帝国在当地的防务,这两个总督区成为拜占庭势力在西方的前哨站,它们的组建指出了拜占庭管理机构军事化的发展方向,预示着伊拉克略将要推行的军区制。在东方和巴尔干前线,莫里斯所领导的战争取得了一系列重大胜利,维持了帝国在这些地区的权威。尤其是在东方,莫里斯趁波斯内乱,推动战争向有利于拜占庭人的方向发展。在他的帮助下,科斯罗伊斯二世恢复了王位,此后两国签订了合约,波斯人占领的大部分亚美尼亚土地被划归到拜占庭帝国。

莫里斯的改革是早期拜占庭大变革时期的关键一环,具有承前启后的特征:改革借鉴和吸收了前代有益的改革成果,并结合了莫里斯时代的客观事实及需求;改革对以后的时代影响深远,为以后的改革者提供了有益的借鉴,尤其是伊拉克略时期的改革很多方面都是从莫里斯的改革中获得的启发,例如军区制改革。莫里斯统治结束之后不过20年,即进入伊拉克略统治时代,而伊拉克略时代标志着历时三个多世纪的早期拜占庭的过渡和转型时代宣告结束,以及中期拜占庭时代的开启。这一新时代的开启得益于伊拉克略在任时期所推行的改革,其中尤以军区制改革为重。但同时也须看到,时代的转型和演化是漫长的,新时代的开启离不开此前数百年

---

① 陈志强:《拜占廷帝国史》,商务印书馆,2006年,第162页。

的历任统治者的改革,更离不开社会层面缓慢且持久的内部变化。自此以后,中期拜占庭帝国建立在更加稳固和扎实的基础之上,不再以开疆拓土、重建罗马帝国为理想,而是以现有的领土为守卫核心,对外通过建立军区来抵御敌人的入侵,对内则继续推行加强中央集权、促进国内工商业发展的举措。这些措施使拜占庭帝国日趋安定和繁荣,国力逐渐强大,在马其顿王朝时期,帝国达到了繁盛的顶峰,被誉为"拜占庭帝国的黄金时代"。

# 主要人名、地名中英文对照表

## （A）

| | |
|---|---|
| 阿贝拉行省 | Aberia |
| 阿布拉姆斯 | Abulamus |
| 阿布瑞图斯 | Abrittus |
| 阿布巴农 | Abbaron |
| 阿博拉斯河 | Aboras |
| 阿达马汉 | Adarmahan |
| 阿达迦斯图斯 | Ardagastus |
| 阿迪纳 | Adina |
| 阿尔巴尼亚 | Albanian |
| 阿尔比苏斯 | Arbaissus |
| 阿尔滨昂斯 | Areobinclus |
| 阿尔伯格斯特 | Arbogast |
| 阿尔达希尔一世 | Ardashir I |
| 阿尔卡卡迪乌斯 | Arcadius |
| 阿尔刻提斯 | Alcestis |
| 阿尔西诺厄斯 | Alcinous |
| 阿尔普斯 | Albuis |
| 阿弗姆 | Aphumon |
| 阿弗拉特斯 | Aphraates |
| 阿嘎塞阿斯 | Agathias |
| 阿嘎坨图斯·迪奥柯努斯 | Agapetus · Diaconus |
| 阿古利巴 | Agrippa |
| 阿卡西乌斯·阿切劳斯 | Acacius Archelaus |
| 阿克巴斯 | Akbas |
| 阿克麦斯特人 | Axumites |
| 阿卡纳尼亚河 | Acarnania |
| 阿奎廷 | Aeguitius |
| 阿奎伊斯 | Aguis |
| 阿拉比亚 | Arabia |
| 阿兰·杜兰特 | Alan Duket |
| 阿里阿德涅 | Ariadne |
| 阿里安 | Arrian |
| 阿里斯托布鲁斯 | Aristobulus |
| 阿拉雷苏斯 | Alaleisus |
| 阿玛塞 | Amasea |
| 阿玛图斯 | Armatus |
| 阿米安·马赛里努斯 | Ammianus Macellinus |
| 阿米达 | Amida |
| 阿莫迪乌斯 | Amoudius |
| 阿德拉比加农 | Adrabiganon |
| 阿姆巴 | Ambar |
| 阿纳斯塔西娅 | Anastasia |
| 阿纳斯塔修斯一世 | Anastasius I |
| 阿纳宗 | Anathon |
| 阿帕米 | Apamea |
| 阿皮什 | Apsich |
| 阿匹亚里亚 | Apialia |

阿瑞夫　Ariulph
阿萨纳戈湾　Athanagild
阿斯特里乌斯　Asterius
阿斯提克　Astike
阿斯穆斯　Ansimuth
阿塔特　Atat
阿瓦尔人　Avars
阿扎蒙河　Arzamon
阿扎尼尼　Arzanene
阿克巴斯　Akbas
阿伯拉斯河　Aboras
阿比瑞图斯　Abrittus
阿布瑞图斯　Abrittus
阿布巴农　Abbaron
阿尔伯格斯特　Arbogast
阿奎伊斯　Aguis
阿斯姆斯　Asemus
阿斯塔帕斯河　Astapous
艾萨玛山　Aisouma
艾奥宾部斯　Areobindus
艾奥图斯　Alotus
艾西弗伦　Alciphron
艾曼纽尔·贝克　Immanuel Bekker
艾阿图斯　Iatrus
埃庇迪乌斯　Epiadius
埃庇发尼亚的约翰　John of Epiphania
埃格南底亚大道　Via Egnatia
埃克斯安塔布里斯塔　Exantaprista
埃瓦格留斯　Evagrius
埃瓦吉鲁斯　Evangelus
埃庇迪乌斯　Epiadius
埃扎拉山　Izala
安奇阿鲁斯　Anchialus

安条克的约翰　John of Antioch
安诺斯　Aenos
安西农　Ansinon
安伊图斯　Anytus
安兹特尼　Anzitene
奥德苏斯　Odessus
奥古斯坦　Ogustan
奥古斯塔　Augustae
奥沦特斯　Orontes
奥斯茗恩　Osrhoene
奥特尼斯　Oitenia
奥德苏斯　Odessus
奥特尼斯　Oitenia

(B)

巴杜里乌斯　Baduarius
巴拉姆　Baram
巴那特　Banat
巴都瑞乌斯　Baduarius
巴塞特人　Barselt
巴卡什　Bakath
白匈奴（厌哒）人　Hephthalites
柏严　Baian
保加尔人　Bulgars
保林努斯　Paulinus
卑路斯一世　Peroz I
贝罗城　Beroe
贝斯·阿拉贝耶　Beth Arabaye
贝斯塔姆　Bestam
贝特曼河　Batman
贝特纳城　Batna
贝亚斯　Bryas
贝乌达斯　Beiudaes
贝达玛斯　Bedamas

贝扎克奥斯　Bryzakios
本多萨博拉城　Bendosabora
比巴斯　Bibas
比克利的约翰　John of Biclar
比特里斯　Bitlis
比斯图斯　Pistus
比扎　Bizae
彼得·瑞思　Peter Wirth
毕坦斯　Bistan
宾都斯　Bindoes
波帝都斯　Perbundus
波萨美尼亚　Persarmenia
波伊提乌　Boethius
保罗·伯希和　Paul Pelliot
伯瑞萨斯　Perinthus
博纳凡特拉　Bonaventura
博诺尼亚　Bononia
博农河　Bouron
博罗普斯　Probus
博克伊斯　Bonkeis
布莱切尼　Blachernae
布朗宁　Blowning
布洛克利　Blockley
布尼吉德　Brunichild
布萨斯　Busas
布拉切奈　Blachernae

（C）

查尔斯·迪尔　Charles Diehl
查尔查　Charcha
查里阿斯　Zacharias
查里图　Charito
查洛马龙　Charlomalon
查士丁二世　Justin Ⅱ

查士丁尼那·普里玛　Justiniana Prima
"忏悔者"塞奥发尼斯　Theophanes the Confessor
查士丁尼一世　Justinian Ⅰ
查尔西提斯岛　Chalcitis
赤龙　Chiron

（D）

达尔马提亚　Dalmatian
达拉城　Dara
达马特里　Damatry
达文城　Dwin
达维乌斯　Darius
达佬扎斯　Dalauzas
达尼安　Daonion
达拉斯河　Draos
大皇宫　Daphne
德克西普斯　Dexippus
狄零希罗斯·西库鲁斯　Diodorus Siculus
迪迪莫特　Didimote
迪纳巴顿　Dinabadon
迪兹帕拉　Dizzpala
迪里奈特人　Dilimnites
迪迪摩泰　Didymoteichon
迪阿多莫　Diadromoi
多布罗加　Dobrujia
多罗斯托隆　Dorostolon
多拉布扎斯　Dolabzas
多尔克杜夫特　Droctulft
多米提安　Dimitiam
多米尼安努斯　Domitianus
多尔克顿　Drocton

## (E)

厄尔庇迪乌斯　Elpidius
额吉纳河　Erginia
厄里弗雷达　Eilifreda

## (F)

法菲　Fafi
法克哈伯　Fechkhabour
法鲁克汗　Farrukhan
法西亚　Phaeacia
发西斯　Phasis
凡·哈维登　Van Herwerden
凡湖　Lake Van
菲利普科斯　Philippicus
弗条斯　Photius
福卡斯　Phokas
富布图斯　Fabrottus

## (G)

歌迪亚　Gordia
格里高利·马那库斯　Grorgius Monachus
格里高利　Gregory
格里西亚　Glyceria
格皮德人　Gepid
格西里亚　Glyceria
格德瑞　Gerdry
贡多瓦尔德　Gundovald
瓜拉姆　Guaram

## (H)

哈伯尔河　Harbour
哈布丁　Rhabdion
哈德斯图斯　Rhaedestus
哈卡里山　Hakkari
哈桑克即　Hasankeyf
哈扎尔人　Khazars
哈姆斯山　Haemus
哈马顿　Harmaton
海米蒙图斯　Haemimontus
海帕奇乌斯　Hyperechius
豪辛格　H·W·Haussig
赫布顿蒙　Hebdomon
赫拉克库斯　Hellanicus
赫拉克里亚　Heraclea
赫鲁人　Heruls
赫里巴希亚河　Helibacia
赫姆拉特　Homerite
赫特　Hit
赫布顿麦特斯　Hebdomites
赫尔开尼海　Hyrcanian
霍尔米兹德四世　Hormisdas IV
霍萨斯　Rhosas

## (J)

加顿　Gardon
加拉太　Galata
加里波利　Gallipoli
加特宗　Gentzon
加沙的撒加利亚　Zacharias of Gaza
迦萨尼德人　Ghassanid
杰别尔·辛亚尔　Jebel Singar
杰曼努斯　Germanus
杰纳达　Gennadius
杰纳迪乌斯　Gennadius
君士坦丁·拉迪斯　Constantine Lardys

君士坦提乌斯　Constantius
君士坦茜娜　Contantina
君士坦提奥拉　Constantiola

(K)

卡柏隆　Cameron
卡德马斯　Codmean
卡达里刚　Kardarigan
卡达色尼人　Kadasenes
卡迪克亚山　Carduchian
卡杜克里　Cardugia
卡尔·博尔　Carl de Boor
卡尔·科隆巴赫尔
　　Karl Krumbacher
卡克卡里山脉　Kakkari
卡拉海　Carrhae
卡拉提斯　Callatis
卡里波利斯　Callipolis
卡利尼库斯　Callinicum
卡利马科斯　Callimachus
卡利顿　Calydonian
卡帕多西亚　Cappadocian
卡瑞纳斯　Carianus
卡查洛曼　Carcharoman
卡瑞维克　Carevec
卡塔杰纳　Cartagena
卡瓦德一世　Kavade
卡斯图斯　Castus
卡沃穆提　Calvomuntis
卡扎孔　Canzacon
卡里凯特亚　Callicrateia
坎扎克　Canzak
科玛希纳　Comacina
科蒙提赛鲁斯　Comentiolus

科斯罗伊斯二世　Chosroes II
科斯罗伊斯一世　Chosroes I
科特尔　Kotel
科特扎格　Kotzager
科尔奇斯人　Colchians
科尔克人　Kolch
科尼蒙都斯　Conimundus
科斯玛斯　Cosmas
刻非瑟斯河　Cephisus
克里奥帕特拉　Cleopatra
克罗地亚人　Croats
肯切里　Kenchreai
库尔斯　Curs
库特里根斯人　Cotrigurs
库洛帕拉特斯　Curopalates
库比阿丹尼斯　Chubriadanes
库瑞斯卡　Curisca
库姆丹　Chubdan
夸特明　Qartmin

(L)

拉兹卡　Lazica
拉特里亚　Rateria
拉提斯修斯　Rusticius
拉扎克尼　Rhazakene
拉姆弗乌斯　Rhamphus
拉塔克姆　Latarkium
利奥·格拉姆玛提库斯
　　Leo Grammaticus
利奥提乌斯　Leontius
利奥提亚　Leontia
利比迪纳　Libidina
利比顿　Libidurgon
利里乌斯　Lilius

里底亚　Lydian
林恩·怀特　Lynn White
罗德斯罗斯　Rhodostolos
罗曼努斯　Romanus
列奥尼达斯　Leonidas

## （M）

马拉拉斯　Malalas
马尔提罗波里斯　Martyropolis
马尔西安　Marcian
马尔西安城　Marcianopolis
马尔德斯　Mardes
玛格诺拉　Magnaura
玛鲁萨斯　Maruthas
玛丁尔　Mardin
玛尼阿克　Maniach
玛塔苏萨　Matasuentha
玛查恩　Machaon
玛德尼人　Maddene
马哈伯德　Mahabad
玛尔埃索·雅布　Marisho-Yabh
马特扎农　Matzanon
马姆巴农　Mambrathon
马瑞努斯　Marinus
玛迦利特　Margarites
玛鲁扎斯　Maruzas
马西帕特拉　Marcipetra
马丁　Madin
迈克尔·怀特比　Michael Whitby
曼南德尔　Menander Protector
曼伊安德河　Maeander
孟迪尔　Al-Mundir
梅拉巴珊山　Melabason
美塞布里亚　Mesembria

米海斯库　Mihaescu
米哈伊尔　Michael the Syrian
米波德斯　Mebodes
米利廷尼　Melitene
米拉美斯　Mirrames
米拉斯河　Melas
米拉都利　Miradurin
米洛岛　Meroe
米利提尼　Melitene
米塔诺尼亚　the Nea Metanoia
米诺西拉顿　Myroceraton
米格顿河　Mygdon
米纳斯　Menas
密西亚　Mysia
米赫朗　Mihran
米哈达里　Mihradari
莫里斯　Maurice
莫里安努斯　Maurianus
莫洛卡顿　Monocarton
摩克利　Mucri
莫西亚·普里玛　Moesia Prima
穆塞尔·玛米柯尼尔　MuselMamikonian
穆索修斯　Musocius
穆拉瓦河　Morava

## （N）

纳尔西斯　Narses
纳哈尔河　Nahrawan
那克希·鲁斯塔姆　Nagsh-i Rustam
纳尔曼　Narman
纳尼塞尼斯　Nanisenes
纳洛拉　Narona

那克卡万　Naxcawan
奈苏斯　Naissus
尼基弗鲁斯　Nicephorus Patriach
尼基乌的约翰　John of Nikiu
尼姆弗乌斯河　Nymphius
尼基塔斯　Nicetas
尼斯比斯　Nisbis
尼科城　Nicopolis
农诺索斯　Nonnosus
努曼　Numan
诺瓦　Novae
诺尔曼·贝恩斯
　　Norman H. Baynes

（O）

奥拉杰斯　Olajes
奥吉努斯　Ogyrus
奥斯若恩　Osrhoene
奥沦特斯　Orontes
奥诺胡人　Onogurs
欧特罗皮乌斯　Eutropius

（P）

帕拉昂提努斯　Praesentinus
帕特拉克·尼基弗鲁斯
　　Patriarch Nicephorus
帕萨肯　Phathacon
帕斯皮瑞鲁斯河　Paspirius
帕拉斯托农　Palastolon
帕拉波塔西亚·达西亚
　　Parapotamia Dacia
潘诺尼亚　Pannonia
潘诺尼亚·塞昆达
　　Pannonia Secunda

潘纳萨　Pannasa
潘尼奥　Panion
培拉加斯图斯　Peiragastus
彼得·布朗　Peter Brown
皮吉列维斯加　N. pigulevskaja
匹希底亚的乔治　George of Pisidia
普里斯哥　Priscus
普罗柯比　Procopius
普洛克路斯　Proclus
普里斯卡　Pliska
普罗克利　Procliane
蓬塔斯　Pontus

（Q）

乔治·莫纳库斯　Georgius Monachus
乔治·奥斯特洛格尔斯基
　　George Ostrogorsky
乔治　George
奇尔布迪乌斯　Chilbudius

（R）

瑞斯　Ris
瑞非努斯　Rufinus
瑞吉姆　Rhegium

（S）

萨尔马特人　Sarmatian
萨玛农　Thamanon
萨培尔　Sabeir
萨哈拉兹　Shahvaraz
萨维安努斯　Salvianus
萨姆巴特·巴格拉图尼
　　Smbat Bagratuni
萨瓦河　Sava

| 萨斯河　Saos | 塞维利努斯　Severinus |
| 萨布拉特·卡纳林 | 塞奥非拉图斯　Theophrastus |
| 　　　Sabulente Canalin | 塞奥洛斯图斯　Theognostus |
| 萨洛纳　Salona | 塞奥克蒂斯塔　Theoctiste |
| 萨尔迪干　Serdica | 塞奥多西　Theodosius |
| 萨纳科加尼　Sarnachorgane | 塞索斯特利斯一世　Sesostris I |
| 萨非加　Saphcae | 圣玛玛斯修道院　St Mamas |
| 萨比尔族　Sabir | 赛坤达　Secunda |
| 萨比索　Sabrisho | 塞奥多西波里斯　Theodosiopolis |
| 塞布哈特　Sebghat | 塞维鲁　Severus |
| 萨迦农　Sargathon | 塞勒　Celer |
| 萨维安鲁斯　Salvianus | 塞伯农　Thebothon |
| 萨洛西乌斯　Sarosius | 塞姆哈特　Semkhart |
| 萨拉美斯　Sarames | 塞安诺城　Traianopolis |
| 萨努瑞姆　Thanurium | 塞玛里斯卡　Tramarisca |
| 萨尔迪卡　Serdica | 塞壬　Siren |
| 珊德拉·戈拉山脉　Sredna Gora | 塞奥多利·特兹鲁斯 |
| 沙普尔一世　Shapur I | 　　　Theodore Tzirus |
| 沙普尔二世　Shapur II | 塞瑞姆　Seirem |
| 沙玛农　Thamanon | 塞罗吉苏斯河　Xerogypsus |
| 沙普尔　Sapeir | 塞利贝拉　Selymbria |
| 撒门　Samen | 苏阿尼亚　Suania |
| 撒尔迪斯的尤纳比乌斯 | 苏里纳斯　Surenas |
| 　　　Eunapios of Sardis | 斯蒂芬　Stephen |
| 塞奥非拉克特·西摩卡塔 | 斯卡特纳　Scatrina |
| 　　　Theophylact Simocatta | 斯库比　Scupion |
| 塞尔吉乌斯　Seregius | 斯坦尼　Stenes |
| 塞奥发尼斯 | 斯坦因　Stein |
| 　　　Theophanes of Byzantium | 斯卡里亚　Scaria |
| 塞奥多里克　Theodoric | 斯瓦比亚人　Swabian |
| 塞奥多利·西塞鲁斯 | 斯特蒙　Strymon |
| 　　　Theodore·Syncellus | 斯卡美拉　Scamareis |
| 塞尔维亚人　Serbs | 施罗埃　Shiroe |
| 塞奥彭普图斯　Theopemptus | 索菲亚　Sophia |

索拉丛　Solacon
索发尼尼　Sophanene
索尔查尼斯　Solchanes
索发尼　Sopharene
索卓门诺斯　Sodromenos

（T）

塔姆查斯洛　Tamchosro
塔苏斯　Tarsus
塔吉提乌斯　Targitius
塔塔维河　Tatavi
塔提玛　Tatimer
塔尼亚克　Tarniach
塔扎尼　Tzani
桃花石　Taugast
泰西封　Ctesiphon
特罗简　Trojan
特罗帕　Tropaion
特朱鲁农　Tzurullon
汤普森　Tompson
提比略一世　Tiberios I
提丢斯　Tydeus
提查乌姆　Tychaeum
图鲁姆　Turum
图尔的格里高利　Gregory of Tours
图尔·阿布丁　Tur Abdin
提格拉　Tigra
提比里奥波里斯　Tiberiopolis
提苏斯河　Tissus
托庇鲁斯　Toprius
图林根　Thuringen

（W）

沃伦·特里高德　Warren Treadgold

瓦西列夫　Vasiliev
韦恩　Veh
威斯特里克　Westerink
瓦哈姆　Vahram
瓦拉兹·维兹尔　VarazVzur
维斯塔姆　Vistam
乌米尔湖　Lake Urmiah
维明纳修　Vinminacium
维塔利乌斯　Vitalius
温泉关　Thermopylae
维里克·塔诺瓦　VelikoTarnovo
沃伊沃达　Voivoda

（X）

西尔哈斯·塞奥多利特　Theodoret of Cyrrhus
西尔缪姆　Sirmium
西奥西斯　Seoses
西鹿地区　Serug
西法斯　Ciphas
西徐亚人　Scythians
西萨里宗　Citharizon
西比奥斯　Sebeos
西庇阿　Scipio
西奈萨斯　Chnaithas
西萨巴农　Sisarbanon
希琳　Shirin
西皮卡　Sipka
昔兰尼人　Cyrenian
希耶罗克里斯　Hierocles
希拉波利斯　Hierapolis
希尼吉乌斯　Cynegeirus
希达斯佩斯　Hydaspes
希里亚库斯　Cyriacus

辛努塞尔特一世　Sesostris Ⅰ
辛格拉　Singara
辛吉东农　Singidunum
辛加岛　Singan
叙利亚·米哈伊尔
　　Michael the Syrian

## （Y）

雅克布斯·帕特努斯
　　Jacobus Pontanus
亚德里亚堡　Adrianopolis
亚历山大里亚　Alexandria
雅兹加德二世　Yazdgard Ⅱ
伊拉克略一世　Herakleios Ⅰ
伊色佳岛　Ichaca
伊利西斯　Illyrisis
伊伯里亚　Iberians
伊斯卡　Iskar
英格尼德　Ingund
约翰·马拉拉斯　John Malalas
约翰·索卓拉提库斯
　　John Scholasticus
约翰·麦斯塔肯　John Mystacon
以弗所的约翰　John of Ephesus
尤纳比欧斯　Eunapios
尤菲米亚　Euphemia
尤提奇乌斯　Eutychius

尤洛吉乌斯　Eulogius
尤斯塔提乌斯　Eustratius
尤西比乌斯　Eusebius

## （Z）

扎克霍山　Zakho
扎特斯帕哈姆　Zatsparham
扎贝塔斯　Zabertas
扎布河　Zab
扎查里阿斯　Zacharias
扎达帕　Zaldapa
扎巴德　Zabender
扎蒙德斯　Zamerdes
泽诺　Zeno
泽马尔克　Zemarque
泽玛库斯　Zemacus
兹克迪巴　Zikidiba
执事保罗　Paul the Deacon
左西莫斯　Zosimos
佐班顿　Zorbandon
佐戈穆斯　Zogomus
卓维安　Jovian
卓维乌斯　Jovius
卓拉布　Zoarab
卓纳姆贝斯　Zoanambes
朱文提鲁斯　Juventinus

# 参考文献

## 一、原始文献

[1] Agathias, *The Histories*, translated with an introduction and short explanatory notes by Joseph D. Frendo, Berlin and New York, 1975.

[2] Agapetus Diaconus, *Ecthesis*, ed., A. Banduri, *Patrologia Graeca* 86, col. 1163~86.

[3] Ammines Marcellinus, *The Roman History of Ammines Marcellinus, During the Reigns of Emperor's Constantius, Julian, Jovianus, valentinianm and valens*, trans, by C. Young, London, 1862.

[4] Anon, *Chronicon Paschale 284~628 AD*, translated with notes and introduction by Michael Whitby and Mary Whitby, Liverpool, 1989.

[5] R. C. Blockley, ed., *The fragmentary classicising historians of the later Roman Empire: Eunapius, Olympiodorus, Priscus, and Malchus*, 2 vols, Liverpool, 1981~1983.

[6] E. A. W. Budge ed., and tr., *The History of Alexander the Great*, Cambridge, 1989.

[7] Cedrenus, *Historiarum Compendium*, ed. E. Bekker, *Corpus Scriptorum Historiae Byzantinae*, 1838–1839.

[8] C. Müller, ed., *Fragmenta Historicorum Graecorum*, vol. 4, Paris, 1851~70.

[9] Constantine Porphyrogenitus, *De Administrando imperio*, trans. by J, Jenkins, Washington DC. 1967.

[10] Constantine Porphyrogenitus, *The Book of Ceremonies*, trans. by Ann Moffatt and Maxeme Tall, Washington DC. 2012.

[11] Elizabeth Dawes and Norman H. Baynes, trans., *Three Byzantine Saints: Contemporary Biographies translated from the Greek*, Crestwood 1977.

[12] George T. Dennis, trans. ,*Maurice's Strategikon*,*Handbook of Byzantine military strategy*, Philadelphia,1984.

[13] Diodorus Siculus, *Bibliotheca Historica*, ed. F. vogel and C. T. Fischer, Leipzig,1905~6. Dvjcev, ed. , *Chronicle of Monemvasia*, istituto siciliano di studi bizantini eneoellenici, Testi 12, Palermo,1976.

[14] Eusebius of Caesarea, *The ecclesiastical history*, with an English translation by Kirsopp LakeandJ. E. i Oulton, Loeb Classical Library, Cambridge, Mass. ,1926~1932,2 vols.

[15] Evagrios Scholastikos, *Ecclesiastical History*,ed. J. Bidez and L. Parmentier,London,1898.

[16] Grorgius Monachus, *Chronicon*, ed. C. de Boor, re~ed. P. Wirth, Stuttgart,1978.

[17] George of Pisidia, *Heraclias*, ed. E. Bekker, *Patrologia Graeca*, 1963.

[18] Gregory of Tours, *Historia Francorum*, ed. W. Arndt and B. Krusch, *MGH Scriptores Rerum Merovingicarum*, Hanover, 1884.

[19] George T. Dennis trans. and notes, *Three Byzantine Military Treatises*, Dumbarton Oaks Research Library and Collection, Washington. D. C1985.

[20] John Malalas, *The Chronicle of John Malalas*, trans. by Elizabeth Jeffreys, Michael Jeffreys,Roger Scott, et al, Melbourne 1986.

[21] John of Antioch, *Fragmenta*, ed. c. Muller, FHG, Paris,1841~1883.

[22] John of Ephesus, The Third Part of the Ecclesiastical History of John, bishop of Ephesus, trans. , R. Payne Smith, Oxford, 1860.

[23] John of Nikiu, *The Chronicle of John*, *Bishop of Nikiu*, trans. by R. H. Charles, London,1916.

[24] Joshua the Stylite, *Chronicle*,ed. and tr. W. Wright,Cambridge,1882.

[25] Leo Grammaticus, *Chronographia*, ed. E. Bekker, CSHB, 1842.

[26] L. Leroy and F. Nau ed. , *Syriac Hagiography*, Leipzig, 1910.

[27] Malchus, *Historians*,ed. and tr. Blockley,Cambridge,1968.

[28] Menander Protector, *The History of Menander the Guardsman*, trans. Roger C. Blockley, Liverpool,1985.

[29] Michael the Syrian, *Chronicle of the Michael the Syrian* (1166~1199), trans. by Chabot, Cambridge,1960.

[30] Nicephorus, *Concise History*, tr. C. Mangol, Washington DC, 1990.

[31] Paul the Deacon, *History of the Lombards*, ed. L. Bethmann and G.

Waitz, MGH Scriptores Rerum Longobardicarum et italicarum, saec. vi – iX, Hanover, 1878.

[32] P. Lemerle, ed., *Miracula S. Demetrii*, *Les Plus Anciens Recueils des Miracles de saint Demetrius*, i. Le Texte, Paris, 1979.

[33] Photius, *Bibliotheca*, codices 1 ~ 165, trans. by J. H. Freese, London, 1920.

[34] Pope Gregory, *Registrum Epistolarum*, ed. P. Ewald and L. Hartmann, *MGH Epistolae* i – ii, Berlin, 1887 ~ 1899.

[35] T. Preger, ed., *Patria Constantinopoleos*, *Scriptores Originum Constantinopolitanarum*, London, 1907.

[36] Procopius of Caesarea, with a English translation by H. B. Dewing, *History of the Wars*, The Loeb Classical Library, Harvard University Press, reprinted 1996.

[37] Procopius of Caesarea, *De Aedificiis* or *The Buildings*, The Loeb Classical Library, Harvard UniversityPress, reprinted 1996.

[38] Procopius of Caesarea, *Anecdota or Secret History*, The Loeb Classical Library, Harvard University Press, reprinted 1996.

[39] PS. – Zachariah of Milylene, *Ecclesiastical History*, tr. F. J. Halmilton and E. w. Brooks, London, 1889.

[40] R. Janin, ed., *Syriac Hagiography*, Cambridge, 1964.

[41] Sebeos, *Armenia Chronicle*, tr. F. Macler, London, 1947.

[42] St Severinus, *Life*, trans. by R. Ridley, Canberra, 1982.

[43] Tabari, *The Chronicle History of Persian and Arab in Sassanid Era*, tr. by T. Noldeke, London, 1973.

[44] Themistius, *Orations*, ed. G. Downey and A. F. Norman, Leipzig, 1974.

[45] Theodoret, *Ecclesiastical History*, *Dialogues*, *Letters of Theodoret*, NPNF 2 – 03, general editor Philip Schaff, New York, 1892.

[46] Theophanes, *Fragmenta Historicorum Greacorum*, iv, ed. C. Muller, Paris, 1959.

[47] Theophanes Confessor, *The Chronicle of Theophanes Confessor*, *Byzantine and Near Eastern History AD* 284 ~ 813, Translated with introduction and Commentary by Cyril Mango and Roger Scott, Oxford, 1997.

[48] Theophylact Simocatta, *History*, ed. Michael and Mary Whitby, Oxford University Press, 1986.

[49] Theophylactus Simocatta, *Historiam Libri Octo*, trans., by Immanuel Bekker, Bonnae Corpus Scriptorum Historiae Byzantinae, 1834.

[50] *The Notitia Dignitatem or Register of Dignites*, trans. by W. Fairley, Philadelphia 1899.

[51] Theophylact Simocatta, *Questioni naturali*, ed. L. Massa Positano, Naples, 1965.

[52] Theophylact Simocatta, *Epistulae*, ed. J. Zanetto, Leipzig, 1985.

[53] Theophylact Simocatta, *On Predestined Terms of Life*, ed. and tr. C. Garton and L. G. Westerink, *Arethusa Monographs vi*, Buffalo, NY, 1978.

[54] W. Gundlach ed., *Epistolae Austrasicae*, MGH Epist. iii, 1892.

[55] Zosimos, *The History of Count Zosimus, Sometime Advocate and Chancellor of the Roman Empire*, trans. By J. Buchanan and H. Davies, San Antonio TX 1967; trans. By R. Ridley, Canberra, 1982.

[56] 〔古希腊〕希罗多德著,王以铸译:《历史》,商务印书馆,1985年。

[57] 〔古希腊〕修昔底德著,谢德风译:《伯罗奔尼撒战争史》,商务印书馆,1985年。

[58] 〔古希腊〕阿里斯托芬著,罗念生译:《阿卡奈人·骑士》,上海人民出版社,2006年。

[59] 〔古罗马〕凯撒著,任炳湘译:《高卢战记》,商务印书馆,1979年。

[60] 〔拜占庭〕普罗柯比著,陈志强、吴舒屏等译:《秘史》,上海三联书店,2007年。

[61] 〔拜占庭〕普罗柯比著,王以铸、崔妙因译:《战争史》,商务印书馆,2010年。

[62] 〔古阿拉伯〕马苏第著,耿昇译:《黄金草原》,人民出版社,1998年。

[63] (西汉)司马迁撰,韩兆琦评注:《史记》,岳麓书社,2012年。

[64] (唐)魏征等撰:《隋书》,中华书局,2013年。

[65] (北齐)魏收撰:《魏书》,中华书局,2013年。

[66] (唐)令狐德棻等撰:《周书》,中华书局,2013年。

[67] (唐)李百药撰:《北齐书》,中华书局,2013年。

[68] (唐)李延寿撰:《北史》,中华书局,2013年。

[69] (宋)王溥:《唐会要》,上海古籍出版社,1991年。

## 二、论文专著

[1] B. Aleksova and C. A. Mango, "Bargala: A Preliminary Report", *Dum-

barton Oaks Papers 25(1971).

[2] P. Allen, *Evagrius Scholasticus the Church Historian*, Spicilegium Sacrum Lovaniense, xii,1981.

[3] X. B. Alter, *The Early Middle Ages from Late Antiquity to A. D. 1000*, Taschen, 1997.

[4] Anterwirp, *When Ethnicity did not matter in the Balkans*, the University of Michigan Press,2006.

[5] N. H. Baynes, "The Literary Construction of the History of Theophylactus Simocatta", *Xenia: Hommage international a l' universite nationale de Grece*, Athens(1912), pp. 32 ~41.

[6] N. H. Baynes and H. St. L. B. Moss, Ed., *Byzantium: An introduction to East Roman Civilization*, Oxford 1949 Reprint. Barnea, "Contributions to Dobrudja History under Anastasius i", *Dacia* 4(1960).

[7] G. L. Bell, *The Churches and Monasteries of the Tur Abdin*, introd. and nn. M. M. Mango, Pindar Press,London,1982.

[8] A. R. Bellinger and P. Grierson, eds. *Catalogue of Byzantine Coins in the Dumbarton Oaks Collection and in the Whittemore Collection*, 3vols,Washington DC.,1966 ~ 1973.

[9] P. A. Boodberg, Marginalia to the Histories of the Northern Dynastties, *Harvard Journal of Asiatic Studies*, vol. 3, 1938.

[10] R. C. Blockley, "Subsidies and Diplomacy: Rome and Pesia in Late Antiquity", *Phoenix* 39(1985).

[11] P. R. L. Brown, *The World of Late Antiquity: AD 150 ~750*, London,1971.

[12] P. R. L. Brown, *Power and Persuation in Late Antiquity*, Wisconsin,1992.

[13] R. Blowning, "The Language of Byzantine Literature", *Byzantina kai Metabyzantina* I (1978).

[14] R. Browning, *Byzantium and Bulgaria*, London,1975.

[15] J. B. Bury, *A History of the Later Roman Empire from the Death of Theodosius i to the Death of Justinian*, London ,1923.

[16] J. B. Bury, *The imperial Administrative System in the Ninth Century*, Oxford, 1974.

[17] J. B. Bury, *The invasion of Europe by the Barbarians*, New York, 1967.

[18] J. B. Bury, *History of the Later Roman Empire*, vol. 1, New York, 1958. *History of the Later Roman Empire*, vol. 2, London,1923.

[19] V. A. Caires, "Evagrius Scholasticus: A Literary Analysis", *Byzantinische Forschungen* 8 (1982).

[20] A. M. Cameron, *Agathias*, Oxford, 1970.

[21] A. M. Cameron, *Procopius*, London, 1985.

[22] A. M. Cameron, "An Emperor's Abdication", *Byzantinoslavica* 37(1976).

[23] A. M. Cameron, "The Artistic Patronage of Justin ii", *Byzantion* 50 (1980). M. Cameron, *The Later Roman Empire*, London, 1993.

[24] A. M. Cameron, *The Mediterranean World in Late Antiquity AD 395 – 600*, London and New York: Routledge, 1993.

[25] A. M. Cameron, Ed., *The Cambridge Ancient History, volume Xiv: Late Antiquity: Empire and Successors, AD 425 ~600*, Cambridge, 2000.

[26] A. M. Cameron, "Images of Authority: Elites and icons in Late Sixth – Century Byzantium", *Past and Present* 84(1979).

[27] F. W. Carter, *A Histyorical Geography of the Balkans*, London, 1977.

[28] M. L. Chaumont, "Conquetes sassanides at propaganda mazdeenne", *Historia* 22(1973).

[29] B. Croke and A. Emmett, eds., *History and Historians in Late Antiquity*, Sydney, 1983.

[30] G. E. Croix, *The Class Struggle in the Ancient Greek World*, London, 1981.

[31] E. U. Crosby, *Medieval Warfare: A Bibliographical Guide*, Garland, Publishing, inc., New York, 2000.

[32] F. Curta, *The making of the Slavs, history and archaeology of the lower Danube region, c. 500 ~700*, Cambridge University Press, 2001.

[33] T. Daryaee, *Sasanian Persian: the rise and fall of an empire*, i. B. Tauris Press, 2009.

[34] C. Diehl, *Byzangtium: Greatness and Decline*, trans., trans., by Naomi Walford, Rutgers University Press, New Jersey, 1957.

[35] C. Diehl, *History of the Byzantine Empire*, Ams Press, New York, 1969.

[36] B. Dignas and E. Winter, *Rome and Persia in late antiquity*, Cambridge Universtiy Press, 2007.

[37] M. Dodgeon and S. N. C. Lieu, *The Roman Eastern Frontier and the Persian Wars, 226 ~363*, London, Routledge, 1991.

[38] T. A. Duket, *A study in Byzantine historiography: an analysis of Theophanes' Chronographia and its relationship to Theophylact's Histo-

*ry, the reign of Maurice and the seventh century to* 711, Boston, 1980.

[39] W. Ensslin, "Mauricius", *Byzantion*. Xiv 2 (1966). Eugene, Early Slavic invasions and settlement in the area in the lower Daunbe in the sixth through eight centuries, New York University, 1994.

[40] L. H. Fauber, *Narses, Hammer of the Goths*, St. Martin's Press, 1986.

[41] J. V. A. Fine, *The early Medieval Balkans, A Critical Survey from the Sixth to the Late Twelfth Century*, The University of Michigan Press 1983.

[42] S. Franziska, *Military and civil administration under the emperor Maurice (582~602). A reassessmen*, Mc Gill University, 1980.

[43] R. Ghirshman, iran: *From the Earliest Times to the islamic Conquest*, Harmondsworth, 1954.

[44] E. Gibbon, The History of the Decline and Fall of the Roman Empire, London: George Bell and Sons, 1891.

[45] W. Goffart, "Byzantine Policy in the West under Tiberius ii and Maurice: The Pretenders Hermenegild and Gundovald(579~585)", *Traditio* 13(1957).

[46] P. Goubert, *Byzance avant i'islam*, 2 vols., Paris, 1956~1965.

[47] G. Greatrex, *Rome and Persian at War* 502~532, Francis Cairns, the University Leeds, Great Britain, 1998.

[48] J. Haldon, *Byzantium in the SeventhCentury*, tr. M. Ogilvie – Grant, Amsterdam, 1968.

[49] J. Haldon, *Recruitment and Conscription in the Byzantine Army c.* 550~950: *A Study on the Origins of the Stratiotika Ktemata*, Vienna, 1979.

[50] J. Haldon, *Byzantine Praetorians: An Administrative, institutional and Social Survey of the Opsikion and Tagmata, c.* 580~900, London, 1984.

[51] H. W. Haussig, "The Sources of Theophylact's History in Balkan Narrative", *Byzantion* 23 (1953).

[52] H. W. Haussig, *A History of Byzantine Civilization*, Trans. by Hussey, New York, 1971.

[53] H. W. Haussig, *Theophylakts Exkurs uber die skythischen volker*, Byz. 23 (2953)

[54] P. Heather, *The Goths in the Balkans A. D.* 350~500, D. Phil. Oxford, 1986.

[55] M. F. Hendy, *Studies in the Byzantine Monetary Economy c.* 300~1450,

Cambridge, 1985.

[56] Herodian, *History of the Roman Empire since the Death of Marcus Aurelius*, trans. by Edward C. Echols, Berkeley, 1961.

[57] H. v. Herwerden, "varia and varios iv: ad Theophylacti Simocattae Historias", *Mnesoyne* 17(1889).

[58] M. J. Higgins, *The Persian war of the emperor Maurice* (582~602), *the chronology, with a brief history of the Persian calendar*, Columbia, 1939.

[59] M. J. Higgins, "Chronology of Theophylact Simocatta 8.1.1~8", *Orientalia Christiana Periodica* 13(1947).

[60] T. Hodgkin, *italy and her invaders*, 8 vols, 1880–1899, rpt., New York, 1967.

[61] G. F. Hudson, *Europe and China, A Survey of Their Relations from the Earliest Times to* 1800, London, 1931.

[62] B. issac, *The limits of empire: the Roman army in the east.* Oxford, 1990.

[63] R. Janin, *Constantinople byzantine*, 2nd edn., Paris, 1964.

[64] E. Jeffreys and P. Allen, eds., *The Sixth Century, End or Beginning?* Brisbane, 1996.

[65] B. Jelavich, *History of the Balkans*, Cambridge University Press, 1983.

[66] J. H. Johnston, *East Rome, Sasanian Persia and the end of antiquity*, Ashgate Publishing Company, 2006.

[67] A. H. M. Jones, *The Later Roman Empire*, 284~602: *A Social, Economic and Administrative Survey*, Oxford, 1964.

[68] A. H. M. Jones, *The Greek City from Alexander to Justinian*, Oxford, 1940.

[69] A. H. M. Jones, "The Constitutional Position of Odovacer and Theodorich", *Journal of Roman Studies* 52(1965). H. M. Jones, *The Decline of the Ancient World*, New York, 1966.

[70] D. Jones, "Pay and Numbers in Diocletian's Army", *Chiron* 8(1978).

[71] H. Kennedy and P. Freeman, *The Defence of the Roman and Byzantine East*, BAR int, 1986.

[72] H. Libeschutz, "Boethius and the Legacy of Antiquity", *The Cambridge History of Later Greek and Early Medieval Philosophy*, ed. A. H. Armsrong, Cambridge, 1967.

[73] C. Mango, Ed., *The Oxford History of Byzantium*, Oxford, 2002.

[74] C. Mango, Ed., *Byzantium: The Empire of the New Rome*, London, 2005.

[75] Momigliano, *The Conflict between Paganism and Christianity in the Fourth Century*, Oxford, 1963.

[76] D. Nicolle, *Romano - Byzantine Armies：4th - 9th Centuries*, Osprey Publishing Ltd, 1992.

[77] D. Obolensky, *The Byzantine Commonwealth, Eastern Europe 500 ~ 1453*, London, 1971.

[78] N. Oikonomides, "Correspondence between Heraclius and Kavadh - Siroe in the Pashal Chronicle", Byzantion 41 (1971).

[79] G. Ostrogorsky, *History of the Byzantine State*, Trans. by Hussey, New Jersey, 1969.

[80] D. Pringle, *The Defences Of Byzantine Africa from Justinian to the Arab Conquest*, 2 vols, Oxford, British Archeological Reports 99, 1981.

[81] P. Rance, *The Roman art of war in late antiquity：Strategicon of the emperor Maurice：a translation with introduction and commentary*, Ashgate Publishing Company, 2004.

[82] S. Raven, *Roman in Africa*. London and New York, 1984.

[83] J. Richards, *Consul of God*, London, 1980.

[84] Z. Rubin, 'The Mediterranean and the Dilemma of the Roman Empire in Late Antiquity', *Mediterranean Historical Review* 1 (1986), pp. 13 ~ 62.

[85] L. C. Rugini, "The Ecclesiastical Histories and the Pagan Historiography: Providence and Miracles", *Athenaeum* 55 (1977).

[86] S. Runciman, *Byzantine Civilisation*, London, 1959.

[87] P. Sabin, H. v. Wees and M. Whitby, eds., *The Cambridge History of Greek and Roman Warfare*, London, 2007.

[88] K. M. Setton, "The Bulgars in the Balkans and the Occupation of Corinth in the Seventh Century", *Speculum* 25 (1950). Sharf, "Byzantine Jewry in the Seventh Century", *Byzantion* 48 (1955).

[89] P. Southern and K. R. Dixon, *The late Roman army*. New York and London, 1996.

[90] E. A. Thompson, *The Early Germans*, Oxford, 1965.

[91] W. Treadgold, *The Early Byzantine Historians*, NewYork, 2007

[92] H. N. Turtledove, *The immediate successors of Justinian：a study of the Persian problem and of continuity and change in internal secular affairs in the later Roman empire during the reigns of Justin ii and Tiberius ii Con-

stantine, Los Angeles, 1977.

[93] A. A. Vasiliev, *History of the Byzantine Empire*, Madison, Wisconsin, The University of Wisconsin Press, 1958. eh, "The Research about Byzantine Historian: Theophylact Simocattes", *Byzantion* 26 (1956).

[94] L. Webster and M. Brown, Eds. *The transformation of the Roman world A. D.* 400~900, Berkely and Los Angeles, 1997.

[95] L. M. Whitby, "Theophanes' Chronicle Source for the Reigns of Justin ii, Tiberius and Maurice", *Byzantion* 53(1983).

[96] L. M. Whitby, "The Long Walls of Constantinople", *Byzantion* 55 (1985).

[97] L. M. Whitby, 'Procopius and the Development of Roman Defences in Upper Mesopotamia' in

[98] Kennedy and P. Freeman, *The Defence of the Roman and Byzantine East*, BAR int, 1986

[99] Michael Whitby, *The Emperor Maurice and His Historian*, Clarendon Press. Oxford, 1988.

[100] C. R. Whittaker, *Frontiers of the Roman empire: A social and economic study*, Baltimore and London, 1994.

[101] N. G. Wilson, *Scholars of Byzantium*, London, 1983.

[102] J. Wortley, 'The Legend of the Emperor Maurice', *Acts of the* 15*th international Congress of Byzantine Studies*, Athens, 1976, iv. 382~91.

[103] H. Yule, *Cathay and the Way Thither; Being a Collection of Medieval Notice of China*, I, London, 1915.

[104] 阿地力、孟楠:《百年来关于"桃花石"问题研究综述》,《中国史研究动态》2006 年第 2 期。

[105] 〔英〕爱德华·吉本著,席代岳译:《罗马帝国衰亡史》,吉林出版集团,2008 年。

[106] 〔日〕白鸟库吉著,王古鲁译:《大秦国及拂菻国考》,《塞外史地论文译丛》第一辑,上海商务印书馆,1938 年。

[107] 〔法〕伯希和:《支那名称之起源》,见冯承钧译:《西域南海史地考证译丛》第一卷,商务印书馆,1995 年。

[108] 〔法〕布瓦松纳著,潘源来译:《中世纪欧洲生活和劳动(五至十五世纪)》,商务印书馆,1985 年。

[109] 陈志强:《巴尔干古代史》,中华书局,2007 年。

[110] 陈志强:《拜占廷学研究》,人民出版社,2001年。
[111] 陈志强:《独特的拜占廷文明》,中国青年出版社,1999年。
[112] 陈志强:《拜占廷帝国史》,商务印书馆,2003年。
[113] 陈志强:《盛世余晖——拜占庭文明探秘》,云南人民出版社,2001年。
[114] 陈志强:《巴尔干古代史》,中华书局,2007年。
[115] 陈志强:《拜占庭史研究入门》,北京大学出版社,2012年。
[116] 陈怀宇:《中古时代后妃为尼史实考》,《华林》第二卷,中华书局,2002年。
[117] 崔艳红:《古战争——拜占庭历史学家普罗柯比〈战记〉研究》,时事出版社,2006年。
[118] 〔美〕丁爱博著,李梅田译:《六朝文明》,社会科学文献出版社,2013年。
[119] 〔法〕菲迪南·罗特著,王春侠、曹明玉译:《古代世界的终结》,生活·读书·新知三联书店,2008年。
[120] 郭小凌编著:《西方史学史》,北京师范大学出版社,1995年。
[121] 哈全安:《中东史:610—2000》,天津人民出版社,2010年。
[122] 黄洋、赵立行、金寿福:《世界古代中世纪史》,复旦大学出版社,2005年。
[123] 〔比〕亨利·皮朗著,乐文译:《中世纪欧洲经济社会史》,上海人民出版社,2001年。
[124] 姜望来:《论"亡高者黑衣"》,《中华文史论丛》2011年第1期。
[125] 〔美〕J. W. 汤普逊著,耿淡如译:《中世纪经济社会史(300—1300年)》下册,商务印书馆,1963年。
[126] 〔美〕J. W. 汤普森著,谢德风译:《历史著作史》,商务印书馆,1996年。
[127] 〔英〕基托著,徐卫翔、黄韬译:《希腊人》,上海人民出版社,1998年。
[128] 〔英〕柯林武德著,何兆武、张文杰译:《历史的观念》,商务印书馆,1997年。
[129] 〔苏〕科瓦略夫著,王以铸译:《古代罗马史》,生活·读书·新知三联书店,1957年。
[130] 〔苏〕列夫臣柯著,葆煦译:《拜占廷》,生活·读书·新知三联书店,1959年。
[131] 刘文鹏:《古代埃及史》,商务印书馆,2000年。

[132] 李雅书、杨共乐:《古代罗马史》,北京师范大学出版社,1994年。

[133] 乐峰:《东正教史》,中国社会科学出版社,1999年。

[134] 卢耀光、尚杰民等:《青海西宁市发现一座北朝墓》,《考古》1989年第6期。

[135] 〔俄〕罗斯托夫采夫著,马雍等译:《罗马帝国社会经济史》,商务印书馆,1985年。

[136] 〔法〕罗伯特·福西耶主编,陈志强等译:《剑桥插图中世纪史(350—950年)》,山东画报出版社,2006年。

[137] 〔英〕M. M. 波斯坦、爱德华·米勒主编,钟和等译:《剑桥欧洲经济史》第二卷,经济科学出版社,2004年。

[138] 〔法〕孟德斯鸠著,婉玲译:《罗马盛衰原因论》,商务印书馆,1997年。

[139] 〔英〕玛丽·坎宁安著,李志雨译:《拜占廷的信仰》,北京大学出版社,2005年。

[140] 〔英〕约翰·麦克曼勒斯主编,张景龙等译:《牛津基督教史》,贵州人民出版社,1995年。

[141] 〔英〕格兰特著,王乃新、郝际陶译:《罗马史》,上海人民出版社,2008年。

[142] 南京市博物馆:《六朝风采》,文物出版社,2014年。

[143] 〔英〕N. H. 拜尼斯主编,陈志强等译:《拜占庭:东罗马文明概论》,大象出版社,2012年。

[144] 〔英〕安德森著,郭方、刘健译:《从古代到封建主义的过渡》,上海人民出版社,2000年。

[145] 〔南斯拉夫〕乔治·奥斯特洛格尔斯基著,陈志强译:《拜占廷帝国》,青海人民出版社,2006年。

[146] 冉万里:《丝路豹斑——不起眼的交流,不经意的发现》,科学出版社,2016年。

[147] 〔法〕沙畹著,冯承钧译:《西突厥史料》,中华书局,1958年。

[148] 苏聪:《丝绸之路沿线语言文化交往探略》,《社会科学家》2017年第9期。

[149] 孙培良:《萨珊朝伊朗》,西南师范大学出版社,1995年。

[150] 〔美〕托马斯·F. 马太著,卢峭梅译:《拜占庭艺术——从古代到文艺复兴》,中国建筑工业出版社,2004年。

[151] 〔美〕詹姆斯·W. 汤普逊著,徐家玲等译:《中世纪晚期欧洲经济社

会史》,商务印书馆,1992年。

[152]〔美〕沃伦·特里高德著,崔艳红译:《拜占庭简史》,上海人民出版社,2008年。

[153]〔美〕威利斯顿·沃尔克,孙善玲等译:《基督教会史》,中国社会科学出版社,1991年。

[154]〔美〕威尔·杜兰著:《世界文明史》,东方出版社,1999年。

[155]〔美〕希提著,马坚译:《阿拉伯通史》,商务印书馆,1979年。

[156]〔英〕西里尔·曼戈著,张本慎等译:《拜占庭建筑》,中国建筑工业出版社,2000年。

[157] 夏名采:《益都北齐石室墓线刻画像》,《文物》1985年第10期。

[158] 徐家玲:《早期拜占庭和查士丁尼时代研究》,东北师范大学出版社,1998年。

[159] 徐家玲:《拜占庭文明》,人民出版社,2006年。

[160] 徐家玲:《早期拜占庭执事官职能探析》,《史学集刊》2003年第4期。

[161] 姚薇元:《北朝胡姓考》,中华书局,2007年。

[162] 叶民:《最后的古典:阿米安和他笔下的晚期罗马帝国》,天津人民出版社,2004年。

[163]〔英〕裕尔撰,〔法〕考迪埃修订,张绪山译:《东域纪程录丛——古代中国闻见录》,中华书局,2008年。

[164] 张绪山:《中国与拜占庭帝国关系研究》,中华书局,2012年。

[165] 张绪山:《"桃花石"(Ταυγαστ)名称源流考》,《古代文明》2007年第3期。

[166] 张广智主编:《西方史学通史》,复旦大学出版社,2011年。

[167] 张星烺:《中西交通史料汇编》,中华书局,2003年。

[168] 赵云田主编:《北疆通史》,中州古籍出版社,2003年。

[169] 中国非洲史研究会《非洲通史》编写组编:《非洲通史》,北京师范大学出版社,1984年。

[170] 中国历史博物馆:《中国历史博物馆——华夏文明史图鉴》第三卷,朝华出版社,2002年。

[171] 周建奇:《关于"桃花石"》,《内蒙古大学学报》1985年第4期。

## 三、工具书

[1] Matthew Bunson, *Encyclopedia of the Roman Empire*, NewYork, 2002.

［2］ F. Cross, Ed., *The Oxford Dictonary of the Chrisitian Church*, London, 1957.

［3］ E. Jeffreys and J. Haldon, *The Oxford Handbook of Byzantine Studies*, Oxford, 2008. P. Kazhdan, Ed., *The Oxford Dictionary of Byzantium*, 3vols, Oxford, 1991.

［4］ Henry Georgy Liddell and Robert Scott, *A Greek – English Lexicon*, Oxford, 1996.

［5］ J. H. Rosser, Ed., *Historical Dictionary of Byzantium*, Lanham, 2001.

［6］ *The Encyclopedia Americana*, Americana Corration, 1980.

［7］ *The New encyclopaedia Britannica*, Chicago, 1993.

［8］ Timothy Venning, *A Chronology of the Byzantine Empire*, Palgrave, 2006.

［9］ 美国不列颠百科全书公司编著:《不列颠百科全书(国际中文版)》,中国大百科全书出版社,1999年。

［10］ 周定国主编:《世界人名翻译大辞典》,中国对外翻译出版公司,2007年。

［11］〔奥〕雷立柏编著:《拉丁语－汉语简明词典》,世界图书出版公司,2011年。